本项成果得到中国语言资源保护工程和华中师范大学语言与语言教育研究中心、中国语言文学国家"双一流"建设学科的资助

中国语言资源集

湖北

汪国胜 主编

口头文化卷 四

中国社会科学出版社

黄 石 市

黄 石

一 歌谣

0001 歌谣
解放黄石已四秋，［kai faŋ xuaŋ sʅ i sʅ tɕʰiou］
诗歌频颂好吟讴。［sʅ ko pʰin soŋ xau lin ŋou］
国基已保金汤固，［kuæ tɕi i pau tɕin tʰaŋ ku］
士气哪如志愿优。［sʅ tɕʰi la y tsʅ ɣan iou］
此日河山多建设，［tsʰʅ ɚ xo san to tɕian se］
当年荒野变绿洲。［taŋ ɲian xuaŋ ie pian lou tsou］
钢铁水力齐发展，［kaŋ tʰie ɕɥei li tɕʰi fɒ tsan］
农林煤炭又丰收。［loŋ lin mei tʰan iou foŋ sou］
意译：黄石解放已经四年了，写诗歌唱反复吟诵。我们的国家发展得很好，我们的志愿军士气高昂。祖国河山变化大，当年的荒野变成绿洲，钢铁、水力都得到了发展，农林、煤炭又获得了丰收。

0002 歌谣
姐在上楼梳油头，［tɕie⁵⁵ tsæ³²⁴ saŋ³²⁴ lou³¹ sou³³ iou³¹ tʰou³¹］
三把眼泪四把流。［san³³ pɒ⁵⁵ ŋan⁵⁵ lei³²⁴ sʅ²⁵ pa⁵⁵ liou³¹］
人家的丈夫多好看，［ʐen³¹ kɒ³¹ ti³¹ tsaŋ³²⁴ fu³³ to³³ xau⁵⁵ kʰan²⁵］
我的丈夫是个癞痢头。［ŋo⁵⁵ ti³¹ tsaŋ³²⁴ fu³³ sʅ³²⁴ ko²⁵ lɒ²¹³ li²⁵ tʰou³¹］
意译：姐儿上楼来抹油梳头，眼泪不停的往下流。人家的丈夫多帅气，我的丈夫是个癞痢头。

0003 歌谣

过年啦，请啦，［ko²⁵ ȵian³¹ lɒ⁰，tɕʰin⁵⁵ lɒ⁰］

米泡啦，饼啦，不给我吃啊，［mi⁵⁵ pʰau²⁵ lɒ⁰，pin⁵³ lɒ⁰，pu²¹³ ke⁵⁵ ŋo⁵⁵ tɕʰi²¹³ ɒ⁵⁵］

我在地下打两滚啦。［ŋo⁵⁵ tsæ³²⁴ ti³²⁴ xɒ³²⁴ tɒ⁵⁵ liaŋ⁵⁵ kuen⁵⁵ lɒ⁵⁵］

意译：过年啊，大家来吃米泡啊，饼啊，不给我吃，我就在地上耍赖不起。

0004 歌谣

老鹰喂嚯，莫偷鸡婆。［lau⁵⁵ in³³ uei⁵⁵ xo³¹，mo²¹³ tʰou³³ tɕi³³ pʰo³¹］鸡婆：母鸡

鸡婆生蛋，把你嚫饭。［tɕi³³ pʰo³¹ sen²⁵ tan³²⁴，pɒ⁵⁵ li⁵⁵ ian²⁵ fan³²⁴］把：给。嚫：下饭

意译：老鹰啊，不要偷母鸡。母鸡要下蛋，给你下饭吃。

0005 歌谣

对面的伢烂脚骨，［tei²⁵ mian³²⁴ ti⁰ ŋɒ³¹ lan³²⁴ tɕio²¹³ ku⁵⁵］伢：孩子。烂脚骨：烂脚丫

拿倒瓦片揩屁股。［lɒ³¹ tau⁰ uɒ⁵⁵ pʰian²⁵ kʰæ³³ pʰi²⁵ ku⁵⁵］揩：擦

意译：对面的孩子是个烂脚骨，用瓦片来擦屁股。

0006 歌谣

三岁伢，穿红鞋，［san³³ ɕi²⁵ ŋɒ³¹，tɕʰuan³³ xoŋ³¹ xæ³¹］

摇摇摆摆到学来。［iau³¹ iau³¹ pæ⁵⁵ pæ⁵⁵ tau²⁵ ɕio²¹³ læ³¹］

先生先生，莫打我，［ɕian³³ sen³³ ɕian³³ sen³³，mo²¹³ tɒ⁵⁵ ŋo⁵⁵］莫：不要

我回去嗍口妈再来。［ŋo⁵⁵ xuei²⁵ tɕi²⁵ so²¹³ kʰou⁰ mɒ²⁵ tsæ²⁵ læ³¹］嗍：吃。妈：母乳

意译：三岁小孩，穿红鞋，摇摇摆摆上学来。先生喽，别打我，等我回去吃口奶就回来。

二 规定故事

0021 牛郎和织女

我今天讲个牛郎织女的故事。［ŋo⁵⁵ tɕin³³ tʰian³³ tɕiaŋ⁵⁵ ko²⁵ ȵiou³¹ laŋ³¹ tsʅ²¹³ ly⁵⁵ ti⁰ ku²⁵ sʅ³²⁴］

古时候，有个后生家，［ku⁵⁵ sʅ³¹ xou³²⁴，iou⁵⁵ ko⁰ xou³²⁴ sen³³ kɒ³³］后生家：男青年

娘老子下过身了，孤苦伶仃的。［ȵiaŋ³¹ lau⁵⁵ tsʅ⁰ xɒ³²⁴ ko²⁵ sen³³ liə⁰，ku³³ kʰu⁵⁵ lin³¹ tin³³ ti⁰］下：都。过身：去世

他跟一条老牛两个相依为命。[tʰɒ³³ ken³³ i²¹³ tʰiau³¹ lau⁵⁵ ɳiou³¹ liaŋ⁵⁵ ko²⁵ ɕiaŋ³³ i³³ uei³¹ min³²⁴]

这条老牛咧，非常同情他，[tse²⁵ tʰiau³¹ lau⁵⁵ ɳiou³¹ liə⁰，fei³³ tsʰaŋ³³ tʰoŋ³¹ tɕʰin³¹ tʰɒ³³]

其实这个老牛是天上的金牛星，[tʰɕi³¹ sʅ²¹³ tse²⁵ ko⁰ lau⁵⁵ ɳiou³¹ sʅ³²⁴ tʰian³³ saŋ³²⁴ ti⁰ tɕin³³ ɳiou³¹ ɕin³³]

想帮他成个家。[ɕiaŋ⁵⁵ paŋ³³ tʰɒ³³ tsʰen³¹ ko²⁵ tɕiɒ³³]

这条老牛有一天咧，[tse²⁵ tʰiau³¹ lau⁵⁵ ɳiou³¹ iou⁵⁵ i²¹³ tʰian³³ liə⁰]

得知天上个七仙女。[tæ²¹³ tsʅ⁰ tʰian³³ saŋ³²⁴ ko²⁵ tɕʰi²¹³ ɕian³³ ly⁵⁵]

要到这个后生家村东头的那个湖里面去洗澡。[iau²⁵ tau²⁵ tse²⁵ ko⁰ xou³²⁴ sen³³ kɒ³³ tsʰen³³ toŋ³³ tʰou³¹ ti⁰ lɒ²⁵ ko²⁵ xu³¹ li⁵⁵ mian³²⁴ tɕʰi²⁵ ɕi⁵⁵ tsau⁵⁵]

他就托个梦给这个后生家。[tʰɒ³³ tɕiou³²⁴ tʰo²¹³ ko²⁵ moŋ³²⁴ ke⁵⁵ tse²⁵ ko⁰ xou³²⁴ sen³³ kɒ³³]

就跟这个后生家说：[tɕiou³²⁴ ken³³ tse²⁵ ko²⁵ xou³²⁴ sen³³ kɒ³³ ɕyæ²¹³]

"你看到有没有美女到湖里洗澡啊，[li⁵⁵ kʰan²⁵ tau²⁵ iou⁵⁵ mei³¹ iou⁵⁵ mei⁵⁵ ly⁵⁵ tau²⁵ xu³¹ li⁵⁵ ɕi⁵⁵ tsau⁵⁵ a⁰]

她们把衣裳挂那个树上，[tʰɒ³³ men³¹ pɒ⁵⁵ i³³ saŋ⁰ kuɒ²⁵ lɒ⁰ ko²⁵ ɕy³²⁴ saŋ³²⁴]

你驮一件走吧。"[li⁵⁵ tʰo³¹ i²¹³ tɕian³²⁴ tsou⁵⁵ pɒ⁰] 驮：取、拿

这个后生家咧就半信半疑。[tse²⁵ ko⁰ xou³²⁴ sen³³ kɒ³³ liə⁰ tɕiou³²⁴ pan²⁵ ɕin²⁵ pan²⁵ i³¹]

第二天上昼，[ti³²⁴ ɚ²¹³ tʰian³³ saŋ³²⁴ tsou²⁵] 上昼：上午

他到村东头湖里一看，[tʰɒ³³ tau²⁵ tsʰen³¹ toŋ³³ tʰou³¹ xu³¹ li⁰ i²¹³ kʰan²⁵]

真的看到几个美女在那里洗澡。[tsen³³ ti⁰ kʰan²⁵ tau²⁵ tɕi⁵⁵ ko²⁵ mei⁵⁵ ly⁵⁵ tsæ²⁵ lɒ²⁵ li⁵⁵ ɕi⁵⁵ tsau⁵⁵]

他看到一条粉红的衣裳咧，[tʰɒ³³ kʰan²⁵ tau²⁵ i²¹³ tʰiau³¹ fen⁵⁵ xoŋ³¹ ti⁰ i³³ saŋ⁵⁵ liə⁰]

他走过去驮了就跑，[tʰɒ³³ tsou⁵⁵ ko²⁵ tɕʰi³³ tʰo³¹ liə⁰ tɕiou³²⁴ pʰau³¹]

就跑回了屋里去了。[tɕiou³²⁴ pʰau³¹ xuei³¹ liə⁰ u²¹³ li⁵⁵ tɕʰi²⁵ liə⁰]

到了晚上的时候咧，[tau²⁵ liau⁰ uan⁵⁵ saŋ³²⁴ ti⁰ sʅ²¹³ xou³²⁴ liə⁰]

这个仙女就找到屋里来，[tse²⁵ ko⁰ ɕian³³ ly⁵⁵ tɕiou³²⁴ tsau⁵⁵ tau²⁵ u²¹³ li⁵⁵ læ³¹]

就轻轻地叩他的门，[tɕiou³²⁴ tɕʰin³³ tɕʰin³³ ti⁰ kʰo²¹³ tʰɒ³³ ti⁰ men³¹]

就这样子两个人就成了家。[tɕiou³²⁴ tse²⁵ iaŋ³²⁴ tsʅ⁰ liaŋ⁵⁵ ko⁰ zen³¹ tɕiou³²⁴ tsʰen³¹ liau⁰ tɕiɒ³³]

其实这个仙女，[tɕʰi³¹ sʅ²¹³ tse²⁵ ko⁰ ɕian³³ ly⁵⁵]

是七仙女中间的一个织女，[sʅ³²⁴ tɕʰi²¹³ ɕian³³ ly⁵⁵ tsoŋ³³ tɕian³³ ti⁰ i²¹³ ko²⁵ tsʅ²¹³ ly⁵⁵]

七仙女之一。[tɕʰi²¹³ ɕian³³ ly⁵⁵ tsʅ³³ i²¹³]

这三年过得蛮幸福又蛮开心，[tse²⁵ san³³ ȵian³¹ ko²⁵ tæ²¹³ man³¹ ɕin²⁵ fu²¹³ iou³²⁴ man³¹ kʰæ³³ ɕin³³] 蛮：很

两个人就生了两个伢，[liaŋ⁵⁵ ko⁰ zen³¹ tɕiou³²⁴ sen³³ liə⁰ liaŋ⁵⁵ ko²⁵ ŋɒ³¹] 伢：孩子

一男一女。[i²¹³ lan³¹ i²¹³ ly⁵⁵]

好日子不长，[xau⁵⁵ ɚ²¹³ tsʅ⁰ pu²¹³ tsʰaŋ³¹]

天上的玉皇大帝，[tʰian³³ saŋ³²⁴ ti⁰ ʯ²⁵ xuaŋ³¹ tɒ²⁵ ti²⁵]

就晓得这个织女私自下凡。[tɕiou³²⁴ ɕiau⁵⁵ tæ²¹³ tse²⁵ ko⁰ tsʅ²¹³ ly⁵⁵ sʅ³³ tsʅ³²⁴ ɕiɒ³²⁴ fan³¹] 晓得：知道

天上的三天地下的三年，[tʰian³³ saŋ³²⁴ ti⁰ san³³ tʰian³³ ti³²⁴ xɒ³²⁴ ti⁰ san³³ ȵian³¹]

就要把她召回去。[tɕiou³²⁴ iau²⁵ pɒ⁵⁵ tʰɒ³³ tsau³³ xuei³¹ tɕʰi²⁵]

这还了得，私自下凡。[tse²⁵ xæ³¹ liau⁵⁵ te³¹, sʅ³³ tsʅ³²⁴ ɕiɒ³²⁴ fan³¹]

突然有一天，打了一掣霍。[tʰou²¹³ ɥan³¹ iou⁵⁵ i²¹³ tʰian³³, tɒ⁵⁵ liə⁰ i²¹³ tsʰæ²¹³ xo²¹³] 掣霍：闪电

那个织女就不见了，[lɒ²⁵ ko⁰ tsʅ²¹³ ly⁵⁵ tɕiou³²⁴ pu²¹³ tɕian²⁵ liə⁰]

在屋里两个伢得知她嬷不见了，[tsæ³²⁴ u²¹³ li⁵⁵ liaŋ⁵⁵ ko⁰ ŋɒ³¹ tæ²¹³ tsʅ³³ tʰɒ³³ mei⁵⁵ pu²¹³ tɕian²⁵ liə⁰] 嬷：母亲

就在那里哭起来了，喝起来了，[tɕiou²⁵ tsæ²⁵ lɒ²⁵ li⁵⁵ kʰu²¹³ tɕʰi⁵⁵ læ³¹ liə⁰, ŋaŋ³³ tɕʰi⁵⁵ læ³¹ liə⁰] 喝：叫

到处去找他嬷。[tau²⁵ tɕʰy²⁵ tɕʰi²⁵ tsau⁵⁵ tʰɒ³³ mei⁵⁵]

牛郎回来以后咧，就非常着急，也到处去找。[ȵiou³¹ laŋ³¹ xuei³¹ læ³¹ i⁵⁵ xou³²⁴ liə⁰, tɕiou³²⁴ fei³³ tsʰaŋ³¹ tso²¹³ tɕi²¹³, ie⁵⁵ tau²⁵ tɕʰy²⁵ tɕʰi²⁵ tsau⁵⁵]

这个时候那个老牛就告诉他。[tse²⁵ ko⁰ sʅ³¹ xou³²⁴ lɒ²⁵ ko²⁵ lau⁵⁵ ȵiou³¹ tɕiou³²⁴ kau²⁵ sou²⁵ tʰɒ³³]

他说："不要着急了哈，[tʰɒ³³ ɕɥæ²¹³：pu²¹³ iau²⁵ tso²¹³ tɕi²¹³ liə⁰ xɒ⁰]

你把我两个角取下来，[li⁵⁵ pɒ⁵⁵ ŋo⁵⁵ liaŋ⁵⁵ ko⁰ ko²¹³ tɕʰy⁵⁵ ɕiɒ³²⁴ læ³¹]

当两个箩筐，[taŋ³³ liaŋ⁵⁵ ko²⁵ lo³¹ kʰuaŋ³³]

你把两个伢挑倒去追。"[li⁵⁵ pɒ⁵⁵ liaŋ⁵⁵ ko⁰ ŋɒ³¹ tʰiau³³ tau⁰ tɕʰi²⁵ tɕɥæ³³] 伢：小孩子

他一说完两个角真的落了，[tʰɒ³³ i²¹³ ɕɥæ²¹³ uan³¹ liaŋ⁵⁵ ko⁰ ko²¹³ tsen³³ ti⁰ lo²¹³ liə⁰] 落了：掉了

牛郎就找了根扁担，[ȵiou³¹ laŋ³¹ tɕiou³²⁴ tsau⁵⁵ liau⁵⁵ ken³³ pian⁵⁵ tan²⁵]

就把两个伢挑到去追。[tɕiou³²⁴ pɒ⁵⁵ liaŋ⁵⁵ ko⁰ ŋɒ³¹ tʰiau³³ tau³²⁴ tɕʰi²⁵ tɕɥæ³³]

刚一挑起来就一阵清风，[kaŋ³³ i²¹³ tʰiau³³ tɕʰi⁵⁵ læ³¹ tɕiou³²⁴ i²¹³ tsen²⁵ tɕʰin³³ foŋ³³]

他们就往天边去飞。[tʰɒ³³men³¹tɕiou³²⁴uaŋ⁵⁵tʰian³³pian³³tɕʰi²⁵fei³³]

就飞呀飞，[tɕiou³²⁴fei³³ɒ⁰fei³³]

就快追上了织女。[tɕiou³²⁴kʰuæ²⁵tɕʮei³³saŋ³²⁴liə⁰tsʅ²¹³ly⁵⁵]

天上的王母娘娘一看，[tʰian³³saŋ³²⁴ti⁰uaŋ³¹moŋ⁵⁵n̩iaŋ³¹n̩iaŋ⁰i²¹³kʰan²⁵]

那还了得，[lɒ²⁵xæ³¹liau⁵⁵tæ²¹³]

天上的仙女和陆地的凡人成亲。[tʰian³³saŋ³²⁴ti⁰ɕian³¹ly⁵⁵xo³¹lou²¹³ti³²⁴ti⁰fan³¹zen³¹tsʰen³¹tɕʰin³³]

就把簪取出来，[tɕiou³²⁴pɒ⁵⁵tsan³³tɕʰʮ⁵⁵tɕʰy²¹³læ³¹]

中间一划，[tsoŋ³³tɕian³³i²¹³xuɒ³²⁴]

就是一条大的河。[tɕiou³²⁴sʅ³²⁴i²¹³tʰiau³¹tɒ³²⁴ti⁰xo³¹]

两头望不到边，[liaŋ⁵⁵tʰou³¹uaŋ³²⁴pu⁰tau²⁵pian³³] 望不到：看不到

你望不倒我我望不倒你，[li⁵⁵uaŋ³²⁴pu⁰tau⁵⁵ŋo⁵⁵ŋo⁵⁵uaŋ³²⁴pu⁰tau⁵⁵li⁵⁵]

波涛汹涌，[po³³tʰau³³ɕioŋ³³ioŋ⁵⁵]

这就是人们后面说的银河。[tse²⁵tɕiou³²⁴sʅ³²⁴zen³¹men³¹xou³²⁴mian³²⁴ɕʮæ²¹³ti⁰in³¹xo³¹]

两个人就非常的痛苦了。[liaŋ⁵⁵ko⁰zen³¹tɕiou³²⁴fei³³tsʰaŋ³¹ti⁰tʰoŋ²⁵kʰu⁵⁵liə⁰]

但这个喜鹊晓得这个事以后，[tan³²⁴tse²⁵ko⁰ɕi⁵⁵tɕʰio²¹³ɕiau⁵⁵te²¹³tse²⁵ko²⁵sʅ³²⁴i⁵⁵xou³²⁴] 晓得：知道

也非常同情，支持他们。[ie⁵⁵fei³³tsʰaŋ³¹tʰoŋ³¹tɕʰin³¹，tsʅ³³tsʰʅ³¹tʰɒ³³men³¹]

就到每年七月初七的时候，[tɕiou³²⁴tau²⁵mei⁵⁵n̩ian³¹tɕʰi²¹³ʮæ²¹³tsʰou³³tɕʰi²¹³ti⁰sʅ³¹xou³²⁴]

喜鹊就相互之间，[ɕi⁵⁵tɕʰio²¹³tɕiou³²⁴ɕiaŋ³³xu³²⁴tsʅ³³tɕian³³]

你衔倒我的尾巴我衔倒你的尾巴，[li⁵⁵xan³¹tau⁰ŋo⁵⁵ti⁰uei⁵⁵pɒ⁰ŋo⁵⁵xan³¹tau⁰li⁵⁵ti⁰uei⁵⁵pɒ⁰]

就搭起一座喜鹊桥，[tɕiou³²⁴tɒ²¹³tɕʰi⁵⁵i²¹³tso³²⁴ɕi⁵⁵tɕʰio²¹³tɕʰiau³¹]

让他两个人相会。[ʮaŋ³²⁴tʰɒ³³liaŋ⁵⁵ko⁰zen³¹ɕiaŋ³³xuei³²⁴]

这就是著名的牛郎织女相会初七。[tse²⁵tɕiou³²⁴sʅ³²⁴tɕy²⁵min³¹ti⁰n̩iou³¹laŋ³¹tsʅ²¹³ly⁵⁵ɕiaŋ³³xuei³²⁴tsʰou³³tɕʰi²¹³]

意译：我今天讲一个牛郎织女的故事。古时候，有个年轻人，父母都去世了。他和一条老牛相依为命。这条老牛非常同情他，其实这个老牛是天上的金牛星，想帮他成个家。

这条老牛有一天知道天上的七仙女要到村东头的湖里去洗澡。他托个梦给这个年轻人，对年轻人说："你去看看有没有美女到湖里洗澡，她们把衣服挂在树

上，你拿一件走吧。"年轻人半信半疑的。第二天上午，他到村东头湖里一看，真的看到几个美女在洗澡。他看见一件粉红的衣服，走过去拿了就跑，跑回了家里。到了晚上，这个仙女就找到家里来，轻轻地敲他的门，两个人就此成了家。其实这个仙女是七仙女当中的织女，七仙女之一。这三年他们过得非常幸福和开心，两个人生了两个孩子，一男一女。

天上的三天，相当于地上的三年。好日子不长，天上的玉皇大帝知道了织女私自下凡，要把她找回去。这还得了，私自下凡。突然有一天，打了一个闪电，织女就不见了。家里两个孩子得知她妈妈不见了，就在那里哭起来了，叫起来了，到处找妈妈。牛郎回来以后，就非常着急，也到处去找。这个时候老牛就告诉他。他说："不要着急，你把我头上的两个角取下来，当作两个箩筐，挑着两个孩子去追。"他一说完两个角真的掉了，牛郎就找了根扁担，挑着两个孩子去追。刚一挑起来就有一阵清风，他们就往天边飞。飞呀飞，快要追上了织女。天上的王母娘娘一看，那还了得，天上的仙女和陆地的凡人成亲。就把簪子拿下来，中间一划，出现一条大河。两头望不到边，你看不到我，我也看不到你，波涛汹涌，这就是人们后面说的银河。两个人非常的痛苦。

喜鹊知道这个事以后，也非常同情、支持他们。每年到了七月初七的时候，这些喜鹊相互之间，你咬着我的尾巴，我咬着你的尾巴，搭起一座喜鹊桥，让他们两个人相会。这就是著名的牛郎织女相会初七。

三　其他故事

0022 其他故事

我说两个芋ⁿ子大家听下子，[ŋo⁵⁵ ɕyæ²¹³ liaŋ⁵⁵ ko⁰ ʯ²⁵ tsʅ⁰ tɒ³²⁴ kɒ³³ tʰin²⁵ xɒ³²⁴ tsʅ⁰]

芋ⁿ子：故事

其实这是两个真实的故事。[tɕʰi³¹ sʅ²¹³ tse²⁵ sʅ³²⁴ liaŋ⁵⁵ ko⁰ tsen³³ sʅ²¹³ ti⁰ ku²⁵ sʅ⁰]

第一个，[ti³²⁴ i²¹³ ko⁰]

上个世纪八十年代初期，[saŋ³²⁴ ko⁰ sʅ²⁵ tɕi²⁵ pɒ²¹³ sʅ²¹³ ȵian³¹ tæ³²⁴ tsʰou³³ tɕʰi³³]

我们国家恢复高考，[ŋo⁵⁵ men⁰ kuæ²¹³ tɕiɒ³³ xuei³³ fu³³ kau³³ kʰau⁵⁵]

下街头的一个姑娘伢小戴，[xɒ³²⁴ kæ³³ tʰou⁰ ti⁰ i²¹³ ko²⁵ ku²¹³ liaŋ³¹ ŋɒ³¹ ɕiau⁵⁵ tæ²⁵] 姑娘伢：女孩子

考取了大冶师范，[kʰau⁵⁵ tɕʰi⁵⁵ liau⁰ tɒ³²⁴ ie⁵⁵ sʅ³³ fan³²⁴]

要到大冶师范去读书。[iau²⁵ tau²⁵ tɒ³²⁴ ie⁵⁵ sʅ³³ fan³²⁴ tɕʰi²⁵ tou²¹³ ɕʯ³³]

在读书期间咧，[tsæ³²⁴ tou²¹³ ɕʯ³³ tɕʰi³³ tɕian³³ lie⁰]

小戴接触了一个外地男朋友。[ɕiau⁵⁵ tæ²⁵ tɕie²¹³ tsʰou²¹³ liau⁰ i²¹³ ko²⁵ uæ³²⁴ ti³²⁴ lan³¹ pʰoŋ³¹ iou⁵⁵]

也是刚接触的，两个人蛮热络。[ie⁵⁵ sɿ³²⁴ kaŋ³³ tɕie²¹³ tsʰou²¹³ ti⁰, liaŋ⁵⁵ ko²⁵ zen³¹ man³¹ ʯæ²¹³ lo⁰] 热络：感情融洽，有亲热之意

有一天下昼黑，[iou⁵⁵ i²¹³ tʰian³³ xɒ³²⁴ tsou²⁵ xæ²¹³] 下昼黑：傍晚

两个人在校园谈朋友。[liaŋ⁵⁵ ko²⁵ zen³¹ tsæ³²⁴ ɕiau³²⁴ ʯan³¹ tʰan³¹ pʰoŋ³¹ iou⁰] 谈朋友：谈恋爱

在溜达溜达的时候呢，[tsæ³²⁴ liou³³ tɒ⁰ liou³³ tɒ⁰ ti⁰ sɿ³¹ xou³²⁴ lie⁰] 溜达：散步

小戴突然跟那个男伢说：[ɕiau⁵⁵ tæ²⁵ tʰou²¹³ ʯan³¹ ken³³ lɒ²⁵ ko⁰ lan³¹ ŋɒ³¹ ɕʯæ²¹³] 男伢：男孩，这里指男友。跟：对

"你到这里倚倒，我要去跐下子"。[li⁵⁵ tau²⁵ tse²⁵ li⁵⁵ tɕi³²⁴ tau⁰, ŋo⁵⁵ iau²⁵ tɕʰi²⁵ kʰu³¹ xɒ³²⁴ tsɿ⁰] 倚倒：站着。跐：蹲

那个外地男伢冇听懂，[lɒ²⁵ ko²⁵ uæ³²⁴ ti³²⁴ lan³¹ ŋɒ³¹ mau³²⁴ tʰin²⁵ toŋ⁵⁵] 冇：没有

就莟了，铆起来抠头。[tɕiou³²⁴ sau³¹ liə⁰, mau⁵⁵ tɕʰi⁵⁵ læ³¹ kʰou³³ tʰou³¹] 莟：傻。铆：使劲。抠头：抓头

小戴回过头来一看，是么回事。[ɕiau⁵⁵ tæ²⁵ xuei³¹ ko²⁵ tʰou³¹ læ³¹ i²¹³ kʰan²⁵, sɿ³²⁴ mo⁵⁵ xuei³¹ sɿ³²⁴] 么回事：怎么回事

但是咧，她感觉到不对。[tan³²⁴ sɿ³²⁴ lie⁰, tʰɒ³³ kan⁵⁵ tɕio²¹³ te⁰ pu²¹³ tei²⁵]

心里就笑起来了，[ɕin³³ li⁰ tɕiou³²⁴ ɕiau²⁵ tɕʰi⁵⁵ læ⁰ liə⁰]

就过来跟那个男伢说，[tɕiou³²⁴ ko²⁵ læ³¹ ken³³ lɒ²⁵ ko²⁵ lan³¹ ŋɒ³¹ ɕʯæ²¹³]

估计他是黄石港的倚倒那个话冇听懂。[ku⁵⁵ tɕi²⁵ tʰɒ³³ sɿ³²⁴ xuaŋ³¹ sɿ²¹³ kaŋ⁵⁵ ti⁰ tɕi³²⁴ tau⁰ lɒ²⁵ ko²⁵ xuɒ³²⁴ mau³²⁴ tʰin²⁵ toŋ⁵⁵]

就跟他说：[tɕiou³²⁴ ken³³ tʰɒ³³ ɕʯæ²¹³]

"你在这里站倒，[li⁵⁵ tsæ³²⁴ tse²⁵ li⁵⁵ tsan²⁵ tau⁰] 站倒：站着

我要去上个茅厕"。[ŋo⁵⁵ iau²⁵ tɕʰi²⁵ saŋ³²⁴ ko²⁵ mau³¹ sɿ³³] 茅厕：厕所

她还上前去跟那个男伢啵了下子。[tʰɒ³³ xæ³¹ saŋ³²⁴ tɕʰian³¹ tɕʰi⁰ ken³³ lɒ²⁵ ko²⁵ lan³¹ ŋɒ³¹ po²⁵ liə⁰ xɒ³²⁴ tsɿ⁰] 啵了下子：亲了一下

这个男伢更莟了，[tse²⁵ ko⁰ lan³¹ ŋɒ³¹ ken²⁵ sau³¹ liə⁰] 莟：形容不自然的样子

但是感到了幸福。[tan³²⁴ sɿ³²⁴ kan⁵⁵ tau²⁵ liə⁰ ɕin²⁵ fu³¹]

实际上，[sɿ²¹³ tɕi²⁵ saŋ³²⁴]

那个"茅厕"是黄石港的土话。[lɒ²⁵ ko⁰ mau³¹ sɿ³³ sɿ³²⁴ xuaŋ³¹ sɿ²¹³ kaŋ⁵⁵ ti⁰ tʰou⁵⁵ xuɒ³²⁴]

那个"跐倒"，包括"倚倒"，[lɒ²⁵ ko⁰ kʰu³¹ tau⁰, pau³³ kʰo⁰ tɕi³²⁴ tau⁰]

这是黄石港的特色话，[tse²⁵ sɿ³²⁴ xuaŋ³¹ sɿ²¹³ kaŋ⁵⁵ ti⁰ tʰæ²¹³ sæ²¹³ xuɒ³²⁴]

现在说起来呢，[ɕian³²⁴ tsæ³²⁴ ɕʮæ²¹³ tɕʰi⁵⁵ læ⁰ lie⁰]

是一个故事也是个笑话。[sʅ³²⁴ i²¹³ ko⁰ ku²⁵ sʅ³²⁴ ie⁵⁵ sʅ³²⁴ ko⁰ ɕiau²⁵ xuɤ³²⁴]

意译：我说两个故事大家听一下。其实这是两个真实的故事。第一个，上个世纪八十年代初期，我们国家恢复高考。下街头的一个姑娘小戴考取了大冶师范，要到大冶师范去读书。在读书期间，小戴交了一个外地男朋友。也是刚接触的，两个人很亲热。

有一天晚上两个人在校园谈朋友。在散步的时候，小戴突然跟那个男孩子说："你到这里徛倒，我要去跍下子"。那个外地男孩子没有听懂，就傻了，抬起头来抠头。小戴回过头来一看，是怎么回事。但是呢，她感觉到不对。心里就笑起来了，就过来和那个男孩子说，估计他是黄石港的"徛倒"那个话没有听懂。就跟他说："你在这里站到，我要去上个茅厕"。她还上前去跟那个男孩子亲了一下，这个男孩子更苔（傻）了，但是感到了幸福。实际上，那个"茅厕（厕所）"是黄石港的土话。那个"跍倒（蹲着）"，包括"徛倒（站着）"，这是黄石港的特色话，现在说起来呢，是一个故事也是个笑话。

0023 其他故事

我再说一个故事给大家听下子。[ŋo⁵⁵ tsæ²⁵ ɕʮæ²¹³ i²¹³ ko²⁵ ku²⁵ sʅ³²⁴ tɒ³²⁴ kɒ³³ tʰin³³ xɒ³²⁴ tsʅ⁰]

糖包子燎了背，[tʰaŋ³¹ pau³³ tsʅ⁰ uo³¹ liau⁰ pei²⁵] 燎：烫

吃糖包子么样燎了背呢？[tɕʰi²¹³ tʰaŋ³¹ pau³³ tsʅ⁰ mo⁵⁵ iaŋ³²⁴ uo³¹ liau⁰ pei²⁵ ȵie⁰]

大家一定可能不相信。[tɒ³²⁴ kɒ³³ i²¹³ tin³²⁴ kʰo⁰ len³¹ pu²¹³ ɕiaŋ³³ ɕin²⁵]

你看我把这个芛⁼子说完了，[li⁵⁵ kʰan²⁵ ŋo⁵⁵ pɒ⁵⁵ tse²⁵ ko²⁵ ʮ²⁵ tsʅ⁰ ɕʮæ²¹³ uan³¹ liau⁰]

芛⁼子：故事

你看信不信。[li⁵⁵ kʰan²⁵ ɕin²⁵ pu²¹³ ɕin²⁵]

这个吃糖包子燎了背，[tse²⁵ ko⁰ tɕʰi²¹³ tʰaŋ³¹ pau³³ tsʅ⁰ uo³¹ liau⁰ pei²⁵]

就是说我们黄石港上街头，[tɕiou³²⁴ sʅ³²⁴ ɕʮæ²¹³ ŋo⁵⁵ men⁰ xuaŋ³¹ sʅ²¹³ kaŋ⁵⁵ saŋ³²⁴ kæ³³ tʰou³¹]

五六十年代的时候，[u⁵⁵ lou²¹³ sʅ²¹³ ȵian³¹ tæ³²⁴ ti⁰ sʅ³¹ xou⁰]

那我们国家经济还蛮艰难的。[lɒ³²⁴ ŋo⁵⁵ men⁰ kuæ²¹³ tɕiɒ³³ tɕin³³ tɕi²⁵ xæ³¹ man³¹ tɕian³³ lan⁰ ti⁰] 蛮：很

上街头有个细伢呢，[saŋ³²⁴ kæ³³ tʰou³¹ iou⁵⁵ ko⁰ ɕi²⁵ ŋɒ³¹ lie⁰] 细伢：小孩子

六月天的时候穿个裤头子。[lou²¹³ ʮæ²¹³ tʰian³³ ti⁰ sʅ³¹ xou³²⁴ tɕʰʮan³³ ko²⁵ kʰu²⁵ tʰou³¹ tsʅ⁰] 裤头子：短裤

早晨出来过早，[tsau⁵⁵ tsʰen⁰ tɕʰʅ²¹³ læ³¹ ko²⁵ tsau⁵⁵] 过早：吃早饭

他嬷把了几个硬锵子他。[tʰɒ⁵⁵ mei³³ pɒ⁵⁵ liau⁰ tɕi⁵⁵ ko²⁵ ŋen³²⁴ peŋ²⁵ tsʅ⁰ tʰɒ³³] 嬷：妈妈。硬锵子：硬币

他一出门，[tʰɒ³³ i²¹³ tɕʰʅ²¹³ men³¹]

就看到对面有个包子铺。[tɕiou³²⁴ kʰan²⁵ tau⁰ tei²⁵ mian³³ iou⁵⁵ ko⁰ pau³³ tsʅ⁰ pʰu²⁵]

用五分钱呢，[ioŋ³²⁴ u⁵⁵ fen³³ tɕʰian³¹ lie⁰]

买了一个刚出笼的糖包子，[mæ⁵⁵ liau⁰ i²¹³ ko²⁵ kaŋ³³ tɕʰʅ²¹³ loŋ³¹ ti⁰ tʰaŋ³¹ pau³³ tsʅ⁰]

他慌忙搞急地咬了一口。[tʰɒ³³ xuaŋ³³ maŋ³¹ kau⁵⁵ tɕi²¹³ ti⁰ ŋau⁵⁵ liao⁰ i²¹³ kʰou⁵⁵] 慌忙搞急：急切貌

那个糖包子里面的糖稀就往下流，[lɒ²⁵ ko⁰ tʰaŋ³¹ pau³³ tsʅ⁰ li⁵⁵ mian³³ ti⁰ tʰaŋ³¹ ɕi³³ tɕiou³²⁴ uaŋ³¹ ɕiɒ³²⁴ liou³¹] 糖稀：糖馅

而且是顺倒手里拐往下流。[ɚ³¹ tɕʰie⁵⁵ sʅ³²⁴ ɕʅen³²⁴ tau⁰ sou⁵⁵ li⁵⁵ kuæ⁵⁵ uaŋ³¹ ɕiɒ³²⁴ liou³¹] 手里拐：手肘

这个伢呢细气，怕糟蹋了糖，[tse²⁵ ko⁰ ŋɒ³¹ lie⁰ ɕi²⁵ tɕʰi²⁵，pʰɒ²⁵ tsau³³ tʰɒ²¹³ liau⁰ tʰaŋ³¹] 细气：舍不得

就顺倒手里拐往下舔。[tɕiou³²⁴ ɕʅen³²⁴ tau⁰ sou⁵⁵ li⁵⁵ kuæ⁵⁵ uaŋ³¹ ɕiɒ³²⁴ tʰian⁵⁵]

这时候糖包子就举到背后去了，[tse²⁵ sʅ³¹ xou³²⁴ tʰaŋ³¹ pau³³ tsʅ⁰ tɕiou³²⁴ tɕʅ⁵⁵ tau⁰ pei²⁵ xo³²⁴ tɕʰi²⁵ liə⁰]

这个糖稀还在流，[tse²⁵ ko⁰ tʰaŋ³¹ ɕi³³ xæ³¹ tsæ³²⁴ liou³¹]

一下子滴到背上去。[i²¹³ xɒ³³ tsʅ⁰ ti²¹³ tau⁰ pei²⁵ saŋ³²⁴ tɕʰy²⁵]

不能说背，这是黄石港话，[pu²¹³ len³¹ ɕʅæ²¹³ pei²⁵，tse²⁵ sʅ³²⁴ xuaŋ³¹ sʅ²¹³ kaŋ⁵⁵ xuɒ³²⁴]

老话应该是背。[lau⁵⁵ xuɒ³²⁴ in²⁵ kæ³³ sʅ³²⁴ pi²⁵]

糖稀又滴到背上去了，[tʰaŋ³¹ ɕi³³ iou³²⁴ ti²¹³ tau⁰ pi²⁵ saŋ³²⁴ tɕʰi²⁵ liə⁰]

背呢煻了下子。[pi²⁵ lie⁰ uo²¹³ liə⁰ xɒ³³ tsʅ⁰]

那个伢喝了一声"好煻"！[lɒ²⁵ ko⁰ ŋɒ³¹ ŋaŋ³³ liə⁰ i²¹³ sen³³ xau⁵⁵ uo²¹³] 喝：叫

这是黄石港一个经典的芋⁼子，[tse²⁵ sʅ³²⁴ xuaŋ³¹ sʅ²¹³ kaŋ⁵⁵ i²¹³ ko²⁵ tɕin³³ tian⁵⁵ ti⁰ ʅ²⁵ tsʅ⁰]

叫"吃糖包子煻了背"。[tɕiau²⁵ tɕʰi²¹³ tʰaŋ³¹ pau³³ tsʅ⁰ uo²¹³ liə⁰ pi²⁵]

这故事说完了，看大家还信不信。[tse²⁵ ku²⁵ sʅ⁰ ɕʅæ²¹³ uan³¹ liau⁰，kʰan²⁵ tɒ³²⁴ kɒ³³ xæ³¹ ɕin²⁵ pu²¹³ ɕin²⁵]

意译：我再说一个故事给大家听下：吃糖包子烫了背。吃糖包子怎么烫了背呢？大家一定可能不相信，你看我把这个故事说完了你看信不信。这个吃糖包子

烫了背，就是说我们黄石港上街头五六十年代的时候，经济还很困难。上街头有个小孩子，六月天的时候穿条短裤。早晨出来吃早饭，他妈妈给了几个硬币他。他一出门就看到对面有个包子铺。用五分钱买了一个刚出笼的糖包子，慌慌张张地咬了一口。那个糖包子里面的糖稀就往下流，而且是顺着手肘往下流。这个男孩子有些舍不得，他怕浪费了糖，就顺着手肘往下舔。这时候糖包子就举到背后去了，糖稀还在流，一下子滴到背上了。不能说背，这是黄石港话，老话应该是背。糖稀又滴到背上去了，背烫了一下，那个孩子叫了一声"好烫"！这是黄石港一个经典的芋子，叫"吃糖包子熯了背"。这故事说完了，看大家还信不信。

0024 其他故事

这个故事呢，是说呢。[tse²⁵ ko⁰ ku²⁵ sɿ³²⁴ le⁰，sɿ³²⁴ ɕʯæ²¹³ le⁰]

从前有个财主，家里蛮有钱。[tsʰoŋ³¹ tɕian³¹ iou⁵⁵ ko⁰ tɕʰæ³¹ tɕy⁵⁵，tɕiŋ³³ li⁵⁵ man³¹ iou⁵⁵ tɕʰian³¹] 蛮：很

而这个姑娘，相当漂亮，[ɚ³³ tse²⁵ ko⁰ ku³³ ȵiaŋ³¹，ɕiaŋ³³ taŋ³³ pʰiau²⁵ liaŋ³²⁴]

四处都有求亲的。[sɿ²⁵ tɕʰy⁵⁵ tou³³ iou⁵⁵ tɕʰiou³¹ tɕʰin³³ ti³¹]

这个财主啊，他冇读倒么书。[tse²⁵ ko⁰ tsʰæ³¹ tɕy⁵⁵ ɒ⁰，tʰɒ³³ mau³²⁴ tou²¹³ tau⁵⁵ mo⁵⁵ ɕy³³] 冇：没有

但是呢，他想逞一下自己的能。[tan³²⁴ sɿ³²⁴ le⁰，tʰɒ³³ ɕiaŋ⁵⁵ tsʰoŋ⁵⁵ i²¹³ xɒ³²⁴ tsɿ³²⁴ tɕi⁵⁵ ti³¹ len³¹]

显得他有文化，是不是啊。[ɕian⁵⁵ tæ²¹³ tʰɒ³³ iou⁵⁵ uen³¹ xuɒ²⁵，sɿ³²⁴ pu³³ sɿ³²⁴ ɒ⁰]

那么借这个跟他的这个姑娘招亲的这个机会，[lɒ²⁵ mo⁵⁵ tɕie²⁵ tse²⁵ ko⁰ ken³³ tʰɒ ti³¹ tse²⁵ ko⁰ ku³³ ȵiaŋ³¹ tsau³³ tɕʰin³³ ti³¹ tse²⁵ ko⁰ tɕi³³ xuei³²⁴]

他就请别人写了一篇文章。[tʰɒ³³ tɕiou³²⁴ tɕʰin⁵⁵ pie²¹³ zen³¹ ɕie⁵⁵ liɚ⁰ i²¹³ pʰian³³ uen³¹ tsaŋ³³]

是吧。[sɿ³²⁴ pɒ⁰]

以文化的品味来招一个女婿进来，[i⁵⁵ uen³¹ xuɒ²⁵ ti³¹ pʰin⁵⁵ uei³²⁴ læ³¹ tsau³³ i²¹³ ko²⁵ ly⁵⁵ ɕi²⁵ tɕin²⁵ læ³¹]

显示他自己的这个家族里面有文化。[ɕian⁵⁵ sɿ²⁵ tʰɒ³³ tsɿ³²⁴ tɕi⁵⁵ ti³¹ tse²⁵ ko⁰ tɕiɒ³³ tsʰou²¹³ li⁵⁵ mian³³ iou⁵⁵ uen³¹ xuɒ²⁵]

是不是啊。[sɿ³²⁴ pu³³ sɿ³²⁴ ɒ⁰]

这样他就把这个招亲榜贴在门口。[tse²⁵ iaŋ³²⁴ tʰɒ³³ tɕiou³²⁴ pɒ⁵⁵ tse²⁵ ko⁰ tsau⁵⁵ tɕʰin³³ paŋ⁵⁵ tʰiɛ²¹³ tsæ³²⁴ men³¹ kʰo⁵⁵]

这一贴了以后，[tse²⁵ i²¹³ tʰie³²⁴ liɚ⁰ i⁵⁵ xou⁵⁵]

三天五天六天七天八天。［san³³ tʰian³³ u⁵⁵ tʰian³³ lou²¹³ tʰian³³ tɕʰi²¹³ tʰian³³ pɒ²¹³ tʰian³³］

别个过来一看，［pie²¹³ ko⁰ ko²⁵ læ³¹ i²¹³ kʰan²⁵］

好多字都不认得，［xau⁵⁵ to³³ tsʅ³²⁴ tou³³ pu²¹³ zn̩³²⁴ tæ²¹³］

不晓得一篇什么文章。［pu²¹³ ɕiau⁵⁵ te³²⁴ i²¹³ pʰian³³ sen³¹ mo³³ uen³¹ tsaŋ³³］ 不晓得：不知道

是不是啊。［sʅ³²⁴ pu⁰ sʅ³²⁴ ɒ⁰］

过了这长时间，［ko²⁵ liə⁰ tse²⁵ tsʰaŋ³¹ sʅ³¹ tɕian³³］

这个财主问有没有人来揭榜。［tse²⁵ ko⁰ tsʰæ³¹ tɕy⁵⁵ uen³²⁴ iou⁵⁵ mei³¹ iou⁵⁵ zn̩³¹ læ³¹ tɕie²¹³ paŋ⁵⁵］

那个招呼榜的人说：［lɒ²⁵ ko²⁵ tsau⁵⁵ xu³³ paŋ⁵⁵ ti³¹ zn̩³¹ ɕʯæ²¹³］ 招呼：看管、照看

"冇得，冇得人揭榜。"［mau³²⁴ tæ²¹³，mau³²⁴ tæ²¹³ zn̩³¹ tɕie²¹³ paŋ⁵⁵］ 冇得：没有

过了几天，［ko²⁵ liə⁰ tɕi⁵⁵ tʰian³³］

就有一个人过来一看，［tɕiou³²⁴ iou⁵⁵ i²¹³ ko²⁵ zn̩³¹ ko²⁵ læ³¹ i²¹³ kʰan²⁵］

他也不认得。［tʰɒ³³ ie⁵⁵ pu²¹³ zn̩³²⁴ tæ²¹³］ 认得：认识

其实这个人没有读书。［tɕʰi³¹ sʅ³²⁴ tse²⁵ ko²⁵ zn̩³¹ mei³¹ iou⁵⁵ tou²¹³ ɕy³³］

他一看，我一个字都不认得。［tʰɒ³³ i²¹³ kʰan²⁵，ŋo⁵⁵ i²¹³ ko²⁵ tsʅ³²⁴ tou³³ pu²¹³ zn̩³²⁴ tæ²¹³］

那是真一个字都不认得，［lɒ²⁵ sʅ³²⁴ tsen³³ i²¹³ ko²⁵ tsʅ³²⁴ tou³³ pu²¹³ zn̩³²⁴ tæ²¹³］

他冇读书嘛。［tʰɒ³³ mau³²⁴ tou²¹³ ɕy³³ mæ³¹］

看这个榜的人他心里高兴了。［kʰan²⁵ tse²⁵ ko²⁵ paŋ⁵⁵ ti³¹ zn̩³¹ tʰɒ³³ ɕin³³ li⁰ kau³³ ɕin²⁵ liə⁰］

这么多天，［tse²⁵ mo⁵⁵ to³³ tʰian³³］

没人说，［mei³¹ zn̩³¹ ɕʯæ²¹³］

说认得这些字。［ɕʯæ²¹³ ʯen³³ tæ³¹ tse²⁵ ɕie³³ tsʅ³³］

今天来了一个人是一个字不认得。［tɕin³³ tʰian³³ læ³¹ liə⁰ i²¹³ ko²⁵ zn̩³¹ sʅ³²⁴ i²¹³ ko²⁵ tsʅ³²⁴ pu²¹³ zn̩³²⁴ tæ²¹³］

那可以，是吧。［lɒ²⁵ kʰo⁵⁵ i⁵⁵，sʅ³²⁴ pɒ⁰］

财主为这事急得不得结，［tsʰæ³¹ tɕy⁵⁵ uei³²⁴ tse²⁵ sʅ³²⁴ tɕi³¹ tæ³¹ pu²¹³ tæ²¹³ tɕie²¹³］ 急得不得结：很急

是不是不好交差。［sʅ³²⁴ pu⁰ sʅ³³ pu²¹³ xau⁵⁵ tɕiau³³ tsʰæ³³］

他马上，这看榜的两个人。［tʰɒ³³ mɒ⁵⁵ saŋ³²⁴，tse²⁵ kʰan²⁵ paŋ⁵⁵ ti⁰ liaŋ⁵⁵ ko²⁵ zn̩³¹］

马上就回禀财主：［mɒ⁵⁵ saŋ³²⁴ tɕiou³²⁴ xuei³¹ pin⁵⁵ tsʰæ³¹ tɕy⁵⁵］

"财主大爷，今天路过了一个人，［tsʰæ³¹ tɕy⁵⁵ tɒ³²⁴ ie³¹，tɕin³³ tʰian³³ lou³²⁴ ko²⁵ liə⁰ i²¹³ ko²⁵ zen³¹]

他像一个字也不认得。"[tʰɒ³³ ɕiaŋ³²⁴ i²¹³ ko²⁵ tsɿ³²⁴ ie⁵⁵ pu²¹³ zen³²⁴ tæ²¹³]

财主一听，高兴得不得结。[tsʰæ³¹ tɕy⁵⁵ i²¹³ tʰin²⁵, kau³³ ɕin²⁵ tæ²¹³ pu²¹³ tæ²¹³ tɕie²¹³]

"那可以，一个字不认得，[lɒ²⁵ kʰo⁵⁵ i³¹, i²¹³ ko²⁵ tsɿ³²⁴ pu²¹³ zen³²⁴ tæ²¹³]

过来教他就行了，[ko²⁵ læ³¹ tɕiau³³ tʰɒ³³ tɕiou³²⁴ ɕin³¹ liə⁰]

赶快把这个人招进来。"[kan⁵⁵ kʰuæ²⁵ pɒ⁵⁵ tse²⁵ ko²⁵ zen³¹ tsau³³ tɕin²⁵ læ³¹]

这样，[tse²⁵ iaŋ³²⁴]

他一招进来话都不说，[tʰɒ³³ i²¹³ tsau³³ tɕin²⁵ læ³¹ xuɒ³²⁴ tou³³ pu²¹³ ɕuæ²¹³]

说得就不打紧的。[ɕuæ²¹³ tæ³²⁴ tɕiou³²⁴ pu²¹³ tɒ⁵⁵ tɕin⁵⁵ ti⁰]

整个这一方都知道财主家里招亲，[tsen⁵⁵ ko²⁵ tse²⁵ i²¹³ faŋ³³ tou³³ tsɿ³³ tau³²⁴ tsʰæ³¹ tɕy⁵⁵ tɕin³³ li⁵⁵ tsau³³ tɕʰin³³]

招了一个有相当文化品味的。[tsau³³ liə⁰ i²¹³ ko²⁵ iou⁵⁵ ɕiaŋ³³ taŋ³³ uen³¹ xuɒ²⁵ pin⁵⁵ uei³²⁴ ti⁰]

他出的这个文章只有一个字不认得，[tʰɒ³³ tɕʰy²¹³ ti⁰ tse²⁵ ko²⁵ uen³¹ tsaŋ³³ tsɿ⁵⁵ iou⁵⁵ i²¹³ ko²⁵ tsɿ³²⁴ pu²¹³ zen³²⁴ tæ²¹³]

这个人的文化那就相当不错了。[tse²⁵ ko²⁵ zen³¹ ti⁰ uen³¹ xuɒ²⁵ lɒ²⁵ tɕiou³²⁴ ɕiaŋ³³ taŋ³³ pu²¹³ tsʰo²⁵ le⁰]

那么传出去这个财主家里成亲，[lɒ²⁵ mo⁰ tɕʰuan³¹ tɕʰy²¹³ tɕʰi²⁵ tse²⁵ ko²⁵ tsʰæ³¹ tɕy⁵⁵ tɕin³³ li⁵⁵ tsʰen³¹ tɕʰin³¹]

财主家的人都晓得，这晓得的。[tsʰæ³¹ tɕy⁵⁵ tɕin³³ ti⁰ zen³¹ tou³³ ɕiau⁵⁵ tæ²¹³, tse²⁵ ɕiau⁵⁵ tæ²¹³ ti⁰] 晓得：知道

就真惊动了这些周围的文人墨客。[tɕiou³²⁴ tsen³³ tɕin³³ toŋ³²⁴ liə⁰ tse²⁵ ɕie³³ tsou³³ uei³¹ ti⁰ uen³¹ zen³¹ mæ²¹³ kʰæ²¹³]

哎呀，财主家招了这么一个，[ei⁰ iɒ⁰, tsʰæ³¹ tɕy⁵⁵ tɕiɒ³³ tsau³³ liə⁰ tse²⁵ mo⁰ i²¹³ ko²⁵]

一个有文化的人嘞。[i²¹³ ko²⁵ iou⁵⁵ uen³¹ xuɒ²⁵ ti⁰ zen³¹ le⁰]

我们去考一考他，[ŋo⁵⁵ men³¹ tɕʰi²⁵ kʰau⁵⁵ i²¹³ kʰau⁵⁵ tʰɒ³³]

就去准备那天来考一考他，[ɕiou³²⁴ tɕʰi²⁵ tɕuen⁵⁵ pi³²⁴ læ²⁵ tʰian³³ læ³¹ kʰau⁵⁵ i²¹³ kʰau⁵⁵ tʰɒ³³]

考一考他。[kʰau⁵⁵ i²¹³ kʰau⁵⁵ tʰɒ³³]

就在成亲的晚上，[tɕiou³²⁴ tsæ³²⁴ tsʰen³¹ tɕʰin³³ ti⁰ uan⁵⁵ saŋ³²⁴] 成亲：结婚

那个姑娘就问。[lɒ²⁵ ko⁰ ku³³ ȵiaŋ³¹ tɕiou³²⁴ uen³²⁴]

她说："这个里面的文章，[tʰɒ³³ ɕʯæ³²⁴：tse²⁵ ko⁰ li⁵⁵ mian³²⁴ ti⁰ uen³¹ tsaŋ³³]
你是一个字也不认得？"[li⁵⁵ sʅ³²⁴ i²¹³ ko²⁵ tsʅ³²⁴ ie⁵⁵ pu²¹³ zen³²⁴ tæ²¹³]
"我是一个字也不认得。"[ŋo⁵⁵ sʅ³²⁴ i²¹³ ko²⁵ tsʅ³²⁴ ie⁵⁵ pu²¹³ zen³²⁴ tæ²¹³]
"哪一个字啊？"[lɒ³²⁴ i²¹³ ko²⁵ tsʅ³²⁴ ɒ⁰]
"哪一个字？[lɒ³²⁴ i²¹³ ko²⁵ tsʅ³²⁴]
我一个都不认得。"[ŋo⁵⁵ i²¹³ ko²⁵ tou³³ pu²¹³ zen³²⁴ tæ²¹³]
那不得结，[lɒ²⁵ pu²¹³ tæ²¹³ tɕie²¹³] 不得结：不得了
生米已经煮成熟饭了，[sen³³ mi⁵⁵ i⁵⁵ tɕin³³ tɕy⁵⁵ tsʰen³¹ sou²¹³ fan³²⁴ liə⁰]
怎么办嘞？[tsen⁵⁵ mo⁵⁵ pan³²⁴ le⁰]
这个姑娘就跟他讲。[tse²⁵ ko⁰ ku³³ ɲiaŋ³¹ tɕiou³²⁴ ken³³ tʰɒ³³ tɕiaŋ⁵⁵]
她就说："你这样嘞，[tʰɒ³³ tɕiou³²⁴ ɕʯæ²¹³：li⁵⁵ tse²⁵ iaŋ³²⁴ le⁰]
他明天这些秀才，[tʰɒ³³ min³¹ tʰian³³ tse²⁵ ɕie³³ ɕiou²⁵ tsʰæ³¹]
这些有文化的人来考你啊。[tse²⁵ ɕie³³ iou⁵⁵ uen³¹ xuɒ²⁵ ti⁰ zen³¹ læ³¹ kʰau⁵⁵ li⁵⁵ ɒ⁰]
不要紧，[pu²¹³ iau²⁵ tɕin⁵⁵]
她们的第一句就要考，是吧。[tʰɒ³³ men³¹ ti⁰ ti³²⁴ i²¹³ tɕy²⁵ tɕiou³²⁴ iau²⁵ kʰau⁵⁵，sʅ³²⁴ pɒ⁰]
开天辟地是谁，是不是，[kʰæ³³ tʰian³³ pʰi²¹³ ti³²⁴ sʅ³²⁴ ɕyei³¹，sʅ³²⁴ pu⁰ sʅ³²⁴]
开天辟地是盘古啊，盘古啊。"[kʰæ³³ tʰian³³ pʰi²¹³ ti³²⁴ sʅ³²⁴ pʰan³¹ ku⁵⁵ ɒ⁰，pʰan³¹ ku⁵⁵ ɒ⁰]
自从这个天下来讲，[tsʅ³²⁴ tsʰoŋ³¹ tse²⁵ ko⁰ tʰian³³ ɕiɒ³²⁴ læ³¹ tɕiaŋ⁵⁵]
盘古开天辟地。[pʰan³¹ ku⁵⁵ kʰæ³³ tʰian³³ pʰi²¹³ ti³²⁴]
这是大人细伢儿都晓得的事。[tse²⁵ sʅ³²⁴ tɒ³²⁴ zen³¹ ɕi²⁵ ŋɒ³¹ tou³³ ɕiau⁵⁵ tæ²¹³ ti⁰ sʅ³²⁴]
细伢儿：小孩子
那么他冇读倒书，[lɒ²⁵ mo⁵⁵ tʰɒ³³ mau³²⁴ tou²¹³ tau⁰ ɕy³³]
一个字也不认得。[i²¹³ ko²⁵ tsʅ³²⁴ ie⁵⁵ pu²¹³ zen³²⁴ tæ²¹³]
那么办嘞？lɒ²⁵ mo⁵⁵ pan³²⁴ le⁰]
怎么办嘞？[tsen⁵⁵ mo⁵⁵ pan³²⁴ le⁰]
他这个财主的女儿就想了一个主意，[tʰɒ³³ tse²⁵ ko⁰ tsʰæ³¹ tɕy⁵⁵ ti⁰ ly⁵⁵ ɚ³¹ tɕiou³²⁴ ɕiaŋ⁵⁵ liə⁰ i²¹³ ko²⁵ tɕy⁵⁵ i²⁵]
叫把盘子给倒她。[tɕiau²⁵ pɒ⁵⁵ pʰan³¹ tsʅ⁰ ke⁵⁵ tau⁰ tʰɒ³³]
"你把这个盘子啊，[li⁵⁵ pɒ⁵⁵ tse²⁵ ko⁰ pʰan³¹ tsʅ⁰ ɒ⁰]
搁到这个肚皮上靠倒，[ko²¹³ tau³¹ tse²⁵ ko⁰ tou⁵⁵ pʰi³¹ saŋ³²⁴ kʰau²⁵ tau³¹]
他们要是问你的时候，[tʰɒ³³ men³¹ iau²⁵ sʅ³²⁴ uen³²⁴ li⁵⁵ ti⁰ sʅ³¹ xou³²⁴]

你就把盘子一摸。[li⁵⁵ tɕiou³²⁴ pɒ⁵⁵ pʰan³¹ tsɿ⁰ i²¹³ mo²¹³]

哦，盘古开天辟地。[o⁰，pʰan³¹ ku⁵⁵ kʰæ³³ tʰian³³ pʰi²¹³ ti³²⁴]

这样的话嘞，就过关了。[tse²⁵ iaŋ³²⁴ ti⁰ xuɒ³²⁴ le⁰，tɕiou³²⁴ ko²⁵ kuan³³ le⁰]

他们只考你这一道题就过关了。"[tʰɒ³³ men³¹ tsɿ⁵⁵ kʰau⁵⁵ li⁵⁵ tse²⁵ i²¹³ tau³²⁴ tʰi³¹ tɕiou³²⁴ ko²⁵ kuan³³ liau⁰]

结果大家在酒席上这个出那个出，[tɕie²¹³ ko⁵⁵ tɒ³²⁴ tɕiɒ³³ tsæ³²⁴ tɕiou⁵⁵ ɕi²¹³ saŋ³²⁴ tse²⁵ ko²⁵ tɕʰy²¹³ lɒ²⁵ ko²⁵ tɕʰy²¹³]

就讲，开天辟地是谁？[tɕiou³²⁴ tɕiaŋ⁵⁵，kʰæ³³ tʰian³³ pʰi²¹³ ti³²⁴ sɿ³²⁴ ɕyei³¹]

就问了，开天辟地是谁？[tɕiou³²⁴ uen³²⁴ liə⁰，kʰæ³³ tʰian³³ pʰi²¹³ ti³²⁴ sɿ³²⁴ ɕyei³¹]

那昨天，哎呀，我那个媳妇跟我讲了，[lɒ²⁵ tso³¹ tʰian³³，æ³³ iɒ⁰，ŋo⁵⁵ læ²⁵ ko²⁵ ɕi²¹³ fu⁰ ken³³ ŋo⁵⁵ tɕiaŋ⁵⁵ liə⁰]

是不是啊。[sɿ³²⁴ pu⁰ sɿ³²⁴ ɒ⁰]

他把肚子一摸，[tʰɒ³³ pɒ⁵⁵ tou⁵⁵ tsɿ⁵⁵ i²¹³ mo²¹³]

箇盘子那是个瘪的。[ko²⁵ pʰan³¹ tsɿ³³ liɒ⁵⁵ sɿ³²⁴ ko³³ pie⁵⁵ ti⁰] 箇：这个

他箇一摸啊，他搞忘记了，[tʰɒ³³ ko²⁵ i²¹³ mo³³ ɒ⁰，tʰɒ³³ kau⁵⁵ uaŋ³²⁴ tɕi²⁵ liə⁰]

不是盘古，盘子是个瘪的。[pu²¹³ sɿ³²⁴ pʰan³¹ ku⁵⁵，pʰan³¹ tsɿ⁰ sɿ³²⁴ ko³³ pie⁵⁵ ti⁰]

他就说："自从开天辟地啊，[tʰɒ³³ tɕiou³²⁴ ɕyæ²¹³：tsɿ³²⁴ tsʰoŋ³¹ kʰæ³³ tʰian³³ pʰi³²⁴ ti³²⁴ ɒ⁰]

是瘪古开天辟地。"[sɿ³²⁴ pie⁵⁵ ku⁵⁵ kʰæ³³ tʰian³³ pʰi³²⁴ ti³²⁴]

这些秀才一听，完了，[tse²⁵ ɕie³³ ɕiou²⁵ tsʰæ³¹ i²¹³ tʰin²⁵，uan³¹ liə⁰]

我们都是知道是盘古开天辟地。[ŋo⁵⁵ men³¹ tou³³ sɿ³²⁴ tsɿ³³ tau³²⁴ sɿ³²⁴ pʰan³¹ ku⁵⁵ kʰæ³³ tʰian³³ pʰi³²⁴ ti³²⁴]

他么说盘古开天辟地，[tʰɒ³³ mo⁵⁵ ɕyæ²¹³ pʰan³¹ ku⁵⁵ kʰæ³³ tʰian³³ pʰi³²⁴ ti³²⁴]

你么说是瘪古？[li⁵⁵ mo³¹ so²¹ sɿ³²⁴ pie⁵⁵ ku⁵⁵]

"你们就不晓得了，[li⁵⁵ men³¹ tɕiou²⁵ pu²¹³ ɕiau⁵⁵ tæ³¹ liə⁰]

瘪古是盘古的老子。"[pie⁵⁵ ku⁵⁵ sɿ³²⁴ pʰan³¹ ku⁵⁵ ti³³ lau⁵⁵ tsɿ³³]

呦，这些秀才一听，[io²⁵，tse²⁵ ɕie³³ ɕiou²⁵ tsʰæ³¹ i²¹³ tʰin²⁵]

文人一看，哎呀，[uen³¹ zen³¹ i²¹³ kʰan²⁵，ai³³ iɒ⁰]

这财主家找个女婿是真有文化啊，[tse²⁵ tsʰæ³¹ tɕy⁵⁵ tɕiɒ³³ tsau⁵⁵ ko²⁵ ly⁵⁵ ɕi²⁵ sɿ³²⁴ tsen³³ iou⁵⁵ uen³¹ xuɒ²⁵ ɒ⁰]

对不对。[tei²⁵ pu⁰ tei²⁵]

他连盘古的老子就晓得是瘪古，[tʰɒ³³ lian³¹ pʰan³¹ ku⁵⁵ ti⁰ lau⁵⁵ tsɿ⁰ tɕiou²⁵ ɕiau⁵⁵ te³¹ sɿ³²⁴ pie⁵⁵ ku⁵⁵] 老子：父亲

我们从来就没听说过。[ŋo⁵⁵men³¹tsʰoŋ³¹læ³¹tɕiou²⁵mæ³¹tʰin²⁵ɕyæ²¹³ko²⁵]

那这一关呢，算过去了，是吧。[lɒ²⁵tse²⁵i²¹³kuan³³liə⁰，san²⁵ko²⁵tɕʰy²⁵le⁰，sɿ³²⁴pɒ⁰]

这个地方一讲啊，[tse²⁵ko²⁵ti³²⁴faŋ³³i²¹³tɕiaŋ⁵⁵ɒ⁰]

财主家招了这么个有文化的人啊。[tsʰæ³¹tɕy⁵⁵tɕiɒ³³tsau³³liə⁰tse²⁵mo⁰ko²⁵iou⁵⁵uen³¹xuɒ²⁵ti³¹zen³¹ɒ⁰]

这就惊动了这个庙里面的这个道人。[tse²⁵tɕiou²⁵tɕin³³toŋ³²⁴liə⁰tse²⁵ko²⁵miau³²⁴li⁵⁵mian³²⁴ti⁰tse²⁵ko⁰tau³²⁴zen³¹]

道人是相当有文化的，[tau³²⁴zen³¹sɿ³²⁴ɕiaŋ³³taŋ³³iou⁵⁵uen³¹xuɒ²⁵ti⁰]

他一天到晚看四书五经，[tʰɒ³³i²¹³tʰian³³tau³²⁴uan⁵⁵kʰan²⁵sɿ²⁵ɕy³³u⁵⁵tɕin³³]

他背的滚瓜烂熟。[tʰɒ³³pei³²⁴ti⁰kuen⁵⁵kuɒ³³lan³²⁴sou²¹³]

其实嘞，[tɕʰi³¹sɿ³¹lie³³]

这个财主家招的是个什么人嘞，[tse²⁵ko³³tsʰæ³¹tɕy⁵⁵tɕiɒ³³tsau³³ti⁰sɿ³²⁴ko³²⁴sen⁵⁵mo⁰zen³¹lie³³]

是个皮匠。[sɿ³²⁴ko³³pʰi³¹tɕiaŋ³²⁴]

他是做鞋的个皮匠，[tʰɒ³³sɿ³²⁴tsou²⁵xæ³¹ti⁰ko⁰pʰi³¹tɕiaŋ³²⁴]

这就闹出了笑话。[tse²⁵tɕiou³²⁴lau³²⁴tɕʰy³³liə⁰ɕiau²⁵xuɒ³²⁴]

第二天又要考他，第二天呢，[ti³²⁴ɚ³³tʰian³³iou²⁵iau³²⁴kʰau⁵⁵tʰɒ³³，ti³²⁴ɚ²⁵tʰian³³lie³³]

他这个老婆就跟他讲：[tʰɒ³³tse²⁵ko⁰lau⁵⁵pʰo³¹tɕiou³²⁴ken³³tʰɒ³³tɕiaŋ⁵⁵]

"这是最有文化的长老要考你，[tse²⁵sɿ³²⁴tsei²⁵iou⁵⁵uen³¹xuɒ²⁵ti³³tsaŋ⁵⁵lau⁵⁵iau³²⁴kʰau⁵⁵li⁵⁵]

在庙里面考你，[tsæ²⁵miau³²⁴li⁵⁵mian³²⁴kʰau⁵⁵li⁵⁵]

那我就不晓得了他要考什么题目了。[lɒ²⁵ŋo⁵⁵tɕiou³²⁴pu²¹³ɕiau⁵⁵tæ²¹³lie⁰tʰɒ³³iau³²⁴kʰau⁵⁵sen⁵⁵mo⁵⁵tʰi³¹moŋ³²⁴liə⁰]

你自己去答哩，那么办呢。"[li⁵⁵tsɿ²⁵tɕi⁵⁵tɕʰi²⁵tɒ²¹³liə⁰，lɒ²⁵mo⁵⁵pan³²⁴lie³³]

这个财主家的女婿就去了呢。[tse²⁵ko⁰tsʰæ³¹tɕy⁵⁵tɕin³³ti⁰ly⁵⁵ɕi²⁵tɕiou³²⁴tɕʰy²⁵liə⁰lie³³]

一去，这个长老就在庙门一坐。[i²¹³tɕʰy²⁵，tse²⁵ko³³tsaŋ⁵⁵lau⁵⁵tɕiou³²⁴tse²⁵miau³²⁴men³¹i²¹³tso³²⁴]

一坐，这个长老就竖一个大拇指。[i²¹³tso³²⁴，tse²⁵ko⁰tsaŋ⁵⁵lau⁵⁵tɕiou³²⁴ɕy²⁵i²¹³ko³³tɒ³²⁴moŋ⁵⁵tsɿ⁵⁵]

他的意思讲，我是天下第一。[tʰɒ³³ti⁰i²⁵sɿ³³tɕiaŋ⁵⁵，ŋo⁵⁵sɿ³²⁴tʰian³³ɕiɒ³²⁴ti²⁵i²¹³]

这个皮匠呢，你天下第一。［tse²⁵ko³³pʰi³¹tɕiaŋ³²⁴lie³³，li⁵⁵tʰian³³ɕiɒ³²⁴ti²⁵i²¹³］

皮匠我是做鞋的，对不对，［pʰi³¹tɕiaŋ³³ŋo⁵⁵sʅ³²⁴tsou²⁵xæ³¹ti⁰，tei³³pu³³tei³³］

我一只鞋不做，我要做一双。［ŋo⁵⁵i²¹³tsʅ³³xæ³¹pu²¹³tsou²⁵，ŋo⁵⁵iau³²⁴tsou²⁵i²¹³ɕyaŋ³³］

这个皮匠当时就打个哑语"二"。［tse²⁵ko³³pʰi³¹tɕiaŋ³²⁴taŋ³³sʅ³¹tɕiou³²⁴tɒ⁵⁵ko³³iɒ⁵⁵tɕy³²⁴ɚ³¹］

诶嘿，这个长老就想，［e²⁵xe²⁵，tse²⁵ko²⁵tsaŋ⁵⁵lau⁵⁵tɕiou³²⁴ɕiaŋ⁵⁵］

我说我天下第一，［ŋo⁵⁵ɕyæ²¹³ŋo⁵⁵tʰian³³ɕiɒ³²⁴ti³²⁴i²¹³］

他说我天下第二。［tʰɒ³³ɕyæ²¹³ŋo⁵⁵tʰian³³ɕiɒ³²⁴ti³²⁴ɚ³¹］

这个长老他说有文化，［tse²⁵ko²⁵tsaŋ⁵⁵lau⁵⁵tʰɒ³³ɕyæ²¹³iou⁵⁵uen³¹xuɒ²⁵］

这个目中无人。［tse²⁵ko⁰moŋ²⁵tsoŋ³³u³¹ʐen³¹］

这样这个长老呢，就四，五。［tse²⁵iaŋ³²⁴tse²⁵ko⁰tsaŋ⁵⁵lau⁵⁵lie⁰，tɕiou³²⁴sʅ²⁵，u⁵⁵］

这一过来是四，这一过来是五，［tse²⁵i²¹³ko²⁵læ³¹sʅ³²⁴sʅ²⁵，tse²⁵i²¹³ko²⁵læ³¹sʅ³²⁴u⁵⁵］

他说我会五经四书。［tʰɒ³³ɕyæ²¹³ŋo⁵⁵xuei³²⁴u⁵⁵tɕin³³sʅ²⁵ɕy³³］

这个皮匠一看，［tse²⁵ko⁰pʰi³¹tɕiaŋ³²⁴i²¹³kʰan²⁵］

四十五块钱一双鞋，［sʅ²⁵sʅ²¹³u⁵⁵kʰuæ³²⁴tɕʰian³¹i²¹³ɕyaŋ³³xæ³¹］

我根本不跟你做。［ŋo⁵⁵ken³³pen⁵⁵pu²¹³ken³³li⁵⁵tsou²⁵］

他就这么一推过来，［tʰɒ³³tɕiou³²⁴tse²⁵mo⁵⁵i²¹³tʰei³³ko²⁵læ³¹］

他说四十五块钱我不跟你做。［tʰɒ³³ɕyæ²¹³sʅ²⁵sʅ²¹³u⁵⁵kʰuæ³²⁴tɕʰian³¹ŋo⁵⁵pu²¹³ken³³li⁵⁵tsou²⁵］

他说我懂得，这个唐诗宋词。［tʰɒ³³ɕyæ²¹³ŋo⁵⁵toŋ⁵⁵tæ²¹³，tse²⁵ko⁰tʰaŋ³¹sʅ³³soŋ²⁵tsʰʅ³¹］

他一问，这个一推，送，［tʰɒ³³i²¹³uen³²⁴，tse²⁵ko⁰i²¹³tʰei³³，soŋ²⁵］

一过来是词咧。［i²¹³ko²⁵læ³¹sʅ³²⁴tsʰʅ³¹lie⁰］

我说的五经四书，［ŋo⁵⁵ɕyæ²¹³ti⁰u⁵⁵tɕin³³sʅ²⁵ɕy³³］

他懂这个唐诗宋词。［tʰɒ³³toŋ⁵⁵tse²⁵ko⁰tʰaŋ³¹sʅ³³soŋ²⁵tsʰʅ³¹］

这个长老说，［tse²⁵ko³³tsaŋ⁵⁵lau⁵⁵ɕyæ²¹³］

咦，他比我文化还高。［i²⁵，tʰɒ³³pi⁵⁵ŋo⁵⁵uen³¹xuɒ²⁵xæ³¹kau³³］

这个长老，你高啊，他把肚皮一摸。［tse²⁵ko³³tsaŋ⁵⁵lau⁵⁵，li⁵⁵kau³³ɒ⁰，tʰɒ³³pɒ⁵⁵tou⁵⁵pʰi³¹i²¹³mo³¹］

肚皮一摸，［tou⁵⁵pʰi³¹i²¹³mo³¹］

这个肚皮一摸，[tse²⁵ ko³³ tou⁵⁵ pʰi³¹ i²¹³ mo³¹]

意思就是说我满腹的文章。[i²⁵ sɿ³³ tɕiou²⁵ sɿ³²⁴ ɕyæ²¹³ ŋo⁵⁵ man⁵⁵ fu²¹³ ti⁰ uen³¹ tsaŋ³³]

这个皮匠理解呢，[tse²⁵ ko⁰ pʰi³¹ tɕiaŋ³²⁴ li⁵⁵ kæ⁵⁵ lie⁰]

我这个做鞋，[ŋo⁵⁵ tse²⁵ ko⁰ tsou⁰ xæ³¹]

做鞋哪里的皮子好呢。[tsou²⁵ xæ³¹ lɒ⁵⁵ li⁵⁵ ti⁰ pʰi³¹ tsɿ⁰ xau⁵⁵ li³³]

肚子的皮不行，要做这个屁股的皮。[tou⁵⁵ tsɿ⁰ ti⁰ pʰi³¹ pu²¹³ ɕin³¹, iau²⁵ tsou²⁵ tse²⁵ ko⁰ pʰi²⁵ ku⁰ ti⁰ pʰi³¹]

这个皮匠呢，就把屁股一摸，[tse²⁵ ko²⁵ pʰi³¹ tɕiaŋ³³ lie³³, tɕiou³²⁴ pɒ⁵⁵ pʰi²⁵ ku⁵⁵ i²¹³ mo³¹]

这里的皮好些做皮鞋。[tse²⁵ li⁵⁵ ti⁰ pʰi³¹ xau⁵⁵ ɕie³³ tsou²⁵ pʰi³¹ xæ³¹]

诶，这个长老一想，[e²⁵, tse²⁵ ko⁰ tsaŋ⁵⁵ lau⁵⁵ i²¹³ ɕiaŋ⁵⁵]

我说我满腹的文章。[ŋo⁵⁵ ɕyæ²¹³ ŋo⁵⁵ man⁵⁵ fu²¹³ ti⁰ uen³¹ tsaŋ³³]

他说我，[tʰɒ³³ ɕyæ²¹³ ŋo⁵⁵]

他的理解呢不在乎我的胯下，[tʰɒ³³ ti⁰ li⁵⁵ kæ⁵⁵ lie⁰ pu²¹³ tsæ²⁵ xu³³ ŋo⁵⁵ ti⁰ kʰuɒ²⁵ ɕiɒ³²⁴]

是不是啊。[sɿ³²⁴ pu²¹³ sɿ³²⁴ ɒ³³]

所以这个故事里面呢，[so⁵⁵ i⁵⁵ tse²⁵ ko⁰ ku²⁵ sɿ³²⁴ li⁵⁵ mian³³ lie⁰]

就是说，阴差阳错！[tɕiou³²⁴ sɿ³²⁴ ɕyæ²¹³, in³³ tsʰɒ³³ iaŋ³¹ tsʰo²⁵]

是吧，其实是这个人呢，[sɿ³²⁴ pɒ⁰, tɕʰi³¹ sɿ³¹ sɿ³²⁴ tse²⁵ ko⁰ zẹn³¹ lie⁰]

他一句没有读倒书。[tʰɒ³³ i²¹³ tɕy²⁵ mei³¹ iou⁵⁵ tou⁵⁵ tau⁵⁵ ɕy³³]

他站的位置，理解不同。[tʰɒ³³ tsan²⁵ ti⁰ uei³²⁴ tsɿ³²⁴, li⁵⁵ kæ⁵⁵ pu²¹³ tʰoŋ³¹]

你说肚子的皮满腹的文章，[li⁵⁵ ɕyæ²¹³ tou⁵⁵ tsɿ⁰ ti⁰ pʰi³¹ man⁵⁵ fu²¹³ ti⁰ uen³¹ tsaŋ³³]

皮匠理解的话咧。[pʰi³¹ tɕiaŋ³²⁴ li⁵⁵ kæ⁵⁵ ti⁰ xuɒ³²⁴ lie³³]

你满腹的文章，我把屁股一摸，[li⁵⁵ man⁵⁵ fu²¹³ ti⁰ uen³¹ tsaŋ³³, ŋo⁵⁵ pɒ⁵⁵ pʰi²⁵ ku⁵⁵ i²¹³ mo³¹]

这个位置皮做鞋好些。[tse²⁵ ko²⁵ uei³²⁴ tsɿ³²⁴ pʰi³¹ tsou²⁵ xæ³¹ xau⁵⁵ ɕie³³]

那么道人的理解呢，[lɒ²⁵ mo³³ tau³²⁴ zẹn³¹ ti⁰ li⁵⁵ kæ⁵⁵ lie⁰]

你不在乎我的胯下。[li⁵⁵ pu²¹³ tsæ²⁵ xu³³ ŋo⁵⁵ ti⁰ kʰuɒ²⁵ ɕiɒ³²⁴]

所以的话，[so⁵⁵ i⁵⁵ ti⁰ xuɒ³²⁴]

往往在有时候，[uaŋ⁵⁵ uaŋ⁵⁵ tsæ³²⁴ iou⁵⁵ sɿ³¹ xou³²⁴]

别人要是行的时候。[pie³¹ zẹn³¹ iau²⁵ sɿ³²⁴ ɕin³¹ ti⁰ sɿ³¹ xou³²⁴]

怎么讲，你把屁股一摸，[zẹn⁵⁵ mo⁵⁵ tɕiaŋ⁵⁵, li⁵⁵ pɒ⁵⁵ pʰi²⁵ ku⁵⁵ i²¹³ mo³¹]

你不在乎我的胯下，[li⁵⁵ pu²¹³ tsæ³²⁴ xu³¹ ŋo⁵⁵ ti⁰ kʰuɒ²⁵ ɕiɒ³²⁴]

再怎么崇高都是瞎的。[tsæ²⁵ zẹn⁵⁵ mo⁵⁵ tsʰoŋ⁵⁵ kau⁵⁵ tou³³ sɿ³²⁴ ɕiŋ²¹³ ti⁰]

这个故事就讲到这里，谢谢大家。[tse²⁵ ko³³ ku²⁵ sɿ³²⁴ tɕiou³²⁴ tɕiaŋ⁵⁵ tau³²⁴ tse²⁵ li⁰, ɕie³¹ ɕie³¹ tɒ³²⁴ tɕiŋ³³]

意译：这个故事讲的是：从前有个财主，家里很有钱。他有个女儿，非常漂亮，四处都有来求亲的。这个财主啊，他没有读什么书。但是他喜欢逞能，显得他有文化。借女儿招亲的机会，他请别人写了一篇文章，想用文化的品味来招一个女婿进来，显示他自己的这个家族里面有文化。

他就这样把招亲榜贴在门口。招亲榜贴了以后，三天五天六天七八天。别人过来一看，好多字都不认识，不知道是一篇什么文章。过了很长时间，这个财主就问有没有人来揭榜。照看招亲榜的人说："没有，没有人揭榜。"过了几天，有一个人过来一看，他也不认得。其实这个人没有读书。他一看，我一个字都不认得。那是真一个字都不认得，他没有读书嘛。看榜的人心里就高兴了。这么多天没有人说，说出来就是这个意思。今天来了一个人是一个字不认得，那可以是吧。

财主为这事着急呢，是不是，不好交差。这看榜的两个人，马上就报告财主："财主大爷，今天路过了一个人，他一个字也不认得。"财主一听，高兴极了："那可以，一个字不认得，过来教他就行了，赶快把这个人招进来。"大家都知道财主家里招亲，招了一个很有文化的。他出的这个文章只有一个字不认识。很快惊动了周围的文人墨客。哎呀，财主家招了这么一个有文化的人呐。我们去考一考他，于是就准备考一考他。

就在成亲的晚上，那个姑娘就问。她说："这里面的文章，你一个字也不认识？""我是一个字也不认识。""哪一个字啊？""哪一个字？我一个都不认识。"那不得了，生米已经煮成熟饭了，怎么办？这个姑娘就跟他讲，她就说："你这样，明天这些秀才，这些有文化的人来考你啊。不要紧，他们的第一句就要考：开天辟地是谁？是不是，开天辟地是盘古啊，盘古啊。"自古以来，盘古开天辟地，这是大人小孩都知道的事。他没有读过书，一个字也不认识。怎么办呢？这个财主的女儿就想了一个主意，给他一个盘子："你把这个盘子啊，放在肚皮上，他们要是问你的时候，你就把盘子一摸。"哦，盘古开天辟地。这样就过关了。他们只考你这一道题就过关了。"

结果大家在酒席上这个出题那个出题，就问了，开天辟地是谁？那昨天，哎呀，我媳妇儿跟我说了。他把肚子一摸，盘子是瘪的。他一摸啊，忘了，不是盘古，盘子是瘪的，他就说："自从开天辟地啊，是瘪古开天辟地。"这些秀才一听，完了，我们都知道是盘古开天辟地。他怎么说盘古开天辟地，你怎么说是瘪古？"你们就不知道了，瘪古是盘古的父亲。"这些秀才一听，文人一看，哎呀，这财主家找个女婿是真有文化啊，对不对。他知道盘古的老子是瘪古，我们从来就没有听说过。那这一关呢，算过去了。

这里一讲啊，财主家招了这么个有文化的人，惊动了庙里面的道人。道人是相当有文化的，他一天到晚看四书五经，背的滚瓜烂熟。其实这个财主家招的是个什么人呢，是个皮匠。他是做鞋的皮匠，这就闹出了笑话。第二天又要考他，他这个老婆就跟他讲："这是最有文化的长老要考你，在庙里面考你，那我就不知道他要考什么题目了。你自己去答。"财主家的女婿就去了。一去，这个长老就在庙门一坐。一坐，这个长老就竖一个大拇指。他的意思是说我是天下第一。这个皮匠呢，你天下第一。皮匠我是做鞋的，我一只鞋不做，我要做一双，这个皮匠当时就打个手势"二"。

哟呵，这个长老就想，我说我天下第一，他说我天下第二，这么目中无人，这样长老就出四，五。意思是说我会五经四书。皮匠一看，四十五块钱一双鞋，我根本不跟你做。他就这么一推过来，他说四十五块钱我不跟你做。他说我懂得唐诗宋词，他一问，这个一推，送，一过来是词。我说的五经四书，他懂这个唐诗宋词。这个长老说，诶，他比我文化还高。这个长老，你高啊，他把肚皮一摸。肚皮一摸，这个肚皮一摸意思就是说我有满腹的文章。这个皮匠理解呢，我这个做鞋，做鞋哪里的皮子好呢，肚子的皮不行，要做这个屁股的皮，这个皮匠就把屁股一摸，这里的皮做皮鞋好。长老一想，我说我满腹的文章，他的理解是不在于我的胯下，是不是啊。

这个故事说的是阴差阳错！其实这个人呢，他一句书也没有读过，他站的位置不同，理解不同。你说肚子的皮表示满腹的文章，皮匠理解的，你满腹的文章，我把屁股一摸，这个位置皮适合做鞋。那么道人的理解呢，你不在我的胯下。所以有时候，别人要是行的时候，怎么讲，你把屁股一摸，你不在于我的胯下，再怎么崇高都是瞎的。这个故事就讲到这里，谢谢大家。

四　自选条目

0031 自选条目

我和妈妈来表演。[ŋo⁵⁵ xo³¹ mɒ³³ mɒ³³ læ³¹ piau⁵⁵ ian⁵⁵]

我一句来你一句。[ŋo⁵⁵ i²¹³ tɕy²⁵ læ³¹ li⁵⁵ i²¹³ tɕy²⁵]

看你表现怎么样。[kʰan²⁵ li⁵⁵ piau⁵⁵ ɕian³²⁴ tsen⁵⁵ mo⁵⁵ iaŋ³²⁴]

有种爸爸叫我伯。[iou⁵⁵ tsoŋ⁵⁵ pɒ³¹ pɒ⁰ tɕiau³¹ ŋo⁵⁵ pæ²¹³]

有种妈妈叫我嬭。［iou⁵⁵ tsoŋ⁵⁵ mɒ³³ mɒ⁰ tɕiau²⁵ ŋo⁵⁵ mei⁵⁵］

有种无赖叫油子。［iou⁵⁵ tsoŋ⁵⁵ u³¹ læ³²⁴ tɕiau²⁵ iou³¹ tsʅ⁰］

有种鲁莽叫虎子。［iou⁵⁵ tsoŋ⁵⁵ lou³¹ maŋ⁵⁵ tɕiau²⁵ fu⁵⁵ tsʅ⁰］

有种毛巾叫袱子。［iou⁵⁵ tsoŋ⁵⁵ mau³¹ tɕin³³ tɕiau²⁵ fu³¹ tsʅ⁰］

有种青蛙叫蛤蟆。［iou⁵⁵ tsoŋ⁵⁵ tɕʰin³³ uɒ³³ tɕiau²⁵ kʰe²¹³ mɒ³¹］

有种做饭叫舞饭。［iou⁵⁵ tsoŋ⁵⁵ tsou²⁵ fan³²⁴ tɕiau²⁵ u⁵⁵ fan³²⁴］

有种杀鱼叫治鱼。［iou⁵⁵ tsoŋ⁵⁵ sɒ²¹³ y³¹ tɕiau²⁵ tsʰʅ³¹ y³¹］

有种吵架叫驳嘴。［iou⁵⁵ tsoŋ⁵⁵ tsʰau⁵⁵ tɕiɒ²⁵ tɕiau²⁵ po²¹³ tɕi⁵⁵］

有种做作叫鬼做。［iou⁵⁵ tsoŋ⁵⁵ tsou²⁵ tso²¹³ tɕiau²⁵ kuei⁵⁵ tsou²⁵］

有种漂亮叫灵醒。［iou⁵⁵ tsoŋ⁵⁵ pʰiau²⁵ liaŋ³²⁴ tɕiau²⁵ lin³¹ ɕin⁵⁵］

有种啰嗦叫结根。［iou⁵⁵ tsoŋ⁵⁵ lo³³ so³³ tɕiau²⁵ tɕie²¹³ ken³³］

有种撒谎叫撮白。［iou⁵⁵ tsoŋ⁵⁵ sɒ²¹³ xuaŋ⁵⁵ tɕiau²⁵ tsʰo²¹³ pæ²¹³］

有种本事叫板眼。［iou⁵⁵ tsoŋ⁵⁵ pen⁵⁵ sʅ³²⁴ tɕiau²⁵ pan⁵⁵ ian⁵⁵］

有种努力叫铆倒做。［iou⁵⁵ tsoŋ⁵⁵ lou⁵⁵ li²¹³ tɕiau²⁵ mau⁵⁵ tau⁵⁵ tsou²⁵］

有种味道叫做气色。［iou⁵⁵ tsoŋ⁵⁵ uei³²⁴ tau³²⁴ tɕiau²⁵ tsou²⁵ tɕʰi²⁵ sæ²¹³］

有种停车叫带一脚。［iou⁵⁵ tsoŋ⁵⁵ tʰin³¹ tsʰe³³ tɕiau²⁵ tæ²⁵ i²¹³ tɕio²¹³］

有种推诿叫耷驼子。［iou⁵⁵ tsoŋ⁵⁵ tʰei³³ uei⁵⁵ tɕiau²⁵ soŋ⁵⁵ tʰo³¹ tsʅ⁰］

有种圈套叫做笼子。［iou⁵⁵ tsoŋ⁵⁵ tɕʰyan³³ tʰau⁵⁵ tɕiau²⁵ tsou²⁵ loŋ³¹ tsʅ⁰］

有种逞强叫撑倒搞。［iou⁵⁵ tsoŋ⁵⁵ tsʰen⁵⁵ tɕʰiaŋ³¹ tɕiau²⁵ tsʰen⁵⁵ tau³¹ kau⁵⁵］

有种无理叫冇得苗。［iou⁵⁵ tsoŋ⁵⁵ u³¹ li⁵⁵ tɕiau²⁵ mau³²⁴ tæ²¹³ miau³¹］

有种可爱叫逗人痛。［iou⁵⁵ tsoŋ⁵⁵ kʰo⁵⁵ ŋæ²⁵ tɕiau²⁵ tou³²⁴ zen³¹ tʰoŋ²⁵］

你们觉得我逗人痛不？［li⁵⁵ men³¹ tɕio²¹³ te⁰ ŋo⁵⁵ tou³²⁴ zen³¹ tʰoŋ²⁵ po⁰］

逗人痛啊。［tou³²⁴ zen³¹ tʰoŋ²⁵ ŋɒ⁰］

那就快给我点个赞呐！［lɒ²⁵ tɕiou³²⁴ kʰuai²⁵ kæ⁵⁵ ŋo⁵⁵ tian⁵⁵ ko⁰ tsan²⁵ lɒ⁰］

赞！［tsan²⁵］

意译：我和妈妈来表演，我一句你一句，看看你表现如何。黄石方言中，爸爸叫我"伯"，妈妈称我"嬭"；无赖的人叫"油子"，鲁莽的人称"虎子"；毛巾叫"袱子"；青蛙叫"蛤蟆"；做饭叫"舞饭"；杀鱼叫"治鱼"；吵架叫"驳嘴"；做作叫"鬼做"；漂亮叫"灵醒"；啰嗦叫"结根"；撒谎叫"撮白"；本事叫"板眼"；努力叫"铆倒做"；味道叫"做气色"；停车叫"带一脚"；推诿叫"耷驼子"；圈套叫"做笼子"；逞强叫"撑倒搞"；无理叫"冇得苗"。可爱叫"逗人痛"。你们认为我可爱吗？可爱啊！那就赶快给我点赞吧！

0032 自选条目
大雨落，细雨落，[tɒ³²⁴y⁵⁵lo²¹³，ɕi²⁵y⁵⁵lo²¹³] 落：下。细：小
街上婆娘好蹩脚。[kæ³³saŋ³²⁴pʰo³¹ȵiaŋ³¹xau⁵⁵pie²⁵tɕio²¹³] 婆娘：泛指女性
意译：大雨不停的下，小雨不停的下，街上的女人走起来很不舒服啊。

0033 自选条目
大雨点，细雨点，[tɒ³²⁴y⁵⁵tian⁵⁵，ɕi²⁵y⁵⁵tian⁵⁵] 细：小
街上大姐好[不要]脸。[kæ³³saŋ³²⁴tɒ³²⁴tɕie⁵⁵xau⁵⁵pie²⁵lian⁵⁵]
意译：大雨点，小雨点，街上的大姐真不要脸。这里是说脸上都是水，看不到脸。

0034 自选条目
人老闭果，树老新窠。[zə̠n³¹lau⁵⁵pi²⁵ko³³，ɕy³²⁴lau⁵⁵ɕin³³kʰo³³]
意译：人老生不了孩子，树老却可发新芽。

0035 自选条目
茄子老了光籽，丝瓜老了一把筋。[tɕʰie³¹tsʅ⁰lau⁵⁵liau⁰kuaŋ²⁵tsʅ⁵⁵，sʅ³³kuɒ³³lau⁵⁵liau⁰i²¹³pɒ⁰tɕin³¹]
意译：茄子老了只有籽，丝瓜老了只剩筋。

0036 自选条目
儿子哭，惊天动地。[ɚ²¹³tsʅ⁰kʰu²¹³，tɕin³³tʰian³³toŋ²⁵ti³²⁴]
姑娘哭，真心真意。[ku³³ȵiaŋ³¹kʰu²¹³，tsen³³ɕin³³tsen³³i²⁵]
女婿哭，驴子放屁。[ly⁵⁵ɕi²⁵kʰu²¹³，ly³¹tsʅ⁰faŋ²⁵pʰi²⁵]
意译：儿子哭，惊天动地。女儿哭，真心实意。女婿哭，就像驴子放屁，太假了。

0037 自选条目
檐老鼠，捞盐吃，[ian³¹lau⁵⁵ɕy⁵⁵，lau²⁵ian³¹tɕʰi²¹³] 檐老鼠：蝙蝠。捞：偷
镐子灭，条子刷。[kau³³tsʅ⁰mie²¹³，tʰiau³¹tsʅ⁰ɕyɒ²¹³] 镐子：刨土的工具
意译：黄鼠狼，偷盐吃，用镐子打，用树条子刷。

0038 自选条目

汤圆加开水——滚蛋。[tʰaŋ³³ yan³¹ tɕiɒ³³ kʰæ³³ ɕy⁵⁵——kuen⁵⁵ tan²⁵]

意译：汤圆加开水——熟了。

0039 自选条目

鸭棚老板睏醒——不捡（简）蛋（单）。[iɒ³¹ pʰoŋ³¹ lau⁵⁵ pan⁵⁵ kʰuen²⁵ ɕin⁵⁵——pu²¹³ tɕian⁵⁵ tan³³] 睏醒：睡觉

意译：鸭棚的老板睡觉——不捡（简）蛋（单）。

0040 自选条目

非洲爸爸跳高——黑（吓）老子一跳。[fei³³ tsou³³ pɒ²⁵ pɒ⁰ tʰiau²⁵ kau³³——xe²¹³ lau⁵⁵ tsɿ⁰ i²¹³ tʰiau²⁵]

意译：非洲爸爸跳高——黑（吓）老子一跳。意思是长得太黑，让人害怕。

0041 自选条目

非洲人跳舞——黑（吓）人一跳。[fei³³ tsou³³ zen³¹ tʰiau²⁵ u⁵⁵——xe²¹³ zen³¹ i²¹³ tʰiau²⁵]

意译：非洲人跳舞——黑（吓）人一跳。

0042 自选条目

茶壶里的煻水——滚开。[tsʰɒ³¹ xu³¹ li⁰ ti⁰ o²¹³ ɕy⁵⁵——kuen⁵⁵ kʰæ³³] 煻：热

意译：茶壶里的热水——很烫。

0043 自选条目

口技表演——驳嘴。[kʰo⁵⁵ tɕi²⁵ piau⁵⁵ ian⁵⁵——po²¹³ tɕi⁵⁵] 驳嘴：吵架

意译：口技表演——吵嘴。

0044 自选条目

阎王做报告——鬼款。[ian³¹ uaŋ³¹ tsou²⁵ pau²⁵ kau²⁵——kuei⁵⁵ kʰuan⁵⁵]

意译：阎王做报告——瞎说。

0045 自选条目

阎王吃粑粑——鬼做。[ian³¹ uaŋ³¹ tɕʰi²¹³ pɒ⁵⁵ pɒ⁰——kuei⁵⁵ tsou²⁵] 粑粑：指饼类食物，

传统小吃

意译：阎王吃粑粑——装模作样。

0046 自选条目

跛子进医院——治（自）脚（觉）。[pɔ⁵⁵ tsɿ⁰ tɕin²⁵ i³³ yan²⁵——tsɿ²⁵ tɕio²¹³]

意译：跛子进医院——治（自）脚（觉）。

0047 自选条目

跛子穿大衣——闷倒拐。[pɔ⁵⁵ tsɿ⁰ tsʰuan³³ tɒ²⁵ i³³——men²⁵ tau⁰ kuæ⁵⁵] 拐：坏

意译：跛子穿大衣——里外不一致。

0048 自选条目

落地的雀——卵了。[lo²¹³ li²⁵ tɕʰio²¹³——lo⁵⁵ liau⁵⁵] 卵了：完了

意译：掉在地上的雀子——完了。意指掉在地上的鸟儿没得救。

0049 自选条目

带上一桶纸上厕所——紧擦 [tæ²⁵ saŋ³²⁴ i²¹³ tʰoŋ⁵⁵ tsɿ⁵⁵ saŋ³²⁴ tsʰe²¹³ so⁵⁵——tɕin⁵⁵ tsʰɒ²¹³]

意译：带上一桶纸上厕所——不停地擦。意指多此一举。

0050 自选条目

牛角挂灯草——轻巧 [ɲiou³¹ ko²¹³ kuɒ²⁵ ten³³ tsʰau⁵⁵——tɕʰin³³ tɕʰiau⁵⁵]

意译：牛角上挂着灯草——轻便灵巧。

0051 自选条目

红配绿，丑到屡。[xoŋ³¹ pʰei²⁵ lou²¹³——tsʰou⁵⁵ tau²⁵ tou²¹³] 屡：底

意译：红配绿，非常丑。意指颜色不搭，难看。

0052 自选条目

没眼的狼叫唤——瞎喝 [mei³¹ ian⁵⁵ ti⁰ laŋ³¹ tɕiau²⁵ xuan²⁵——ɕiɒ²¹³ ŋɒ³³] 喝：叫

意译：没有眼睛的狼叫唤——瞎叫。

0053 自选条目

老黄瓜刷绿漆——装嫩 [lau⁵⁵ xuaŋ³¹ kuɒ⁵⁵ ɕyɒ²¹³ lou²¹³ tɕʰi²¹³——tɕyaŋ³³ len³²⁴]

意译：老黄瓜上刷了一层绿漆——假装很嫩。意指人老，但喜欢扮年青。

0054 自选条目

黄石港饼——两头麻［xuaŋ³¹ sʅ³¹ kaŋ⁵⁵ pin⁵⁵——liaŋ⁵⁵ tʰou³¹ mɒ³¹］

意译：黄石港饼——两面麻。港饼的两面都洒了芝麻，看上去麻麻点点，故言之。

0055 自选条目

破箩装石灰——到处都是迹［pʰo²⁵ lo³¹ tsuaŋ³³ sʅ³¹ xuei³³——tau²⁵ tɕʰy²⁵ tou³³ sʅ³²⁴ tɕi²¹³］箩：篮子

意译：破篮子装石灰——到处都是痕迹。

0056 自选条目

屁股头挂锅铲——盛屎［pʰi²⁵ ku⁵⁵ tʰou³¹ kuɒ²⁵ o³³ tsʰan⁵⁵——sen³¹ sʅ⁵⁵］

意译：屁股上挂着锅铲——装粪便。

0057 自选条目

那个伢，你铁窝顶了个头，［læ²⁵ ko⁰ iɒ³¹，li⁵⁵ tʰie³¹ uo⁵⁵ tin⁵⁵ le⁰ ke⁰ tʰou²⁵］伢：小孩。
铁窝：铁锅

你当家了。［li⁵⁵ taŋ³³ tɕiɒ³³ lɒ⁰］

意译：那个小朋友，你用铁锅顶着头，你厉害了。

0058 自选条目

你么那烦。［li⁵⁵ mo⁵⁵ læ²⁵ fan³¹］么：怎么。烦：讨厌

意译：你怎么那么讨厌。

0059 自选条目

呼你两下子。［xu²⁵ li⁵⁵ liaŋ⁵⁵ xɒ³³ tsʅ⁰］呼：打

意译：打你两巴掌。

0060 自选条目

你冇吃倒黑是吧。［li⁵⁵ məu³³ tɕʰi²¹³ tau⁰ xæ³¹ sʅ⁵⁵ pɒ⁰］冇：没有

意译：你没有吃到亏是吧。意指不知道有多险恶。

0061 自选条目

你要么昂?! [li⁵⁵iau²⁵mo⁵⁵ŋaŋ²⁵]

意译：你要干嘛？有斗狠之意。

0062 自选条目

烫屄。[tʰaŋ²⁵pi³³]

意译：烫屄。意指一个人很怂，只敢嘴上说说，从不行动。

0063 自选条目

心里冇得砣子。[ɕin³³li⁰mau²⁵te³¹tʰo³¹tsɿ⁰] 冇得：没有。砣子：指成团、成堆、成块的东西；也喻呆板的人

意译：心里没有数。有不识时务、不懂得变通的意思。

0064 自选条目

细卵戳的。[ɕi³³lo⁵⁵tsʰo²¹³ti⁰] 卵：男子性器官

意译：小鸡巴日的。詈语。

0065 自选条目

搞么什吵，搞么名堂吵，搞么卵。[kau⁵⁵mo⁵⁵sɿ³³sæ³³，kau³³mo⁵⁵min³¹tʰaŋ³¹sæ³³，kau³³mo⁵⁵lo⁵⁵] 么什：什么

意译：干什么呀，搞什么名堂呀，搞什么。均指不满、斥责。

0066 自选条目

搞不清白。[kau⁵⁵pu²¹³tɕʰin³³pæ³¹]

意译：弄不明白。

0067 自选条目

老卵。[lau⁵⁵lo⁵⁵]

意译：老家伙。

0068 自选条目

戳你嬷。[tsʰo²¹³li⁵⁵mei⁵⁵]

意译：日你妈。詈语。

0069 自选条目

你娘个屁。[li⁵⁵ ȵiaŋ³¹ ko²⁵ pi³³]

意译：你妈的屁。詈语。

0070 自选条目

个了。[kɒ³³ liə⁰]

意译：搞了。意指喝酒干了，也可用于下决心，说干就干。

0071 自选条目

岔了。[tsʰɒ³¹ læ⁰]

意译：没戏了。

0072 自选条目

莫给我翻跷。[mo²¹³ kæ⁵⁵ ŋo⁵⁵ fan³³ tɕʰiau³¹] 翻跷：顶嘴、抬杠

意译：不要搞事。意指不要顶嘴、抬杠。

0073 自选条目

服了你的周。[fu²¹³ le³¹ li⁵⁵ ti⁰ tsou³¹]

意译：服了你。意指没办法。

0074 自选条目

哦豁。[o³¹ xo²⁵]

意译：感叹语。有幸灾乐祸之意。

0075 自选条目

搞负了急。[kau⁵⁵ fu²⁵ le⁰ tɕi²¹³]

意译：形容人被逼急了的样子。

0076 自选条目

贱三爷。[tɕian²⁵ san³³ ie³¹]

意译：真贱。常指很贱，不识好歹。

0077 自选条目

那个女的这样伤心。[le²⁵ ko⁰ ly⁵⁵ ti³¹ tse²⁵ iaŋ³²⁴ saŋ³³ ɕin³³]

意译：那个女的这样伤心。意指女性难以伺候，挑剔。

0078 自选条目

做了别恶。[tso²¹³ le⁰ pie³³ ŋo³¹]

意译：做了就不要恶心。意指做事令人恶心、反胃。

0079 自选条目

说话蛮刺人，说话蛮筑人。[ɕyæ²¹³ xuɒ³²⁴ man³¹ tsʰʅ²⁵ ʐen³¹，ɕyæ²¹³ xuɒ³²⁴ man³¹ tsou²¹³ ʐen³¹] 蛮：很

意译：说话很伤人，说话很气人。意指说话很不中听，喜欢抬杠、伤人。

0080 自选条目

猪头三。[tɕy²⁵ tʰou³¹ san³³]

意译：猪头三。詈语。

0081 自选条目

我怕你是吃多了，找不到厕所。[ŋo⁵⁵ pʰɒ²⁵ li⁵⁵ sʅ³²⁴ tɕʰi²¹³ to³³ le³¹，tsau⁵⁵ pu²¹³ tau³²⁴ tsʰe²⁵ so⁵⁵]

意译：我怕你是吃多了，找不到厕所。意谓吃饱了撑着没事干。

大 冶

一 歌谣

0001 歌谣

三岁伢，穿红鞋，[sẽ²² sɐi²⁵ ŋɒ³¹，tɕʰyẽ²² xɐŋ³¹ xɐ³¹] 伢：小孩

摇摇摆摆到学来。[ie³¹ ie³¹ pɐ⁴⁴ pɐ⁴⁴ tɔ²⁵ ɕio²² lɐ³¹]

先生呃，莫打我，[ɕin²² sẽ²² e⁰，mo²² tɐ⁴⁴ ŋɒ⁴⁴] 莫：不要

等我回去喫[点儿]妈儿就回来。[tẽ⁴⁴ ŋɒ⁴⁴ xuɐi³¹ tɕʰi²⁵ tɕʰiɒ²¹³ ȵiẽ⁵² mɔ²⁵ ʐʅ⁰ tɕʰiu²² xuɐi³¹ lɐ³¹] 喫：吃。妈儿：奶

意译：三岁小孩穿红鞋，摇摇摆摆上学来。先生啊，不要打我，等我回去吃点奶就回来。

0002 歌谣

背背驮，到家婆。[pɐi²⁵pɐi²⁵tʰo³¹, tɔ²⁵kɒ²²pʰo³¹]家婆：外婆

家婆冇在屋，老鼠咬了屋。[kɒ²²pʰo³¹mɔ²²tsʰɐ²²u²¹³, lɔ⁴⁴ɕy⁴⁴ŋɐ⁴⁴le⁰u²¹³]冇：没有。屋：家，房子

家公回来骂，家婆气倒哭。[kɒ²²kɤŋ²²xuɐi³¹lɐ³¹mɐ²², kɒ²²pʰo³¹tɕʰi²⁵tɔ⁰kʰu²¹³]家公：外公

家婆诶，你莫哭，[kɒ²²pʰo³¹e²², n̩⁴⁴mo²²kʰu²¹³]莫：不要

我去叫我舅爷回来给你做个好新屋。[ŋo⁴⁴tɕʰi²⁵tɕie²⁵ŋo⁴⁴tɕʰiɐu²²ie³¹xuɐi³¹lɐ³¹ke⁴⁴n̩⁴⁴tsɐu²⁵ko²⁵xɔ⁴⁴ɕin²²u²¹³]舅爷：舅舅。新屋：新房子

意译：背着小孩，到外婆家去。外婆不在家，老鼠咬坏了房子。外公回来就骂，家婆气得直哭。外婆啊，你不要哭，我去叫我舅舅回来给你做个好新房。

0003 歌谣

摇箩卧，卧摇箩，[ie³¹lo³¹uo²⁵, uo²⁵ie³¹lo³¹]摇箩：摇篮

摇到山上捡松坨。[ie³¹tɔ²⁵sɛ̃²²sɔŋ²²tɕiɛ⁴⁴tʰɐŋ³¹tʰo³¹]松坨：松球

松坨捡不尽，回去开个亲。[tsʰɐŋ³¹tʰo³¹tɕiɛ⁴⁴pu²¹³tɕʰin²², xuɐi³¹tɕʰi²⁵kʰɐ²²ko²⁵tɕʰin²²]

开亲冇开好，碰到个驼背佬。[kʰɐ²²tɕʰin²²mɔ²²kʰɐ²²xɔ⁴⁴, pʰɔŋ²²tɔ⁴⁴ko²⁵tʰo³¹pɐi²⁵lɔ⁴⁴]驼背佬：驼背的人

意译：摇篮哦，摇篮哦，摇到山上去捡松球。松球捡不完，回去订个婚。订婚没订成，碰到个驼背的人。

0004 歌谣

打铁不怕煟，剃头不怕戳。[tɐ⁴⁴tʰi²¹³pu²¹³pʰɐ²⁵uo²¹³, tʰɐi²⁵tʰe³¹pu²¹³pʰɐ²⁵tsʰo²¹³]煟：烫。戳：刺

裁缝不落布，心下不好过。[tsʰɐ³¹fɐŋ³¹pu²¹³lo²¹³pu²⁵, ɕin²²xɒ²²pu²¹³xɔ⁴⁴ku²⁵]落：（私自）剩余

意译：打铁的不怕烫，剃头的不怕戳。裁缝不私自剩余一点儿布，心里不好过。

0005 歌谣

渠跟渠打架，渠去扯架，[kʰe³¹kɛ²²kʰe³¹tɒ⁴⁴tɕiɒ²⁵, kʰe³¹tɕʰi²⁵tsʰɒ⁴⁴tɕiɒ²⁵]渠：他

渠又扯不开，渠去投渠奶。[kʰe³¹ ieu²² tsʰɔ⁴⁴ pu²¹³ kʰɐ²², kʰe³¹ tɕʰi²⁵ tʰe³¹ kʰe³¹ lɛ̃⁴⁴]

奶：奶奶

渠奶不在屋，渠气倒个哭。[kʰe³¹ lɛ̃⁴⁴ pu²¹³ tsʰɐ²² u²¹³, kʰe³¹ tɕʰi²⁵ tɔ⁴⁴ ko⁰ kʰu²¹³]

意译：他跟他打架，他去劝架。他劝不开，就去告诉他奶奶。他奶奶不在家，他气得不停地哭。

0006 歌谣

县委干部喫永光，[ɕiɛ̃²² uei⁴⁴ kɛ̃²⁵ pu²² tɕʰiɒ²¹³ ioŋ³¹ kuɐŋ²²] 喫：吃。永光：烟草名

喫了到处个晃。[tɕʰiɒ²¹³ le⁰ tɔ²⁵ tɕʰy²⁵ ko⁰ xuɐŋ²²] 晃：转悠

公社干部喫游泳，[kɐŋ²² se²² kɛ̃²⁵ pu²² tɕʰiɒ²¹³ ieu²² yn²⁵] 游泳：烟草名

喫了就个睏。[tɕʰiɒ²¹³ le⁰ tɕʰiu²² ko⁰ kʰuɐn²⁵] 睏：睡觉

大队干部喫圆球，[tɒ²² tei²⁵ kɛ̃²⁵ pu²² tɕʰiɒ²¹³ yɐn³¹ tɕieu³¹] 圆球：烟草名

喫了到处游。[tɕʰiɒ²¹³ le⁰ tɔ²⁵ tɕʰy²⁵ ieu³¹]

生产队干部喫公鸡，[sɛ̃²² tsʰɐ⁴⁴ tei²⁵ kɛ̃²⁵ pu²² tɕʰiɒ²¹³ kɐŋ²² tɕi²²] 公鸡：烟草名

喫了就个倚。[tɕʰiɒ²¹³ le⁰ tɕʰiu²² ko⁰ tɕʰi²²] 倚：站

贫下中农喫红花，[pʰin³¹ ɕiɒ²² tsɐŋ²² lɐŋ³¹ tɕʰiɒ²¹³ xɐŋ³¹ xuɒ²²] 红花：烟草名

喫了就盘泥巴。[tɕʰiɒ²¹³ le⁰ tɕʰiu²² pʰɛ̃³¹ ni³¹ pɒ²²] 盘泥巴：做农活

意译：县委干部抽"永光"，抽完到处晃。公社干部抽"游泳"，抽完就开始睡。大队干部抽"圆球"，吃完到处跑。生产队干部抽"公鸡"，吃完站着看热闹。贫下中农抽"红花"，吃完就干农活。

0007 歌谣

太阳出来哟，走山坡啰。[tʰɐ iɒŋ tɕʰy lɐ io, tse sɛ̃ pʰo lo]

大冶山区哟，新事多，[tɒ ie sɛ̃ tɕʰy io, ɕin sʅ to]

贫下中农翻了身。[pʰin ɕiɒ tsɐŋ lɐŋ fɛ̃ lie sɐn]

心里高兴啰要唱歌啰。[ɕin lei kɔ ɕiɐŋ lo ie tsʰɒŋ ko lo]

一唱呀，[i tsʰɒŋ ŋɒ]

贫下中农锄头枪杆握手中。[pʰin ɕiɒ tsɐŋ lɐŋ tsʰɐu tʰe tɕʰiɒŋ kɛ̃ u sɐu tsɐŋ]

同志诶，生产带头打冲锋。[tʰɐŋ tsʅ e, sɛ̃ tsʰɐ̃ tɐ tʰe tɒ tsʰɐŋ fɐŋ]

二唱农村实现机械化，[zʅ tsʰɒŋ lɐŋ tsʰɐn sʅ ɕiɛ̃ tɕi kei xuɒ]

冬天不用牛来拉。[tɐŋ tʰin pu iɐŋ nieu lɐ lɒ]

同志诶，拖拉机、收割机增长高。[tʰɐŋ tsʅ e, tʰo lɒ tɕi、sɐu ko tɕi tsɐn tsɒŋ kɔ]

三唱农村实现电器化，[sẽ tsʰɔŋ lɐŋ tsʰen sʅ ɕiɛ̃ tin tɕʰi xuɒ]
家家户户电灯电话。[tɕiɒ tɕiɒ xu xu tin tẽ tin xuɒ]
同志诶，唱个那个广播用扩音喇叭。[tʰɐŋ tsʅ e, tsʰɔŋ ko lɐ ko kuɒŋ po iɐŋ kʰo iɐn lɒ pɒ]
四唱党的好领导，干部群众团结牢。[sʅ tsʰɔŋ tɐŋ ti ɔx lin tɔ, kẽ pu tɕʰyẽ tsɐŋ tʰɐŋ tɕie lɔ]
同志耶，永远那个跟党心一条。[tʰɐŋ tsʅ e, yen yẽ lɒ ko kẽ tɒŋ ɕin i tʰie]

意译：太阳出来走山坡啰，大冶山区新事多，贫下中农翻了身，心里高兴要唱歌。一唱贫下中农锄头握在手中，同志带头生产往前冲。二唱农村实现了机械化，冬天不用牛来拉。同志诶，拖拉机、收割机越来越多了。三唱农村实现了电器化，家家户户通了电灯电话。同志诶，唱广播都用上了扩音喇叭。四唱党的领导好，干部群众都很团结。同志诶，永远跟党是一条心。

二 规定故事

0021 牛郎和织女

下面我给大家讲个故事，[ɕiɒ²² min²² ŋo⁴⁴ ke²² tʰɐ²² kɒ²² tɕiɒŋ⁴⁴ ko⁰ ku²⁵ sʅ²²]
叫做牛郎织女。[tɕieu²⁵ tso²⁵ ɲieu³¹ lɔŋ³¹ tsʅ²² ɲy⁴⁴]
在很久很久以前，[tsʰɐ²² xen⁴⁴ tɕieu⁴⁴ xen⁴⁴ tɕieu⁴⁴ i²² tɕʰin³¹,
有个年轻人，[ieu⁴⁴ ko²⁵ ɲiẽ³¹ tɕʰin²² zen³¹]
两岁娘老子就过背了。[ɲiɐŋ⁴⁴ sei²⁵ ɲiɒŋ³¹ lɔ⁴⁴ tsʅ⁰ tɕʰiu²² ku²⁵ pe²⁵ lie⁰] 娘老子：父母。过背：去世
一个人孤苦伶仃个，屋里又穷，[i²¹³ ko²⁵ zen³¹ ku²² kʰu⁴⁴ lin³¹ tin²² ko²², u²¹³ li⁴⁴ ieu²⁵ tɕʰiɐŋ³¹]
只有一头老牛跟渠相依为命。[tsʅ²¹³ ieu⁴⁴ i²¹³ tʰɐ³¹ lɐu⁴⁴ ɲieu³¹ kẽ²² kʰe³¹ ɕiɔŋ²² i²² uei³¹ min²²] 渠：他
大家下叫渠"牛郎"。[tʰɐ²² kɒ²² xɒ²² tɕie²⁵ kʰe³¹ ɲieu³¹ lɔŋ³¹] 下：都
牛郎全靠这条老牛耕田，[ɲieu³¹ lɔŋ³¹ tɕʰin³¹ kʰɔ²⁵ tse²⁵ tʰie³¹ lau⁴⁴ ɲieu³¹ kẽ²² tʰin³¹]
刨地、种庄稼、过日子。[pʰɔ³³ tʰei²², tsɐŋ²⁵ tsɔŋ²² kɒ²², ku²⁵ zʅ²¹³ tsʅ⁰]
其实这条老牛是天上箇金牛星，[tɕʰi³¹ sʅ²¹³ tse²⁵ tʰieu³¹ lɐu⁴⁴ ɲieu³¹ sʅ²² tʰin²² sɔŋ²² ko²² tɕien²² ɲieu ɕin³¹] 箇：的
渠看见牛郎人又善良又勤劳朴实，[kʰe³¹ kʰẽ²⁵ tɕien²⁵ ɲieu³¹ lɔŋ³¹ zen³¹ ieu⁴⁴ sẽ²⁵ liɔŋ³¹ ieu²² tɕʰin³¹ lɔ³¹ pʰu²¹³ sʅ²¹³

就有心帮渠成个家。[tɕʰiu²²iɐu⁴⁴ɕin²²pɒŋ²²kʰe³¹tsʰen³¹ko²⁵tɕiɒ²²]

有一天，[iɐu⁴⁴i²¹³tʰin²²]

金牛星晓得天上有一伙仙女，[tɕin²²ȵiɐu³¹ɕin²²ɕie⁴⁴te²¹³tʰin²²sɒŋ²²iɐu⁴⁴i²¹³xo⁴⁴ɕin²²ȵy⁴⁴] 晓得：知道

要到渠屋下东边箇山脚下个湖里来洗澡。[ie²⁵to²⁵kʰe³¹u²²xɒ²²tɐŋ²²pin²²ko²²sɛ̃²²tɕio²¹³xɒ²²ko²⁵xu³¹lɐi⁴⁴læ³¹sɐi⁴⁴tso⁴⁴] 屋下：村子。细湖：小湖

渠就报个梦给牛郎，[kʰe³¹tɕʰiu²²po²⁵ko²⁵mɐŋ²²ke⁴⁴ȵiɐu³¹lɒŋ³¹]

叫渠第二天清早冇天光就到湖边去等倒。[tɕie²⁵kʰe³¹tʰɐi²²zɿ²⁵tʰin²²tɕʰin²²tso⁴⁴mɔ²²tʰian²²kuaŋ²²tɕʰiu²²to²⁵xu³¹pin²²tɕʰi²⁵tɛ̃²²tɐu³¹] 冇：没有。天光：天亮。等倒：等着

"等仙女洗澡个时候，[tɛ̃²²ɕin²²ȵy⁴⁴sɐi⁴⁴tso⁴⁴ko²²sɿ³¹xe²²]

尔把仙女箇衣裳随便驮一件，[n̩⁴⁴pɒ⁴⁴ɕin²²ȵy⁴⁴ko²²i²²sɔŋ³¹sɐi²²pʰin²²tʰo³¹i²²tɕiɛ̃²²] 驮：拿、取

掉头就跑，莫回头，[tʰie⁴⁴tʰiɐu³¹tɕʰiu²²pʰɔ³¹，mo³¹xuɐi³¹tʰe³¹] 莫：不要

箇底尔就能得到一个美丽箇仙女做老婆。"[ko⁴⁴tɐi²²n̩⁴⁴tɕʰiu²²lɐŋ³¹te²¹³to²⁵i²¹³ko²⁵mɐi⁴⁴lɐi⁴⁴ko²²ɕin²²ȵy⁴⁴tsɐu²⁵lɐu⁴⁴pʰo³¹] 箇底：那样

牛郎有[点儿]半信半疑地，[ȵiɐu³¹lɒŋ³¹iɐu⁴⁴ȵiɛ̃⁵²pɛ̃²⁵ɕin²⁵pɛ̃²⁵ȵi³¹te³¹]

第二天，天还冇亮，[tʰɐi²²zɿ²²tʰin³¹，tʰin²²xe³¹mɔ²²liɔŋ²²]

就跑到那个湖边躲倒。[tɕʰiu²²pʰɔ³¹to²⁵le⁰ko²⁵xu³¹pin²²to⁴⁴tɐu³¹] 躲倒：躲着

到蒙蒙亮箇时候，[to²⁵mɐŋ³¹mɐŋ³¹liɔŋ²²ko²²sɿ³¹xe²²]

天上就直个飘直个飘飘下来七个仙女。[tʰin²²sɒŋ⁰tɕʰiu²²tsɿ²²ko⁰pʰie²²tsɿ²²ko⁰pʰie²²pʰie²²xɒ²²lɐ³¹tsʰɐi²¹³ko²⁵ɕin²²ȵy⁴⁴] 直个：一直

这七个仙女飘下来，[tse²⁵tɕʰɐi²¹³ko²⁵ɕin²²ȵy⁴⁴pʰie²²xɒ²²lɐ³¹]

把衣裳脱倒树桠子去一挂倒，[pɒ⁴⁴i²²sɔŋ²²tʰo²¹³to⁰ɕy²²ŋɒ²²tsɿ⁰tɕʰi²⁵i²¹³kʰuɐ²⁵to⁰] 树桠子：树枝。挂倒：挂着

就到湖里洗澡去了，[tɕʰiu²²to²⁵xu³¹li⁴⁴sɐi⁴⁴tso⁴⁴tɕʰi²⁵lie⁰]

牛郎趁渠伩洗澡箇时候，[ȵiɐu³¹lɒŋ³¹tsʰen³¹kʰe³¹lɐ²²sɐi⁴⁴tso⁴⁴ko⁰sɿ³¹xe²²]

就驮了树桠上挂个一件粉红色箇衣裳[tɕʰiu²²tʰo³¹lie²²ɕy²⁵ŋɒ²²sɔŋ⁰kʰuɒ²⁵ko³¹i²¹³tɕʰiɛ̃²²fɐŋ²²xɐŋ³¹sɐ²¹³ko²²i²²sɔŋ³¹]

驮了掉头就跑，[tʰo³¹lie²²tʰiɐu⁴⁴tʰɐu³¹tɕʰiu²²pʰɔ³¹]

就一直跑去回了。[tɕʰiu²²i²²tsɿ²²pʰɔ³¹tɕʰi²⁵xuɐi³¹lie³¹] 去回：回家

那件粉红色箇衣裳正是织女箇，[lɒ²²tɕʰiɛ̃²²fɐŋ⁴⁴xɐŋ³¹sɐ²¹³ko³¹i²²sɔŋ³¹tsen²⁵sɿ²²tsɿ²¹³ȵy⁴⁴ko²²]

到了下[昼夜]，[to²⁵lie²²xɒ²²tɕiɒ⁵²] 下[昼夜]：晚上

织女就到牛郎屋里去，[tsɿ²¹³ȵy⁴⁴tɕʰiu²²to²⁵ȵiɐu³¹lɒŋ³¹u²¹³lɐi⁴⁴tɕʰi²⁵]

轻轻地叩开了渠简门。[tɕʰiɐn²² tɕʰiɐn²² tei²² kʰo²¹³ kʰei²² lie²² kʰe³¹ ko⁰ men³¹] 叩：敲

简底渠伈就成了一对恩爱箇夫妻。[ko⁴⁴ tei²² kʰe³¹ lɐ⁴⁴ tɕʰiu²² tsʰen³¹ lie²² i²¹³ tei²⁵ ŋen²² ŋɐ²⁵ ko²² fu²² tsʰei²²] 渠伈：他们

时间过得真快，[sɿ³¹ tɕiɛ̃²² ku²⁵ te²¹³ tsen²² kʰuɐ²⁵]

一转眼就三年过去了。[i²¹³ tɕyɛ̃⁴⁴ ŋɛ̃⁴⁴ tɕʰiu²² sɛ̃²² ȵiɛ̃³¹ ku²⁵ tɕʰi²⁵ lie⁰]

在这三年里，[tsɐ²² tse²⁵ sɛ̃²² ȵiɛ̃³¹ lɐi⁴⁴]

渠伈俩婆佬恩恩爱爱，[kʰe³¹ lɐ⁴⁴ ȵiɔŋ³¹ pʰo³¹ lɔ⁴⁴ ŋɛ̃²² ŋɛ̃²² ŋɐ²⁵ ŋɐ²⁵] 俩婆佬：夫妻俩

还生了两个细伢。[xɐ³¹ sɛ̃²² lie⁰ liɔŋ⁴⁴ ko²⁵ sei²⁵ ŋɐu³¹] 细伢：小孩

一个男伢一个女伢，[i²¹³ ko²⁵ lɛ̃³¹ ŋɐu³¹ i²¹³ ko²⁵ ȵy⁴⁴ ŋɐu³¹]

两个伢聪明伶俐，活泼可爱。[liɐŋ⁴⁴ ko⁰ ŋɐu³¹ tsʰɔŋ²² min³¹ lin³¹ lɐi²², xo²¹³ po²¹³ kʰo⁴⁴ ŋɐi²⁵]

可是好景不长，[kʰo⁴⁴ sɿ²² xɐu²² tɕin⁴⁴ pu²¹³ tsʰɔŋ³¹]

天上箇玉皇大帝晓得织女下凡箇事，[tʰin²² sɔŋ²² ko⁰ y²⁵ xuɐŋ³¹ tʰɐ²² tei²⁵ ɕie⁴⁴ te²¹³ tsɿ²¹³ ȵy⁴⁴ ɕiɒ²² fɐn⁰ ko²² sɿ²²]

非常恼火。[fei²² tsʰɐŋ³¹ lɐu⁴⁴ xo⁴⁴]

有一天，天空上乌云直个稀ᵂ，[iɐu⁴⁴ i²¹³ tʰin²², tʰin²² kʰɐŋ²² sɔŋ²² u²² yɐn³¹ tsɿ²¹³ ko⁰ ɕi²²]

大雨直个泼。[tʰɐ²² y⁴⁴ tsɿ²¹³ ko⁰ pʰo²¹³]

一下儿织女冇见了，[i²¹³ xɒ²² ʐɿ⁰ tsɿ²¹³ ȵy⁴⁴ mɔ⁴⁴ tɕiɛ̃²⁵ lie⁰] 冇：不

两个伢哭倒直个直，要找渠伊。[liɔŋ⁴⁴ ko²⁵ ŋɐu³¹ kʰu²¹³ tɔ⁰ tsɿ²² ko⁰ tsɿ²², ie²⁵ tsɔ⁴⁴ kʰe³¹ i²²] 伊：母亲

牛郎更急倒不是个堆。[ȵiɐu³¹ lɔŋ³¹ kɛ̃²⁵ tɕi²¹³ tɐ²¹ pu²¹³ sɿ²¹³ ko²² tei²²] 急倒不是个堆：很急

这个时候那个老牛竟开口说话了。[te²⁵ ko⁰ sɿ³¹ xe²² lɒ²⁵ ko⁰ lɐu⁴⁴ ȵiɐu³¹ tɕin²⁵ kʰɐ²² ke³¹ ɕyɐ²¹³ xuɒ²² lie⁰]

"牛郎呃，莫着急，[ȵiɐu³¹ lɔŋ³¹ e³¹, mo²² tsʰo²¹³ tɕi²¹³]

快把我头上个两个角扳下来，[kʰuɐ²⁵ pɒ⁴⁴ ŋo⁴⁴ tʰe³¹ sɔŋ²² ko²² liɔŋ⁴⁴ ko ko²¹³ pɛ̃²² xɒ²² lɐ³¹]

可以变一对箩筐，[kʰo⁴⁴ i⁴⁴ pin²⁵ i²¹³ tei²⁵ lo³¹ tɕiɔŋ²²]

尔把两个伢装到箩筐子，[n̩⁴⁴ pɒ⁴⁴ liɔŋ⁴⁴ ko⁰ ŋɐu³¹ tsɔŋ²² tɔ²⁵ lo³¹ kʰuɔŋ²² tsɿ⁰]

挑到天空去找织女。"[tʰie²² tɔ²⁵ tʰin²² kʰɐŋ²² tɕʰi²⁵ tsɔ⁴⁴ tsɿ²¹³ ȵy⁴⁴]

话冇说完，[xuɒ²² mɔ²² ɕyɐ²¹³ uɛ̃³¹]

两个牛角咔嚓一下落地下了，[liɔŋ⁴⁴ ko²⁵ ȵiɐu³¹ ko²¹³ kʰɒ²² tsʰɐ²² i²¹³ xɒ²² lo²¹³ tʰɐi²² xɒ²² lie²²] 咔嚓：拟声

当时就变成一对箩筐。[tɔŋ²⁵ sʅ³¹ tɕʰiu²² pin²⁵ tsʰen³¹ i²¹³ tɐi²⁵ lo³¹ tɕʰiɔŋ²²]

牛郎驮了一根扁担，[ȵieu³¹ lɔŋ³¹ tʰo²¹³ lie²² i²¹³ kɛ̃²² pin⁴⁴ tɛ̃²⁵] 驮：背

把两个伢一头放一个，[pɒ⁴⁴ liɔŋ⁴⁴ ko⁰ ŋɐu³¹ i²¹³ tʰe³¹ fɔŋ²⁵ i²¹³ ko²⁵]

挑倒径直往天上飞。[tʰie²² to³¹ tɕiɐn²⁵ tsʅ²¹³ uɐŋ⁴⁴ tʰin²² sɔŋ²² fɐi²²]

两个箩筐跟长了翅关，[liɔŋ⁴⁴ ko²⁵ lo³¹ tɕʰiɔŋ²² kɛ̃² tsɔŋ⁴⁴ lie²² tsʅ²⁵ kuɛ̃²²] 翅关：翅膀

径直在天上直简飞。[tɕiɐn²⁵ tsʅ²¹³ tsʰɐ²² tʰin²² sɔŋ²² tsʅ⁴⁴ koº fɐi²²]

飘啊飘，眼看就要赶上织女了。[pʰie²² ɒ³¹ pʰie²², ŋɛ̃⁴⁴ kʰɛ̃²⁵ tɕʰiu²² ie²⁵ kɛ̃⁴⁴ sɔŋ²² tsʅ²¹³ ȵy⁴⁴ lie²²]

这个时候，被王母娘娘一下看见了。[tse²⁵ koº sʅ³¹ xe²², pʰɐi²² uɔŋ³¹ mo⁴⁴ ȵiɔŋ³¹ ȵiɔŋ³¹ i²¹³ xɒ²² kʰɛ̃²⁵ tɕiɛ̃²⁵ lie²²]

王母娘娘当时把头上箇金钗拔下来，[uɔŋ³¹ mo⁴⁴ ȵiɔŋ³¹ ȵiɔŋ³¹ tɔŋ²⁵ sʅ³¹ pɒ⁴⁴ tʰe³¹ sɔŋ²² ko²² tɕiɐn²² tsʰɐ²² pʰɒ²¹³ xɒ²² lɐ³¹]

在牛郎跟织女俩个中间一划，[tsɐ²² ȵieu³¹ lɔŋ³¹ kɛ̃² tsʅ²¹³ ȵy⁴⁴ liɔŋ⁴⁴ ko²⁵ tsɔŋ²² kɛ̃² i²¹³ xuɒ²²]

当时变成了一条波浪汹涌箇大河。[tɔŋ²⁵ sʅ³¹ pin²⁵ tsʰen³¹ lie²² i²¹³ tʰie³¹ po²² lɔŋ²² ɕiɐŋ²² iɔŋ⁴⁴ ko²² tʰɐ²² xo³¹]

嘚条河叫天河，[te²⁵ tʰie³¹ xo³¹ tɕie²⁵ tʰin²² xo³¹]

硬硬个把渠仍俩婆佬隔开了。[ŋɛ̃²² ŋɛ̃² koº pɒ⁴⁴ kʰe³¹ lɐ²⁵ liɔŋ³¹ pʰɔ³¹ lɔ⁴⁴ kɐ²¹³ kʰɐ² lieº]

这个时候，[tse²⁵ koº sʅ³¹ xe²²]

天上一群喜鹊下飞来了。[tʰin²² sɔŋ²² i²¹³ tɕʰyɐn³¹ ɕi⁴⁴ tɕʰio²¹³ xɒ²² fɐi²² lɐ³¹ lie²²]

喜鹊非常同情牛郎和织女。[ɕi⁴⁴ tɕʰio²¹³ fɐi²² tsʰɔŋ³¹ tʰɐŋ³¹ tɕʰin³¹ ȵieu³¹ lɔŋ³¹ xo³¹ tsʅ²¹³ ȵy⁴⁴]

当时那鹊子这一只咬倒那一只，[tɔŋ²⁵ sʅ³¹ lɐ²⁵ tɕʰio²¹³ tsʅ⁰ tse²⁵ i²¹³ tsʅ²² ŋɒ⁴⁴ to³¹ lɐ²⁵ i²¹³ tsʅ²²] 咬倒：咬着

一只跟到一只，一咬倒，成了一条鹊桥。[i²¹³ tsʅ²¹³ kɛ̃²² to³¹ i²¹³ tsʅ²¹³, i²¹³ ŋɒ⁴⁴ to³¹, tsʰen³¹ lie²² i²¹³ tʰie³¹ tɕʰio²¹³ tɕʰie³¹]

让牛郎织女两个人相会。[zɔŋ²² ȵieu³¹ lɔŋ³¹ tsʅ²¹³ ȵy⁴⁴ liɔŋ⁴⁴ ko²⁵ zɐn³¹ ɕiɔŋ²² xuɐi²²]

这一日正是七月初七，[tse²⁵ i²¹³ zʅ³¹ tsɐn²⁵ sʅ²² tsʰɐi²¹³ yɐ²¹³ tsʰɐu²² tsʰɐi²¹³]

后来，[xe²² lɐ³¹]

喜鹊每年七月初七都到天河这个位子来架桥，[ɕi⁴⁴ tɕʰio²¹³ mɐi⁴⁴ ȵiɛ̃³¹ tsʰɐi²¹³ yɐ²¹³ tsʰɐu²² tsʰɐi²¹³ tɐu²² to²⁵ tʰin²² xo³¹ tse²⁵ ko²⁵ uɐi²⁵ tsʅº pin²² lɐ³¹ tɕiɒ²⁵ tɕʰie³¹]

让牛郎织女两个人相会。[zoŋ²² ɲieu³¹ loŋ³¹ tsʅ²¹³ ŋy⁴⁴ lioŋ⁴⁴ ko²⁵ zen³¹ ɕieŋ²² xuɐi²²]

意译：下面我给大家讲个故事，叫做牛郎织女。在很久很久以前，有个年轻人，很小的时候父母亲就去世了。一个人孤苦伶仃，家里又穷，只有一条老牛跟他相依为命。其实这条老牛是天上的金牛星，他看见牛郎人善良又勤劳朴实，就有心帮他成个家。大家都叫他牛郎，牛郎全靠这条老牛，帮他耕田、刨地、种庄稼、过日子。

有一天金牛星知道天上有一群仙女，要到牛郎村东边山脚下的湖里洗澡，就托个梦给牛郎，让他第二天早晨天刚亮就到湖边去等。等仙女洗澡的时候，把仙女的衣裳随便拿一件，掉头就跑，不要回头，这样就能得到一个漂亮的仙女做老婆。牛郎有点半信半疑。第二天，天还没亮，他就跑到那个湖边躲起来。天快亮的时候，天上飘下来七个仙女，这七个仙女飘下来就把衣裳脱了，放在树枝上挂好，就到湖里洗澡。牛郎趁她们洗澡的时候跑到树枝上拿了一件粉红色的衣服掉头就跑，跑回家了。那件粉红色的衣服正是织女的。到了下半夜，织女就到牛郎家里，轻轻地敲开了门，最后他们就成了一对恩爱夫妻。时间过得真快，一转眼三年过去了，在这三年里他们俩夫妻恩恩爱爱，还生了两个孩子。一个男孩一个女孩，两个孩子聪明伶俐，活泼可爱。

可是好景不长，天上的玉皇大帝知道织女下凡的事，非常生气。有一天，天空上乌云密布，大雨瓢泼。一会儿织女不见了，两个孩子哭得厉害，要找他们的母亲。牛郎更是急得不得了。这个时候那个老牛竟开口说话了："牛郎你不要着急啊，快把我头上的两个角弄下来，可以变成一对箩筐，你把两个孩子装到箩筐里，挑到天上去找织女。"话还没说完，两个牛角就咔嚓一声掉在地上，当时就变成了一对箩筐。牛郎挑了一根扁担，把两个孩子一头放一个，往天上飞去。两个箩筐像长了翅膀一样径直往天上飞。飞啊飞，眼看就要追上织女了。这个时候，被王母娘娘看见了，王母娘娘把头上的金钗拔下来，在牛郎跟织女之间一划，变成了一条波涛汹涌的大河。这条河叫天河，活生生地把他们俩夫妻分开了。

这个时候，天上一群喜鹊都飞过来。喜鹊非常同情牛郎和织女。当时这个喜鹊咬着那个喜鹊，一只跟着一只，成了一条鹊桥。让牛郎织女两个人相会。这一天正是七月初七，后来，喜鹊每年七月初七就到天河这边来架桥，让牛郎织女两个人相会。

三　其他故事

0022 其他故事

在大冶有个屋下，[tsʰɐ²² tʰɐ²² ie⁴⁴ iɐu⁴⁴ ko²⁵ u²² xɒ²²] 屋下：村子

结婚箇时候有个风俗，[tɕie²¹³ xuɐn²² ko⁰ sɿ³¹ xe²² iɐu⁴⁴ ko²⁵ fɐŋ²² sɐu²¹³] 箇：的

新郎家进洞房前要跨过一盆火。[ɕin²² lɔŋ³¹ kɒ²² tɕin²⁵ tʰɐŋ³¹ fɔŋ³¹ tɕʰin³¹ ie²⁵ kʰɒ³¹ ku²⁵ i²¹³ pʰɐn³¹ xo⁴⁴] 新郎家：新娘子

但是为乜呢？[tɐ²⁵ sɿ²² uei²² mɐi²² le⁰] 为乜：为什么

传说蛮早以前，[tɕʰyɛ̃³¹ ɕyɐ²¹³ mɛ̃³¹ tsɔ⁴⁴ i⁴⁴ tɕʰin³¹] 蛮：很

有个女伢出阁，[iɐu⁴⁴ ko²⁵ ny⁴⁴ ŋɐu³¹ tɕʰy²¹³ ko²¹³] 女伢：女孩子。出阁：出嫁

当那个轿子抬到一个三岔路口箇时候，[tɔŋ²² lɐ²⁵ ko²⁵ tɕʰie²² tsɿ⁰ tʰɐ³¹ tɔ²⁵ i²¹³ ko²⁵ sɛ̃²² tsʰɒ²⁵ lɐu²⁵ kʰe⁴⁴ ko⁰ sɿ³¹ xe²²]

突然那个新郎家要屙尿。[tʰɐu²¹³ zɛ̃³¹ lɐ²⁵ ko⁰ ɕin²² lɔŋ³¹ kɒ²² ie²⁵ uo²² ȵie²²] 屙尿：小便

冇得法子，[mɐ²² tɐ²¹³ fɒ²¹³ tsɿ⁰] 冇得法子：没有办法

抬轿子箇只有把轿子放落，[tʰɐ³¹ tɕʰie²² tsɿ⁰ ko⁰ tsɿ²¹³ iɐu⁴⁴ pɒ⁴⁴ tɕʰie²² tsɿ⁰ fɔŋ²⁵ lo²¹³] 抬轿子箇：轿夫。放落：放下

尽渠到路边箇一个茅厕去屙尿。[tɕin⁴⁴ kʰe³¹ tɔ²⁵ lɐu²² pin²² ko⁰ i²¹³ ko²⁵ mɔ³¹ sɿ²² tɕʰi²⁵ uo²² ȵie²²] 尽：让。茅厕：厕所。屙尿：小便

冇想到过了一下，[mɔ²² ɕiɔŋ⁴⁴ tɔ²⁵ ku²⁵ lie⁰ i²¹³ xɒ²²] 冇：没有

从茅厕里出来两个新郎家，[tsʰɐŋ³¹ mɔ³¹ sɿ²² lɐi⁴⁴ tɕʰy²¹³ lɐ³¹ liɔŋ⁴⁴ ko²⁵ ɕin²² lɔŋ²² kɒ²²]

长得一个样。[tsɒŋ⁴⁴ tɐ²¹³ i²¹³ ko²⁵ iɔŋ²²]

哪个是真箇呢？[lɐ⁴⁴ ko²⁵ sɿ²² tsɐn²² ko⁰ ȵi⁰] 真箇：真的

嘚个说渠是真箇，[tɐ²⁵ ko⁰ ɕyɐ²¹³ kʰe³¹ sɿ²² tsɐn²² ko⁰] 渠：她

那个也说渠是真箇。[lɐ²⁵ ko²⁵ iɒ⁴⁴ ɕyɐ²¹³ kʰe³¹ sɿ²² tsɐn²² ko⁰]

冇得法，[mɔ²² tɐ²¹³ fɒ²¹³]

只有叫人去把新郎家箇伊叫来认。[tsɿ⁴⁴ iɐu⁴⁴ tɕie²⁵ zɐn³¹ tɕʰi²⁵ pɒ⁴⁴ ɕin²² lɔŋ³¹ kɒ²² ko⁰ i²² tɕie²⁵ lɐ³¹ zɐn²²] 伊：母亲

新郎家箇伊说渠女儿右手臂有个痣，[ɕin²² lɔŋ³¹ kɒ²² ko⁰ i²² ɕyɐ²¹³ kʰe³¹ ny⁴⁴ zɿ³¹ iɐu²² sɐu⁴⁴ pɐi²⁵ iɐu⁴⁴ ko⁰ tsɿ²⁵]

一看，两个新郎家箇手臂下有痣。[i²¹³ kʰɛ̃²⁵，liɔŋ⁴⁴ ko²⁵ ɕin²² lɔŋ³¹ kɒ²² ko⁰ sɐu⁴⁴ pɐi²⁵ xɒ²² iɐu⁴⁴ tsɿ²⁵] 下：都

正[不晓得]是么子箇时候，[tsɐn²⁵ piɐ⁴¹³ sɿ²² mɔ⁴⁴ tsɿ⁰ ko⁰ sɿ³¹ xe²²] 不晓得：不知道。

么子箇时候：什么时候

  有个老人家路过。[ieu⁴⁴ ko⁰ lɛ̃⁴⁴ zɐn³¹ kɒ²² lɐu²² ku²⁵]

  听了这个事以后，[tʰin²⁵ leº tɤ²⁵ koº sʅ²² i⁴⁴ xe³¹]

  就阴倒跟主人家出了个主意，[tɕʰiu²² iɐn²² tɔ²² kɛ̃²² tɕy⁴⁴ zɐn³¹ kɒ²² tɕʰy²¹³ leº ko²⁵ tɕy⁴⁴ i²⁵] 阴倒：暗自，偷偷地

  然后就叫渠把两个新郎家下抬到婆家。[zɛ̃³¹ xe²² tɕʰiu²² tɕie²⁵ kʰe³¹ pɒ⁴⁴ liɔŋ⁴⁴ koº ɕin²² lɔŋ³¹ kɒ²² xɒ²² tʰe³¹ tɔ²⁵ pʰo³¹ kɒ²²] 下：都

  到了婆家，[tɔ²⁵ leº pʰo³¹ kɒ²²]

  看到新郎官在屋门口放了一盆火。[kʰɛ̃²⁵ tɔ²⁵ ɕin²² lɔŋ³¹ kuɛ̃²² tsʰɜ²¹³ u²¹³ mɐn³¹ kʰe⁴⁴ fɔŋ²⁵ leº i²¹³ pʰɐn³¹ xo⁴⁴]

  阿婆说，[ŋɐ³³ pʰo³¹ ɕyɐ²¹³] 阿婆：婆婆

  哪个能跨过这个火盆就是我媳妇，[lɐ⁴⁴ ko²⁵ lɛ̃³¹ kʰɒ³¹ ko²⁵ tɤ²⁵ koº xo⁴⁴ pʰɐn³¹ tɕʰiu²² sʅ²² ŋo⁴⁴ ɕi²⁵ fu²²]

  跨不过箇就是狐狸精。[kʰɒ³¹ pu²¹³ ko²⁵ koº tɕʰiu²² sʅ²² xu³¹ lɐi³¹ tɕin²²]

  渠一说完，[kʰe²⁵ i²¹³ ɕyɐ²¹³ uɛ̃³¹]

  一个新郎家一脚就跨过去了，[i²¹³ ko²⁵ ɕin²² lɔŋ³¹ kɒ²² i²¹³ tɕio²¹³ tɕʰiu²² kʰɒ²² ko²² tɕʰi²⁵ lieº]

  另外一个吓得掉头就跑。[lin²² uɐ²² i²¹³ ko²⁵ xɐ²¹³ tɤ³¹ tʰie⁴⁴ tʰe³¹ tɕʰiu²² pʰɔ³¹]

  啊哟，搞半天这个跑了箇真是个狐狸精。[ɐ²² ioº, kɔ⁴⁴ pɛ̃²⁵ tʰin²² tsɜ²⁵ koº pʰɔ³¹ leº ko²⁵ tsɐn²² sʅ²² ko²⁵ xu³¹ lɐi³¹ tɕin²²]

  原来，老人说狐狸精怕火，[yɛ̃³¹ lɛ³¹, lɔ⁴⁴ zɐn³¹ ɕyɐ²¹³ xu³¹ lɐi³¹ tɕin²² pʰɒ²⁵ xo⁴⁴]

  所以就用火来鉴别真假。[so⁴⁴ i⁴⁴ tɕʰiu²² iɔŋ²² xo⁴⁴ lɐ³¹ tɕiɛ̃²⁵ piɛ̃²¹³ tsɐn²² tɕɐi⁴⁴]

  从那以后，[tsʰɒŋ³¹ lɛ²⁵ i⁴⁴ xe³¹]

  新郎家进洞房前下要跨火盆。[ɕin²² lɔŋ³¹ kɒ²² tɕin²⁵ tʰɐŋ²² fɔŋ³¹ tɕʰin³¹ xɒ²² ie²⁵ kʰɒ²² xo⁴⁴ pʰɐn³¹]

  一是为了避邪，[i²¹³ sʅ²² uɐi²⁵ leº pʰɐi²¹³ ɕie³¹]

  二是为了象征结了婚后日子红红火火！[ə²² sʅ²² uɐi²⁵ leº ɕiɔŋ²⁵ tsɐn²² tɕɐi²¹³ leº xuɐn²² xe³¹ zʅ²¹³ tsʅ³¹ xɐŋ³¹ xɐŋ³¹ xo⁴⁴ xo⁴⁴]

  意译：大冶有个村子，结婚的时候有个风俗，新娘进洞房前要跨火盆。这是为什么呢？传说很早以前，有个女孩出嫁，当那个轿子抬到一个三岔路口的时候，突然那个新娘要小便。没办法，抬轿子的只好把轿子放下，让她到路边一个厕所去小便。没想到过了一会，从厕所里出来了两个新娘，长得一模一样。哪个是真的呢？这个说她是真的，那个也说她是真的。没办法，只有叫人去把新娘的

妈妈叫来认。新娘的妈妈说她女儿右手臂有个痣。一看，两个新娘的手臂都有痣。

正不知道怎么办的时候，有个老人家路过。听了这个事以后，就暗自给主人家出了个主意，然后叫他把两个新娘都抬到婆家。到了婆家，看到新郎在屋门口放了一盆火。婆婆说，哪个能跨过火盆就是我媳妇，跨不过就是狐狸精。刚一说完，一个新娘一脚就跨过去了，另外一个吓得转身就跑。啊哟，搞半天这个跑了的真是个狐狸精。原来，老人说狐狸精怕火，所以就用火来鉴别真假。从那以后，新娘进洞房前都要跨火盆。一是为了避邪，二是象征结了婚后日子红红火火！

0023 其他故事

从前有两个秀才走倒一路去玩，［tsʰəŋ³¹tɕʰin³¹iɐu⁴⁴liɔŋ⁴⁴ko²⁵ɕiu²⁵tsʰɐi³¹tse⁴⁴tɔ⁰i²¹³lɐu²²tɕʰi²⁵uẽ³¹］

走到一个学校箇门口，［tse⁴⁴tɔ²⁵i²¹³ko⁰ɕio²²ɕio²²ko²²men³¹kʰe⁴⁴］箇：的

叫做"儒学"两个字。［tɕie²⁵tsɐu²⁵y³¹ɕio²²liɔŋ⁴⁴ko²⁵tsʰɿ²²］

过去儒学是高中、大学读书箇位子，［ko²⁵tɕʰy²⁵y³¹ɕio²¹³sɿ²²kɔ²²tsɐŋ²²、tʰe²²ɕio²²tʰɐu²²ɕy²²ko⁰uɐi²²tsŋ⁰］

就叫倒"儒学"。［tɕʰiu²²tɕie²⁵tɔ⁰y³¹ɕio²²］

渠伢两个人看到"儒学"两个字。［kʰe³¹lɐ²⁵liɔŋ⁴⁴ko²⁵zɐn³¹kʰɛ̃²⁵tɔ²⁵y³¹ɕio²²liɔŋ⁴⁴ko²⁵tsʰɿ²²］

第一个秀才就说："糯学"［tʰɐi²²i²¹³ko²⁵ɕiu⁴⁴tsʰɐi³¹tɕʰiu²²ɕyɐ²¹³：lo²²ɕio²²］

第二个秀才就说："儒举"［tʰɐi²²zɿ²²ko²⁵ɕiu²⁵tsʰɐi³¹tɕʰiu²²ɕyɐ²¹³：y³¹tɕy⁴⁴］

为两个字两个人就争起来了。［uɐi²⁵liɔŋ⁴⁴ko²⁵tsʰɿ²¹liɔŋ⁴⁴ko²⁵zɐn³¹tɕʰiu²²tsɛ̃²²tɕʰi²⁵lɐ³¹lie²²］

一个说是"糯学"一个说是"儒举"。［i²¹³ko²⁵ɕyɐ²¹³sɿ²²lo²²ɕio²²，i²¹³ko²⁵ɕyɐ²¹³sɿ²²y³¹tɕy⁴⁴］

两个人争争争，就来了一个和尚。［liɔŋ⁴⁴ko²⁵zɐn³¹tsɛ̃²²tsɛ̃²²tsɛ̃²²，tɕʰiu²²lɐ³¹lie²²i²¹³ko²⁵xo³¹sɔŋ³¹］

渠就问那个和尚：［kʰe³¹tɕʰiu²²uɐn²²lɐ²⁵ko²⁵xo³¹sɔŋ³¹］

"这两个字，我说是糯学，［tse²⁵liɔŋ⁴⁴ko²⁵tsʰɿ²²，ŋo⁴⁴ɕyɐ²¹³sɿ²²lo²²ɕio²²］

渠说是儒举，尔说哪个对呢？"［kʰe³¹ɕyɐ²¹³sɿ²²y³¹tɕy⁴⁴，ŋ̍⁴⁴ɕyɐ²¹³lɒ²¹³ko²⁵tɐi²⁵lie²²］渠：他

那个和尚大概也搞不清楚，［lɒ²⁵ko²⁵xo³¹sɔŋ²²tʰɐ²²kʰɐ²⁵iɐ⁴⁴ko⁴⁴pu²¹³tɕʰin²²tsʰɐu⁴⁴

渠说："我[没有]工夫跟尔说了，[kʰe³¹ ɕyɐ²¹³ : ŋo⁴⁴ miɐ⁴¹³ koŋ²² fu²² kɛ̃²² n̩⁴⁴ ɕyɐ²¹³ lie²²] 工夫：时间

我要去做齐。"[ŋo⁴⁴ ie²² tɕʰi²⁵ tsɐu²⁵ tsʰɐi³¹]

渠伔就争争争，争到衙门子。[kʰe³¹ lɐ²⁵ tɕʰiu²² tsɛ̃²² tsɛ̃²² tsɛ̃²², tsɛ̃²² tɔ²⁵ iɔ³¹ mɐn³¹ tsɹ⁰]
渠伔：他们

到县老爷那去了，就去问那县老爷。[tɔ²⁵ ɕiɛ̃²² lɔ⁴⁴ ie³¹ lɐ²⁵ tɕʰi²⁵ lie²², tɕʰiu²² tɕʰi²⁵ uɐn²² lɐ²⁵ ɕiɛ̃²² lɔ⁴⁴ ie³¹]

渠说糯学，我说儒举，[kʰe³¹ ɕyɐ²¹³ lo²² ɕio²², ŋo⁴⁴ ɕyɐ²¹³ y³¹ tɕy⁴⁴]

叫尔县太爷断个案子。[tɕie²⁵ n̩⁴⁴ ɕiɛ̃²² tʰɐ²⁵ ie³¹ tʰɛ̃²⁵ ko²² ŋɛ̃²⁵ tsɹ⁰]

我伔两个人问那个和尚，[ŋo⁴⁴ lɐ²⁵ lioŋ⁴⁴ ko²⁵ zen³¹ uɐn²⁵ lɐ²² ko²⁵ xo³¹ sɔŋ²²]

和尚说渠去做齐，[xo³¹ sɔŋ²² ɕyɐ²¹³ kʰe³¹ tɕʰi²⁵ tsɐu²⁵ tsʰɐi³¹]

我就问县老爷。[ŋo⁴⁴ tɕʰiu²² uɐn²⁵ ɕiɛ̃²² lɔ⁴⁴ ie³¹]

县老爷一看到这两个字，[ɕiɛ̃²² lɔ⁴⁴ ie³¹ i²¹³ kʰɛ̃²⁵ tɔ⁰ te²⁵ lioŋ⁴⁴ ko⁰ tsʰɹ²²]

县老爷就说：[ɕiɛ̃²² lɔ⁴⁴ ie³¹ tɕʰiu²² ɕyɐ²¹³]

"糯学儒举两相连，[lo²² ɕio²² y³¹ tɕy⁴⁴ lioŋ⁴⁴ ɕiɔŋ²² lin³¹]

[冇得]和尚去做齐。[miɐ⁴¹³ xo³¹ sɔŋ²² tɕʰi²⁵ tsɐu²⁵ tsʰɐi³¹] 冇得：没有

本县不是孔夫了，[pen⁴⁴ ɕiɛ̃²² pu²¹³ sɹ²² kʰɐŋ²² fu²² lie²²]

尔到杭州去问苏东皮。"[n̩⁴⁴ tɔ²⁵ xoŋ³¹ tsɐu²² tɕʰi²⁵ uɐn²² sɐu²² teŋ²² pʰei³¹]

意译：从前有两个秀才一起去玩，走到一个学校门口，学校叫做"儒学"。过去高中、大学读书的地方，就叫做"儒学"。看到"儒学"这两个字。第一个秀才就说"糯学"。第二个秀才就说"儒举"。为这两个字两个人就争起来了。一个说是"糯学"，一个说是"儒举"，两个人争着争着，来了一个和尚。一个秀才就问那个和尚："这两个字我说是'糯学'，他说是'儒举'，你说哪个对呢？"那个和尚也搞不清楚，说："我没工夫跟你说了，我要去做齐事。"他们又争着争着，争到衙门去了。到县老爷那去了，就去问县老爷："他说是'糯学'，我说是'儒举'，请县太爷断个案子，我们两个人问那个和尚，和尚说他去做齐事，我就问县老爷。"县老爷一看到这两个字，就说："糯学儒举两相连，没有和尚去做齐，本县不是孔夫了，你到杭州去问苏东皮。"

0024 其他故事

古时候，有个皇帝喫了[没得]事。[ku⁴⁴ sɹ³¹ xe²², iɐu⁴⁴ ko²⁵ xuɔŋ³¹ tɐi²⁵ tɕʰiɔ²¹³ lie²² miɐ⁴¹³ sɹ²²] 喫：吃。没得事：无事可干

喜欢猜谜子，听人家谈文。[ɕi⁴⁴ xuɛ̃²² tsʰɐu²² mei²² tsɹ⁰, tʰin²⁵ zen³¹ kɔ²² tʰɛ̃³¹ uɐn³¹]

猜谜子：猜谜语。谈文：说书

正好武昌府进贡了一个女箇，[tsɐn²⁵xɔ⁴⁴u⁴⁴tsʰɔŋ²²fu⁴⁴tɕin²²kɐŋ²⁵lie⁰i²¹³ko²⁵n̥y⁴⁴ko²²] 女箇：女子

不但会打谜子，还会谈文。[pu²¹³te²⁵xuaŋ²²tɔ⁴⁴mei²²tsʅ⁰，xɐ³¹xuaŋ²²tʰẽ³¹uɐn³¹] 渠：她

皇帝老子就蛮高兴。[xuɔŋ³¹tei²⁵lɔ⁴⁴tsʅ⁰tɕʰiu²²mẽ³¹kɔ²²ɕieŋ²⁵] 蛮：很

问渠是哪里个人，[uɐn²⁵kʰe³¹sʅ²²lɐ²²lei³¹ko²²zɐn³¹]

那个女箇就不应渠。[lɐ²⁵ko²⁵n̥y⁴⁴ko²²tɕʰiu²²pu²¹³iɐn²⁵kʰe³¹]

笑眯了驮出来一个大红包袱，[ɕie²⁵mɐi²⁵lie²²tʰo³¹tɕʰy²¹³lɐ³¹i²¹³ko²⁵tʰɐ²²xɐŋ³¹pɔ²²fu²²] 驮：取、拿

把包袱驮出来一抖，[pɒ⁴⁴pɔ²²fu²²tʰe³¹tɕʰy²¹³lɐ³¹i²¹³te⁴⁴]

变出了一盏大红箇彩灯。[pin²⁵tɕʰy²¹³lɐ³¹i²¹³tsɐ̃⁴⁴tɒ²²xɐŋ³¹ko²²tsʰɐi⁴⁴tẽ²²]

上面绣倒太上李老君在炼八卦炉。[sɔŋ²²min²²ɕiu²⁵tɔ³¹tsʰɐ³¹sɔŋ²²lei⁴⁴lɔ⁴⁴tɕyɐn³¹tsʰɐ²²lin²²pɒ²¹³kuɐ²⁵lɐu³¹]

渠接倒打了一个县名叫皇帝老子猜，[kʰe³¹tɕi²¹³tɔ³¹tɐ⁴⁴lie²²i²¹³ko²⁵ɕiẽ²²min³¹tɕie²⁵xuaŋ³¹tei²⁵lɔ⁴⁴tsʅ⁰tsʰɐ²²] 接倒：接着

那皇帝老子听到猜谜子劲就来了。[lɐ²⁵xuaŋ³¹tei²⁵lɔ⁴⁴tsʅ⁰tʰin²⁵tɔ⁰tsʰɐ²²mɐi²²tsʅ⁰tɕiɐn²⁵tɕʰiu²²lɐ²²lie²²]

猜了一回又一回，[tsʰɐ²²lie²²i²¹³xuɐi³¹iɐu⁴⁴i²²xuɐi³¹]

猜了半天冇猜倒。[tsʰɐ²²lie²²pɐ̃²⁵tʰin²²mɔ²²tsʰɐ²²tɔ⁴⁴] 冇：没有

后来叫人驮来全国箇县名册一个一个挨排对倒猜，[xɐ²²lɐi³¹tɕie²⁵zɐn³¹tʰo³¹lɐ²²tɕʰin³¹kuɐ²¹³ko²²ɕiẽ²²min³¹tsʰɐ²¹³i²¹³ko²⁵i²¹³ko²⁵ŋɐ²²pʰɐi³¹tei²⁵tɔ⁰tsʰɐ²²] 驮：背。对倒：对着

还是冇猜倒。[xɐ³¹sʅ²²mɔ²²tsʰɐ²²tɔ³¹] 猜倒：猜着

皇帝老子好脾气，[xuɔŋ³¹tei²⁵lɔ⁴⁴tsʅ⁰xɔ⁴⁴pʰɐi³¹tɕʰi²⁵]

不准别个猜，[pu²¹³tɕyɐn⁴⁴pʰi²¹³ko²⁵tsʰɐ²²] 别个：别人

一个人硬倒头皮想。[i²¹³ko²⁵zɐn³¹ŋɐ̃²²tɔ³¹tʰe³¹pʰɐi³¹ɕiɔŋ⁴⁴]

看到这个情况，[kʰɐ̃²⁵tɔ²⁵tse²⁵ko⁰tɕʰin³¹kʰuaŋ²⁵]

丞相就出来解围。[tsʰɐn³¹ɕiɔŋ²⁵tɕʰiu²²tɕʰy²¹³lɐ³¹kɐ⁴⁴uɐi³¹]

就问这个县有乜来历，[tɕʰiu²²uɐn²²tse²⁵ko⁰ɕiẽ²²iɐu⁴⁴mɐi⁴⁴lɐ³¹lei²¹³]

那个女箇晓得丞相是想让皇帝老子猜这个谜子。[lɐ⁴⁴ko⁰n̥y⁴⁴ko²²ɕie⁴⁴tɐ²¹³tsʰɐn³¹ɕiɔŋ²⁵sʅ²²ɕiɔŋ⁴⁴zɔŋ²²xuaŋ³¹tei²⁵lɔ⁴⁴tsʅ⁰tsʰɐ²²tse²⁵ko⁰mɐi²²tsʅ⁰] 晓得：知道

就说："有座隔＝山，[tɕʰiu²²ɕyɐ²¹³：iɐu⁴⁴tʰso⁴⁴kɐ²¹³sɐ̃²²] 隔＝山：大山

那山上有对金凤凰，[lɐ²⁵sɐ̃²²sɔŋ²²iɐu⁴⁴tei²⁵tɕiɐn²²fɐŋ²⁵xuɔŋ³¹]

生了九十九个凤凰蛋，［sẽ²⁵ lie²² tɕieu⁴⁴ sʅ²¹ tɕieu⁴⁴ ko²⁵ fɐŋ²⁵ xuɔŋ³¹ tʰẽ²²］

生了一百个细凤凰。"［sẽ²⁵ lie²² i²² pe²¹³ ko²⁵ sɐi²⁵ fɐŋ²⁵ xuɔŋ³¹］细：小

这个时候天上筒玉帝晓得了。［tse²⁵ ko²⁵ sʅ³¹ xe²² tʰin²² sɔŋ²² ko⁰ y²⁵ tɐi²⁵ ɕie⁴⁴ tɐ²¹³ lie²²］

一拍龙案，那还了得。［i²¹³ pʰe²¹³ lɐŋ³¹ ŋẽ²⁵，lɐ²⁵ xe³¹ lie⁴⁴ tɐ²¹³］

凤凰是天空娘娘。［fɐŋ²⁵ xuɔŋ³¹ sʅ²² tʰin²² kʰɐŋ²² ȵiɔŋ³¹ ȵiɔŋ³¹］

抛出一百个凤凰，那不是要一百个皇帝去配对，［pʰɔ²² tɕy²¹³ i²¹³ pe²¹³ ko²⁵ fɐŋ²⁵ xuɔŋ³¹，lɐ²⁵ pu²¹³ sʅ²² ie²⁵ i²¹³ pe²¹³ ko²⁵ xuɔŋ³¹ tɐi²⁵ tɕʰi²⁵ pʰɐi tɐi²⁵］

那天下不是大乱了。［lɐ²⁵ tʰin²² xɒ²² pu²¹³ sʅ²² tʰe²² lẽ²² lie²²］

渠连忙派雷公电母，［kʰe³¹ lin³¹ mɔŋ³¹ pʰe²⁵ lɐi³¹ kɐŋ²² tin²⁵ mo⁴⁴］

带倒风神雨将去捉这对凤凰。［tɐ²⁵ tɔ³¹ fɐŋ²² sɐn³¹ y⁴⁴ tɕiɔŋ²⁵ tɕʰi²⁵ tsɔ²¹³ tse²⁵ tɐi²⁵ fɐŋ²⁵ xuɔŋ³¹］带倒：带着

扎破凤凰蛋，［tsɒ²¹³ pʰo²⁵ fɐŋ²⁵ xuɔŋ³¹ tʰẽ²²］

凤凰正在生最后一个蛋。［fɐŋ²⁵ xuɔŋ³¹ tsɐn²⁵ tse²² sẽ²⁵ tsɐi²⁵ xe²² i²¹³ ko⁰ tʰẽ²²］

天空突然出现雷公电母，［tʰin²² kʰɐŋ²² tʰɐu²¹³ zẽ³¹ tɕy²¹³ ɕiẽ²⁵ lɐi³¹ kɐŋ²² tin²⁵ mo⁴⁴］

把这对凤凰捉倒就走。［pɒ⁴⁴ tse²⁵ tɐi²⁵ fɐŋ²⁵ xuɔŋ³¹ tsɔ²¹³ tɔ³¹ tɕʰiu²² tse⁴⁴］捉倒：抓住

风神一口气把凤凰窠吹到半天空落下来趷个稀巴烂。［fɐŋ²² sɐ³¹ i²¹³ kʰe⁴⁴ tɕʰi²⁵ pɒ⁴⁴ fɐŋ²⁵ xuɔŋ³¹ kʰo²² tɕy²² tɔ²⁵ pẽ²⁵ tʰin²² kʰɐŋ²² lo²¹³ xɒ²² lɐ³¹ tɒ²¹³ ko²⁵ ɕi²² pɒ²² lẽ³¹］趷：摔

雨将一口水冲下来，［y⁴⁴ tɕiɔŋ²⁵ i²¹³ kʰe³¹ ɕy⁴⁴ tsʰɐŋ²² xɒ²² lɐ³¹］

把九十九个破蛋变成了九十九个山包。［pɒ⁴⁴ tɕieu⁴⁴ sʅ²² tɕieu⁴⁴ ko²⁵ pʰo²⁵ tʰẽ²² pin²⁵ tsʰɐn³¹ lie⁰ tɕieu⁴⁴ sʅ²¹ tɕieu⁴⁴ ko²⁵ sẽ²² pɒ²²］

这九十九个山包分别叫：［tse²⁵ tɕieu⁴⁴ sʅ³¹ tɕieu⁴⁴ ko²⁵ sẽ²² pɒ²² fɐn²² pʰie²¹³ tɕie²⁵］

金山、银山、铜山、铁山、锡山。［tɕien²² sẽ²²、ȵien³¹ sẽ²²、tʰɐŋ³¹ sẽ²²、tʰi²¹³ sẽ²²、sɐi²¹³ sẽ²²］

山下个湖，［sẽ²² xɒ²² ko⁰ xu³¹］

叫金湖、银湖、铜湖、铁湖、锡湖。［tɕie²⁵ tɕien²² xu³¹、ȵien²² xu³¹、tʰɐŋ³¹ xu³¹、tʰi²¹³ xu³¹、sɐi²¹³ xu³¹］

后来凡间冇得凤凰了，［xe²² lɐ³¹ fẽ²² tɕin²² mɔ²² tɐ²¹³ fɐŋ²⁵ xuɔŋ³¹ lie²²］

天上太老君就背了个八卦炉到底下来炼宝了。［tʰin²² sɔŋ²² tʰe²⁵ lɔ⁴⁴ tɕyɐn²² tɕʰiu²² pɐi²⁵ lie²² ko²⁵ pɒ²¹³ kuɒ²⁵ lɐu³¹ tɔ²⁵ tɐi²² xɒ²² lɐ³¹ lin²² pɔ²¹³ lie²²］

皇帝老子听了这个故事，［xuɔŋ³¹ tɐi²⁵ lɔ⁴⁴ tsʅ⁰ tʰin²⁵ lie²² tse²⁵ ko⁰ ku²⁵ sʅ²²］

喜得把龙案一拍，说：［ɕi⁴⁴ tɐ²¹³ pɒ⁴⁴ lɐŋ³¹ ŋẽ²⁵ i²¹³ pʰe²¹³，ɕyɐ²¹³］喜：高兴

"我猜到了叫大兴炉冶，［ŋo⁴⁴ tsʰɐ²² tɔ²⁵ lie⁰ tɕie tɒ²² ɕien²² lɐu³¹ ie⁴⁴］

可是有得嘚个县咧。"[kʰo⁴⁴ sɿ²² mɔ²² tɐ²¹³ tɐ²⁵ ko²⁵ ɕiɛ̃²² lie⁰]

那丞相说：[lɤ²⁵ tsʰɐn³¹ ɕieŋ²⁵ ɕye²¹³]

"万岁爷，这是五宝俱全箇位子，[uɛ̃²² sei²⁵ ie³¹，tse²⁵ sɿ²² u⁴⁴ pɔ⁴⁴ tɕʰy²⁵ tɕʰin³¹ ko²² uɐi²² tsɿ⁰]

尔就封个县啦。"[n̩⁴⁴ tɕʰiu²² feŋ²² ko²⁵ ɕiɛ̃²² lɤ⁰]

皇帝老子正在兴头上，[xuɐŋ³¹ tei²⁵ lɔ⁴⁴ tsɿ⁰ tsɐn²⁵ tsʰɐi³¹ ɕiɐŋ²⁵ tʰɐ³¹ sɔŋ²²]

就说叫大冶县。[tɕʰiu²² ɕye²¹³ tɕie²⁵ tɒ²² ie⁴⁴ ɕiɛ̃²²]

女箇一听，[n̠y⁴⁴ ko²² i²¹³ tʰin²⁵]

连忙跪下来说："谢主隆恩"。[lin³¹ mɔŋ³¹ kuɐi²⁵ xɒ²² lɤ³¹ ɕye²¹³：ɕie⁴⁴ tɕy⁴⁴ lɔŋ³¹ ŋɛ̃²²]

小女子就是大冶县箇人士。[ɕie⁴⁴ n̠y⁴⁴ tsɿ⁰ tɕʰiu²² sɿ⁰ tɒ²² ie⁴⁴ ɕiɛ̃²² ko⁰ zɐn³¹ sɿ²²]

从这以后中国就有个大冶县了。[tsʰɐn³¹ tse²⁵ i⁴⁴ xe²² tsɐŋ²² kuɐ²¹³ tɕʰiu²² iɐu⁴⁴ ko²⁵ tɒ ie⁴⁴ ɕiɛ̃²² lie⁰]

意译：古时候，有个皇帝吃了没事，喜欢猜谜语，听人家说书。正好武昌府进贡了一个女子，既会猜谜语又会说书。皇帝就很高兴，问她是哪里人，那个女子没回答，笑眯眯的拿出来一个大红包袱，把包袱拿出来一抖，变出了一个大红彩灯，上面绣着太上李老君炼八卦炉。她接着打了一个县名让皇帝猜，那皇帝听到猜谜语，劲就来了。猜了一次又一次，猜了半天没猜到。后来叫人拿来全国的县民册一个一个地对着猜，还是没有猜到。皇帝脾气好，不准其他人猜，一个人硬着头皮想。看到这个情况，丞相出来解围，问这个县有什么来历。

那个女子知道丞相是想让皇帝猜这个谜语。就说："有座大山，山上有对金凤凰，生了九十九个凤凰蛋，生了一百个就孵小凤凰。"这个时候天上的玉帝知道了。一拍龙案，那还了得。凤凰是天空娘娘，孵出一百个凤凰那不是要一百个皇帝去配对，那天下不是大乱了。他连忙派雷公电母，带着风神雨神去抓这对凤凰，扎破凤凰蛋。凤凰正在生最后一个蛋。天空突然出现雷公电母，把凤凰抓着就走。风神一口气把凤凰巢吹到半天空，掉下来摔得稀巴烂。雨神一口水冲下来，把九十九个破蛋变成九十九个山包。这九十九个山包分别叫进金山、银山、铜山、铁山、锡山。山下的湖分别叫金湖、银湖、铜湖、铁湖、锡湖。

后来凡间没有凤凰了，天上的太上老君就背了八卦炉到人间来炼宝。皇帝听了这个故事，起身把龙案一拍说："我猜到了叫大行炉冶，可是没有这个县了。"丞相说："万岁爷，这是五宝俱全的好位置，你就封个县啊。"皇帝正在兴头上，就说叫大冶县。女子一听，连忙跪下来谢主隆恩。小女子就是大冶县的人士。从这以后中国就有一个大冶县了。

0025 其他故事

有一伙大冶人随团去北京旅游，[iɐu⁴⁴i²¹³xo⁴⁴tɒ²²ie⁴⁴zen³¹sɐi³¹tʰɛ̃³¹tɕʰi²⁵pɐ²¹³tɕien²²lɐi⁴⁴iɐu³¹]

请那个导游到了北京以后，[tɕʰin⁴⁴lɐ²⁵ko⁰tɔ⁴⁴iɐu³¹tɔ²⁵lie⁰pɐ²¹³tɕien²²i⁴⁴xe²²]

导游把渠伱安排在渠伱住箇位子。[tɔ⁴⁴iɐu³¹pɒ⁴⁴kʰe³¹lɐ²²ŋɛ̃²²pʰɐi³¹tsɐ²²kʰe³¹lɐ²²tɕʰy²²ko²²uɐi²²tsɿ⁰] 渠伱：他们

渠伱还冇来得及看，[kʰe³¹lɐ²²xɐ³¹mɔ²²lɐ³¹te²¹³tɕi²¹³kʰɛ̃²⁵]

导游就把渠伱带去爬长城。[tɔ⁴⁴iɐu³¹tɕʰiu²²pɒ⁴⁴kʰe³¹lɐ²⁵tɕʰi²⁵pʰɒ³¹tsʰɔŋ³¹tsʰen³¹]

爬完长城回来一身汗，[pʰɒ³¹uɛ̃³¹tsʰɔŋ³¹tsʰen³¹xuɐu³¹lɐ³¹i³³sen²²xɛ̃²²]

想洗个澡。[ɕiɔŋ⁴⁴sɐi⁴⁴ko²²tsɔ⁴⁴]

结果渠伱去房间一看。[tɕie²¹³ko⁴⁴kʰe³¹lɐ²²tɕʰi²⁵fɔŋ³¹kɛ̃²²i²¹³kʰɛ̃²⁵]

裸了，连个洗澡箇位置都[没得]，[lo⁴⁴lie²²，lin³¹ko⁰sɐi⁴⁴tsɔ⁴⁴ko²²uɐi²²tsɿ²²tɐu⁴¹³miɐ⁴¹³] 裸了：完了

是么子咧，[sɿ²²mo³¹tsɿ²²lie⁰]

就跑到下面服务台去问那个前台箇小姐。[tɕʰiu²²pʰɔ⁴⁴tɔ²⁵xɒ²²min²²fu²¹³u²⁵tʰɐ³¹tɕʰi²⁵uen²²lɐ²²ko⁰tɕʰin³¹tʰɐ³¹ko⁰ɕie⁴⁴tɕi⁴⁴]

大冶人就问渠：[tɒ²²ie⁴⁴zen³¹tɕʰiu²²uen²²kʰe³¹]

"请问那个洗澡在几楼？" [tɕʰin⁴⁴uen²⁵lɐ⁴⁴ko²²sɐi⁴⁴tsɔ²²tsʰɐ²²tɕi⁴⁴lɐ³¹]

那个小姐从来冇听过大冶话，[lɐ⁴⁴ko⁰ɕie⁴⁴tɕi⁴⁴tsʰɔŋ³¹lɐ³¹mɔ²²tʰin²⁵ko²⁵tɒ²²ie⁴⁴xuɒ²²] 冇：没有

还以为是日本话。[xɐ³¹i⁴⁴uɐi³¹sɿ²²zɿ²¹³pɛ̃²²xuɒ²²]

先生，尔说个是么意思，[ɕin²²sɛ̃²²，n̩⁴⁴ɕyɐ²¹³ko²²sɿ²²mo⁴⁴i²⁵sɿ²²] 尔：你

尔说慢[点儿]，我冇听清楚。[n̩⁴⁴ɕyɐ²¹³mɛ̃²²ɲiɛ̃⁵²，ŋo⁴⁴mɔ²²tʰin²⁵tɕʰin²⁵tsʰɐu⁴⁴]

那个大冶人就说，[lɐ²⁵ko⁰tɒ²²ie⁴⁴zen³¹tɕʰiu²²ɕyɐ²¹³]

我是问尔那个洗澡在几楼。[ŋo⁴⁴sɿ²²uen²²n̩⁴⁴lɐ²²ko⁰sɐi⁴⁴tsɔ⁴⁴tsʰɐ²²tɕi⁴⁴lɐ³¹]

裸了，还是听不清楚。[lo⁴⁴lie²²，xɐ³¹sɿ²²tʰin²²pu²¹³tɕʰin²²tsʰɐu⁴⁴]

不能怨那个小姐，[pu²¹³lɛ̃²²yɛ̃²²lɐ²²ko⁵ɕie⁴⁴tɕi⁴⁴] 怨：怪

为乜呢？[uɐi²²mɐi²¹³li⁴⁴] 为么：为什么

因为那个小姐是地地道道箇北京人。[iɛ̃²²uɐ³¹lɐ²²ko²⁵ɕie⁴⁴tɕi⁴⁴sɿ²²tʰɐi²²tʰɐi²²tʰɔ²²tʰɔ²²ko²²pɐ²¹³tɕʰien²²zen³¹]

不能怪渠，[pu²¹³lɛ̃³¹kuɐ²⁵kʰe³¹] 渠：她

因为北京人说洗澡叫冲凉。[in²²uɐi³¹pɐ²¹³tɕʰien²²zen³¹ɕyɐ²¹³sɐi⁴⁴tsɔ⁴⁴tɕie²⁵tsʰen²² liɔŋ³¹]

普通话就是我冲个凉去。[pʰu⁴⁴tʰɔŋ²²xuɐ²²tɕʰiu²²sʅ²²ŋo⁴⁴tsʰɐŋ²²ko²⁵liɔŋ³¹tɕʰy²⁵]

然后,[zɛ̃³¹xe²²]

大冶人就心里不快活了,[tɒ²²ie²²zɐn³¹tɕʰiu²²ɕin²²lei⁴⁴pu²¹³kʰuɐ²⁵xo²¹³lie²²]快活:舒服

有[点儿]发毛了。[iɐu⁴⁴ȵiɛ̃⁵²fɒ²¹³mɔ³¹lie²²]发毛:生气

就用大冶话说了一句,[tɕʰiu²²iɐŋ²²tɒ²²ie⁴⁴xuɒ²²ɕyɛ²¹³lie²²i²¹³tɕy²⁵]

个鬼戳箇,连洗澡都[不晓得],[ko²⁵kuɐi⁴⁴tsʰo²¹³ko²²,lin³¹sɐi⁴⁴tsɔ⁴⁴tɐu²²pie⁴¹³]鬼戳箇:骂语。不晓得:不知道

我戳尔娘啊。[ŋo⁴⁴tsʰo²¹³n̩⁴⁴ȵiɔŋ³¹ɐ⁰]

刚一说,那个小姐就听懂了。[kɔŋ²²i²¹³ɕyɛ²¹³,lɐ²⁵ko²⁵ɕie⁴⁴tɕi⁴⁴tɕʰiu²²tʰin²⁵tɐŋ⁴⁴lie²²]

哦,先生,[o³¹,ɕian⁵⁵ʂɐŋ³¹]

你说冲凉是吧,冲凉在三楼。[li⁵⁵suo³³tʂʰɔŋ⁵⁵liaŋ³⁵sʅ⁵¹pa⁰,tʂʰɔŋ⁵⁵liaŋ⁵⁵tsʰai⁵¹san³³lou³⁵]

意译:有一群大冶人随团到北京旅游,请了一个导游。到了北京之后,导游帮他们安排住宿。他们还没有来得及认真看,导游就把他们带去爬长城。爬了长城回来一身汗,想洗个澡。结果他们去房间一看。麻烦了,连个洗澡的位子都没有。怎么办呢,就跑到下面服务台去问那个小姐:"请问那个洗澡在几楼啊?"这个小姐从来没有听过大冶话,还以为是日本话。"先生啊,你说的什么意思啊,你说慢点,我没有听清楚。"那个大冶人就说:"哦,我是问你那个洗澡在几楼。"麻烦了,还是听不懂。这不能怪那个小姐,因为那个小姐是地地道道的北京人。不能怪她,北京人说洗澡叫"冲凉"。普通话就是我冲个凉去。然后,大冶人心里觉得有点不舒服,有点生气。就用大冶话骂了一句:"鬼戳的,连洗澡都不知道,戳你娘啊。"刚一说,那个小姐就听懂了。"哦,先生,你说冲凉是吧,冲凉在三楼。"

四 自选条目

0031 自选条目

戴帽圈打啵,差一隔⁼措。[tɐ²⁵mɔ²²tɕʰyɛ̃²²tɒ²¹³po²⁵,tsʰɐ²¹³kɐ²¹³tsʰo²⁵]打啵:亲嘴。隔⁼:大

意译:戴着帽子圈亲嘴,差一大截。

0032 自选条目

戏台下纳鞋底，假马忙！[ɕi²⁵tʰɐ³¹xɒ²²lɐ²¹³xɐ³¹tɐi⁴⁴，tɕiɒ⁴⁴mɒ⁴⁴mɔŋ³¹] 假马：假装

意译：戏台下纳鞋底，假忙！

0033 自选条目

扁担无纳，两头失塌。[pin⁴⁴tẽ²⁵u³¹lɒ²¹³，liɔŋ⁴⁴tʰe³¹sɿ²¹³tʰɒ²¹³] 纳，扁担两端向上凸起的楔形凸起物，用于阻挡挑起的重物，防止脱落

意译：扁担没有纳，两头就会掉下去。

0034 自选条目

菜篮子装泥鳅，跑箇跑，溜箇溜。[tsʰɐ²⁵lẽ³¹tsɿ⁰tsɔŋ²²n̩i³¹tɕʰiu²²，pʰɔ³¹ko⁰pʰɔ³¹，liu²⁵ko⁰liu²⁵]

意译：菜篮子装泥鳅，跑的跑，溜的溜。

0035 自选条目

蚂蚁搬家，大雨哗啦。[mɒ³¹n̩i⁴⁴pẽ²²kɒ²²，tʰɐ²²y⁴⁴xuɒ²²lɒ²²] 哗啦：拟声词，拟雨声

意译：蚂蚁搬家，要下大雨了。

0036 自选条目

千犁万耙，赶不倒早插一夜。[tɕʰin²²lɐi³¹uẽ²²pʰɒ³¹，kɛ̃⁴⁴pu²¹³to⁴⁴tsɔ⁴⁴tsʰɒ²¹³i²¹³iɒ²²] 赶不倒：不如

意译：千犁万耙，不如早点插。意指做事要趁早。

0037 自选条目

奇怪奇怪真奇怪，[tɕʰi³¹kuɐ²⁵tɕʰi³¹kuɐ²⁵tsɐn²²tɕʰi³¹kuɐ²⁵]

茶壶里面长白菜。[tsʰɐ³¹xu³¹lɐi⁴⁴min²²tsɔŋ⁴⁴pʰie²²tsʰɐ²⁵]

意译：奇怪奇怪太奇怪了，茶壶里面还能长白菜。意指不可能发生的事。

0038 自选条目

稀奇稀奇真稀奇，[ɕi²²tɕʰi³¹ɕi²²tɕʰi³¹tsɐn²²ɕi²²tɕʰi³¹] 稀奇：稀少奇特

两个瞎子走象棋。[liɔŋ⁴⁴ko²⁵xɒ²¹³tsɿ⁰tse⁴⁴ɕiɔŋ²²tɕʰi³¹]

意译：稀奇稀奇太稀奇了，两个瞎子还能走象棋。意指不可能发生的事。

0039 自选条目

龙配龙凤配凤,金鸡配凤凰。[leŋ³¹ pʰei²⁵ leŋ³¹ feŋ²⁵ pʰei²⁵ feŋ²⁵,tɕien²² tɕi²² pʰei²⁵ feŋ²⁵ xuɔŋ³¹]

好货配好货,臭虫配臭虫。[xɔ⁴⁴ xo²⁵ pʰei²⁵ xɔ⁴⁴ xo²⁵,tsʰɐu²⁵ tsʰɐŋ³¹ pʰei²⁵ tsʰɐu²⁵ tsʰɐŋ³¹] 好货:好人

乌龟配王八,瞎子配独眼龙。[u²² kuei²² pʰei²⁵ uɔŋ³¹ pɒ²¹³,xɒ²¹³ tsɿ⁰ pʰei²⁵ tɐu²¹³ ŋẽ⁴⁴ leŋ³¹]

意译:龙配龙,凤配凤,金鸡配凤凰。好人和好人相配,臭虫和臭虫相配。乌龟配王八,瞎子配独眼龙。意指同一类人才能走在一起。

0040 自选条目

嘴唇搽雪花膏,自家润自家。[tsei⁴⁴ tɕʰyen³¹ tsʰɒ³¹ ɕi²¹³ xuɐ²² kɒ²²,tsɿ²² kɒ²² yen²⁵ tsɿ²² kɒ²²] 自家:自己

意译:嘴唇上抹雪花膏,自己滋润自己。

0041 自选条目

米汤盆里洗澡,糊里糊涂。[mei⁴⁴ tʰɔŋ²² pʰen³¹ lei⁴⁴ sei⁴⁴ tsɔ⁴⁴,xu³¹ lei⁴⁴ xu³¹ tʰɐu³¹]

床铺底下放风筝,志高不高。[tsʰɔŋ³¹ pʰu²⁵ tei⁴⁴ xɒ²² fɔŋ²⁵ feŋ²² tsɛ̃²²,tsɿ²⁵ kɔ²² pu²¹³ kɔ²²]

意译:在米汤盆里洗澡,洗不干净。在床铺底下放风筝,飞不高。

0042 自选条目

怀里揣个粑,自家靠自家。[xue³¹ lei⁴⁴ tɕʰye⁴⁴ kɔ²⁵ pɒ²²,tsɿ²² kɒ²² kʰɔ²⁵ tsɿ²² kɒ²²]

粑:饼类食物。自家:自己

意译:怀里装一个饼,自己靠自己。

0043 自选条目

扁担划船慢慢来,[pin⁴⁴ tɛ̃²⁵ xuɒ³¹ tɕʰyɛ̃³¹ mɛ̃²² mɛ̃²² le³¹]

不能慌,不能忙。[pu²¹³ lɛ̃³¹ xuɒŋ²²,pu²¹³ lɛ̃³¹ mɔŋ³¹]

一慌慌脱了,一忙忙落了。[i²¹³ xuɔŋ²² xuɔŋ²² tʰo²¹³ le⁰,i²¹³ mɔŋ³¹ mɔŋ³¹ lo²¹³ le⁰]

落:掉

意译:用扁担划船只能慢慢走,不能慌,不能急。一慌就慌脱了,一忙就忙

掉了。

0044 自选条目

刀子嘴，豆腐心。[tɔ²² tsʅ⁰ tsei⁴⁴，tʰe²⁵ fu²² ɕin²²]

驳起嘴来要人命。[po²¹³ tɕʰi⁴⁴ tsei⁴⁴ lɐ³¹ ie²⁵ zen³¹ min²²] 驳嘴：吵嘴

意译：刀子嘴，豆腐心，吵起嘴来要人命。

0045 自选条目

人家是细喫细喝细倒去赌博，[zen³¹ kɒ²² sʅ²² sei²⁵ tɕʰiɒ²¹³ sei²⁵ xo²¹³ sei²⁵ tɔ⁰ tɕʰi²⁵ tɐu⁴⁴ po²¹³] 人家：别人。细：小。喫：吃

尔是细喫细喝细倒来查运脚。[n̩⁴⁴ sʅ²² sei²⁵ tɕʰiɒ²¹³ sei²⁵ xo²¹³ sei²⁵ tɔ⁰ lɐ³¹ tsʰɐ³¹ yen²² tɕio²¹³] 尔：你。运脚：运势

查了运脚富贵不脱！[tsʰɐ³¹ le²² yen²² tɕio²¹³ fu²⁵ kuɐi²⁵ pu²¹³ tʰo²¹³]

算得好算得巧，[sɛ̃²⁵ tɐ²¹³ xo⁴⁴ sɛ̃²⁵ tɐ²¹³ tɕʰiɔ⁴⁴]

算得尔招财又进宝！[sɛ̃²⁵ tɐ²¹³ n̩⁴⁴ tse²² tsʰɐ³¹ iɐu²² tɕin²⁵ pɔ⁴⁴]

意译：人家是省吃省喝省着去赌博，你是省吃省喝省着来查运势。算好了是富贵命，算得好算得巧，算得你招财又进宝。

阳　新

一　歌谣

0001 歌谣

雀喫麦，雷打杀。[tsin²⁵ tɕʰiɒ²⁵ mɒ²⁵，lai²¹³ tɒ³¹ sɒ²⁵] 喫：吃

莫打我，我赔麦。[mo²⁵ tɒ³¹ uo³¹，uo³¹ pʰai²¹³ mɒ²⁵] 莫：不要

赔几多？赔三箩。[pʰai²¹³ tɕi³¹ to⁴⁴，pʰai²¹³ sã⁴⁴ lo⁴⁴] 几多：多少

三箩有，赔猪肚。[sã⁴⁴ lo⁴⁴ iau³¹，pʰai²¹³ tɕy⁴⁴ tau³¹]

猪肚咸，赔晒篮。[tɕy⁴⁴ tau³¹ xã²¹³，pʰai²¹³ sa⁴⁴ lã²¹³]

晒篮稀，赔筲箕。[sa⁴⁴ lã²¹³ ɕi⁴⁴，pʰai²¹³ sɔ⁴⁴ tɕi⁴⁴]

筲箕密，赔斗笠。[sɔ⁴⁴ tɕi⁴⁴ mai²⁵，pʰai²¹³ tɐ³¹ lai²⁵]

斗笠冇得款，赔一把伞。[tɐ³¹ lai²⁵ mɔ⁴⁴ tɐ²⁵ kʰuã³¹，pʰai²¹³ i²⁵ pɒ³¹ sã³¹] 冇得：没有

款：提把儿

伞又高，赔一把刀。[sã³¹ iau⁴⁴ kɔ⁴⁴，pʰai²¹³ i²⁵ pɒ³¹ tɔ⁴⁴]

刀又快，切韭菜。[tɔ⁴⁴iau⁴⁴kʰua⁴⁴，tɕʰi²⁵tɕiau³¹tsʰa⁴⁴] 快：锋利

韭菜嫩，赔一枚针。[tɕiau³¹tsʰa⁴⁴lan⁴⁴，pʰai²¹³i²⁵mai²¹³tsan⁴⁴]

针又剡，赔一只鹿。[tsan⁴⁴iau⁴⁴tau²⁵，pʰai²¹³i²⁵tsɒ²⁵lau²⁵] 剡：锋利

鹿又走，赔一只狗。[lau²⁵iau⁴⁴tsɛ³¹，pʰai²¹³i²⁵tsɒ²⁵kɛ³¹]

狗又吠，赔一乘碓。[kɛ³¹iau⁴⁴fai⁴⁴，pʰai²¹³i²⁵tsʰan²¹³tai⁴⁴]

碓又重，赔一只镦鸡公。[tai⁴⁴iau⁴⁴tsʰaŋ⁴⁴，pʰai²¹³i²⁵tsɒ²⁵siĩ⁴⁴tɕi⁴⁴kaŋ⁴⁴] 镦：阉割

镦鸡公不啼，[siĩ⁴⁴tɕi⁴⁴kaŋ⁴⁴pu²⁵tʰai²¹³] 啼：打鸣

大鼓大锣打去回。[tʰa⁴⁴ku³¹tʰa⁴⁴lo²¹³tɒ³¹tɕʰi⁴⁴xuai²¹³] 去回：回去

意译：鸟儿吃麦子，雷要打死它。不要打我，我赔麦子。赔多少？赔三箩。三箩有，赔猪肚。猪肚咸，赔晒篮。晒篮稀，赔筲箕。筲箕密，赔斗笠。斗笠没有提把儿，赔一把伞。伞又高，赔一把刀。刀又锋利，切韭菜。韭菜嫩，赔一枚针。针又太锋利，赔一只鹿。鹿又逃走了，赔一只狗。狗又吠叫不停，赔一乘碓。碓又重，赔一只阉割了的公鸡。阉公鸡不会打鸣，大鼓大锣地送回去。

0002 歌谣

捡一把铁屎打锄头，锄棉花。[tɕiɛ³¹i²⁵pɒ³¹tʰi²⁵sɿ³¹tɒ³¹tsʰau²¹³tʰɛ²¹³，tsʰau²¹³miĩ²¹³xuɒ⁴⁴] 铁屎：铁块

锄一到，结新谷。[tsʰau²¹³i²⁵tɔ⁴⁴，tɕiɛ²⁵sin⁴⁴ku²⁵] 到：遍

锄二到，开红花。[tsʰau²¹³ʐɿ⁴⁴tɔ⁴⁴，kʰa⁴⁴xaŋ²¹³xuɒ⁴⁴]

锄三到，结新桃。[tsʰau²¹³sã⁴⁴tɔ⁴⁴，tɕiɛ²⁵sin⁴⁴tʰɔ²¹³]

锄四到，捡棉花。[tsʰau²¹³sɿ⁴⁴tɔ⁴⁴，tɕiɛ³¹miĩ²¹³xuɒ⁴⁴]

左手捡，右手提。[tso³¹sau³¹tɕiɛ³¹，iau⁴⁴sau³¹tʰai²¹³]

提去回，呢呢呀呀轧棉花。[tʰai²¹³tɕʰi⁴⁴xuai²¹³，ȵi²⁵ȵi²⁵ŋɒ⁴⁴ŋɒ⁴⁴ŋɒ²⁵miĩ²¹³xuɒ⁴⁴] 去回：回去

嘣嘣嘣，嘣棉绒。[paŋ³¹paŋ²⁵paŋ³¹，paŋ³¹miĩ²¹³zaŋ²¹³]

车儿转，纺细线。[tsʰɒ⁴⁴ʐɿ²¹³tɕyɛ⁴⁴，fɔ³¹sai⁴⁴siĩ⁴⁴]

龙机响，织成布。[laŋ²¹³tɕi⁴⁴ɕiɔ̃³¹，tsɿ²⁵tsʰan²¹³pu⁴⁴]

裁缝连，连得我大伢细伢好过年。[tsʰa²¹³faŋ²¹³liĩ²¹³，liĩ²¹³tɛ²⁵ŋo³¹tʰa⁴⁴ŋã²⁵sai ŋã²⁵xɔ³¹ko⁴⁴ȵiɛ²¹³] 连：用针线缝制。大伢：大孩子。细伢：小孩子

大伢细伢喜得一跳上，一跳下，[tʰa⁴⁴ŋã²⁵sai⁴⁴ŋã²⁵ɕi³¹tɛ²⁵i²⁵tʰiu²⁵sɔ̃⁴⁴，i²⁵tʰiu²⁵xɒ⁴⁴]

跳到那火炉头，焥得个巴巴。[tʰiu²⁵tɔ⁴⁴lɛ²⁵xɔ³¹lau²¹³tʰɛ²¹³，uo⁴⁴tɛ²⁵ko⁰pɒ⁴⁴pɒ⁴⁴] 焥：烤糊

意译：捡一块铁块打把锄头，锄棉花。锄第一遍，结新谷。锄第二遍，开红花。锄第三遍，结新桃。锄第四遍，捡棉花。左手捡，右手提。提回去，呢呢呀呀轧棉花。嘣嘣嘣，弹棉花。纺车转，纺细线。织布机响，织成布。裁缝做成衣服，做成衣服我的大孩儿小孩儿好过年。大孩儿小孩儿高兴得一会儿跳上，一会儿跳下。跳到那火炉头上，结果新衣服烧了个洞。

0003 歌谣

一只雀，绿茵茵，[i²⁵tsɒ²⁵tsin²⁵，lau²⁵ian⁴⁴ian⁴⁴]
款⁼担白米过南京。[kʰuã³¹tã⁴⁴pʰɛ²⁵mai³¹ko⁴⁴lõ²¹³tɕian⁴⁴] 款：肩挑
南京说我好白米，[lõ²¹³tɕian⁴⁴ɕyɛ²⁵ŋɔ³¹xɔ³¹pʰɛ²⁵mai³¹]
我说南京好妇人。[ŋɔ³¹ɕyɛ²⁵lõ²¹³tɕian⁴⁴xɔ³¹fu⁴⁴zan²¹³] 好：漂亮
妇人那头上一朵花。[fu⁴⁴zan²¹³lɛ²⁵tʰɛ²¹³sõ⁴⁴i²⁵to³¹xuɒ⁴⁴]
尔花冇得我花红，[n̩³¹xuɒ⁴⁴mɔ⁴⁴tɛ²⁵ŋɔ³¹xuɒ⁴⁴xaŋ²¹³] 冇得：没有
我花过了九条龙。[ŋɔ³¹xuɒ⁴⁴ko⁴⁴lɛ⁰tɕiau³¹tʰi²¹³laŋ²¹³]
尔龙冇得我龙高，[n̩³¹laŋ²¹³mɔ⁴⁴tɛ²⁵ŋɔ³¹laŋ²¹³kɔ⁴⁴]
我龙过了九把刀。[ŋɔ³¹laŋ²¹³ko⁴⁴lɛ⁰tɕiau³¹pɒ³¹tɔ⁴⁴]
尔刀冇得我刀白，[n̩³¹tɔ⁴⁴mɔ⁴⁴tɛ²⁵ŋɔ³¹tɔ⁴⁴pʰɛ²⁵]
我刀过了梁山伯。[ŋɔ³¹tɔ⁴⁴ko⁴⁴lɛ⁰liõ²¹³sõ⁴⁴pɛ²⁵]
梁山伯，祝英台，[liõ²¹³sõ⁴⁴pɛ²⁵，tsau²⁵ian⁴⁴tʰa²¹³]
尔跟我同学读书来。[n̩³¹kan⁴⁴ŋɔ³¹tʰaŋ²¹³ɕio²⁵tʰau²⁵ɕy⁴⁴la²¹³]
尔读三年不认字，[n̩³¹tʰau²⁵sã⁴⁴ȵiɛ̃²¹³pu⁴⁴zan⁴⁴tsʰɿ⁴⁴]
我读三年好秀才。[ŋɔ³¹tʰau²⁵sã⁴⁴ȵiɛ̃²¹³xɔ³¹siu⁴⁴tsʰa²¹³]
缎子袜，缎子鞋，[tõ⁴⁴tsɿ⁰uɯ²⁵，tõ⁴⁴tsɿ⁰xa²¹³]
缎子那荷包甩起来。[tõ⁴⁴tsɿ⁰lɛ²⁵xo²¹³pɒ⁴⁴ɕya³¹tɕʰi³¹la²¹³]

意译：一只鸟雀绿茵茵，我挑担白米过南京。南京人说我白米好，我说南京妇女漂亮。妇女那头上一朵花。你花不如我花红，我花过了九条龙。你龙不如我龙高，我龙过了九把刀。你刀不如我刀白，我刀过了梁山伯。梁山伯，祝英台，你跟我同学读书来。你读三年不识字，我读三年学问高。缎子袜，缎子鞋，缎子那荷包甩起来。

0004 歌谣

在那河边走又走，[tsʰa⁴⁴lɛ²⁵xo²¹³pĩ⁴⁴tsɛ³¹iau⁴⁴tsɛ³¹]
看见二十四个好女客。[kʰõ⁴⁴tɕiɛ⁴⁴zɿ⁴⁴sɿ²¹³sɿ⁴⁴ko⁰xɔ³¹ȵy³¹kʰɛ²⁵]

搽水粉，点胭脂，[tsʰɒ²¹³ɕy³¹ fan³¹，tiĩ³¹ iɛ̃⁴⁴ tsʅ³¹]
一、二，连三四。[i²⁵、zʅ⁴⁴，liĩ²¹³ sã⁴⁴ sʅ⁴⁴]
花棍鼓，锄头手。[xuɒ⁴⁴ kuan⁴⁴ ku³¹，tsʰau²¹³ tʰɛ²¹³ sau³¹]
锄几个？锄六个。[tsʰau²¹³ tɕi³¹ ko⁰？tsʰau²¹³ lau²⁵ ko⁰]
六个一，黑三七。[lau²⁵ ko⁰ i²⁵，xɛ²⁵ sã⁴⁴ tsʰai²⁵]
梦羊湖，落黑雪。[maŋ⁴⁴ iɔ̃²¹³ xu²¹³，lo²⁵ xɛ²⁵ si²⁵]
锄头花棍弯弯扭扭，[tsʰau²¹³ tʰɛ²¹³ xuɒ⁴⁴ kuan⁴⁴ uã⁴⁴ uã⁴⁴ ȵiau³¹ ȵiau³¹]
莫打那林中苦竹叶。[mo²⁵ tɒ³¹ lɛ²⁵ lin²¹³ tsaŋ⁴⁴ kʰu³¹ tsau²⁵ iɛ²⁵]
打一寸，问一声，[tɒ³¹ i²⁵ tsʰan⁴⁴，uan⁴⁴ i²⁵ san⁴⁴]
名字叫做李老君。[min²¹³ tsʰʅ⁴⁴ tɕiɛ⁴⁴ tsau⁴⁴ lai³¹ lɔ³¹ tɕyan⁴⁴]
李客李，李破了砂锅底。[lai³¹ kʰɛ²⁵ lai³¹，lai³¹ pʰo³¹ lɛ⁰ sɒ⁴⁴ ko⁴⁴ tai³¹]
张大哥，李大哥，[tsɔ̃⁴⁴ tʰa⁴⁴ ko⁴⁴，lai³¹ tʰa⁴⁴ ko⁴⁴]
我打花棍尔来看。[ŋo³¹ tɒ³¹ xuɒ⁴⁴ kuan⁴⁴ n̩³¹ la²¹³ kʰɔ̃⁴⁴]
今年看不成，[tɕian⁴⁴ ȵiɛ²¹³ kʰɔ̃⁴⁴ pu²⁵ tsʰan²¹³]
明年再来行。[min²¹³ ȵiɛ²¹³ tsa⁴⁴ la²¹³ ɕian²¹³]

意译：在那河边走啊走，看见二十四个漂亮女子。搽水粉，点胭脂，一、二，连三四。花棍鼓，锄头手。锄几个？锄六个。六个一，黑三七。梦羊湖，落黑雪。锄头花棍弯弯扭扭，别打那林中的苦竹叶。打一寸，问一声，名字叫做李老君。李客李，李破了砂锅底。张大哥，李大哥，我打花棍你来看。今年看不成，明年再来看。

0005 歌谣

大雪纷飞落，叫声姐夫哥。[tʰa⁴⁴ si²⁵ fan⁴⁴ fai⁴⁴ lo²⁵，tɕiɛ⁴⁴ san⁴⁴ tsiɒ³¹ fan²⁵ ko²⁵] 姐夫：情郎，丈夫

今年慢慢过，明年跟尔偎脚。[tɕian⁴⁴ ȵiɛ²¹³ mã⁴⁴ mã⁴⁴ ko⁴⁴，min²¹³ ȵiɛ²¹³ kan⁴⁴ n̩³¹ uai⁴⁴ tɕio²⁵] 偎脚：暖脚

意译：大雪纷飞落，叫声情郎哥。今年你慢慢过，明年我嫁过来给你暖脚。

0006 歌谣

月亮走走，我也走走，[yɛ²⁵ liɔ̃⁴⁴ tsɛ³¹ tsɛ³¹，ŋo³¹ iɒ³¹ tsɛ³¹ tsɛ³¹]
我跟月亮背花篓篓。[ŋo³¹ kan⁴⁴ yɛ²⁵ liɔ̃⁴⁴ pai⁴⁴ xuɒ⁴⁴ lɛ³¹ lɛ³¹]
不要尔金，不要尔银，[pu²⁵ iɛ⁴⁴ n̩³¹ tɕian⁴⁴，pu²⁵ iɛ⁴⁴ n̩³¹ ȵian²¹³]
只要尔媳妇好看人。[tsʅ²⁵ iɛ⁴⁴ n̩³¹ si²⁵ fan²⁵ xɔ³¹ kʰɔ̃⁴⁴ zan²¹³] 看：生孩子

意译：月亮走啊，我也走，我跟着月亮背着花篓。我不要你的金子，也不要你的银子，只要媳妇你会生孩子。

0007 歌谣

抹蒙抹蒙，[mɒ²⁵ maŋ³¹ mɒ²⁵ maŋ³¹] 抹蒙：一种眼睛蒙上布捉人的游戏

往前一扠，[uɔ̃³¹ tsʰiĩ²¹³ i²⁵ tsʰaŋ³¹] 扠：推，扑

不是跶倒牙骸，[pu²⁵ sʅ⁴⁴ tɒ²⁵ tɔ³¹ ŋɒ²¹³ kɔ⁴⁴] 跶：摔倒。牙骸：牙齿

就是跶倒鼻孔。[tsʰiu⁴⁴ sʅ⁴⁴ tɒ²⁵ tɔ³¹ pʰai²⁵ kʰaŋ³¹]

抹蒙抹蒙，[mɒ²⁵ maŋ³¹ mɒ²⁵ maŋ³¹]

往前一扠，[uɔ̃³¹ tsʰiĩ²¹³ i²⁵ tsʰaŋ³¹]

不是跶一个大包，[pu²⁵ sʅ⁴⁴ tɒ²⁵ i²⁵ ko⁰ tʰa⁴⁴ pɔ⁴⁴]

就是跶一个窟窿。[tsʰiu⁴⁴ sʅ⁴⁴ tɒ²⁵ i²⁵ ko⁰ kʰu²⁵ laŋ³¹]

意译：玩蒙眼捉人的游戏啊，玩蒙眼捉人的游戏啊，往前猛地一扑，不是摔伤了牙齿，就是摔伤了鼻子。玩蒙眼捉人的游戏啊，玩蒙眼捉人的游戏啊，往前猛地一扑，不是摔一个大包，就是摔一个窟窿。

二 规定故事

0021 牛郎和织女

很早很早以前，有个后生伢，[xan³¹ tsɔ³¹ xan³¹ tsɔ³¹ i³¹ tsʰiĩ²¹³, iau³¹ ko⁰ xɛ⁴⁴ san⁴⁴ ŋã²⁵]

哎爷和母都过生了，[a²⁵ i²¹³ xo²¹³ m̩³¹ tau⁴⁴ ko⁴⁴ san⁴⁴ lɛ⁰] 哎：发语词。爷和母：父母。过生：过世

作孽啊，孤苦伶仃一个伢崽。[tso²⁵ ȵiɛ²⁵ a⁰, ku⁴⁴ kʰu³¹ lin²¹³ tin⁴⁴ i²⁵ ko⁰ ŋã²⁵ tsa³¹] 作孽：可怜。伢崽：孩子

哎屋欬只有一只老牛跟渠在一起，[a²⁵ u²⁵ ɛ⁰ tsʅ²⁵ iau³¹ i²⁵ tsɒ²⁵ lɔ³¹ ȵiau²¹³ kan⁴⁴ kʰɛ²¹³ tsʰa⁴⁴ i²⁵ tɕʰi³¹] 屋欬：家里。渠：他

因此，哎湾子人都叫渠叫牛郎。[ian⁴⁴ tsʰʅ³¹, a²⁵ uã⁴⁴ tsʅ⁰ zan²¹³ tau⁴⁴ tɕiɛ⁴⁴ kʰɛ²¹³ tɕiɛ⁴⁴ ȵiau²¹³ lɔ̃²¹³] 湾子：村子

哎牛郎靠老牛耕地种庄稼为生，[a²⁵ ȵiau²¹³ lɔ̃²¹³ kʰɔ⁴⁴ lɔ³¹ ȵiau²¹³ kan⁴⁴ tʰai⁴⁴ tsaŋ tsɔ̃⁴⁴ kɒ⁴⁴ uai²¹³ san⁴⁴]

渠一直与老牛相依为命。[kʰɛ²¹³ i³¹ tsʰʅ²⁵ y³¹ lɔ³¹ ȵiau²¹³ ɕiɔ̃⁴⁴ i⁴⁴ uai²¹³ min⁴⁴]

实际上，这个老牛是天上簡金牛星变簡，[sʅ²⁵ tsai⁴⁴ sɔ̃⁴⁴, tɛ²⁵ ko⁰ lɔ³¹ ȵiau²¹³ sʅ⁴⁴ tʰiĩ⁴⁴sɔ̃⁴⁴ko⁰tɕian⁴⁴ȵiau²¹³sin⁴⁴piĩ⁴⁴ko⁰]

渠非常喜欢牛郎这个伢崽，[kʰɛ²¹³fai⁴⁴tsʰɔ̃²¹³ɕi³¹xuõ⁴⁴ȵiau²¹³lɔ̃²¹³tɛ²⁵ko⁰ŋã²⁵tsa³¹]

纯朴善良，勤劳肯干，[ɕyan²¹³pʰu²⁵sɔ̃⁴⁴liɔ̃²¹³，tɕʰian²¹³lɔ²¹³kʰan³¹kõ⁴⁴]

所以呢想帮渠接个媳妇，成个家。[so³¹i³¹lɛ⁰ɕiɔ̃³¹pɔ̃⁴⁴kʰɛ²¹³tsi²⁵ko⁰si²⁵fan²⁵，tsʰan²¹³ko⁰kɒ⁴⁴]

有一日，这个金牛星得知，[iau³¹i²⁵zɿ²⁵，tɛ²⁵ko⁰tɕian⁴⁴ȵiau²¹³sin⁴⁴tɛ²⁵tsɿ⁴⁴]

哎天上箇仙女要约倒到村东边那山脚下箇湖欬来洗澡。[a²⁵tʰiĩ⁴⁴sɔ̃⁴⁴ko⁰siĩ⁴⁴ȵy³¹iɛ⁴⁴io²⁵tɔ³¹tɔ⁴⁴tsʰan⁴⁴taŋ⁴⁴piĩ⁴⁴lɛ⁵⁵sɔ̃⁴⁴tɕio²⁵xɒ⁴⁴ko⁰xu²¹³ɛ⁰la²¹³sai³¹tsɔ³¹]

渠就托梦给牛郎，[kʰɛ²¹³tsʰiu⁴⁴tʰo²⁵maŋ⁴⁴kɛ³¹ȵiau²¹³lɔ̃²¹³]

要渠第二日清早就赶到湖边去，[iɛ⁴⁴kʰɛ²¹³tʰai⁴⁴zɿ⁴⁴zɿ²⁵tsʰin⁴⁴tsɔ³¹tsʰiu⁴⁴kõ³¹tɔ⁴⁴xu²¹³piĩ⁴⁴tɕʰi⁴⁴]

要渠趁那仙女洗澡箇时候，[iɛ⁴⁴kʰɛ²¹³tsʰan⁴⁴lɛ²⁵siĩ⁴⁴ȵy³¹sai³¹tsɔ³¹ko⁰sɿ²¹³xɛ⁴⁴]

佗走一件哎仙女挂在哎树上箇衣裳。[tʰo²¹³tsɛ³¹i²⁵tɕʰiɛ⁴⁴a²⁵siĩ⁴⁴ȵy³¹kuŋ⁴⁴tsʰa⁴⁴a²⁵ɕy⁴⁴sɔ̃⁴⁴ko⁰i⁴⁴sɔ̃⁴⁴] 佗：拿

一佗到手，[i²⁵tʰo²¹³tɔ⁴⁴sau³¹]

叫渠立刻头也莫回，[tɕiɛ⁴⁴kʰɛ²¹³lai²⁵kʰɛ²⁵tʰɛ²¹³iɒ³¹mo²⁵xuai²¹³]

就往屋欬跑，[tsʰiu⁴⁴uɔ̃³¹u²⁵ɛ⁰pʰo²¹³]

那就会得到一个根整箇仙女做老婆。lɛ²⁵tsʰiu⁴⁴xuai⁴⁴tɛ²⁵tɔ⁴⁴i²⁵ko⁰kan⁴⁴tsan³¹ko⁰siĩ⁴⁴ȵy³¹tsau⁴⁴lɔ³¹pʰo²¹³] 根整：漂亮

这日早晨，天还蒙蒙亮，[tɛ²⁵zɿ²⁵tsɔ³¹san²¹³，tʰiĩ⁴⁴xa²¹³maŋ²¹³maŋ²¹³liɔ̃⁴⁴]

牛郎半信半不信地到了那山脚下，[ȵiau²¹³lɔ̃²¹³pɔ̃⁴⁴sin⁴⁴pɔ̃⁴⁴pu²⁵sin⁴⁴tʰai⁴⁴tɔ⁴⁴lɛ⁰lɛ²⁵sɔ̃⁴⁴tɕio²⁵xɒ⁴⁴]

在那个薄雾和那个朦胧之中，[tsʰa⁴⁴lɛ²⁵ko⁰pʰo²⁵u⁴⁴xo²¹³lɛ²⁵ko⁰maŋ²¹³laŋ²¹³tsɿ⁴⁴tsaŋ⁴⁴]

真箇看倒七个美女在湖中玩水。[tsan⁴⁴ko⁰kʰõ⁴⁴tɔ³¹tsʰai²⁵ko⁰mai³¹ȵy³¹tsʰa⁴⁴xu²¹³tsaŋ⁴⁴uã²¹³ɕy³¹]

渠贼不贼灵得跑上前，[kʰɛ²¹³tsʰɛ²⁵pu²⁵tsʰɛ²⁵lin²¹³tɛ²⁵pʰɔ²¹³sɔ̃⁴⁴tsʰiĩ²¹³] 贼不贼灵：偷偷

赶快佗起树上箇一件粉红色箇衣裳，[kõ³¹kʰua⁴⁴tʰo²¹³tɕʰi³¹ɕy⁴⁴sɔ̃⁴⁴ko⁰i²⁵tɕʰiɛ⁴⁴fan³¹xaŋ²¹³sɛ²⁵ko⁰i⁴⁴sɔ̃⁴⁴]

飞快地往屋欬跑。[fai⁴⁴kʰua⁴⁴tʰai⁴⁴uɔ̃³¹u²⁵ɛ⁰pʰo²¹³]

这个被抢走衣裳箇仙女就是织女。[tɛ²⁵ko⁰pʰai⁴⁴tɕʰiɔ̃³¹tsɛ³¹i⁴⁴sɔ̃⁴⁴ko⁰siĩ⁴⁴ȵy³¹ tsʰiu⁴⁴ sʅ⁴⁴ tsʅ²⁵ n̠y³¹〕

当日夜分，哎织女就轻轻敲开了牛郎哎屋箇门，〔tõ⁴⁴ zʅ²⁵ iɒ⁴⁴ fan⁴⁴，a²⁵ tsʅ²⁵ n̠y³¹ tsʰiu⁴⁴ tɕʰian⁴⁴ tɕʰian⁴⁴ kʰɔ⁴⁴ kʰa⁴⁴ lɛ⁰ n̠iau²¹³ lɔ̃²¹³ a²⁵ u²⁵ ko⁰ man²¹³〕夜分：晚上

两个人从此做了一对恩爱夫妻。〔liɔ̃³¹ ko⁰ zan²¹³ tsʰaŋ²¹³ tsʰʅ³¹ tsau⁴⁴ lɛ⁰ i²⁵ tai⁴⁴ ŋan⁴⁴ ŋa⁴⁴ fu⁴⁴ tsʰai⁴⁴〕

一转眼三年过去欸。〔i²⁵ tɕyẽ³¹ ŋã³¹ sã⁴⁴ n̠iẽ²¹³ ko⁴⁴ tɕʰi⁴⁴ ɛ⁰〕

哎牛郎和织女生了两个伢崽，〔a²⁵ n̠iau²¹³ lɔ̃²¹³ xo²¹³ tsʅ²⁵ n̠y³¹ san⁴⁴ lɛ⁰ liɔ̃³¹ ko⁰ ŋã²⁵ tsa³¹〕

一个性伢，一个囡伢。〔i²⁵ ko⁰ sin²⁵ ŋã²⁵，i²⁵ ko⁰ n̠yan²¹³ ŋã²⁵〕性伢：男孩。囡伢：女孩

一家人过得很开心，〔i²⁵ kɒ⁴⁴ zan²¹³ ko⁴⁴ tɛ²⁵ xan³¹ kʰa⁴⁴ sin⁴⁴〕

很幸福，也很美满。〔xan³¹ ɕian⁴⁴ fu²⁵，iɒ³¹ xan³¹ mai³¹ mõ³¹〕

但是，哎织女私自下凡箇事，〔tã⁴⁴ sʅ⁴⁴，a²⁵ tsʅ²⁵ n̠y³¹ sʅ⁴⁴ tsʰʅ⁴⁴ xɒ⁴⁴ fã²¹³ ko⁰ sʅ⁴⁴〕

被玉皇大帝晓得了。〔pʰai⁴⁴ y²⁵ xuɔ̃²¹³ tʰa⁴⁴ tai⁴⁴ ɕiɛ³¹ tɛ²⁵ lɛ⁰〕

这还得了，〔tɛ²⁵ xa²¹³ tɛ²⁵ lɛ⁰〕

渠马上跟渠手下箇人说了。〔kʰɛ²¹³ mɒ³¹ sɔ̃⁴⁴ kan⁴⁴ kʰɛ²¹³ sau³¹ xɒ⁴⁴ ko⁰ zan²¹³ ɕyɛ²⁵ lɛ⁰〕

这一日，哎天上突然电闪雷鸣，〔tɛ²⁵ i²⁵ zʅ²⁵，a²⁵ tʰiĩ⁴⁴ sɔ̃⁴⁴ tʰau²⁵ zẽ²¹³ tiĩ⁴⁴ sõ³¹ lai²¹³ min²¹³〕

狂风暴雨，乌天黑暗，飞沙走石。〔kʰuɔ̃²¹³ faŋ⁴⁴ pʰɔ⁴⁴ y³¹，u⁴⁴ tʰiĩ⁴⁴ xɛ²⁵ ŋõ⁴⁴，fai⁴⁴ sɒ⁴⁴ tsɛ³¹ sʅ²⁵〕

在这个时候，织女突然不见了。〔tsʰa⁴⁴ tɛ²⁵ ko⁰ sʅ²¹³ xɛ⁴⁴，tsʅ²⁵ n̠y³¹ tʰau²⁵ zẽ²¹³ pu²⁵ tɕiẽ⁴⁴ lɛ⁰〕

两个伢崽又怕又哭倒要母，〔liɔ̃³¹ ko⁰ ŋã²⁵ tsa³¹ iau⁴⁴ pʰɒ⁴⁴ iau⁴⁴ kʰu²⁵ tɔ³¹ iɛ⁴⁴ m̠³¹〕

哎牛郎急得不晓得是何才好。〔a²⁵ n̠iau²¹³ lɔ̃²¹³ tɕi²⁵ tɛ²⁵ pu²⁵ ɕiɛ³¹ tɛ²⁵ sʅ⁴⁴ xo²¹³ tsʰa²¹³ xɔ³¹〕是何：怎么

这个时候，〔tɛ²⁵ ko⁰ sʅ²¹³ xɛ⁴⁴〕

那只老牛突然就说话了：〔lɛ²⁵ tsɒ²⁵ lɔ³¹ n̠iau²¹³ tʰau²⁵ zẽ²¹³ tsʰiu⁴⁴ ɕyɛ²⁵ xuɒ⁴⁴ lɛ⁰〕

"牛郎啊，莫难过，〔n̠iau²¹³ lɔ̃²¹³ a⁰，mo²⁵ lã²¹³ ko⁴⁴〕

尔把我箇角佗下来，〔n̠³¹ pɒ³¹ ŋo³¹ ko⁰ ko²⁵ tʰo²¹³ xɒ⁴⁴ la²¹³〕

变成两个箩筐，装上两个伢崽，〔piĩ⁴⁴ tsʰan²¹³ liɔ̃³¹ ko⁰ lo²¹³ kʰuɔ̃⁴⁴，tsɔ̃⁴⁴ sɔ̃⁴⁴ liɔ̃³¹ ko⁰ ŋã²⁵ tsa³¹〕

就可以到天上去找尔织女了。"〔tsʰiu⁴⁴ kʰo³¹ i³¹ tɔ⁴⁴ tʰiĩ⁴⁴ sɔ̃⁴⁴ tɕʰi⁴⁴ tsɔ³¹ n̠³¹ tsʅ²⁵ n̠y³¹ lɛ⁰〕

哎牛郎感觉好奇怪，〔a²⁵ n̠iau²¹³ lɔ̃²¹³ kõ³¹ tɕio²⁵ xɔ³¹ tɕʰi²¹³ kua⁴⁴〕

哎老牛是何会说话呢？［a²⁵lɔ³¹ȵiau²¹³sɿ⁴⁴xo²¹³xuai⁴⁴ɕyɛ²⁵xuɒ⁴⁴lɛ⁰］

正在这个时候，［tsan⁴⁴tsʰa⁴⁴tɛ²⁵ko⁰sɿ²¹³xɛ⁴⁴］

渠就听倒梆啷一下响，［kʰɛ²¹³tsʰiu⁴⁴tʰin⁴⁴to³¹põ⁴⁴lɔ̃²⁵i²⁵xɒ⁴⁴ɕiɔ̃³¹］

那牛角就掉到地上了，［lɛ²⁵ȵiau²¹³ko²⁵tsʰiu⁴⁴ti⁴⁴to⁴⁴tʰai⁴⁴sɔ̃⁴⁴lɛ⁰］

真箇变成了两个箩筐。［tsan⁴⁴ko⁰piĩ⁴⁴tsʰan²¹³lɛ⁰liɔ̃³¹ko⁰lo²¹³kʰuɔ̃⁴⁴］

牛郎把两个伢崽放到箩筐里，［ȵiau²¹³lɔ̃²¹³pɒ³¹liɔ̃³¹ko⁰ŋã²⁵tsa³¹fɔ̃⁴⁴to⁴⁴lo²¹³kʰuɔ̃⁴⁴lai³¹］

一头一个，用哎扁担挑起来。［i²⁵tʰɛ²¹³i²⁵ko⁰，iaŋ⁴⁴a²⁵piĩ³¹tã⁴⁴tʰi⁴⁴tɕʰi⁴⁴la²¹³］

只觉得一阵清风吹过来，［tsɿ²⁵tɕio²⁵tɛ²⁵i²⁵tsʰan⁴⁴tsʰin⁴⁴faŋ⁴⁴tɕʰy⁴⁴ko⁴⁴la²¹³］

哎箩筐像长了翅膀，［a²⁵lo²¹³kʰuɔ̃⁴⁴tɕʰiɔ̃⁴⁴tsɔ̃³¹lɛ⁰tsʰɿ⁴⁴põ³¹］

突然飞了起来，［tʰau²⁵zɛ̃²¹³fai⁴⁴lɛ⁰tɕʰi³¹la²¹³］

腾云驾雾，向天上飞去。［tʰan²¹³yan²¹³tɕiɒ⁴⁴u⁴⁴，ɕiɔ̃⁴⁴tʰiĩ⁴⁴sɔ̃⁴⁴fai⁴⁴tɕʰi⁴⁴］

飞呀飞，追呀追，［fai⁴⁴ia⁰fai⁴⁴，tɕyai⁴⁴ia⁰tɕyai⁴⁴］

眼看就要追上织女了，［ŋã³¹kʰɔ̃⁴⁴tsʰiu⁴⁴iɛ⁴⁴tɕyai⁴⁴sɔ̃⁴⁴tsɿ²⁵ȵy³¹lɛ⁰］

却被王母娘娘看倒了。［tɕʰio²⁵pʰai⁴⁴uɔ̃²¹³m̩³¹ȵiɔ̃²¹³ȵiɔ̃²¹³kʰɔ̃⁴⁴tɔ³¹lɛ⁰］

渠拔下头上箇一根金钗，［kʰɛ²¹³pɒ²⁵xɒ⁴⁴tʰɛ²¹³sɔ̃⁴⁴ko⁰i²⁵kan⁴⁴tɕian⁴⁴tsʰa⁴⁴］

在牛郎、织女中间一划。［tsʰa⁴⁴ȵiau²¹³lɔ̃²¹³、tsɿ²⁵ȵy³¹tsaŋ⁴⁴kã⁴⁴i²⁵xuɒ⁴⁴］

哎天上立刻出现了一条波涛滚滚箇天河，［a²⁵tʰiĩ⁴⁴sɔ̃⁴⁴lai²⁵kʰɛ²⁵tɕʰy²⁵ɕiɛ̃⁴⁴lɛ⁰i²⁵tʰi²¹³po⁴⁴tʰɔ⁴⁴kuan³¹kuan³¹ko⁰tʰiĩ⁴⁴xo²¹³］

宽得望不到对岸，［kʰuɔ̃⁴⁴tɛ²⁵uɔ̃⁴⁴pu²⁵to⁴⁴tai⁴⁴ŋɔ̃⁴⁴］

把牛郎和织女活浪浪隔开了。［pɒ³¹ȵiau²¹³lɔ̃²¹³xo²¹³tsɿ²⁵ȵy³¹xo²⁵lɔ̃²⁵lɔ̃²⁵kɛ²⁵kʰa⁴⁴lɛ⁰］活浪浪：活生生

哎天上箇喜鹊，［a²⁵tʰiĩ⁴⁴sɔ̃⁴⁴ko⁰ɕi³¹tɕʰio²⁵］

非常同情作孽箇牛郎和织女，［fai⁴⁴tsʰɔ̃²¹³tʰaŋ²¹³tsʰin²¹³tso²⁵ȵiɛ⁴⁴ko⁰ȵiau²¹³lɔ̃²¹³xo²¹³tsɿ²⁵ȵy³¹］作孽：可怜

所以，每年老历箇七月初七，［so³¹i³¹，mai³¹ȵiɛ̃²¹³lɔ³¹lai²⁵ko⁰tsʰai²⁵yɛ²⁵tsʰau⁴⁴tsʰai²⁵］老历：农历

几千几万只喜鹊都飞到天河上，［tɕi³¹tsʰiĩ⁴⁴tɕi³¹uã⁴⁴tsɒ²⁵ɕi³¹tɕʰio²⁵tau⁴⁴fai⁴⁴to⁴⁴tʰiĩ⁴⁴xo²¹³sɔ̃⁴⁴］

一只衔倒另一只箇尾巴，［i²⁵tsɒ²⁵xã²¹³tɔ³¹lin⁴⁴i²⁵tsɒ²⁵ko⁰uai³¹pɒ⁴⁴］

搭起一座长长箇喜鹊桥，［tɒ²⁵tɕʰi³¹i²⁵so⁴⁴tsʰɔ̃²¹³tsʰɔ̃²¹³ko⁰ɕi³¹tɕʰio²⁵tɕiɛ²¹³］

涵尔现在叫鹊桥，［xã²⁵n̩³¹ɕiɛ⁴⁴tsʰa⁴⁴tɕiɛ⁴⁴tɕʰio²⁵tɕiɛ²¹³］涵尔：咱们

让牛郎和织女每年团圆一次。［zɔ̃⁴⁴ȵiau²¹³lɔ̃²¹³xo²¹³tsɿ²⁵ȵy³¹mai³¹ȵiɛ̃²¹³tʰõ²¹³yɛ̃²¹³ i^{25}tsʰ˞^{44}]

意译：很早很早以前，有个小伙子，父母都过世了，可怜哪，孤苦伶仃一个孩子。家里只有一头老牛跟他在一起，因此，村子里的人都叫他牛郎。牛郎靠老牛耕地种庄稼为生，他一直与老牛相依为命。实际上，这个老牛是天上的金牛星变的，他非常喜欢牛郎这个孩子，纯朴善良，勤劳肯干，所以呢想帮他娶个媳妇，成个家。

有一天，这个金牛星得知，天上的仙女要相约到村东边那山脚下的湖里来洗澡，他就托梦给牛郎，要他第二天清早就赶到湖边去，要他趁那仙女洗澡的时候，拿走一件仙女挂在树上的衣裳。一拿到手，叫他立刻头也别回，就往家里跑，那就会得到一个美丽的仙女做妻子。这天早晨，天还蒙蒙亮，牛郎半信半疑地到了那山脚下，在那个薄雾和那个朦胧之中，真的看见七个美女在湖中玩水。他偷偷跑上前，赶快拿起树上的一件粉红色衣裳，飞快地往家里跑。这个被抢走衣裳的仙女就是织女。当天晚上，织女就轻轻地敲开了牛郎家的门，两个人从此做了一对恩爱夫妻。

一转眼三年过去了，牛郎和织女生了两个孩子，一个男孩，一个女孩，一家人过得很开心，很幸福，也很美满。但是，织女私自下凡的事，被玉皇大帝知道了。这还了得，他马上跟他手下的人说了。这一天，天上突然电闪雷鸣，狂风暴雨，乌天黑暗，飞沙走石。在这个时候，织女突然不见了，两个孩子又害怕又哭着要妈妈，牛郎急得不知道如何是好。这个时候，那只老牛突然就说话了："牛郎啊，别难过，你把我的角拿下来，变成两个箩筐，装上两个孩子，就可以到天上去找你的织女了。"牛郎感觉好奇怪，老牛怎么会说话呢？正在这个时候，他就听见梆啷一下响，那牛角就掉到地上了，真的变成了两个箩筐。牛郎把两个孩子放到箩筐里，一头一个，用扁担挑起来。只觉得一阵清风吹过来，箩筐像长了翅膀，突然飞了起来，腾云驾雾，向天上飞去。飞呀飞，追呀追，眼看就要追上织女了，却被王母娘娘看见了，她拔下头上的一根金钗，在牛郎、织女中间一划，天上立刻出现了一条波涛滚滚的天河，宽得望不到对岸，把牛郎和织女活生生地隔开了。

天上的喜鹊，非常同情可怜的牛郎和织女，所以，每年农历的七月初七，成千上万只喜鹊都飞到天河上，一只衔着另一只的尾巴，搭起一座长长的喜鹊桥，咱们现在叫鹊桥，让牛郎和织女每年团圆一次。

三　其他故事

0022 其他故事

今日，我谈一个经得大家听下。[tɕian⁴⁴ zɿ²⁵，ŋo³¹ tʰã²¹³ i²⁵ ko⁰ tɕian²⁵ tɛ²⁵ tʰa⁴⁴ kɒ⁴⁴ tʰin⁴⁴ xɒ³¹] 谈经：讲故事

从前哪，有三个同年，[tsʰaŋ²¹³ tsʰiĩ²¹³ la⁰，iau³¹ sã⁴⁴ ko⁰ tʰaŋ²¹³ n̠in²⁵] 同年：同一年出生的人

两个同年家庭呢过得蛮好，[liõ³¹ ko⁰ tʰaŋ²¹³ n̠in²⁵ tɕiɒ⁴⁴ tʰin²¹³ lɛ⁰ ko⁴⁴ tɛ²⁵ mã²¹³ xɔ³¹]

一个呢是看风水箇，[i²⁵ ko⁴⁴ lɛ⁰ sɿ⁴⁴ kʰõ⁴⁴ faŋ⁴⁴ ɕy³¹ ko⁰]

一个呢是开药铺箇，[i²⁵ ko⁴⁴ lɛ⁰ sɿ⁴⁴ kʰa⁴⁴ io²⁵ pʰu⁴⁴ ko⁰]

另一个呢哎家庭比较困难，[lin⁴ i²⁵ ko⁴⁴ lɛ⁰ a²⁵ tɕiɒ⁴⁴ tʰin²¹³ pi³¹ tɕiɔ³¹ kʰuan⁴⁴ lã²¹³]

但是渠还呢喜欢撮喫撮喝。[tã⁴⁴ sɿ⁴⁴ kʰɛ²¹³ xa²¹³ lɛ⁰ ɕi³¹ xuõ⁴⁴ tsʰo²⁵ tɕiɒ²⁵ tsʰo²⁵ xo²⁵] 渠：他。撮喫撮喝：混吃混喝

每回呢，渠一喫饭呢一舞喫呢，[mai³¹ xuai²¹³ lɛ⁰，kʰɛ²¹³ i²⁵ tɕiɒ²⁵ fã⁴⁴ lɛ⁰ i²⁵ u³¹ tɕʰiɒ²⁵ lɛ⁰] 舞喫：做饭

渠都去撮到喫了，[kʰɛ²¹³ tau⁴⁴ tɕʰi⁴⁴ tsʰo²⁵ tɔ⁴⁴ tɕʰiɒ²⁵ lɛ⁰]

所以呢两个同年是气煞，[so³¹ i³¹ lɛ⁰ liõ³¹ ko⁰ tʰaŋ²¹³ n̠in²⁵ sɿ⁴⁴ tɕʰi⁴⁴ sɒ²⁵] 气煞：气得不行

两个人商量，说：[liõ³¹ ko⁰ zan²¹³ sõ⁴⁴ liõ⁴⁴，ɕyɛ²⁵]

"涵尔明日啊喫饭哪，[xã²⁵ n̠³¹ min²¹³ zɿ²⁵ a⁰ tɕʰiɒ²⁵ fã⁴⁴ la⁰] 涵尔：咱们

涵尔到后花园去喫，[xã²⁵ n̠³¹ tɔ⁴⁴ xɛ⁴⁴ xuɒ⁴⁴ yẽ²¹³ tɕʰi⁴⁴ tɕʰiɒ²⁵]

不让渠晓得。"[pu²⁵ zõ⁴⁴ kʰɛ²¹³ ɕiɛ³¹ tɛ²⁵]

渠正碰去找渠，把渠听倒了。[kʰɛ²¹³ tsan⁴⁴ pʰaŋ⁴⁴ tɕʰi⁴⁴ tsɔ³¹ kʰɛ²¹³，pɒ²⁵ kʰɛ²¹³ tʰin⁴⁴ tɔ³¹ lɛ⁰] 把：被

到渠第二日天呢，[tɔ⁴⁴ kʰɛ²¹³ tʰai⁴⁴ zɿ⁴⁴ zɿ²⁵ tʰiĩ⁴⁴ lɛ⁰]

中午刚刚一舞得好好的，[tsaŋ⁴⁴ u³¹ kõ⁴⁴ kõ⁴⁴ i²⁵ u³¹ tɛ²⁵ xɔ³¹ xɔ³¹ tɛ⁰] 舞：做饭

准备喫饭哪，渠来了。[tɕyan³¹ pai⁴⁴ tɕʰiɒ²⁵ fã⁴⁴ la⁰，kʰɛ²¹³ la²¹³ lɛ⁰]

一来了以后呢，这两个同年就说：[i²⁵ la²¹³ lɛ⁰ i³¹ xɛ⁴⁴ lɛ⁰，tsɛ²⁵ liõ³¹ ko⁰ tʰaŋ²¹³ n̠in²⁵ tsʰiu⁴⁴ ɕyɛ²⁵]

"今日喫能得，[tɕian⁴⁴ zɿ²⁵ tɕʰiɒ²⁵ lan²¹³ tɛ²⁵] 能得：可以

涵尔要说下四言八句，要对下对子。[xã²⁵ n̠³¹ iɛ⁴⁴ ɕyɛ²⁵ xã²⁵ sɿ⁴⁴ n̠iẽ²¹³ pɒ²⁵ tɕy⁴⁴，iɛ⁴⁴ tai⁴⁴ xa²⁵ tai⁴⁴ zɿ⁰]

对得倒箇就喫，[tai⁴⁴ tɛ²⁵ tɔ³¹ ko⁰ tsʰiu⁴⁴ tɕʰiɒ²⁵

对不倒箇呢就不能喫。"［tai⁴⁴ pu²⁵ tɔ³¹ ko⁰ lɛ⁰ tsʰiu⁴⁴ pu²⁵ lan²¹³ tɕʰiɒ²⁵］

那渠说：［lɛ²⁵ kʰɛ²¹³ ɕyɛ²⁵］

"可以啰，那可以说。［kʰo³¹ i³¹ lo⁰，lɛ²⁵ kʰo³¹ i³¹ ɕyɛ²⁵］

是以昧⁼为题呢？那尔嘚想个。"［sʅ⁴⁴ i³¹ mai⁴⁴ uai²¹³ tʰai²¹³ lɛ⁰，lɛ²⁵ n̩³¹ tɛ²⁵ ɕiɔ̃³¹ ko⁰］昧⁼：什么。尔嘚：你们

渠是说："要说天，要说地，［kʰɛ²¹³ sʅ⁴⁴ ɕyɛ²⁵：iɛ⁴⁴ ɕyɛ²⁵ tʰĩ⁴⁴，iɛ⁴⁴ ɕyɛ²⁵ tʰai⁴⁴］

要说前，还要说后，要说二十四，［iɛ⁴⁴ ɕyɛ²⁵ tsʰĩ²¹³，xa²¹³ iɛ⁴⁴ ɕyɛ²⁵ xɛ⁴⁴，iɛ⁴⁴ ɕyɛ²⁵ zʅ⁴⁴ sʅ²⁵ sʅ⁴⁴］

要说男，要说女。"［iɛ⁴⁴ ɕyɛ²⁵ lõ²¹³，iɛ⁴⁴ ɕyɛ²⁵ n̩y³¹］

好，那个开药铺箇呢，和那看风水箇呢，［xɔ³¹，lɛ²⁵ ko⁰ kʰa⁴⁴ io²⁵ pʰu⁴⁴ ko⁰ lɛ⁰，xo²¹³ lɛ²⁵ kʰõ⁴⁴ faŋ⁴⁴ ɕy³¹ ko⁰ lɛ⁰］

渠当然读过书啰，渠是有箇说。［kʰɛ²¹³ tõ⁴⁴ zã²¹³ tʰau²⁵ ko⁴⁴ ɕy⁴⁴ lo⁰，kʰɛ²¹³ sʅ⁴⁴ iau³¹ ko⁰ ɕyɛ²⁵］

那看风水箇说：［lɛ²⁵ kʰõ⁴⁴ faŋ⁴⁴ ɕy³¹ ko⁰ ɕyɛ²⁵］

"哎天有天文，地有地理。［a²⁵ tʰĩ⁴⁴ iau³¹ tʰĩ⁴⁴ uan²¹³，tʰai⁴⁴ iau³¹ tʰai⁴⁴ lai³¹］

前有来龙，后有安山。［tsʰĩ²¹³ iau³¹ la²¹³ laŋ²¹³，xɛ⁴⁴ iau³¹ ŋõ⁴⁴ sã⁴⁴］安山：靠山

摆起那罗盘，是二十四气。［pa³¹ tɕʰi³¹ lɛ²⁵ lo²¹³ pʰõ²¹³，sʅ⁴⁴ zʅ⁴⁴ sʅ²⁵ sʅ⁴⁴ tɕʰi⁴⁴］

是装男也好，是装女也好。"［sʅ⁴⁴ tsõ⁴⁴ lõ²¹³ iɒ³¹ xɔ³¹，sʅ⁴⁴ tsõ⁴⁴ n̩y³¹ iɒ³¹ xɔ³¹］

这说明，渠这是看风水箇风水地。［tsɛ⁴⁴ ɕyɛ²⁵ min²¹³，kʰɛ²¹³ tɛ²⁵ sʅ⁴⁴ kʰõ⁴⁴ faŋ⁴⁴ ɕy³¹ ko⁰ faŋ⁴⁴ ɕy³¹ tʰai⁴⁴］

到渠轮那开药铺箇说，［tɔ⁴⁴ kʰɛ²¹³ lan²¹³ lɛ²⁵ kʰa⁴⁴ io²⁵ pʰu⁴⁴ ko⁰ ɕyɛ²⁵］

开药铺箇呢渠就说：［kʰa⁴⁴ io²⁵ pʰu⁴⁴ ko⁰ lɛ⁰ kʰɛ²¹³ tsʰiu⁴⁴ ɕyɛ²⁵］

"天有天门冬，地有地骨皮。［tʰĩ⁴⁴ iau³¹ tʰĩ⁴⁴ man²¹³ taŋ⁴⁴，tʰai⁴⁴ iau³¹ tʰai⁴⁴ ku²⁵ pʰai²¹³］

前有前胡，后有厚朴。［tsʰĩ²¹³ iau³¹ tsʰĩ²¹³ fu²¹³，xɛ⁴⁴ iau³¹ xɛ⁴⁴ pʰo²⁵］

二十四味君臣药，［zʅ⁴⁴ sʅ²⁵ sʅ⁴⁴ uai⁴⁴ tɕyan⁴⁴ tsʰan²¹³ io²⁵］

是医男也好，是医女也好。"［sʅ⁴⁴ i⁴⁴ lõ²¹³ iɒ³¹ xɔ³¹，sʅ⁴⁴ i⁴⁴ n̩y³¹ iɒ³¹ xɔ³¹］

这说箇都中药材。［tsɛ⁴⁴ ɕyɛ²⁵ ko⁰ tau⁴⁴ tsaŋ⁴⁴ io²⁵ tsʰa²¹³］

达到渠面下说，渠还不想啰，［tɒ²⁵ tɔ⁴⁴ kʰɛ²¹³ mĩ⁴⁴ xɒ⁴⁴ ɕyɛ²⁵，kʰɛ²¹³ xa²¹³ pu²⁵ ɕiɔ̃³¹ lo⁰］

渠是随便就说：［kʰɛ²¹³ sʅ⁴⁴ tsʰai²¹³ pʰĩ⁴⁴ tsʰiu⁴⁴ ɕyɛ²⁵］

"天不生无禄之人，［tʰĩ⁴⁴ pu²⁵ san⁴⁴ u²¹³ lau²⁵ tsʅ⁴⁴ zan²¹³］

地不长无名之草。［tʰai⁴⁴ pu²⁵ tsõ³¹ u²¹³ min²¹³ tsʅ⁴⁴ tsʰɔ³¹］

尔在前面喫，我也看得见。[n̩³¹tsʰa⁴⁴tsʰiĩ²¹³miĩ⁴⁴tɕʰiɒ²⁵，ŋo³¹iɒ³¹kʰõ⁴⁴tɛ²⁵tɕiɛ̃⁴⁴]
尔在后头喫，我也找得倒。[n̩³¹tsʰa⁴⁴xɛ⁴⁴tʰɛ²¹³tɕʰiɒ²⁵，ŋo³¹iɒ³¹tsɔ³¹tɛ²⁵tɔ³¹]
我喫尔娘箇二十四气，[ŋo³¹tɕʰiɒ²⁵n̩³¹niɔ̃²¹³ko⁰zɿ⁴⁴sɿ²⁵sɿ⁴⁴tɕʰi⁴⁴]
我不管那男也说我好，[ŋo³¹pu²⁵kuõ³¹lɛ²⁵lõ²¹³iɒ³¹ɕyɛ²⁵ŋo³¹xɔ³¹]
是女也说我好。"[sɿ⁴⁴n̩y³¹iɒ³¹ɕyɛ²⁵ŋo³¹xɔ³¹]
喫也喫了，喝也把喝了，[tɕʰiɒ²⁵iɒ³¹tɕʰiɒ²⁵lɛ⁰，xo²⁵iɒ³¹pɒ²⁵xo²⁵lɛ⁰]
还把渠挖一锅铲。[xa²¹³pɒ²⁵kʰɛ²¹³uɒ²¹³i²⁵uo⁴⁴tsʰã³¹]把：被。挖一锅铲：挖苦一番
第二日渠两个气煞，是说：[tʰai⁴⁴zɿ⁴⁴zɿ²⁵kʰɛ²¹³liɔ̃³¹ko⁰tɕʰi⁴⁴sɒ²⁵，sɿ⁴⁴ɕyɛ²⁵]
"涵尔明日啊，是到那后划船，划到水中心了，[xã²⁵n̩³¹min²¹³zɿ²⁵a⁰，sɿ⁴⁴tɔ⁴⁴lɛ²⁵xɛ⁴⁴xuɒ²¹³tɕʰyɛ̃²¹³，xuɒ²¹³tɔ⁴⁴ɕy³¹tsaŋ⁴⁴sin⁴⁴lɛ⁰]
就是渠找得倒，渠也去不了。"[tsʰiu⁴⁴sɿ⁴⁴kʰɛ²¹³tsɔ³¹tɛ²⁵tɔ³¹，kʰɛ²¹³iɒ³¹tɕʰi⁴⁴pu²⁵liɛ³¹]
这是不是个好主意？是个好主意。[tsɛ⁴⁴sɿ⁴⁴pu²⁵sɿ⁴⁴ko⁰xɔ³¹tɕy³¹i⁴⁴，sɿ⁴⁴ko⁰xɔ³¹tɕy³¹i⁴⁴]
两个人到后，就把船划到水中心了，请人舞喫了。[liɔ̃³¹ko⁰zan²¹³tɔ⁴⁴xɛ⁴⁴，tsʰiu⁴⁴pɒ²⁵tɕʰyɛ̃²¹³xuɒ²¹³tɔ⁴⁴ɕy³¹tsaŋ⁴⁴sin⁴⁴lɛ⁰，tɕʰin³¹zan²¹³u³¹tɕʰiɒ²⁵lɛ⁰]
刚刚一舞熟，[kɔ̃⁴⁴kɔ̃⁴⁴i²⁵u³¹sau²⁵]
那个人呢渠回去跟渠老婆说，[lɛ²⁵ko⁰zan²¹³lɛ⁰kʰɛ²¹³xuai²¹³tɕʰi⁴⁴kan⁴⁴kʰɛ²¹³lɔ³¹pʰo²¹³ɕyɛ²⁵]
叫渠老婆呢把渠搁箱子了，[tɕiɛ⁴⁴kʰɛ²¹³lɔ³¹pʰo²¹³lɛ⁰pɒ³¹kʰɛ²¹³ko²⁵siɔ̃⁴⁴tsɿ⁰lɛ⁰]搁：放
从那上游呢顺水漂漂漂，[tsʰaŋ²¹³lɛ²⁵sɔ̃⁴⁴iau²¹³lɛ⁰ɕyan⁴⁴ɕy³¹pʰi⁴⁴pʰi⁴⁴pʰi⁴⁴]
就漂到渠船边来了。[tsʰiu⁴⁴pʰi⁴⁴tɔ⁴⁴kʰɛ²¹³tɕʰyɛ̃²¹³piĩ⁴⁴la²¹³lɛ⁰]
渠两个人看倒一个大木箱子来了，[kʰɛ²¹³liɔ̃³¹ko⁰zan²¹³kʰõ⁴⁴tɔ³¹i²⁵ko⁰tɒ⁴⁴mo²⁵siɔ̃⁴⁴tsɿ⁰la²¹³lɛ⁰]
以为金银财宝捡来了，[i³¹uai⁴⁴tɕian⁴⁴nian²¹³tsʰa²¹³pɔ³¹tɕiɛ̃³¹la²¹³lɛ⁰]
发狠把船驾发去，[fɒ²⁵xan³¹pɒ³¹tɕʰyɛ̃²¹³kɒ⁴⁴fɒ²⁵tɕʰi⁴⁴]发狠：拼命
把渠一拉发起来，[pɒ³¹kʰɛ²¹³i²⁵lɒ⁴⁴fɒ²⁵tɕʰi³¹la²¹³]
一看，又是渠，又是渠。[i²⁵kʰõ⁴⁴，iau⁴⁴sɿ⁴⁴kʰɛ²¹³，iau⁴⁴sɿ⁴⁴kʰɛ²¹³]
今日说，又要说四言八句。[tɕian⁴⁴zɿ²⁵ɕyɛ²⁵，iau⁴⁴iɛ⁴⁴ɕyɛ²⁵sɿ⁴⁴niɛ̃²¹³pɒ²⁵tɕy⁴⁴]
要说昩＝呢？[iɛ⁴⁴ɕyɛ²⁵mai⁴⁴lɛ⁰]
要说糊糊涂涂，要说明明白白，[iɛ⁴⁴ɕyɛ²⁵xu²¹³xu²¹³tʰau²¹³tʰau²¹³，iɛ⁴⁴ɕyɛ²⁵min²¹³min²¹³pʰɛ²⁵pʰɛ²⁵]

要说容易容易，要说难得难得。[iɛ⁴⁴ɕyɛ²⁵iaŋ²¹³i²⁵iaŋ²¹³i²⁵，iɛ⁴⁴ɕyɛ²⁵lã²¹³tɛ²⁵lã²¹³tɛ²⁵] 难得：难

好，那看风水箇先说：[xo³¹，lɛ²⁵kʰõ⁴⁴faŋ⁴⁴ɕy³¹ko⁰siĩ⁴⁴ɕyɛ²⁵]

"哎雪在空中，是糊糊涂涂。[a²⁵si²⁵tsʰa⁴⁴kʰaŋ⁴⁴tsaŋ⁴⁴，sɿ⁴⁴xu²¹³xu²¹³tʰau²¹³tʰau²¹³]

一落下来地下呢，就明明白白。[i²⁵lo²⁵ɕiɒ⁴⁴la²¹³tʰai⁴⁴xɒ⁴⁴lɛ⁰，tsʰiu⁴⁴min²¹³min²¹³pʰɛ²⁵pʰɛ²⁵]

要那雪成水，是容易容易啊。[iɛ⁴⁴lɛ²⁵si²⁵tsʰan²¹³ɕy³¹，sɿ⁴⁴iaŋ²¹³i²⁵iaŋ²¹³i²⁵a⁰]

要那水成雪，是难得难得。"[iɛ⁴⁴lɛ²⁵ɕy³¹tsʰan²¹³si²⁵，sɿ⁴⁴lã²¹³tɛ²⁵lã²¹³tɛ²⁵]

那开药铺箇说：[lɛ²⁵kʰa⁴⁴io²⁵pʰu⁴⁴ko⁰ɕyɛ²⁵]

"那墨在那砚池中，是糊糊涂涂。[lɛ²⁵mɛ²⁵tsʰa⁴⁴lɛ²⁵n̩iɛ⁴⁴tsʰɿ²¹³tsaŋ⁴⁴，sɿ⁴⁴xu²¹³xu²¹³tʰau²¹³tʰau²¹³]

一写到那纸上，是明明白白。[i²⁵ɕiɒ³¹tɔ⁴⁴lɛ²⁵tsɿ³¹sɒ̃⁴⁴，sɿ⁴⁴min²¹³min²¹³pʰɛ²⁵pʰɛ²⁵]

要那墨成字欤，是容易容易。[iɛ⁴⁴lɛ²⁵mɛ²⁵tsʰan²¹³tsʰɿ⁴⁴ɛ⁰，sɿ⁴⁴iaŋ²¹³i²⁵iaŋ²¹³i²⁵]

要那字成墨呀，是难得难得。"[iɛ⁴⁴lɛ²⁵tsʰɿ⁴⁴tsʰan²¹³mɛ²⁵ia⁰，sɿ⁴⁴lã²¹³tɛ²⁵lã²¹³tɛ²⁵]

达到渠面下说，渠呀，渠是说：[tɒ²⁵tɔ⁴⁴kʰɛ²⁵miĩ⁴⁴xɒ⁴⁴ɕyɛ²⁵，kʰɛ²¹³ia⁰，kʰɛ²¹³sɿ⁴⁴ɕyɛ²⁵]

"我躲到那箱子呢，尔那是糊糊涂涂。[ŋo³¹to³¹tɔ⁴⁴lɛ²⁵siɒ̃⁴⁴tsɿ⁰lɛ⁰，n̩³¹lɛ²⁵sɿ⁴⁴xu²¹³xu²¹³tʰau²¹³tʰau²¹³]

尔一揭开那箱板呢，尔就明明白白。[n̩³¹i²⁵tɕiɛ²⁵kʰa⁴⁴lɛ²⁵siɒ̃⁴⁴pã³¹lɛ⁰，n̩³¹tsʰiu⁴⁴min²¹³min²¹³pʰɛ²⁵pʰɛ²⁵]

我喫尔箇是容易容易容易哟，[ŋo³¹tɕʰiɒ²⁵n̩³¹ko⁰sɿ⁴⁴iaŋ²¹³i²⁵iaŋ²¹³i²⁵iaŋ²¹³i²⁵io⁰]

尔喫我箇是难得难得难得。"[n̩³¹tɕʰiɒ²⁵ŋo³¹ko⁰sɿ⁴⁴lã²¹³tɛ²⁵lã²¹³tɛ²⁵lã²¹³tɛ²⁵]

意译：今天，我讲一个故事给大家听听。从前哪，有三个同年，两个同年家庭条件很好，一个呢是看风水的，一个呢是开药铺的，另一个呢家庭比较困难，但是他还爱混吃混喝。每次呢别人一吃饭呢一做饭呢，他都去混到吃喝了，所以那两个同年就气得不行。

两个人商量，说："咱们明天吃饭哪，咱们到后花园去吃，不让他知道。"正巧碰上他去找他们，被他听到了。到了第二天呢，中午刚刚烧好了饭菜，准备吃饭哪，他来了。一来了以后呢，这两个同年就说："今天吃可以，咱们要说说四言八句，要对一下对子。对得上的就吃，对不上的呢就不能吃。"那他说："可以呀，那可以说。是以什么为题呢？那你们想一个。"他就说："要说天，要说地，

要说前，还要说后，要说二十四，要说男，要说女。"好，那个开药铺的呢，和那看风水的呢，他当然读过书呀，他是不愁说的。那看风水的就说："天有天文，地有地理。前有来龙，后有靠山。摆起那罗盘，是二十四气。是装男也好，是装女也好。"这说明，他这是看风水的风水地。轮到那开药铺的说，开药铺的呢他就说："天有天门冬，地有地骨皮。前有前胡，后有厚朴。二十四味君臣药，是医男也好，是医女也好。"这说的都是中药材。轮到他说了，他还不思考呢，他是张口就说："天不生无禄之人，地不长无名之草。你在前面吃，我也看得见。你在后面吃，我也找得到。我吃你娘的二十四气，我不管那男也说我好，是女也说我好。"吃也吃了，喝也给他喝了，还被他挖苦一番。

第二天他俩气坏了，就说："咱们明天哪，就到那后面划船，划到水中央了，就是他找得到，他也去不了。"这是不是个好主意？是个好主意。两个人后来，就把船划到水中央了，请人做饭。刚刚一烧熟，那个人呢他回去跟他老婆说，叫他老婆呢把他藏在箱子里了，从那上游呢顺水漂漂漂，就漂到那船边来了。这两个人看见上游一个大木箱来了，以为捡到了金银财宝，拼命把船划过去，把它一拉起来，一看，又是他，又是他。今天说，又要说四言八句。要说什么呢？要说糊糊涂涂，要说明明白白，要说容易容易，要说难得难得。好，那看风水的先说："雪在空中，是糊糊涂涂。一落到地上呢，就明明白白。要那雪成水，是容易容易啊。要那水成雪，是难得难得。"那开药铺的说："那墨在那砚池中，是糊糊涂涂。一写到那纸上，是明明白白。要那墨成字啊，是容易容易。要那字成墨呀，是难得难得。"轮到他说了，他呀，他就说："我躲到那箱子里呢，你们是糊糊涂涂。你一揭开那箱板呢，你就明明白白。我吃你的，是容易容易容易哟。你吃我的，是难得难得难得。"

0023 其他故事

有两个亲家请喫饭，[iau³¹ liõ³¹ ko⁰ tsʰin⁴⁴ kɒ⁴⁴ tsʰin³¹ tɕʰiɒ²⁵ fã⁴⁴]

一个亲家冇读倒书，[i²⁵ ko⁰ tsʰin⁴⁴ kɒ⁴⁴ mɒ⁴⁴ tʰau²⁵ tɔ³¹ ɕy⁴⁴] 冇：没有。读倒书：读过书，上过学

一个亲家同样冇读倒书。[i²⁵ ko⁰ tsʰin⁴⁴ kɒ⁴⁴ tʰaŋ²¹³ iõ⁴⁴ mɒ⁴⁴ tʰau²⁵ tɔ³¹ ɕy⁴⁴]

冇读倒书要请喫饭，[mɒ⁴⁴ tʰau²⁵ tɔ³¹ ɕy⁴⁴ iɛ⁴⁴ tsʰin³¹ tɕʰiɒ²⁵ fã⁴⁴]

就写了个请帖。[tsʰiu⁴⁴ siɒ³¹ lɛ⁰ ko⁰ tsʰin³¹ tʰi²⁵]

那写个请帖写个昧ᵌ？[lɛ²⁵ siɒ³¹ ko⁰ tsʰin³¹ tʰi²⁵ siɒ³¹ ko⁰ mai⁴⁴] 昧ᵌ：什么

又冇读倒书，渠就打几个叉字。[iau⁴⁴ mɒ⁴⁴ tʰau²⁵ tɔ³¹ ɕy⁴⁴，kʰɛ²¹³ tsʰiu⁴⁴ tɒ³¹ tɕi³¹ ko⁰ tsʰɒ⁴⁴ tsʅ⁴⁴]

那送去以后，[lɛ²⁵ saŋ⁴⁴ tɕʰi⁴⁴ i³¹ xɛ⁴⁴]

那个亲家把请帖接倒一看，[lɛ²⁵ ko⁰ tsʰin⁴⁴ kɒ⁴⁴ pɒ³¹ tsʰin³¹ tʰi²⁵ tsi²⁵ tɔ³¹ i²⁵ kʰõ⁴⁴]

渠又不认得，[kʰɛ²¹³ iau⁴⁴ pu²⁵ zan⁴⁴ tɛ²⁵]

但是渠要读喽，渠就读：[tã⁴⁴ sɹ̩⁴⁴ kʰɛ²¹³ iɛ⁴⁴ tʰau²⁵ lɛ⁰，kʰɛ²¹³ tsʰiu⁴⁴ tʰau²⁵]

"叉上又加叉，亲家接亲家。"[tsʰɒ⁴⁴ sõ⁴⁴ iau⁴⁴ tɕiɒ⁴⁴ tsʰɒ⁴⁴，tsʰin⁴⁴ kɒ⁴⁴ tsi²⁵ tsʰin⁴⁴ kɒ⁴⁴]

渠也有事，渠冇得工夫去。[kʰɛ²¹³ iɒ³¹ iau³¹ sɹ̩⁴⁴，kʰɛ²¹³ mɔ⁴⁴ tɛ²⁵ kaŋ⁴⁴ fu⁴⁴ tɕʰi⁴⁴]

那渠又不能不回，渠就回一下子。[lɛ²⁵ kʰɛ²¹³ iau⁴⁴ pu²⁵ lan²¹³ pu²⁵ xuai²¹³，kʰɛ²¹³ tsʰiu⁴⁴ xuai²¹³ i²⁵ xɒ⁴⁴ tsɹ̩⁰]

那回一下子呢，[lɛ²⁵ xuai²¹³ i²⁵ xɒ⁴⁴ tsɹ̩⁰ lɛ⁰]

渠就在那上面打几个箍。[kʰɛ²¹³ tsʰiu⁴⁴ tsʰa⁴⁴ lɛ²⁵ sõ⁴⁴ miĩ⁴⁴ tɒ³¹ tɕi³¹ ko⁰ kʰu⁴⁴] 箍：圆圈

那亲家打开一看，[lɛ²⁵ tsʰin⁴⁴ kɒ⁴⁴ tɒ³¹ kʰa⁴⁴ i²⁵ kʰõ⁴⁴]

箍上又加箍，那亲家就冇得工夫。[kʰu⁴⁴ sõ⁴⁴ iau⁴⁴ tɕiɒ⁴⁴ kʰu⁴⁴，lɛ²⁵ tsʰin⁴⁴ kɒ⁴⁴ tsʰiu⁴⁴ mɔ⁴⁴ tɛ²⁵ kaŋ⁴⁴ fu⁴⁴]

当时肯定冇读倒书，[tõ⁴⁴ sɹ̩²¹³ kʰan³¹ tʰin⁴⁴ mɔ⁴⁴ tʰau²⁵ tɔ³¹ ɕy⁴⁴]

不过渠两个都猜倒了。[pu²⁵ ko⁴⁴ kʰɛ²¹³ liɔ³¹ ko⁰ tau⁴⁴ tsʰa⁴⁴ tɔ³¹ lɛ⁰]

意译：有两个亲家请吃饭，一个亲家没读过书，另一个亲家同样没读过书。没读过书要请吃饭，就写了个请帖。那写个请帖写个什么呢？又没读过书，他就打几个叉字。那送去以后，那个亲家把请帖接过一看，他又不识字，但是他要读啊，他就读："叉上又加叉，亲家接亲家。"他也正好有事，没有时间去赴宴，那他又不能不回帖，他就回一下帖，那回一下帖呢，他就在那请帖上面画了几个圈。那亲家打开一看，圈上又加圈，那亲家就是没有时间。当时肯定没读过书，不过他两个都猜准了。

0024 其他故事

从前，有一对夫妻，[tsʰaŋ²¹³ tsʰiĩ²¹³，iau³¹ i²⁵ tai⁴⁴ fu⁴⁴ tsʰai⁴⁴]

年将半百了，无儿无女，[ɲiẽ²¹³ tɕiɒ̃⁴⁴ põ⁴⁴ pɛ²⁵ lɛ⁰，u²¹³ ʐɹ̩²¹³ u²¹³ n̠y³¹]

但是渠还是忠厚老实，[tã⁴⁴ sɹ̩⁴⁴ kʰɛ²¹³ xa²¹³ sɹ̩⁴⁴ tsaŋ⁴⁴ xɛ⁴⁴ lɔ³¹ sɹ̩²⁵] 渠：他

以打猎为生。[i³¹ tɒ³¹ li²⁵ uai²¹³ san⁴⁴]

有一天，那男老汉出去打猎，[iau³¹ i²⁵ tʰiĩ⁴⁴，lɛ²⁵ lõ²¹³ lɔ³¹ xən²⁵ tɕʰy²⁵ tɕʰi⁴⁴ tɒ³¹ li²⁵]

看到一只獐，渠射了一箭，[kʰõ⁴⁴ tɔ⁴⁴ i²⁵ tsɒ²⁵ tsõ⁴⁴，kʰɛ²¹³ sɒ⁴⁴ lɛ⁰ i²⁵ tsiĩ⁴⁴]

那獐中到背胛窝了，[lɛ²⁵ tsõ⁴⁴ tsaŋ⁴⁴ tɔ⁴⁴ pai⁴⁴ tɕiɒ⁴⁴ uo⁴⁴ lɛ⁰] 背胛窝：肩胛窝

以后那獐跑了，空手回来。[i³¹ xɛ⁴⁴ lɛ²⁵ tsõ⁴⁴ pʰɔ²¹³ lɛ⁰，kʰaŋ⁴⁴ sau⁴⁴ xuai²¹³ la²¹³]

过了些时，[ko⁴⁴lɛ⁰si²⁵sɿ²¹³]

渠箇老婆就怀孕了，有喜了。[kʰɛ²¹³ko⁰lɔ³¹pʰo²¹³tsʰiu⁴⁴xua²¹³yan⁴⁴lɛ⁰，iau³¹ɕi³¹lɛ⁰]

一有喜了后，十月怀胎，[i²⁵iau³¹ɕi³¹lɛ⁰xɛ⁴⁴，sɿ²¹³yɛ²⁵xua²¹³tʰa⁴⁴]

就生下了一个胖胖箇小儿子。[tsʰiu⁴⁴san⁴⁴xɒ⁴⁴lɛ⁰i²⁵ko⁰pʰɔ̃²⁵pʰɔ̃²⁵ko⁰si³¹zɿ²¹³tsɿ⁰] 箇：的

那背上呢有个胎记，有个乌影子。[lɛ²⁵pai⁴⁴sɔ̃⁴⁴lɛ⁰iau³¹ko⁰tʰa⁴⁴tɕi⁴⁴，iau³¹ko⁰u⁴⁴ian³¹tsɿ⁰]

回来以后，那伢崽就慢慢长大了，[xuai²¹³la²¹³i³¹xɛ⁴⁴，lɛ²⁵ŋã²⁵tsa³¹tsʰiu⁴⁴mã⁴⁴mã⁴⁴tsɔ̃³¹tʰa⁴⁴lɛ⁰]

跟渠父亲一点感情都没得，[kan⁴⁴kʰɛ²¹³fu⁴⁴tsʰin⁴⁴i²⁵tiĩ³¹kõ³¹tsʰin²¹³tau⁴⁴mai⁴⁴tɛ²⁵]

经常跟父亲是横眼睛直鼻孔，[tɕian⁴⁴tsʰɔ̃²¹³kan⁴⁴fu⁴⁴tsʰin⁴⁴sɿ⁴⁴xuan²¹³ŋã³¹tsin⁴⁴tsʰɿ²⁵pʰai²⁵kʰaŋ³¹] 横眼睛直鼻孔：横眉竖眼

翻头唎颈。[fã⁴⁴tʰɛ²¹³li²⁵tɕiɔ̃³¹] 翻头唎颈：对着干

父亲确实没得办法。[fu⁴⁴tsʰin⁴⁴kʰo²⁵sɿ²⁵mai⁴⁴tɛ²⁵pã⁴⁴fɒ²⁵]

有一次呢，两个人争吵箇时候，[iau³¹i²⁵tsʰɿ⁴⁴lɛ⁰，liɔ̃³¹ko⁰zan²¹³tsan⁴⁴tsʰɔ²¹³ko⁰sɿ²¹³xɛ⁴⁴]

渠儿子还说："我长大了还要杀尔。"[kʰɛ²¹³zɿ²¹³tsɿ⁰xa²¹³ɕyɛ²⁵，ŋo³¹tsɔ̃³¹tʰa⁴⁴lɛ⁰xa²¹³iɛ⁴⁴sɒ²⁵n̩³¹]

渠说："尔跟父亲是何有那么大箇深仇大恨呢？"[kʰɛ²¹³ɕyɛ²⁵：n̩³¹kan⁴⁴fu⁴⁴tsʰin⁴⁴sɿ⁴⁴xo²¹³iau³¹lɛ²⁵mɛ³¹tʰa⁴⁴ko⁰san⁴⁴tsʰau²¹³tʰa⁴⁴xan⁴⁴lɛ⁰] 是何：怎么

渠就想，也许我给那伢崽看破了。[kʰɛ²¹³tsʰiu⁴⁴ɕiɔ̃³¹，iɒ³¹ɕy³¹ŋo³¹kɛ³¹lɛ²⁵ŋã²⁵tsa³¹kʰõ⁴⁴pʰo⁴⁴lɛ⁰] 看破：迷信说法，指命里相克、冲犯

所以渠跟老婆说：[so³¹i³¹kʰɛ²¹³kan⁴⁴lɔ³¹pʰo²¹³ɕyɛ²⁵]

"我出去住几年，[ŋo³¹tɕʰy²⁵tɕʰi⁴⁴tɕʰy⁴⁴tɕi³¹n̩iɛ²¹³]

等伢崽一大点了，[tan³¹ŋã²⁵tsa³¹i²⁵tʰa⁴⁴tin²⁵lɛ⁰]

知事点了，渠就会想到我。"[tsɿ⁴⁴sɿ⁴⁴tin²⁵lɛ⁰，kʰɛ²¹³tsʰiu⁴⁴xuai⁴⁴ɕiɔ̃³¹tɔ⁴⁴ŋo³¹] 知事：懂事

渠老婆也同意了。[kʰɛ²¹³lɔ³¹pʰo²¹³iɒ³¹tʰaŋ²¹³i⁴⁴lɛ⁰]

就带了粑、一副雨伞，[tsʰiu⁴⁴ta⁴⁴lɛ⁰pɒ⁴⁴、i²⁵fu⁴⁴y³¹sã³¹] 粑：干粮

就出外打猎谋生。[tsʰiu⁴⁴tɕʰy²⁵ua⁴⁴tɒ³¹li²⁵mɛ²¹³san⁴⁴]

渠一走唎，[kʰɛ²¹³i²⁵tsɛ³¹li²⁵]

就从这个县跑到那个县，[tsʰiu⁴⁴tsʰaŋ²¹³tɛ²⁵ko⁰ɕiɛ⁴⁴pʰɔ²¹³tɔ⁴⁴lɛ²⁵ko⁰ɕiɛ⁴⁴]

走了几天。[tsɛ³¹lɛ⁰tɕi³¹tʰiĩ⁴⁴]

有一天，走到个三岔路口了，[iau³¹i²⁵tʰiĩ⁴⁴，tsɛ³¹tɔ⁴⁴ko⁰sã⁴⁴tsʰɒ⁴⁴lau⁴⁴kʰɛ³¹lɛ⁰]

看到个破庙，就在那破庙休息。[kʰõ⁴⁴tɔ⁴⁴ko⁰pʰo⁴⁴mi⁴⁴，tsʰiu⁴⁴tsʰa⁴⁴lɛ²⁵pʰo⁴⁴mi⁴⁴ɕiau⁴⁴sai²⁵]

一看那破庙冇得人照护，[i²⁵kʰõ⁴⁴lɛ²⁵pʰo⁴⁴mi⁴⁴mɔ⁴⁴tɛ²⁵zan²¹³tsɛ⁴⁴xu⁴⁴] 冇得：没有。照护：照管

渠就把庙里箇菩萨什么东西都打扫得干干净净箇。[kʰɛ²¹³tsʰiu⁴⁴pɒ³¹mi⁴⁴lai³¹ko⁰pu²¹³sɒ²⁵san²¹³mɛ³¹taŋ⁴⁴sai⁴⁴tau⁴⁴tɒ³¹sɔ³¹tɛ²⁵kõ⁴⁴kõ⁴⁴tsʰin⁴⁴tsʰin⁴⁴ko⁰]

这样，在三岔路口过路箇行人，[tɛ²⁵iõ⁴⁴，tsʰa⁴⁴sã⁴⁴tsʰɒ⁴⁴lau⁴⁴kʰɛ³¹ko⁰lau⁴⁴ko⁰ɕian²¹³zan²¹³]

食茶，睏醒，都方便，[sʅ²⁵tsʰɒ²¹³，kʰuan⁴⁴sin³¹，tau⁴⁴fɔ̃⁴⁴pʰiĩ⁴⁴] 食茶：喝茶。睏醒：睡觉

方便那是香客。[fɔ̃⁴⁴pʰiĩ⁴⁴lɛ²⁵sʅ⁴⁴ɕiɔ̃⁴⁴kʰɛ²⁵]

以后呢，那个定岸慢慢箇就开始红火了。[i³¹xɛ⁴⁴lɛ⁰，lɛ²⁵ko⁰tʰin⁴⁴ŋõ⁴⁴mã⁴⁴mã⁴⁴ko⁰tsʰiu⁴⁴kʰa⁴⁴sʅ³¹xaŋ²¹³xɔ³¹lɛ⁰] 定岸：地方

一日三，三日九，[i²⁵zʅ²⁵sã⁴⁴，sã⁴⁴zʅ²⁵tɕiau³¹]

渠一算已住了三年了。[kʰɛ²¹³i²⁵sõ⁴⁴³¹tɕʰy⁴⁴lɛ⁰sã⁴⁴ɲiẽ²¹³lɛ⁰]

也思念家乡，也想看那儿子是何样了。[iɒ³¹sʅ⁴⁴ɲiẽ⁴⁴kɒ⁴⁴ɕiɔ̃⁴⁴，iɒ³¹ɕiɔ̃³¹kʰõ⁴⁴lɛ²⁵zʅ²¹³tsʅ⁰sʅ⁴⁴xo²¹³iɔ̃⁴⁴lɛ⁰] 何样：什么样子

思念心切，渠准备回去。[sʅ⁴⁴ɲiẽ⁴⁴sin⁴⁴tsʰi²⁵，kʰɛ²¹³tɕyan³¹pʰai⁴⁴xuai²¹³tɕʰi⁴⁴]

渠回去箇时候，头天晚上，[kʰɛ²¹³xuai²¹³tɕʰi⁴⁴ko⁰sʅ³¹xɛ⁴⁴，tʰɛ²¹³tʰiĩ⁴⁴uã³¹sɔ̃⁴⁴]

渠就做了个梦，[kʰɛ²¹³tsʰiu⁴⁴tsau⁴⁴lɛ⁰ko⁰maŋ⁴⁴]

梦见一个老汉跟渠说：[maŋ⁴⁴tɕiẽ⁴⁴i²⁵ko⁰lɔ³¹xən²⁵kan⁴⁴kʰɛ²¹³ɕyɛ²⁵]

"尔回去，路途那么远，[n̩³¹xuai²¹³tɕʰi⁴⁴，lau⁴⁴tʰau²¹³lɛ²⁵mɛ³¹yẽ³¹]

晚上有时候不方便出来，[uã³¹sɔ̃⁴⁴iau³¹sʅ²¹³xɛ⁴⁴pu²⁵fɔ̃⁴⁴pʰiĩ⁴⁴tɕʰy²⁵la²¹³]

要解手箇时候，我这块有一支蜡烛，[iɛ⁴⁴ka³¹sau³¹ko⁰sʅ²¹³xɛ⁴⁴，ŋo³¹tɛ²⁵kʰua²⁵iau³¹i²⁵tsʅ⁴⁴lɒ²⁵tsau²⁵]

尔带回去，对尔在路上有好处。"[n̩³¹ta⁴⁴xuai²¹³tɕʰi⁴⁴，tai⁴⁴n̩³¹tsʰa⁴⁴lau⁴⁴sɔ̃⁴⁴iau³¹xɔ³¹tɕʰy⁴⁴]

落尾呢，渠就把那支蜡烛带在身边了，就回去。[lo²⁵uai³¹lɛ⁰，kʰɛ²¹³tsʰiu⁴⁴pɒ³¹lɛ²⁵tsʅ⁴⁴lɒ²⁵tsau²⁵ta⁴⁴tsʰa⁴⁴san⁴⁴piɛ⁴⁴lɛ⁰，tsʰiu⁴⁴xuai²¹³tɕʰi⁴⁴] 落尾：最后

走欸走欸，走了一天，[tsɛ³¹ɛ⁰tsɛ³¹ɛ⁰，tsɛ³¹lɛ⁰i²⁵tʰiĩ⁴⁴]

走到很晚了，渠就去投宿。[tsɛ³¹tɔ⁴⁴xan³¹uã³¹lɛ⁰，kʰɛ²¹³tsʰiu⁴⁴tɕʰi⁴⁴tʰɛ²¹³sau²⁵]

找到个饭铺呢，就下饭铺。[tsɔ³¹tɔ⁴⁴ko⁰fã⁴⁴pʰu⁴⁴lɛ⁰，tsʰiu⁴⁴xɒ⁴⁴fã⁴⁴pʰu⁴⁴] 饭铺：

旅店

一下饭铺呢，[i²⁵ xɒ⁴⁴ fã⁴⁴ pʰu⁴⁴ lɛ⁰]

那一日那个饭铺箇生意蛮好，[lɛ²⁵ i²⁵ zʅ²⁵ lɛ²⁵ ko⁰ fã⁴⁴ pʰu⁴⁴ ko⁰ san⁴⁴ i⁴⁴ mã²¹³ xɔ³¹]

来了好多客。[la²¹³ lɛ⁰ xɔ³¹ to⁴⁴ kʰɛ²⁵]

那客人呢都住通铺。[lɛ²⁵ kʰɛ²⁵ zan²¹³ lɛ⁰ tau⁴⁴ tɕʰy⁴⁴ tʰaŋ⁴⁴ pʰu⁴⁴]

渠呢半夜起来，肚子痛，[kʰɛ²¹³ lɛ⁰ pɒ⁴⁴ iɒ⁴⁴ tɕʰi³¹ la²¹³，tau³¹ tsʅ⁰ tʰaŋ⁴⁴]

渠要解手，要屙尿，就把蜡烛点了。[kʰɛ²¹³ iɛ⁴⁴ ka³¹ sau³¹，iɛ⁴⁴ uo⁴⁴ n̩ɛ⁴⁴，tsʰiu⁴⁴ pɒ³¹ lɒ²⁵ tsau²⁵ tiĩ³¹ lɛ⁰]

点了把蜡烛一看哪，那睏醒箇，[tiĩ³¹ lɛ⁰ pɒ³¹ lɒ²⁵ tsau²⁵ i²⁵ kʰõ⁴⁴ la⁰，lɛ²⁵ kʰuan⁴⁴ sin³¹ ko⁰]

不是款柴箇，不是卖鱼箇，[pu²⁵ sʅ⁴⁴ kʰuã²¹³ tsʰa²¹³ ko⁰，pu²⁵ sʅ⁴⁴ ma⁴⁴ y²¹³ ko⁰] 款柴：担柴

也不是卖菜箇，也不是推车箇。[iɒ³¹ pu²⁵ sʅ⁴⁴ ma⁴⁴ tsʰa⁴⁴ ko⁰，iɒ³¹ pu²⁵ sʅ⁴⁴ tʰai⁴⁴ tsʰɛ⁴⁴ ko⁰]

都是牛啊、马啊、猪啊，各种各样箇。[tau⁴⁴ sʅ⁴⁴ n̩iau²¹³ a⁰、mɒ³¹ a⁰、tɕy⁴⁴ a⁰，ko²⁵ tsaŋ⁴⁴ ko²⁵ iõ⁴⁴ ko⁰]

所以渠当时把哎蜡烛吹熄了，[so³¹ i³¹ kʰɛ²¹³ tɒ̃⁴⁴ sʅ²¹³ pɒ³¹ a²⁵ lɒ²⁵ tsau²⁵ tɕʰy⁴⁴ sai²⁵ lɛ⁰]

一身冷汗，渠又不敢做声。[i²⁵ san⁴⁴ lan³¹ xõ⁴⁴，kʰɛ²¹³ iau⁴⁴ pu⁰ kɒ³¹ tsau⁴⁴ san⁴⁴]

渠就第二日一清早赶路。[kʰɛ²¹³ tsʰiu⁴⁴ tʰai⁴⁴ zʅ⁴⁴ zʅ²⁵ i²⁵ tsʰin⁴⁴ tso³¹ kõ³¹ lau⁴⁴]

赶到屋里，天已经黑了。[kõ³¹ tɔ⁴⁴ u²⁵ lai³¹，tʰiĩ⁴⁴ i³¹ tɕian⁴⁴ xɛ²⁵ lɛ⁰] 屋里：家里

那个时候，日出而作，[lɛ²⁵ ko⁰ sʅ²¹³ xɛ⁴⁴，zʅ²⁵ tɕʰy²⁵ zʅ²¹³ tso²⁵]

日落而息，一黑就睏醒了。[zʅ²⁵ lo²⁵ zʅ²¹³ sai²⁵，i²⁵ xɛ²⁵ tsʰiu⁴⁴ kʰuan⁴⁴ sin³¹ lɛ⁰]

到屋箇时候是晚上，渠开始叫门。[tɔ⁴⁴ u²⁵ ko⁰ sʅ²¹³ xɛ⁴⁴ sʅ⁴⁴ uã⁴⁴ sõ⁴⁴，kʰɛ²¹³ kʰa⁴⁴ sʅ³¹ tɕiɛ⁴⁴ man²¹³]

渠老婆说："尔是们⁼？"[kʰɛ²¹³ lɔ³¹ pʰo²¹³ ɕyɛ²⁵：n̩³¹ sʅ⁴⁴ man²¹³] 们：谁

"我回了。"喜煞了，[ŋo³¹ xuai²¹³ lɛ⁰。ɕi³¹ sɒ²⁵ lɛ⁰] 喜煞：十分高兴

渠把门一打开，[kʰɛ²¹³ pɒ³¹ man²¹³ i²⁵ tɒ³¹ kʰa⁴⁴]

渠老婆说："我去叫伢崽。"[kʰɛ²¹³ lɔ³¹ pʰo²¹³ ɕyɛ²⁵：ŋo³¹ tɕʰi⁴⁴ tɕiɛ⁴⁴ ŋã²⁵ tsa³¹] 伢崽：孩子

渠说："尔莫叫伢崽嘞，[kʰɛ²¹³ ɕyɛ²⁵：n̩³¹ mo²⁵ tɕiɛ⁴⁴ ŋã²⁵ tsa³¹ lɛ⁰]

我把一支蜡烛点了。"[ŋo³¹ pɒ³¹ i²⁵ tsʅ⁴⁴ lɒ²⁵ tsau²⁵ tiĩ³¹ lɛ⁰]

把蜡烛到伢崽床头一看，[pɒ³¹ lɒ²⁵ tsau²⁵ tɔ⁴⁴ ŋã²⁵ tsa³¹ tsʰõ²¹³ tʰɛ²¹³ i²⁵ kʰõ⁴⁴]

一只獐盘倒眠床上。[i²⁵ tsɒ²⁵ tsõ⁴⁴ pʰõ²¹³ tɔ³¹ min⁴⁴ tsʰõ²¹³ sõ⁴⁴] 盘：蜷缩。眠床：床

渠这个时候，把那个灯点了以后，[kʰɛ²¹³ tɛ²⁵ ko⁰ sʅ²¹³ xɛ⁴⁴，pɒ³¹ lɛ²⁵ ko⁰ tan⁴⁴ tiĩ³¹ lɛ⁰i̯³¹xɛ⁴⁴〕

把那个箭抽落了，〔pɒ³¹lɛ²⁵ko⁰tsiĩ⁴⁴tsʰau⁴⁴lo²⁵lɛ⁰〕

把那个伤口抚平了。〔pɒ³¹lɛ²⁵ko⁰sɔ̃⁴⁴kʰɛ³¹fu⁴⁴pʰin²¹³lɛ⁰〕

刚刚一抚平，〔kɔ̃⁴⁴kɔ̃⁴⁴i²⁵fu³¹pʰin²¹³〕

那个蜡烛就只箇闪只箇闪，〔lɛ²⁵ko⁰lɒ²⁵tsau²⁵tsʰiu⁴⁴tsʅ ko³¹sõ³¹tsʅ²⁵ko³¹sõ³¹〕只箇：一直

一下子就点完了，〔i²⁵xɒ⁴⁴tsʅ⁰tsʰiu⁴⁴tiĩ³¹uõ²¹³lɛ⁰〕

再也冇得了。〔tsa⁴⁴iɒ³¹mɔ⁴⁴tɛ²⁵lɛ⁰〕冇得：没有

冇得了以后，〔mɔ⁴⁴tɛ²⁵lɛ⁰i̯³¹xɛ⁴⁴〕

渠就在床那边䀹。〔kʰɛ²¹³tsʰiu⁴⁴tsʰa⁴⁴tsʰɔ̃²¹³lɛ²⁵piĩ⁴⁴kʰuan⁴⁴〕䀹：睡觉

第二天早上起来，渠崽说：〔tʰai⁴⁴zʅ⁴⁴tʰiĩ⁴⁴tsɔ³¹sɔ̃⁴⁴tɕi³¹la²¹³，kʰɛ²¹³tsa³¹ɕyɛ²⁵〕

"姆妈姆妈，〔m̩³¹mɒ⁴⁴m̩³¹mɒ⁴⁴〕姆妈：母亲

我爷出去做生意个些年，〔ŋo³¹i²¹³tɕʰy²⁵tɕʰi⁴⁴tsau⁴⁴san⁴⁴i⁴⁴ko³¹si²⁵ȵiɛ̃²¹³〕爷：父亲。个：这么

还是何冇回？"〔xa²¹³sʅ⁴⁴xo²¹³mɔ⁴⁴xuai²¹³〕是何：怎么。冇：没有

渠母说：〔kʰɛ²¹³m̩³¹ɕyɛ²⁵〕母：母亲

"尔爷就在这边沿䀹到呢。"〔n̩³¹i²¹³tsʰiu⁴⁴tsʰa⁴⁴tɛ²⁵piĩ⁴⁴iɛ̃²¹³kʰuan⁴⁴tɔ⁴⁴lɛ⁰〕边沿：边上

渠把渠爷一拉到说：〔kʰɛ²¹³pɒ³¹kʰɛ²¹³i²¹³i²⁵lɒ⁴⁴tɔ⁴⁴ɕyɛ²⁵〕

"爷啊，尔回了啊！"〔i²¹³a⁰，n̩³¹xuai²¹³lɛ⁰a⁰〕

父子两个才团聚。〔fu⁴⁴tsʅ³¹liɔ̃³¹ko⁰tsʰa²¹³tʰõ²¹³tsʰai⁴⁴〕

这就是前世箇因果。〔tɛ²⁵tsʰiu⁴⁴sʅ⁴⁴tsʰiĩ²¹³sʅ⁴⁴ko⁰ian⁴⁴ko³¹〕

意译：从前，有一对夫妻，年将半百了，无儿无女，但是他们还是忠厚老实，以打猎为生。有一天，那男子出去打猎，看见一只獐子，他射了一箭，那獐子被射中了肩胛窝，以后那獐子跑掉了，他只好空手回来。

过了些时候，他的老婆就怀孕了，有喜。有喜以后，十月怀胎，就生下了一个胖胖的小子，那男婴背上有个胎记，有个乌青的阴影。回来以后，那孩子就慢慢长大了，跟他父亲一点感情都没有，经常跟父亲是横眉瞪眼，对着干，那父亲确实没有办法。有一次，两个人争吵的时候，他儿子还说："我长大了还要杀你。"他说："你跟父亲怎么有那么大的深仇大恨呢？"他就想，也许我跟那孩子命里相克，冲犯了。所以他跟老婆说："我出去住几年，等孩子大点儿了，懂事点儿了，他就会想到我。"他老婆也同意了，就带了干粮和一把雨伞，就出外打猎谋生。

他一走啊，就从这个县跑到那个县，走了几天。有一天，走到个三岔路口

了，看到个破庙，就在那破庙里休息。一看那破庙没有人照管，他就把庙里的菩萨啊什么的都打扫得干干净净的。这样，在三岔路口过路的行人，喝茶，住宿，都方便，那是方便了香客。以后呢，那个地方慢慢地就开始红火了。

日子一天天过去了，他一算已经住了三年了，也思念家乡，也想看那儿子长得什么样了。思念心切，他准备回去。他回去的时候，头天晚上，他就做了个梦，梦见一个老人跟他说："你回去，路途那么远，晚上有时候不方便出来，要上厕所的时候，我这里有一支蜡烛，你带回去，对你在路上有好处。"最后啊，他就把那支蜡烛带在身边了，就回去了。

走啊走啊，走了一天，走到很晚了，他就去投宿，找到个旅店，就住旅店。一住旅店呢，那一天那个旅店的生意非常好，来了很多客人，那些客人都住通铺。他半夜起来，肚子疼，他要上厕所，要小解，就把蜡烛点了。点了蜡烛一看哪，那些睡觉的，不是担柴的，不是卖鱼的，也不是卖菜的，也不是推车的，都是牛啊、马啊、猪啊，各种各样的。所以他当时把蜡烛吹熄了，一身冷汗，他又不敢做声。

他就第二天一清早赶路。赶到家里，天已经黑了。那个时候，日出而作，日落而息，天一黑就睡觉了。到家的时候是晚上，他开始叫门。他老婆问："你是谁？""我回来了。"他老婆高兴坏了，她把门一打开，他老婆说："我去叫孩子。"他说："你别叫孩子，我先点一支蜡烛。"把蜡烛点了到孩子床头一看，一只獐子蜷缩在床上。他这个时候，把那个灯点了以后，把獐子肩胛窝那个箭抽落了，把那个伤口抚平了。刚刚一抚平，那个蜡烛就一直闪啊一直闪啊，一下子就点完了，再也没有了。没有了蜡烛以后，他就在孩子床那边睡。

第二天早上起来，他孩子说："娘啊娘啊，我爹出去做生意这么些年了，怎么还没回来呢？"他娘说："你爹就在这边上睡着呢。"他把他爹拉着说："爹啊，你回来了啊！"父子两个人才和好团聚。这就是前世的因果。

0025 其他故事

从前哪，[tsʰaŋ²¹³ tsʰiĩ²¹³ la⁰]

有一个王先生，一个李先生，[iau³¹ i²⁵ ko⁰ uɔ̃²¹³ siĩ⁴⁴ san⁴⁴, i²⁵ ko⁰ lai³¹ siĩ⁴⁴ san⁴⁴]

渠两个人呢是同年，[kʰɛ²¹³ liɔ³¹ ko⁰ zan²¹³ lɛ⁰ sɿ⁴⁴ tʰaŋ²¹³ n̠iɛ̃²¹³] 同年：同一年出生的人

又是好朋友。[iau⁴⁴ sɿ⁴⁴ xɔ³¹ pʰaŋ²¹³ iau³¹]

那个王先生哪渠有个问题，[lɛ²⁵ ko⁰ uɔ̃²¹³ siĩ⁴⁴ san⁴⁴ la⁰ kʰɛ²¹³ iau³¹ ko⁰ uan⁴⁴ tʰai²¹³]

有昧ᵘ问题呢？渠有点怕老婆。[iau³¹ mai⁴⁴ uan⁴⁴ tʰai²¹³ lɛ⁰？kʰɛ²¹³ iau³¹ tin²⁵ pʰɒ⁴⁴ lɔ³¹ pʰo²¹³] 昧ᵘ：什么

但是呢，渠在外面又要面子，[tã⁴⁴sɿ⁴⁴lɛ⁰，kʰɛ²¹³tsʰa⁴⁴ua⁴⁴miĩ⁴⁴iau⁴⁴iɛ⁴⁴miĩ⁴⁴tsɿ⁰]

说渠不怕老婆。[ɕyɛ²⁵kʰɛ²¹³pu²⁵pʰɒ⁴⁴lɔ³¹pʰo²¹³]

其实呢，哎李先生心知肚明，[tɕʰi²¹³sɿ²⁵lɛ⁰，a²⁵lai³¹siĩ⁴⁴san⁴⁴sin⁴⁴tsɿ⁴⁴tau³¹min²¹³]

晓得，只不过不好跟渠戳穿了唰。[ɕiɛ³¹tɛ²⁵，tsɿ²⁵pu²⁵ko⁴⁴pu²⁵xɔ³¹kan⁴⁴kʰɛ²¹³tsʰo²¹³tɕʰyɛ̃⁴⁴lɛ⁰tɛ²⁵]

有一日啊，王先生就跟李先生说：[iau³¹i²⁵zɿ²⁵a⁰，uɔ̃²¹³siĩ⁴⁴san⁴⁴tsʰiu⁴⁴kan⁴⁴lai³¹siĩ⁴⁴san⁴⁴ɕyɛ²⁵]

"同年嘞，今日我请尔到我屋去喫饭。"[tʰaŋ²¹³n̥iɛ²¹³lɛ⁰，tɕian⁴⁴zɿ²⁵ŋɔ³¹tsʰin³¹n̥³¹tɔ⁴⁴ŋɔ³¹u²⁵tɕʰi⁴⁴tɕʰiɒ²⁵fã⁴⁴]

李先生一想：[lai³¹siĩ⁴⁴san⁴⁴i²⁵ɕiɔ̃³¹]

"昧=啊？尔还请我去喫饭哪？[mai⁴⁴a⁰？n̥³¹xa²¹³tsʰin³¹ŋɔ³¹tɕʰi⁴⁴tɕʰiɒ²⁵fã⁴⁴la⁰]

尔说得了尔老婆箇话不了哦？"[n̥³¹ɕyɛ²⁵tɛ²⁵li³¹n̥³¹lɔ³¹pʰo²¹³ko⁰xuɒ⁴⁴pu²⁵li³¹uo⁰]

说得了话：做得了主

当然，渠是在心只个想箇。[tɔ̃⁴⁴zɛ̃²¹³，kʰɛ²¹³sɿ⁴⁴tsʰa⁴⁴sin⁴⁴tsɿ²⁵ko³¹ɕiɔ̃³¹ko⁰]个：这么

但是王先生呢，渠就察觉到了，[tã⁴⁴sɿ⁴⁴uɔ̃²¹³siĩ⁴⁴san⁴⁴lɛ⁰，kʰɛ²¹³tsʰiu⁴⁴tsɒ²⁵tɕio²⁵tɔ⁴⁴lɛ⁰]

晓得李先生有点不相信渠。[ɕiɛ³¹tɛ²⁵lai³¹siĩ⁴⁴san⁴⁴iau³¹tin²⁵pu²⁵ɕiɔ̃⁴⁴sin⁴⁴kʰɛ²¹³]

"同年哪，莫担心个多劲哪，[tʰaŋ²¹³n̥iɛ²¹³la⁰，mo²⁵tã⁴⁴sin⁴⁴ko³¹tɔ⁴⁴tɕian⁴⁴la⁰]个多劲：这么多

跟我一路去呀，[kan⁴⁴ŋɔ³¹i²⁵lau⁴⁴tɕʰi⁴⁴ia⁰]一路：一起

到我屋去喫饭哪！"[tɔ⁴⁴ŋɔ³¹u²⁵tɕʰi⁴⁴tɕʰiɒ²⁵fã⁴⁴la⁰]屋：家里

"能得能得，我去啊。"[lan²¹³tɛ²⁵lan²¹³tɛ²⁵，ŋɔ³¹tɕʰi⁴⁴a⁰]能得：好的，可以

李先生就说我去。[lai³¹siĩ⁴⁴san⁴⁴tsʰiu⁴⁴ɕyɛ²⁵ŋɔ³¹tɕʰi⁴⁴]

"那是箇，尔先回去着啊，[lɛ²⁵sɿ⁴⁴ko³¹，n̥³¹siĩ⁴⁴xuai²¹³tɕʰi⁴⁴tsʰo²¹³a⁰]

等尔老婆把东西准备好，[tan³¹n̥³¹lɔ³¹pʰo²¹³pɒ³¹taŋ⁴⁴sai⁴⁴tɕyan³¹pʰai⁴⁴xɔ³¹]

我再随后来。"[ŋɔ³¹tsa⁴⁴sai²¹³xɛ⁴⁴la²¹³]

"能得了，是个说啰，尔要来箇啦！"[lan²¹³tɛ²⁵lɛ⁰，sɿ⁴⁴ko³¹ɕyɛ²⁵lo⁰，n̥³¹iɛ⁴⁴la²¹³ko⁰la⁰]

"我来啊，能不来箇呢？"[ŋɔ³¹la²¹³a⁰，lan²¹³pu²⁵la²¹³ko⁰lɛ⁰]

王先生就带头回去了。[uɔ̃²¹³siĩ⁴⁴san⁴⁴tsʰiu⁴⁴ta⁴⁴tʰɛ²¹³xuai²¹³tɕʰi⁴⁴lɛ⁰]

一回去，把渠老婆叫得亮亮箇：[i²⁵xuai²¹³tɕʰi⁴⁴，pɒ³¹kʰɛ²¹³lɔ³¹pʰo²¹³tɕiɛ⁴⁴tɛ²⁵ liɔ̃⁴⁴liɔ̃⁴⁴ko⁰]叫得亮亮箇：高声叫

"哎，我说屋欸，[a²⁵，ŋo³¹ɕyɛ²⁵u²⁵ɛ⁰]屋欸：家里的

屋欸何去了啊？"[u²⁵ɛ⁰xo²¹³tɕʰi⁴⁴lɛ⁰a⁰]何：哪里

"尔说眛⁼啊？"[n̩³¹ɕyɛ²⁵mai⁴⁴a⁰]眛⁼：什么

渠老婆一喝出来了。[kʰɛ²¹³lɔ³¹pʰo²¹³i²⁵ŋɔ̃²⁵tɕʰy²⁵la²¹³lɛ⁰]喝：大声叫

"尔叫我做眛⁼啊，叫我？"[n̩³¹tɕiɛ⁴⁴ŋo³¹tsau⁴⁴mai⁴⁴a⁰，tɕiɛ⁴⁴ŋo³¹]

"哎，是个啊伙计，我跟尔说啊，[a²⁵，sɿ⁴⁴ko³¹a⁰xo³¹tɕi⁴⁴，ŋo³¹kan⁴⁴n̩³¹ɕyɛ²⁵a⁰]

今日啊，尔无论如何要把个面子我。"[tɕian⁴⁴zɿ²⁵a⁰，n̩³¹u²¹³lan⁴⁴y²¹³xo²¹³iɛ⁴⁴pɒ³¹ko⁰mĩĩ⁴⁴tsɿ⁰ŋo³¹]

"做眛⁼啊？做眛⁼把面子得尔啊？"[tsau⁴⁴mai⁴⁴a⁰？tsau⁴⁴mai⁴⁴pɒ³¹mĩĩ⁴⁴tsɿ⁰tɛ²⁵n̩³¹a⁰]

渠老婆把渠一问倒。[kʰɛ²¹³lɔ³¹pʰo²¹³pɒ³¹kʰɛ²¹³i²⁵uan⁴⁴tɔ³¹]

"我跟尔说啰，我那个同年尔晓得。"[ŋo³¹kan⁴⁴n̩³¹ɕyɛ²⁵lo⁰，ŋo³¹lɛ²⁵ko⁰tʰaŋ²¹³niɛ̃²¹³n̩³¹ɕiɛ³¹tɛ²⁵]

"我晓得，是那个新来箇那个同年啰！"[ŋo³¹ɕiɛ³¹tɛ²⁵，sɿ⁴⁴lɛ²⁵ko⁰sin⁴⁴la²¹³ko⁰lɛ²⁵ko⁰tʰaŋ²¹³niɛ̃²¹³lo⁰]

"是啊，我今跟渠说了伙计，[sɿ⁴⁴a⁰，ŋo³¹tɕian⁴⁴kan⁴⁴kʰɛ²¹³ɕyɛ²⁵lɛ⁰xo³¹tɕi⁴⁴]

我今请渠到屋里喫个饭，[ŋo³¹tɕian⁴⁴tsʰin³¹kʰɛ²¹³tɔ⁴⁴u²⁵lai³¹tɕʰiɒ²⁵ko⁰fa⁴⁴]

尔今日无论如何要把个面子我。[n̩³¹tɕian⁴⁴zɿ²⁵u²¹³lan⁴⁴y²¹³xo²¹³iɛ⁴⁴pɒ³¹ko⁰mĩĩ⁴⁴tsɿ⁰ŋo³¹]

尔还要呢，装得怕得我箇样子，[n̩³¹xa²¹³iɛ⁴⁴lɛ⁰，tsɔ̃⁴⁴tɛ²⁵pʰɒ⁴⁴tɛ²⁵ŋo³¹ko⁰iɔ̃⁴⁴tsɿ⁰]

能得不欸？"[lan²¹³tɛ²⁵pu²⁵ɛ⁰]能得：可以

"眛⁼啊，我还怕得尔啊？"[mai⁴⁴a⁰，ŋo³¹xa²¹³pʰɒ⁴⁴tɛ²⁵n̩³¹a⁰]怕得：怕

"哎，尔装倒人哪，尔装得怕得我啦！"[a²⁵，n̩³¹tsɔ̃⁴⁴tɔ³¹zan⁴⁴la⁰，n̩³¹tsɔ̃⁴⁴tɛ²⁵pʰɒ⁴⁴tɛ²⁵ŋo³¹la⁰]

"装得怕得尔啊？能得啊，只这一回啊！"[tsɔ̃⁴⁴tɛ²⁵pʰɒ⁴⁴tɛ²⁵n̩³¹a⁰？lan²¹³tɛ²⁵a⁰，tsɿ²⁵tɛ²⁵i²⁵xuai²¹³a⁰]

"只一回，我只要这一回，[tsɿ²⁵i²⁵xuai²¹³，ŋo³¹tsɿ²⁵iɛ⁴⁴tɛ²⁵i²⁵xuai²¹³]

能不啊？我算求尔了欸！[lan²¹³pu²⁵a⁰？ŋo³¹sõ⁴⁴tɕʰiau²¹³n̩³¹lɛ⁰ɛ⁰]

细老汉啊，我求尔了，我求尔了！"[sai⁴⁴lɔ³¹xən²⁵a⁰，ŋo³¹tɕʰiau²¹³n̩³¹lɛ⁰，ŋo³¹tɕʰiau²¹³n̩³¹lɛ⁰]细老汉：老婆

"好啰，好啰，好说啰，哦。"［xɔ³¹lo⁰，xɔ³¹lo⁰，xɔ³¹ɕyɛ²⁵lo⁰，uo⁰］

"我跟尔说啊，［ŋo³¹kan⁴⁴n̩³¹ɕyɛ²⁵a⁰］

求尔快点去准备，啊，［tɕʰiau²¹³n̩³¹kʰua⁴⁴tin²⁵tɕʰi⁴⁴tɕyan³¹pʰai⁴⁴，a⁰］

我同年等下就来了。"［ŋo³¹tʰaŋ²¹³ɲiẽ²¹³tan³¹xɒ⁴⁴tsʰiu⁴⁴la²¹³lɛ⁰］

"能得啰，那我去啰，［lan²¹³tɛ²⁵lo⁰，lɛ²⁵ŋo³¹tɕʰi⁴⁴lo⁰］

我快点买菜啰对不对哦？"［ŋo³¹kʰua⁴⁴tiĩ³¹ma³¹tsʰa⁴⁴lo⁰tai⁴⁴pu²⁵tai⁴⁴uo⁰］

好，过一下呢，［xɔ³¹，ko⁴⁴i²⁵xɒ⁴⁴lɛ⁰］

那姓李箇先生就来了，［lɛ²⁵sin⁴⁴lai³¹ko⁰siĩ⁴⁴san⁴⁴tsʰiu⁴⁴la²¹³lɛ⁰］

那手里还挈点昧⁼，［lɛ²⁵sau³¹lai³¹xa²¹³tɕʰiɛ²⁵tin²⁵mai⁴⁴］挈：提

晓得个要讲点礼啰，［ɕiɛ³¹tɛ²⁵ko³¹iɛ⁴⁴tɕiɔ̃³¹tin²⁵lai³¹lo⁰］个：这样

不能空手到别人屋去啰。［pu²⁵lan²¹³kʰaŋ⁴⁴sau³¹tɔ⁴⁴pʰi²⁵zan²¹³u²⁵tɕʰi⁴⁴lo⁰］

一进门，［i²⁵tsin⁴⁴man²¹³］

"同年嘞，我来了。"［tʰaŋ²¹³ɲiẽ²¹³lɛ⁰，ŋo³¹la²¹³lɛ⁰］

"尔来了？好好好，［n̩³¹la²¹³lɛ⁰？xɔ³¹xɔ³¹xɔ³¹］

进来坐啊伙计，［tsin⁴⁴la²¹³tsʰo⁴⁴a⁰xo³¹tɕi⁴⁴］

进来坐！进来坐！［tsin⁴⁴la²¹³tsʰo⁴⁴，tsin⁴⁴la²¹³tsʰo⁴⁴］

哎呀，今日啊，尔给我面子啊伙计，［a²⁵ia⁰，tɕian⁴⁴zɻ̍²⁵a⁰，n̩³¹kɛ³¹ŋo³¹miĩ⁴⁴tsɻ̍⁰a⁰xo³¹tɕi⁴⁴］

到我屋来玩下。"［tɔ⁴⁴ŋo³¹u²⁵la²¹³uã²¹³xɒ⁴⁴］

"那尔吓行啰，［lɛ²⁵n̩³¹xɒ²⁵ɕian²¹³lo⁰］尔吓行：看你说的

尔那王同年叫我来，［n̩³¹lɛ²⁵uɔ̃²¹³tʰaŋ²¹³ɲiẽ²¹³tɕiɛ⁴⁴ŋo³¹la²¹³］

我能得不来箇啊？"［ŋo³¹lan²¹³tɛ²⁵pu²⁵la²¹³ko⁰a⁰］

那姓王箇先生就叫出了：［lɛ²⁵sin⁴⁴uɔ̃²¹³ko⁰siĩ⁴⁴san⁴⁴tsʰiu⁴⁴tɕiɛ⁴⁴tɕʰy²⁵lɛ⁰］

"哎，我说屋欻，［a²⁵，ŋo³¹ɕyɛ²⁵u²⁵ɛ⁰］屋欻：家里的

快出来，快出来！"［kʰua⁴⁴tɕʰy²⁵la²¹³，kʰua⁴⁴tɕʰy²⁵la²¹³］

渠屋欻只箇扭出来了。［kʰɛ²¹³u²⁵ɛ⁰tsɻ̍²⁵ko³¹ɲiau³¹tɕʰy²⁵la²¹³lɛ⁰］

"做昧⁼啊？"［tsau⁴⁴mai⁴⁴a⁰］

"尔冇听倒啊？［n̩³¹mɔ⁴⁴tʰin⁴⁴tɔ³¹a⁰］

我李同年来了啰，快倒茶啊！"［ŋo³¹lai³¹tʰaŋ²¹³ɲiẽ²¹³la²¹³lɛ⁰lo⁰，kʰua⁴⁴tɔ⁴⁴tsʰɒ²¹³a⁰］

"哎，好好好，我去倒茶。"［a²⁵，xɔ³¹xɔ³¹xɔ³¹，ŋo³¹tɕʰi⁴⁴tɔ⁴⁴tsʰɒ²¹³］

一杯茶倒下来，［i²⁵pai⁴⁴tsʰɒ²¹³tɔ⁴⁴xɒ⁴⁴la²¹³］

这个王先生呢，［tɛ²⁵ko⁰uɔ̃²¹³siĩ⁴⁴san⁴⁴lɛ⁰］

就又一呼二咋喈：[tsʰiu⁴⁴ iau⁴⁴ i²⁵ xu⁴⁴ z̩⁴⁴ tsɒ⁴⁴ tɛ²⁵] 一呼二咋：咋咋呼呼

"我今日叫尔准备菜，[ŋo³¹ tɕian⁴⁴ z̩²⁵ tɕiɛ⁴⁴ n̩³¹ tɕyan³¹ pʰai⁴⁴ tsʰa⁴⁴]

尔下准备好冇？[n̩³¹ xɒ⁴⁴ tɕyan³¹ pʰai⁴⁴ xɔ³¹ mɔ⁴⁴] 下：全部

哎，我同年来了，[a²⁵，ŋo³¹ tʰaŋ²¹³ n̠iɛ̃²¹³ la²¹³ lɛ⁰]

我个好箇朋友，[ŋo³¹ ko³¹ xɔ³¹ ko⁰ pʰaŋ²¹³ iau³¹] 个：这样

那尔不能随便箇嘞！[lɛ²⁵ n̩³¹ pu²⁵ lan²¹³ sai²¹³ pʰiĩ⁴⁴ ko⁰ lɛ⁰]

那尔随便，我没得面子箇嘞！"[lɛ²⁵ n̩³¹ sai²¹³ pʰiĩ⁴⁴，ŋo³¹ mai⁴⁴ tɛ²⁵ miĩ⁴⁴ ts̩⁰ ko⁰ lɛ⁰]

渠老婆一想：[kʰɛ²¹³ lɔ³¹ pʰo²¹³ i²⁵ ɕiɔ̃³¹]

"那母，尔还越搞越有劲了哦？[lɛ²⁵ m̩³¹，n̩³¹ xa²¹³ yɛ²⁵ kɔ³¹ yɛ²⁵ iau³¹ tɕian⁴⁴ lɛ⁰ uo⁰] 那母：妈的

还把我只箇曰，[xa²¹³ pɒ³¹ ŋo³¹ ts̩²⁵ ko³¹ yɛ²⁵] 只箇：一直，一个劲儿。曰：大声叫唤，大声使唤

老娘舞喫就算了，[lɔ³¹ n̠iɔ̃²¹³ u³¹ tɕʰiɒ²⁵ tsʰiu⁴⁴ sõ⁴⁴ lɛ⁰] 舞：做

尔还曰老子？"[n̩³¹ xa²¹³ yɛ²⁵ lɔ³¹ ts̩⁰]

渠就把手一挥，[kʰɛ²¹³ tsʰiu⁴⁴ pɒ³¹ sau³¹ i²⁵ xuai⁴⁴]

王先生就看倒了，[uɔ̃²¹³ siĩ⁴⁴ san⁴⁴ tsʰiu⁴⁴ kʰõ⁴⁴ tɔ³¹ lɛ⁰]

晓得渠这是要打渠箇鱼缸了，[ɕiɛ³¹ tɛ²⁵ kʰɛ²¹³ tɛ²⁵ s̩⁴⁴ iɛ⁴⁴ tɒ³¹ kʰɛ²¹³ ko⁰ y²¹³ kɔ̃⁴⁴ lɛ⁰]

渠当时转得快：[kʰɛ²¹³ tɔ̃⁴⁴ s̩²¹³ tɕyɛ̃³¹ tɛ²⁵ kʰua⁴⁴]

"哎，尔把鱼缸箇鱼佗出来，治了渠！"[a²⁵，n̩³¹ pɒ³¹ y³¹ kɔ̃⁴⁴ ko⁰ y²¹³ tʰo²¹³ tɕʰy²⁵ la²¹³，tsʰ̩⁴⁴ lɛ⁰ kʰɛ²¹³] 佗：拿。治：杀鱼

渠老婆说：[kʰɛ²¹³ lɔ³¹ pʰo²¹³ ɕyɛ²⁵]

"尔还贼欸，尔还转得快欸！"[n̩³¹ xa²¹³ tsʰɛ²⁵ ɛ⁰，n̩³¹ xa²¹³ tɕyɛ̃³¹ tɛ²⁵ kʰua⁴⁴ ɛ⁰] 贼：机灵

渠又把手捏个锤子，[kʰɛ²¹³ iau⁴⁴ pɒ³¹ sau³¹ n̠iɛ²⁵ ko⁰ tɕʰy²¹³ ts̩⁰] 锤子：拳头

个一锤捏倒。[ko³¹ i²⁵ tɕʰy²¹³ n̠iɛ²⁵ tɔ³¹]

王先生看倒了，又一惊：[uɔ̃²¹³ siĩ⁴⁴ san⁴⁴ kʰõ⁴⁴ tɔ³¹ lɛ⁰，iau⁴⁴ i²⁵ tɕian⁴⁴]

"那母，捏个锤子揍我，对不啊？"[lɛ²⁵ m̩³¹，n̠iɛ²⁵ ko⁰ tɕʰy²¹³ ts̩⁰ tsɛ⁴⁴ ŋo³¹，tai⁴⁴ pu²⁵ a⁰]

渠也赶快把话锋一转：[kʰɛ²¹³ iɒ³¹ kɔ³¹ kʰua⁴⁴ pɒ³¹ xuɒ⁴⁴ faŋ⁴⁴ i²⁵ tɕyɛ̃³¹]

"哎橱子袋箇鸡，[a²⁵ tɕʰy²¹³ ts̩⁰ tʰa⁴⁴ ko⁰ tɕi⁴⁴]

尔都给我杀了渠！"[n̩³¹ tau⁴⁴ kɛ³¹ ŋo³¹ sɒ²⁵ lɛ⁰ kʰɛ²¹³]

同年来了，算们⁼啰？[tʰaŋ²¹³ n̠iɛ̃²¹³ la²¹³ lɛ⁰，sõ⁴⁴ man²¹³ lo⁰] 们：什么

渠老婆一看：[kʰɛ²¹³ lɔ³¹ pʰo²¹³ i²⁵ kʰõ⁴⁴]

"那母，渠还厉害啊。"［lε²⁵ m̩³¹，kʰε²¹³ xa²¹³ lai⁴⁴ xa⁴⁴ a⁰］

渠就直跑到厨房去，［kʰε²¹³ tsʰiu⁴⁴ tsʰʅ²⁵ pʰɔ²¹³ tɔ⁴⁴ tɕʰy²¹³ fɔ̃²¹³ tɕʰi⁴⁴］

就去舞喫箇去了。［tsʰiu⁴⁴ tɕʰi⁴⁴ u³¹ tɕʰiɒ²⁵ ko⁰ tɕʰi⁴⁴ lε⁰］

过一下呢，鱼啊掇上来了，［ko⁴⁴ i²⁵ xɒ⁴⁴ lε⁰，y²¹³ a⁰ to²¹³ sɔ̃⁴⁴ la²¹³ lε⁰］掇：端

哎鸡呢也炖好了，也掇上来了。［a²⁵ tɕi⁴⁴ lε⁰ iɒ³¹ tan⁴⁴ xɔ³¹ lε⁰，iɒ³¹ to²¹³ sɔ̃⁴⁴ la²¹³ lε⁰］

有哦，渠屋有哦，［iau³¹ uo⁰，kʰε²¹³ u²⁵ iau³¹ uo⁰］

农村湾子里头有，掇上来了。［laŋ²¹³ tsʰan⁴⁴ uã⁴⁴ tsʅ⁰ lai³¹ tʰε²¹³ iau³¹，to²¹³ sɔ̃⁴⁴ la²¹³ lε⁰］

其实渠老婆也心痛，［tɕʰi²¹³ sʅ²⁵ kʰε²¹³ lɔ³¹ pʰo²¹³ iɒ³¹ sin⁴⁴ tʰaŋ⁴⁴］

那母一个人害老子杀只鸡。［lε²⁵ m̩³¹ i²⁵ ko⁰ zan²¹³ xa⁴⁴ lɔ³¹ tsʅ⁰ sɒ²⁵ tsɒ²⁵ tɕi⁴⁴］

一喫完了以后啊，哎李先生个想：［i²⁵ tɕʰiɒ²⁵ uõ²¹³ lε⁰ i³¹ xε⁴⁴ a⁰，a²⁵ lai³¹ siĩ⁴⁴ san⁴⁴ ko³¹ ɕiɔ̃³¹］

"我戳渠母，这还有味哦，［ŋo³¹ tsʰo²¹³ kʰε²¹³ m̩³¹，tε²⁵ xa²¹³ iau³¹ uai⁴⁴ uo⁰］戳渠母：操他妈。有味：有意思，有趣

一下说王先生怕老婆，怕老婆，［i²⁵ xɒ⁴⁴ ɕyε²⁵ uɔ̃²¹³ siĩ⁴⁴ san⁴⁴ pʰɒ⁴⁴ lɔ³¹ pʰo²¹³，pʰɒ⁴⁴ lɔ³¹ pʰo²¹³］一下：都

今日渠还真下有点不怕渠老婆呢，［tɕian⁴⁴ zʅ²⁵ kʰε²¹³ xa²¹³ tsan⁴⁴ xɒ⁴⁴ iau³¹ tin²⁵ pu²⁵ pʰɒ⁴⁴ kʰε²¹³ lɔ³¹ pʰo²¹³ lε⁰］真下：真的

还在渠老婆面前大叫小叫，大呼小叫嘚，［xa²¹³ tsʰa⁴⁴ kʰε²¹³ lɔ³¹ pʰo²¹³ miĩ⁴⁴ tsʰiĩ²¹³ tʰa⁴⁴ tɕiε⁴⁴ si³¹ tɕiε⁴⁴，tʰa⁴⁴ xu⁴⁴ si³¹ tɕiε⁴⁴ tε²⁵］

对不对啊，尔还出奇啊？"［tai⁴⁴ pu²⁵ tai⁴⁴ a⁰，n̩³¹ xa²¹³ tɕʰy²⁵ tɕʰi²¹³ a⁰］出奇：稀奇

李先生呢就百思不得其解，［lai³¹ siĩ⁴⁴ san⁴⁴ lε⁰ tsʰiu⁴⁴ pε²⁵ sʅ⁴⁴ pu²⁵ tε²⁵ tɕʰi²¹³ ka³¹］

真下有个事啊？［tsan⁴⁴ xɒ⁴⁴ iau³¹ ko³¹ sʅ⁴⁴ a⁰］个：这样

一下说渠怕老婆，［i²⁵ xɒ⁴⁴ ɕyε²⁵ kʰε²¹³ pʰɒ⁴⁴ lɔ³¹ pʰo²¹³］

还真下不怕哦。［xa²¹³ tsan⁴⁴ xɒ⁴⁴ pu²⁵ pʰɒ⁴⁴ uo⁰］

对不对啊？［tai⁴⁴ pu²⁵ tai⁴⁴ a⁰］

渠就在这种疑惑箇心态下，［kʰε²¹³ tsʰiu⁴⁴ tsʰa⁴⁴ tε²⁵ tsaŋ⁴⁴ ȵi²¹³ xuε²⁵ ko⁰ sin⁴⁴ tʰa⁴⁴ xɒ⁴⁴］

渠就告辞了。［kʰε²¹³ tsʰiu⁴⁴ kɔ⁴⁴ tsʰʅ²¹³ lε⁰］

"多谢啊，同年，同年嫂，［to⁴⁴ si⁴⁴ a⁰，tʰaŋ²¹³ ȵiε̃²¹³，tʰaŋ²¹³ ȵiε̃²¹³ sɔ³¹］

多谢尔仍招待啊，我走了啊。"［to⁴⁴ si⁴⁴ n̩³¹ lε²⁵ tsε⁴⁴ tʰa⁴⁴ a⁰，ŋo³¹ tsε³¹ lε⁰ a⁰］尔仍：你们

"好，慢走啊，同年哎，慢走啊。"［xɔ³¹，mã⁴⁴ tsε³¹ a⁰，tʰaŋ²¹³ ȵiε̃²¹³ a²⁵，mã⁴⁴ tsε³¹ a⁰］

李同年就出去了，出门，[lai³¹tʰaŋ²¹³n̪iẽ²¹³tsʰiu⁴⁴tɕʰy²⁵tɕʰi⁴⁴lɛ⁰，tɕʰy²⁵man²¹³]

一走到路边，路里欸，[i²⁵tsɛ³¹tɔ⁴⁴lau⁴⁴piĩ⁴⁴，lau⁴⁴lai³¹ɛ⁰]

走到半路了，一想倒：[tsɛ³¹tɔ⁴⁴põ⁴⁴lau⁴⁴lɛ⁰，i²⁵ɕiɔ̃³¹tɔ³¹]

"我怕不对哦，[ŋo³¹pʰɒ⁴⁴pu²⁵tai⁴⁴uo⁰]

人下说渠怕得老婆，怕得老婆，[zan²¹³xɒ⁴⁴ɕyɛ²⁵kʰɛ²¹³pʰɒ⁴⁴tɛ²⁵lɔ³¹pʰo²¹³，pʰɒ⁴⁴tɛ²⁵lɔ³¹pʰo²¹³]下：都

今日个那个样子，[tɕian⁴⁴z̩²⁵ko⁰lɛ²⁵ko⁰iɔ̃⁴⁴tsɿ⁰]

渠老婆莫是等我走了，[kʰɛ²¹³lɔ³¹pʰo²¹³mo²⁵sɿ⁴⁴taŋ³¹ŋo³¹tsɛ³¹lɛ⁰]莫是：别不是

再搞渠死哦，啊？"[tsa⁴⁴kɔ³¹kʰɛ²¹³sɿ³¹uo⁰，a⁰]

渠就对不起，杀个回马枪，[kʰɛ²¹³tsʰiu⁴⁴tai⁴⁴pu²⁵tɕʰi³¹，sɒ²⁵ko⁰xuai²¹³mɒ³¹tɕʰiɔ̃⁴⁴]

啊，就往王同年屋里头赶。[a⁰，tsʰiu⁴⁴uɔ̃³¹uɔ̃²¹³tʰaŋ²¹³n̪iɛ²¹³u²⁵lai³¹tʰɛ²¹³kõ³¹]

这边呢，哎王同年在屋作孽是受罪哎。[tɛ²⁵piĩ⁴⁴lɛ⁰，a²⁵uɔ̃²¹³tʰaŋ²¹³n̪iɛ²¹³tsʰa⁴⁴u²⁵tso²⁵n̪iɛ²⁵sɿ⁴⁴sau⁴⁴tsʰai⁴⁴a²⁵]作孽：可怜

哎老婆就把一条长板凳个一摆，[a²⁵lɔ³¹pʰo²¹³tsʰiu⁴⁴pɒ³¹i²⁵tʰi²¹³tsʰɔ̃²¹³pã³¹tan⁴⁴kõ³¹i²⁵pa³¹]

摆开了，叫王先生：[pa³¹kʰa⁴⁴lɛ⁰，tɕiɛ⁴⁴uɔ̃²¹³siĩ⁴⁴san⁴⁴]

"尔给老娘仆倒这板凳上面嘞！"[n̩³¹kɛ³¹lɔ³¹n̪iɔ̃²¹³pʰu²⁵tɔ³¹tɛ²⁵pã³¹tan⁴⁴sɔ̃⁴⁴miĩ⁴⁴lɛ⁰]仆倒：趴着

"尔要我仆倒做昧＝啊？"[n̩³¹iɛ⁴⁴ŋo³¹pʰu²⁵tɔ³¹tsau⁴⁴mai⁴⁴a⁰]

"尔仆倒做昧＝啊？[n̩³¹pʰu²⁵tɔ³¹tsau⁴⁴mai⁴⁴a⁰]

尔今日害老娘又治鱼又杀鸡，[n̩³¹tɕian⁴⁴z̩²⁵xa⁴⁴lɔ³¹n̪iɔ̃²¹³iau⁴⁴tsʰɿ⁴¹y²¹³iau⁴⁴sɒ²⁵tɕi⁴⁴]

一个客，啊，还要曰老子，[i²⁵ko⁰kʰɛ²⁵，a⁰，xa²¹³iɛ⁴⁴yɛ²⁵lɔ³¹tsɿ⁰]曰：大声使唤

老娘跟尔算得了数啊？[lɔ³¹n̪iɔ̃²¹³kan⁴⁴n̩³¹sõ⁴⁴tɛ²⁵lɛ⁰sau⁴⁴a⁰]跟尔算得了数：跟你没完

到板凳仆倒！"[tɔ⁴⁴pã³¹tan⁴⁴pʰu²⁵tɔ³¹]

"尔要我仆倒做昧＝？"[n̩³¹iɛ⁴⁴ŋo³¹pʰu²⁵tɔ³¹tsau⁴⁴mai⁴⁴]

"仆倒做昧＝啊？打屁股。仆倒做昧＝？"[pʰu²⁵tɔ³¹tsau⁴⁴mai⁴⁴a⁰？tɒ³¹pʰi⁴⁴ku³¹。pʰu²⁵tɔ³¹tsau⁴⁴mai⁴⁴]

好，佗一个竹鞭子。[xɔ³¹，tʰo²¹³i²⁵ko⁰tsau²⁵piĩ⁴⁴tsɿ⁰]

"那我硬要仆倒啊？"[lɛ²⁵ŋo³¹ŋan⁴⁴iɛ⁴⁴pʰu²⁵tɔ³¹a⁰]硬：一定

"尔不仆倒是何啊？[n̩³¹pu²⁵pʰu²⁵tɔ³¹sɿ⁴⁴xo²¹³a⁰]是何：是怎么

老娘这口气不出出来，[lɔ³¹n̪iɔ̃²¹³tɛ²⁵kʰɛ³¹tɕʰi⁴⁴pu²⁵tɕʰy²⁵tɕʰy²⁵la²¹³]

算得了数啊？仆倒！"［sõ⁴⁴tɛ²⁵lɛ⁰sau⁴⁴a⁰? pʰu²⁵tɔ³¹］

"好，仆倒，仆倒，［xɔ³¹, pʰu²⁵tɔ³¹, pʰu²⁵tɔ³¹］

那尔打轻点啊伙计，［lɛ²⁵n̩³¹tɒ³¹tɕʰian⁴⁴tin²⁵a⁰xo³¹tɕi⁴⁴］

打轻点啊，尔莫打重了啊！"［tɒ³¹tɕʰian⁴⁴tin²⁵a⁰, n̩³¹mo²⁵tɒ³¹tsʰaŋ⁴⁴lɛ⁰a⁰］

渠就一仆倒，［kʰɛ²¹³tsʰiu⁴⁴i²⁵pʰu²⁵tɔ³¹］

渠老婆就一五一十得啪啪打，［kʰɛ²¹³lɔ³¹pʰo²¹³tsʰiu⁴⁴i²⁵u³¹i²⁵sʅ²¹³tɛ²⁵pʰɒ⁴⁴pʰɒ⁴⁴tɒ³¹］

打得个喝。［tɒ³¹tɛ²⁵ko³¹ŋɔ̃²⁵］ 个：这样。喝：大声叫唤

这个时候呢，那李同年就赶来了。［tɛ²⁵ko⁰sʅ²¹³xɛ⁴⁴lɛ⁰, lɛ²⁵lai³¹tʰaŋ²¹³n̠iɛ̃²¹³tsʰiu⁴⁴kõ³¹la²¹³lɛ⁰］

一进门，就看到王同年仆到那长条凳里，就打得个唧。［i²⁵tsin⁴⁴man²¹³, tsʰiu⁴⁴kʰõ⁴⁴tɔ⁴⁴uɔ̃²¹³tʰaŋ²¹³n̠iɛ̃²¹³pʰu²⁵tɔ²⁵tsʰɔ̃²¹³tʰi²¹³tan⁴⁴lai³¹, tsʰiu⁴⁴tɒ³¹tɛ²⁵ko³¹tsai²⁵］ 唧：叫唤

"哎耶耶，"李同年就说，［a²⁵iɛ⁰iɛ⁰, lai³¹tʰaŋ²¹³n̠iɛ̃²¹³tsʰiu⁴⁴ɕyɛ²⁵］

"哎耶，同年，同年，［a²⁵iɛ⁰, tʰaŋ²¹³n̠iɛ̃²¹³, tʰaŋ²¹³n̠iɛ̃²¹³］

尔这是做昧⁼啊？啊，尔这是做昧⁼啊？"［n̩³¹tɛ²⁵sʅ⁴⁴tsau⁴⁴mai⁴⁴a⁰? a⁰, n̩³¹tɛ²⁵sʅ⁴⁴tsau⁴⁴mai⁴⁴a⁰］

王先生一看，［uɔ̃²¹³siĩ⁴⁴san⁴⁴i²⁵kʰõ⁴⁴］

哎呀，李先生杀了个回马枪，跑回来了。［a²⁵ia⁰, lai³¹siĩ⁴⁴san⁴⁴sɒ²⁵lɛ⁰ko⁰xuai²¹³mɒ³¹tɕʰiɔ̃⁴⁴, pʰɔ²¹³xuai²¹³la²¹³lɛ⁰］

"哎耶耶，同年嘞，尔快点来啊伙计，［a²⁵iɛ⁰iɛ⁰, tʰaŋ²¹³n̠iɛ̃²¹³lɛ⁰, n̩³¹kʰua⁴⁴tin²⁵la²¹³a⁰xo³¹tɕi⁴⁴］

我这条凳子是我箇祖人祖传了我箇，［ŋo³¹tɛ²⁵tʰi²¹³tan⁴⁴tsʅ⁰sʅ⁴⁴ŋo³¹ko⁰tsau³¹zan²¹³tsau³¹tɕʰyɛ̃³¹lɛ⁰ŋo³¹ko⁰］ 祖人：祖宗

尔那同年嫂非要打老白烧了渠，［n̩³¹lɛ²⁵tʰaŋ²¹³n̠iɛ̃²¹³sɔ³¹fai⁴⁴iɛ⁴⁴tɒ³¹lɔ³¹pʰɛ²⁵sɛ⁴⁴lɛ⁰kʰɛ²¹³］ 打老白：不当数

叫尔说我舍得不啊？［tɕiɛ⁴⁴n̩³¹ɕyɛ²⁵ŋo³¹sɒ³¹tɛ²⁵pu²⁵a⁰］

所以我就仆到上面把渠保护倒啊，［so³¹i³¹ŋo³¹tsʰiu⁴⁴pʰu²⁵tɔ⁴⁴sɒ̃⁴⁴miĩ⁴⁴pɒ³¹kʰɛ²¹³pɔ³¹xu⁴⁴tɔ³¹a⁰］

叫尔快来招呼涵尔啊！"［tɕiɛ⁴⁴n̩³¹kʰua⁴⁴la²¹³tsɛ⁴⁴xu⁴⁴xã²⁵n̩³¹a⁰］ 涵尔：咱们

李同年一听嘞，晓得，［lai³¹tʰaŋ²¹³n̠iɛ̃²¹³i²⁵tʰin⁴⁴lɛ⁰, ɕiɛ³¹tɛ²⁵］

心子感到好笑。［sin⁴⁴tsʅ⁰kõ³¹tɔ⁴⁴xɔ³¹si⁴⁴］ 心子：心里

尔不须说了，同年啊，尔在撮打嘚啊！［n̩³¹pu²⁵sai⁴⁴ɕyɛ²⁵lɛ⁰, tʰaŋ²¹³n̠iɛ̃²¹³a⁰,

ŋ̍³¹tsʰa⁴⁴tsʰo²⁵tɒ³¹tɛ²⁵a⁰] 撮打：挨打

渠就暗暗箇好笑。[kʰɛ²¹³tsʰiu⁴⁴ŋõ⁴⁴ŋõ⁴⁴ko⁰xɔ³¹si⁴⁴]

王同年只晓得痛得个唨。[uɔ̃²¹³tʰaŋ²¹³n̠iɛ²¹³tsɿ²⁵ɕiɛ³¹tɛ²⁵tʰaŋ⁴⁴tɛ²⁵ko³¹ŋɔ̃²⁵]

那个渠老婆子，[lɛ²⁵ko⁰kʰɛ²¹³lɔ³¹pʰo²¹³tsɿ⁰]

也不管尔个多劲哦，继续打，[iɒ³¹pu²⁵kuõ³¹ŋ̍³¹ko³¹to⁴⁴tɕian⁴⁴uo⁰，tɕi⁴⁴sau²⁵tɒ³¹]

个多劲：这么多

打得那个王先生嘶牙咧齿嘚，[tɒ³¹tɛ²⁵lɛ²⁵ko⁰uɔ̃²¹³siĩ⁴⁴san⁴⁴sɿ⁴⁴ŋɒ²¹³li²⁵tsʰɿ³¹tɛ²⁵]

嘶牙咧齿：龇牙咧嘴

曰了个半日。[yɛ²⁵lɛ⁰ko⁰põ⁴⁴zɿ²⁵]

李先生在一边越看越好笑。[lai³¹siĩ⁴⁴san⁴⁴tsʰa⁴⁴i²⁵piĩ⁴⁴yɛ²⁵kʰõ⁴⁴yɛ²⁵xɔ³¹si⁴⁴]

这个故事叫么西呢？[tɛ²⁵ko⁰ku³sɿ⁴tɕiɛ⁴⁴mɛ³¹sai⁴⁴lɛ⁰] 么西：什么

就叫《怕老婆》算了哦。[tsʰiu⁴⁴tɕiɛ⁴⁴pʰɒ⁴⁴lɔ³¹pʰo²¹³sõ⁴⁴lɛ⁰uo⁰]

意译：从前哪，有一个王先生，一个李先生，他两个人呢是同年所生，又是好朋友。那个王先生哪他有个问题，有什么问题呢？他有点儿怕老婆。但是呢，他在外面又要面子，说他不怕老婆。其实呢，李先生心知肚明，知道，只不过不好戳穿了他。

有一天啊，王先生就跟李先生说："同年哪，今天我请你到我家去吃饭。"李先生一想："什么啊？你还请我去吃饭哪？你能替你老婆做这个决定吗？"当然，他是在心里这么想的。但是王先生呢，他就察觉到了，知道李先生有点儿不相信他。"同年哪，别这么担心哪，跟我一起去呀，到我家去吃饭哪！""好的好的，我去啊。"李先生就说我去。"那这样，你先回去啊，等你老婆把东西准备好，我再随后来。""可以啊，就这样说了，你一定要来啊！""我来啊，能不来吗？"王先生就带头回去了。

一回去，就高声叫他老婆："哎，我说家里的，家里的哪儿去了啊？""你说什么啊？"他老婆大声一叫出来了。"你叫我做什么啊，叫我？""哎，是这样啊老婆，我跟你说啊，今天啊，你无论如何要给我个面子。""干什么啊？干什么给你面子啊？"他老婆问他。"我跟你说啊，我那个同年你知道的。""我知道，是那个新来的那同年？""是啊，我今天跟他说了，老婆，我今天请他到家里吃个饭，你今天无论如何要给我个面子，你还要装着怕我的样子，行不行啊？""什么啊，我还怕你啊？""哎，你装着呗，你假装怕我呗！""假装怕你啊？行啊，只这一次啊！""只一次，我只要这一次，行不行啊？我算求你了唉！老婆啊，我求你了，我求你了！""好啦，好啦，好说啦，哦。""我跟你说啊，求你快点儿去准备，啊，我同年过会儿就来了。" "行啦，那我去啦，我快点儿去买菜，是吧？"

　　好，过了一会儿呢，那姓李的先生就来了，他手里还提点儿什么，知道这样要讲点儿礼，不能空手到别人家去。一进门，"同年啊，我来了。""你来了？好好好，进来坐啊朋友，进来坐！进来坐！哎呀，今天啊，你给我面子啊朋友，到我家来玩玩。""看你说的，你王同年叫我来，我能不来吗？"那姓王的先生就开始叫了："哎，我说老婆，快出来，快出来！"他老婆只好扭出来了。"干什么啊？""你没听见啊？我李同年来了，快倒茶啊！""哎，好好好，我去倒茶。"一杯茶倒下来，这个王先生呢，就又咋咋呼呼的："我今天叫你准备菜，你都准备好了没？哎，我同年来了，我这么好的朋友，那你不能太随便啊！那你随便，我就没有面子了啊！"他老婆一想："妈的，你还越发得意了啊？还把我一个劲儿地大声使唤。老娘烧火做饭就算了，你还大声使唤老子？"她就把手一挥，王先生就看见了，知道她这是要打他的鱼缸了。他当时脑子转得快："哎，你把鱼缸里的鱼拿出来，杀了它！"他老婆心说："你还挺机灵啊，你脑子还转得快啊！"她又把手握成个拳头，像这样个拳头捏着。王先生看见了，又一惊："妈的，捏成个拳头揍我，对不对啊？"他也赶快把话锋一转："橱房袋里的鸡，你都给我杀了它！"同年来了，算什么啊？他老婆一看："妈的，他还厉害啊。"她就跑到厨房去，就去做饭去了。过一会儿呢，鱼啊端上来了，鸡呢也炖好了，也端上来了。有啊，他家有啊，农村村子里有这些东西，端上来了。其实他老婆也心疼，妈的，一个客人害老子杀只鸡。

　　吃完了以后啊，李先生就想："他妈的，这还真有趣啊，都说王先生怕老婆，怕老婆，今天他还真的有点儿不怕他老婆呢，还在他老婆面前大呼小叫的，对不对啊，还真是稀奇啊！"李先生呢就百思不得其解，真的有这事啊？都说他怕老婆，还真的不怕哦。对不对啊？他就在这种疑惑的心态下，他就告辞了。"多谢啊，同年，同年嫂，多谢你们招待啊，我走了啊。""好，慢走啊，同年哎，慢走啊。" 李同年就出去了，出门，一走到路边，路上啊，走到半路上，猛然想起："我怕是不对哦，别人都说他怕老婆，怕老婆，看今天那情形，他老婆别不是等我走了，再整死他哦，啊？"他就对不起，杀个回马枪，就往王同年家里头赶。

　　这边呢，王同年正在家里受罪呢。他老婆把一条长板凳这样一摆，摆开了，叫王先生："你给老娘趴在这板凳上！""你要我趴着干什么啊？""你趴着干什么啊？你今天害老娘又杀鱼又杀鸡，一个客人，啊，还要大声使唤老子，老娘跟你没完，到板凳上趴着！""你要我趴着干什么？""趴着干什么啊？打屁股。趴着干什么？"好，她拿一个竹鞭子。"那我一定要趴着啊？""你不趴着是怎么啊？老娘这口气不出出来，跟你没完。趴着！""好，趴着，趴着，那你打轻点儿啊老婆，打轻点儿啊，你别打重了啊！"他就上去趴着，他老婆就一五一十地啪啪打，打得他直叫唤。

这个时候呢，那李同年就赶来了。一进门，就看见王同年趴在那长条凳上，被打得直叫唤。"哎呀呀，"李同年就说，"哎呀，同年，同年，你这是做什么啊？啊，你这是做什么啊？"王先生一看，哎呀，李先生杀了个回马枪，跑回来了。"哎呀呀，同年哪，你快点儿来啊朋友，我这条凳子是我祖上祖传了我的，你那同年嫂非要不当数烧了它，你说我舍得不舍得啊？所以我就趴在上面护着它呢，你快来，咱们都来护着它。"李同年一听，知道，心里感到好笑。你不用说了，同年啊，你这是在挨打啊！他就暗暗地好笑。王同年只知道疼得直叫唤，他那个老婆呢，也不管你三七二十一，继续打，打得那个王先生龇牙咧嘴的，叫唤了半天。李先生在一旁越看越好笑。这个故事叫什么呢？就叫《怕老婆》吧。

四 自选条目

0031 自选条目

鼓板一打我来了神，[ku³¹ pã³¹ i²⁵ tɒ³¹ ŋo³¹ la²¹³ lɛ⁰ san²¹³] 鼓板：说唱艺术所用的小鼓和竹板

要把阳新话说几句。[iɛ⁴⁴ pɒ³¹ iɔ̃²¹³ sin⁴⁴ xuɒ⁴⁴ ɕyɛ²⁵ tɕi³¹ tɕy⁴⁴]

尔听不懂，不要紧，[n̩³¹ tʰin⁴⁴ pu²⁵ taŋ³¹，pu²⁵ iɛ⁴⁴ tɕian³¹]

阳新话箇特点尔要慢慢韵。[iɔ̃²¹³ sin⁴⁴ xuɒ⁴⁴ ko⁰ tʰɛ²⁵ tiĩ³¹ n̩³¹ iɛ⁴⁴ mã⁴⁴ mã⁴⁴ yan²⁵] 韵：体会

大鱼叫鱼，细鱼叫鱼。[tʰa⁴⁴ y²¹³ tɕiɛ⁴⁴ y²¹³，sai⁴⁴ y²¹³ tɕiɛ⁴⁴ yan²⁵] 细：小

大鸡叫鸡，细鸡叫鸡。[tʰa⁴⁴ tɕi⁴⁴ tɕiɛ⁴⁴ tɕi⁴⁴，sai⁴⁴ tɕi⁴⁴ tɕiɛ⁴⁴ tɕian²⁵]

大猪叫猪，细猪叫猪。[tʰa⁴⁴ tɕy⁴⁴ tɕiɛ⁴⁴ tɕy⁴⁴，sai⁴⁴ tɕy⁴⁴ tɕiɛ⁴⁴ tɕyan²⁵]

大牛叫牛，细牛叫牛。[tʰa⁴⁴ ɲiau²¹³ tɕiɛ⁴⁴ ɲiau²¹³，sai⁴⁴ ɲiau²¹³ tɕiɛ⁴⁴ ɲian²⁵]

大桶叫桶，细桶叫桶。[tʰa⁴⁴ tʰaŋ³¹ tɕiɛ⁴⁴ tʰaŋ³¹，sai⁴⁴ tʰaŋ³¹ tɕiɛ⁴⁴ tʰan²⁵]

大盆叫盆，细盆叫盆。[tʰa⁴⁴ pʰan²¹³ tɕiɛ⁴⁴ pʰan²¹³，sai⁴⁴ pʰan²¹³ tɕiɛ⁴⁴ pʰan²⁵]

大柜叫柜，细柜叫柜。[tʰa⁴⁴ kʰuai⁴⁴ tɕiɛ⁴⁴ kʰuai⁴⁴，sai⁴⁴ kʰuai⁴⁴ tɕiɛ⁴⁴ kʰuan²⁵]

大壶叫壶，细壶叫壶。[tʰa⁴⁴ xu²¹³ tɕiɛ⁴⁴ xu²¹³，sai⁴⁴ xu²¹³ tɕiɛ⁴⁴ xuan²⁵]

大瓶叫瓶，细瓶叫瓶。[tʰa⁴⁴ pʰin²¹³ tɕiɛ⁴⁴ pʰin²¹³，sai⁴⁴ pʰin²¹³ tɕiɛ⁴⁴ pʰin²⁵]

大罐叫罐，细罐叫罐。[tʰa⁴⁴ kuõ⁴⁴ tɕiɛ⁴⁴ kuõ⁴⁴，sai⁴⁴ kuõ⁴⁴ tɕiɛ⁴⁴ kuən²⁵]

大碗叫碗，细碗叫碗。[tʰa⁴⁴ uõ³¹ tɕiɛ⁴⁴ uõ³¹，sai⁴⁴ uõ³¹ tɕiɛ⁴⁴ uən²⁵]

大灯叫灯，细灯叫灯。[tʰa⁴⁴ tan⁴⁴ tɕiɛ⁴⁴ tan⁴⁴，sai⁴⁴ tan⁴⁴ tɕiɛ⁴⁴ tan²⁵]

大鸡公叫鸡公，细鸡公叫鸡公。[tʰa⁴⁴ tɕi⁴⁴ kaŋ⁴⁴ tɕiɛ⁴⁴ tɕi⁴⁴ kaŋ⁴⁴，sai⁴⁴ tɕi⁴⁴ kaŋ⁴⁴ tɕiɛ⁴⁴ tɕi⁴⁴ kan²⁵]

大酒杯叫酒杯，细酒杯叫酒樽。[tʰa⁴⁴ tsiu³¹ pai⁴⁴ tɕiɛ⁴⁴ tsiu³¹ pai⁴⁴，sai⁴⁴ tsiu³¹ pai⁴⁴ tɕiɛ⁴⁴ tsiu³¹ tsan²⁵]

大葫芦叫葫芦，细葫芦叫葫芦。[tʰa⁴⁴ xu²¹³ lau²¹³ tɕiɛ⁴⁴ xu²¹³ lau²¹³，sai⁴⁴ xu²¹³ lau²¹³ tɕiɛ⁴⁴ xu²¹³ lan²⁵]

大窟窿叫窟窿，细窟窿叫窟窿。[tʰa⁴⁴ kʰu²⁵ laŋ³¹ tɕiɛ⁴⁴ kʰu²⁵ laŋ³¹，sai⁴⁴ kʰu²⁵ laŋ³¹ tɕiɛ⁴⁴ kʰu²⁵ lan²⁵]

大鼎罐叫鼎罐，细鼎罐叫鼎罐。[tʰa⁴⁴ tin³¹ kuõ⁴⁴ tɕiɛ⁴⁴ tin³¹ kuõ⁴⁴，sai⁴⁴ tin³¹ kuõ⁴⁴ tɕiɛ⁴⁴ tin³¹ kuən²⁵]

大铁锅叫铁锅，细耳锅叫耳锅。[tʰa⁴⁴ tʰi²⁵ ko⁴⁴ tɕiɛ⁴⁴ tʰi²⁵ ko⁴⁴，sai⁴⁴ zʅ³¹ ko⁴⁴ tɕiɛ⁴⁴ zʅ³¹ kən²⁵]

大铁锤叫铁锤，细铁锤叫铁锤。[tʰa⁴⁴ tʰi²⁵ tɕʰy²¹³ tɕiɛ⁴⁴ tʰi²⁵ tɕʰy²¹³，sai⁴⁴ tʰi²⁵ tɕʰy²¹³ tɕiɛ⁴⁴ tʰi²⁵ tɕʰyan²⁵]

大板凳叫板凳，细板凳叫板凳。[tʰa⁴⁴ pã³¹ tan⁴⁴ tɕiɛ⁴⁴ pã³¹ tan⁴⁴，sai⁴⁴ pã³¹ tan⁴⁴ tɕiɛ⁴⁴ pã³¹ tan²⁵]

大筲箕叫筲箕，细筲箕叫筲箕。[tʰa⁴⁴ sɔ⁴⁴ tɕi⁴⁴ tɕiɛ⁴⁴ sɔ⁴⁴ tɕi⁴⁴，sai⁴⁴ sɔ⁴⁴ tɕi⁴⁴ tɕiɛ⁴⁴ sɔ⁴⁴ tɕian²⁵]

大栲盘叫栲盘，细栲盘叫栲盘。[tʰa⁴⁴ kʰɔ³¹ pʰõ²¹³ tɕiɛ⁴⁴ kʰɔ³¹ pʰõ²¹³，sai⁴⁴ kʰɔ³¹ pʰõ²¹³ tɕiɛ⁴⁴ kʰɔ³¹ pʰən²⁵]

敞口乍火筃叫火钵，有提襻煨手筃叫火炉。[tsʰɔ̃³¹ kʰɛ³¹ tsɔ²⁵ xo³¹ koº tɕiɛ⁴⁴ xo³¹ po²⁵，iau³¹ tʰai²¹³ pʰã²⁵ uai⁴⁴ sau³¹ koº tɕiɛ⁴⁴ xo³¹ lan²⁵] 提襻：提把儿

大拇指叫做手儿头，那细指叫做手儿头。[tʰa⁴⁴ mo³¹ tsʅ³¹ tɕiɛ⁴⁴ tsau⁴⁴ sau³¹ zʅ²⁵ tʰɛ²¹³，lɛ²⁵ sai⁴⁴ tsʅ³¹ tɕiɛ⁴⁴ tsau⁴⁴ sau³¹ zʅ²⁵ tʰin²⁵]

那成人是大人，那细伢叫伢伢。[lɛ²⁵ tsʰan²¹³ zan²¹³ sʅ⁴⁴ tʰa⁴⁴ zan²¹³，lɛ²⁵ sai⁴⁴ ŋã²⁵ tɕiɛ⁴⁴ ŋã²⁵ ŋan²⁵] 细伢：小孩

那老婆叫老公叫姐夫，那老公叫老婆叫媳妇。[lɛ²⁵ lɔ³¹ pʰo²¹³ tɕiɛ⁴⁴ lɔ³¹ kaŋ⁴⁴ tɕiɛ⁴⁴ tsiɔ³¹ fan²⁵，lɛ²⁵ lɔ³¹ kaŋ⁴⁴ tɕiɛ⁴⁴ lɔ³¹ pʰo²¹³ tɕiɛ⁴⁴ si²⁵ fan²⁵]

有一日，[iau³¹ i²⁵ zʅ²⁵]

我到莲花池去打转，老婆找我找得个转。[ŋo³¹ tɔ⁴⁴ liĩ²¹³ xuɒ⁴⁴ tsʰʅ²¹³ tɕʰi⁴⁴ tɒ³¹ tɕyɛ̃⁴⁴，lɔ³¹ pʰo²¹³ tsɔ⁴⁴ ŋo³¹ tsɔ⁴⁴ tɛ²⁵ koº tɕyən²⁵] 打转：闲逛、散步。找得个转：到处找

我在船上唱红歌，渠在岸边唱山歌。[ŋo³¹ tsʰa⁴⁴ tɕʰyɛ²¹³ sɔ̃⁴⁴ tsʰɔ̃⁴⁴ xən²¹³ ko⁴⁴，kʰɛ²¹³ tsʰa⁴⁴ ŋõ⁴⁴ piĩ⁴⁴ tsʰɔ̃⁴⁴ sã⁴⁴ kən²⁵]

我下了船，[ŋo³¹ xɒ⁴⁴ lɛ⁰ tɕʰyɛ̃²¹³]

乃⁼上一个大土墩，老婆也跨过了一个细土墩。[la³¹ sɔ̃⁴⁴ i²⁵ ko⁰ tʰa⁴⁴ tʰau³¹ tan⁴⁴, lɔ³¹ pʰo²¹³ iɒ³¹ kʰɒ²¹³ ko⁴⁴ lɛ⁰ i²⁵ ko⁰ sai⁴⁴ tʰau³¹ tan²⁵] 乃⁼：爬

扯起颈筋铆起来曰：[tsʰɒ³¹ tɕʰi³¹ tɕiɔ̃³¹ tɕian⁴⁴ mɔ³¹ tɕʰi³¹ la²¹³ yɛ²⁵] 扯起颈筋：扯起脖子。铆起来：死命。曰：喊。

"老东西，尔真有劲。[lɔ³¹ taŋ⁴⁴ sai⁴⁴, n̩³¹ tsan⁴⁴ iau³¹ tɕian²⁵]

我找尔累得要打合睏，[ŋo³¹ tsɔ³¹ n̩³¹ lai⁴⁴ tɛ²⁵ iɛ⁴⁴ tɒ³¹ xo²⁵ kʰuan²⁵] 打合睏：打瞌睡，打盹儿

尔快点跟老娘回去睏。[n̩³¹ kʰua⁴⁴ tin²⁵ kan⁴⁴ lɔ³¹ n̩iɔ̃²¹³ xuai²¹³ tɕʰi⁴⁴ kʰuan²⁵] 睏：睡觉

听说有人找尔有事，[tʰin⁴⁴ ɕyɛ²⁵ iau³¹ zan²¹³ tsɔ³¹ n̩³¹ iau³¹ sʅ⁴⁴]

回去好好蓄精神。"[xuai²¹³ tɕʰi⁴⁴ xɔ³¹ xɔ³¹ ɕiau⁵ tɕin⁴⁴ san²¹³] 蓄：养

我一听，慌了劲，[ŋo³¹ i²⁵ tʰin⁴⁴, xuɔ̃⁴⁴ lɛ⁰ tɕian⁴⁴] 慌了劲：慌了神

跟着细老汉转回程。[kan⁴⁴ tso²⁵ sai⁴⁴ lɔ³¹ xən²⁵ tɕyɛ̃³¹ xuai²¹³ tsʰan²¹³] 细老汉：老婆

湖师大箇教授叫张道俊，[xu²¹³ sʅ⁴⁴ tʰɒ⁴⁴ ko⁰ tɕiɔ⁴⁴ sau⁴⁴ tɕiɛ⁴⁴ tsɔ⁴⁴ tʰɔ⁴⁴ tsin²⁵]

带领调查团队到阳新。[ta⁴⁴ lin³¹ ti⁴⁴ tsʰɒ²¹³ tʰõ²¹³ tai⁴⁴ tɔ⁴⁴ iɔ̃²¹³ sin⁴⁴]

有赵教授，有黄教授，有马教授，[iau³¹ tsʰɛ⁴⁴ tɕiɔ⁴⁴ sau⁴⁴, iau³¹ xuɔ̃²¹³ tɕiɔ⁴⁴ sau⁴⁴, iau³¹ mɒ³¹ tɕiɔ⁴⁴ sau⁴⁴]

还有博士生、研究生。[xa²¹³ iau³¹ po²⁵ sʅ⁴⁴ san⁴⁴、iɛ̃²¹³ tɕiau⁴⁴ san⁴⁴]

渠伩东一找，西一寻，[kʰɛ²¹³ lɛ²⁵ taŋ⁴⁴ i²⁵ tsɔ³¹, sai⁴⁴ i²⁵ ɕian²¹³] 渠伩：他们

找到我李名扬这个人。[tsɔ³¹ tɔ⁴⁴ ŋo³¹ lai³¹ min²¹³ iɔ̃²¹³ tsɛ²⁵ ko⁰ zan²¹³]

渠伩要录像，还要我发音，[kʰɛ²¹³ lɛ²⁵ iɛ⁴⁴ lau²⁵ ɕiɔ̃⁴⁴, xa²¹³ iɛ⁴⁴ ŋo³¹ fɒ²⁵ ian⁴⁴]

叫我把城关话说得渠听，[tɕiɛ⁴⁴ ŋo³¹ pɒ³¹ tsʰan²¹³ kuã⁴⁴ xuɒ⁴⁴ ɕyɛ²⁵ tɛ²⁵ kʰɛ²¹³ tʰin⁴⁴]

佗起笔来记不赢。[tʰo²¹³ tɕʰi³¹ pai²⁵ la²¹³ tɕi⁴⁴ pu²⁵ ian²¹³] 佗：拿。记不赢：不停地记

真有味，我老了假马当先生。[tsan⁴⁴ iau³¹ uai⁴⁴, ŋo³¹ lɔ³¹ lɛ⁰ tɕiɒ³¹ mɒ³¹ tɔ̃⁴⁴ siĩ⁴⁴ san⁴⁴] 有味：有趣。假马：假装，假模假样

可惜冇得教授职称，[kʰo³¹ sai²⁵ mɔ⁴⁴ tɛ²⁵ tɕiɔ⁴⁴ sau⁴⁴ tsʅ²⁵ tsʰan⁴⁴] 冇得：没有

那水货一个尔莫充人。[lɛ²⁵ ɕyai³¹ xo⁴⁴ i²⁵ ko⁰ n̩³¹ mo²⁵ tsʰaŋ²⁵ zan²¹³]

阳新话，我说了一通，[iɔ̃²¹³ sin⁴⁴ xuɒ⁴⁴, ŋo³¹ ɕyɛ²⁵ lɛ⁰ i²⁵ tʰan²⁵]

我又跟尔谈了半日经。[ŋo³¹ iau⁴⁴ kan⁴⁴ n̩³¹ tʰã²¹³ lɛ⁰ põ⁴⁴ zʅ²⁵ tɕian²⁵] 谈经：闲聊

我冇想到，[ŋo³¹ mɔ⁴⁴ ɕiɔ̃³¹ tɔ⁴⁴]

城关话还要进北京，[tsʰan²¹³ kuã⁴⁴ xuɒ⁴⁴ xa²¹³ iɛ⁴⁴ tsin⁴⁴ pɛ²⁵ tɕian⁴⁴]

在语言资料库来保存。[tsʰa⁴⁴ y³¹ n̩iɛ̃²¹³ tsʅ⁴⁴ liɛ⁴⁴ kʰu⁴⁴ la²¹³ pɔ³¹ tsʰan²¹³]

我冇想到，[ŋo³¹ mɔ⁴⁴ ɕiɔ̃³¹ tɔ⁴⁴]

世界还会听到我声音，[sʅ⁴⁴ ka⁴⁴ xa²¹³ xuai⁴⁴ tʰin⁴⁴ tɔ⁴⁴ ŋo³¹ san⁴⁴ ian²⁵]

我只比美国总统差一尕。[ŋo³¹tsɿ²⁵pai³¹mai³¹ko²⁵tsaŋ³¹tʰaŋ³¹tsʰɒ⁴⁴i²⁵ɲian²⁵] 差一尕：差一丁点儿

能为语言事业出点力，[lan²¹³uai⁴⁴y³¹ɲiɛ²¹³sɿ⁴⁴ɲiɛ²⁵tɕʰy²⁵tin²⁵lai²⁵]

能认得湖师大箇教授们，[lan²¹³zan⁴⁴tɛ²⁵xu²¹³sɿ⁴⁴tʰɒ⁴⁴ko⁰tɕiɔ⁴⁴sau⁴⁴man³¹]

真是我，前世所修，三生有幸。[tsan⁴⁴sɿ⁴⁴ŋo³¹，tsʰiĩ²¹³sɿ⁴⁴so³¹siu⁴⁴，sã⁴⁴san⁴⁴iau³¹ɕian⁴⁴]

尤其是，对得起一百多万阳新人。[iau²¹³tɕʰi²¹³sɿ⁴⁴，tai⁴⁴tɛ²⁵tɕʰi³¹i²⁵pɛ²⁵to⁴⁴uã⁴⁴iɔ̃²¹³sin⁴⁴zan²¹³]

我祝愿，湖师大，[ŋo³¹tsau²⁵yɛ̃⁴⁴，xu²¹³sɿ⁴⁴tʰɒ⁴⁴]

那桃李满园遍天下。[lɛ²⁵tʰɒ²¹³lai³¹mõ³¹yɛ²¹³pʰiĩ⁴⁴tʰiĩ⁴⁴ɕiɒ⁴⁴]

我祝愿，教授们，[ŋo³¹tsau²⁵yɛ̃⁴⁴，tɕiɔ⁴⁴sau⁴⁴man³¹]

身体健康，万事如意，阖家幸福，[san⁴⁴tʰai³¹tɕiɛ̃⁴⁴kʰɔ̃⁴⁴，uã⁴⁴sɿ⁴⁴y²¹³i⁴⁴，xo²⁵tɕiɒ⁴⁴ɕian⁴⁴fu²⁵]

步步高升，步步高升！[pʰu⁴⁴pʰu⁴⁴kɔ⁴⁴san⁴⁴，pʰu⁴⁴pʰu⁴⁴kɔ⁴⁴san⁴⁴]

意译：鼓板一打我来了神，要把阳新话说几句。你听不懂，不要紧，阳新话的特点你要慢慢品味。

大鱼叫鱼，小鱼叫鱼。大鸡叫鸡，小鸡叫鸡。大猪叫猪，小猪叫猪。大牛叫牛，小牛叫牛。大桶叫桶，小桶叫桶。大盆叫盆，小盆叫盆。大柜叫柜，小柜叫柜。大壶叫壶，小壶叫壶。大瓶叫瓶，小瓶叫瓶。大罐叫罐，小罐叫罐。大碗叫碗，小碗叫碗。大灯叫灯，小灯叫灯。大公鸡叫鸡公，小公鸡叫鸡公。大酒杯叫酒杯，小酒杯叫酒樽。大葫芦叫葫芦，小葫芦叫葫芦。大窟窿叫窟窿，小窟窿叫窟窿。大鼎罐叫鼎罐，小鼎罐叫鼎罐。大铁锅叫铁锅，小耳锅叫耳锅。大铁锤叫铁锤，小铁锤叫铁锤。大板凳叫板凳，小板凳叫板凳。大筲箕叫筲箕，小筲箕叫筲箕。大栲盘叫栲盘，小栲盘叫栲盘。敞口烤火的叫火钵，有提把儿暖手的叫火炉。大拇指叫做手儿头，那小指叫做手儿头。那成人是大人，那小孩儿叫伢伢。那妻子把丈夫叫姐夫，那丈夫把妻子叫媳妇。

有一天，我到莲花池去散步，老婆找我找得苦。我在船上唱红歌，她在岸边唱山歌。我下了船，爬上一个大土墩，老婆也跨过了一个小土墩。扯起脖子死命喊："老家伙，你真有劲。我找你累得要打瞌睡，你快点跟老娘回去睡觉。听说有人找你有事，回去好好养精神。"我一听，慌了神，跟着老婆转回程。湖北师范大学的教授叫张道俊，带领调查团队到阳新。有赵教授，有黄教授，有马教授，还有博士生、研究生。他们东一找，西一寻，找到我李名扬这个人。他们要录像，还要我发音，叫我把城关话说给他听，拿起笔来记个不停。真有趣，我老

了假装当先生。可惜没有教授职称，那水货一个你别充人。

阳新话，我说了一通，我又跟你闲聊了半天。我没有想到，城关话还要进北京，在语言资料库来保存。我没有想到，世界还会听到我的声音，我只比美国总统差一丁点儿。能为语言事业出点儿力，能认识湖北师大的教授们，真是我，前世所修，三生有幸。尤其是，对得起一百多万阳新人。我祝愿，湖北师范大学，桃李满园遍天下。我祝愿，教授们，身体健康，万事如意，阖家幸福，步步高升，步步高升！

0032 自选条目

大鱼喫细鱼，细鱼喫麻虾，麻虾喫沙。[tʰa⁴⁴y²¹³tɕʰiɒ²⁵sai⁴⁴y²¹³，sai⁴⁴y²¹³tɕʰiɒ²⁵mɒ²¹³xɒ⁴⁴，mɒ²¹³xɒ⁴⁴tɕʰiɒ²⁵sɒ⁴⁴] 喫：吃。细：小。麻虾：虾

意译：大鱼吃小鱼，小鱼吃虾，虾吃沙。

0033 自选条目

男子䭕头，女子䭕脚，只能看，不能摸。[lõ²¹³tsɿ³¹ko⁰tʰɛ²¹³，ȵy³¹tsɿ³¹ko⁰tɕio²⁵，tsɿ²⁵lan²¹³kʰõ⁴⁴，pu²⁵lan²¹³mo²⁵] 䭕：的

意译：男子的头，女子的脚，只能看，不能摸。

0034 自选条目

皇帝不急太监急。[xuõ²¹³tai⁴⁴pu²⁵tɕi²⁵tʰa⁴⁴tɕiã⁴⁴tɕi²⁵]

意译：皇帝不着急，太监却替皇帝着急。

0035 自选条目

公不离婆，秤不离砣。[kaŋ⁴⁴pu²⁵lai²¹³pʰo²¹³，tsʰan⁴⁴pu²⁵lai²¹³tʰo²¹³]

意译：老公离不开老婆，就像那秤杆离不开秤砣。

0036 自选条目

牛无力拉横耙，人无理说横话。[ȵiau²¹³u²¹³lai²⁵lɒ⁴⁴xuan²¹³pʰɒ²¹³，zan²¹³u²¹³lai³¹ɕyɛ²⁵xuan²¹³xuɒ⁴⁴]

意译：牛没力气就爱拉横耙，人不占理就爱说横话。

0037 自选条目

细窟窿不补，大窟窿叫苦。[sai⁴⁴kʰu²⁵laŋ³¹pu²⁵pu³¹，tʰa⁴⁴kʰu²⁵laŋ³¹tɕiɛ⁴⁴kʰu³¹]

细：小
　　意译：小破洞不补，变成大破洞了就不好办了。

0038 自选条目
人要实心，火要空心。[zan²¹³ iɛ⁴⁴ sʅ²⁵ sin⁴⁴，xo³¹ iɛ⁴⁴ kʰaŋ⁴⁴ sin⁴⁴]
意译：做人要实心才好，烧火要空心才旺。

0039 自选条目
人穷志短，马瘦毛长。[zan²¹³ tɕʰiaŋ²¹³ tsʅ⁴⁴ tõ³¹，mɒ³¹ sɛ⁴⁴ mɔ²¹³ tsʰɔ̃²¹³]
意译：人穷志向短，马瘦毛发长。

0040 自选条目
债多不愁，虱多不痒。[tsa⁴⁴ to⁴⁴ pu²⁵ tsʰɛ²¹³，sɛ²⁵ to⁴⁴ pu²⁵ iɔ̃³¹]
意译：债务多了反而不发愁，虱子多了反而不觉得痒。

0041 自选条目
秀才遇到兵，有理讲不清。[siu⁴⁴ tsʰa²¹³ y⁴⁴ tɔ⁴⁴ pin⁴⁴，iau³¹ lai³¹ tɕiɔ̃³¹ pu²⁵ tsʰin⁴⁴]
意译：读书人遇到当兵的，有理也会讲不清。

0042 自选条目
黄鳝大，窟窿大。[xuɔ̃²¹³ sõ⁴⁴ tʰa⁴⁴，kʰu²⁵ laŋ³¹ tʰa⁴⁴]
意译：黄鳝大，它的洞也大（喻赚钱多，开销也大）。

0043 自选条目
礼多人不怪。[lai³¹ to⁴⁴ zan²¹³ pu²⁵ kua⁴⁴]
意译：对客人礼节周到，客人是不会怪罪的。

0044 自选条目
鼓不打不响，话不说不明。[ku³¹ pu²⁵ tɒ³¹ pu²⁵ ɕiɔ̃³¹，xuɒ⁴⁴ pu²⁵ ɕyɛ²⁵ pu²⁵ min²¹³]
意译：鼓如果不打就不会响，话如果不说就不会清楚。

0045 自选条目
一行服一行，糯米服红糖。[i²⁵ xɔ̃²¹³ fu²⁵ i²⁵ xɔ̃²¹³，lo⁴⁴ mai³¹ fu²⁵ xaŋ²¹³ tʰɔ̃²¹³] 服：降

服，这里指搭配合适

意译：一物降一物，糯米适合搭配红糖。

0046 自选条目

上山容易下山难。[sɔ̃⁴⁴sã⁴⁴iaŋ²¹³i⁴⁴xɒ⁴⁴sã⁴⁴lã²¹³]

意译：上山相对容易，下山更为艰难。

0047 自选条目

一双手捉不倒两只鱼。[i²⁵sɔ̃⁴⁴sau³¹tso²⁵pu²⁵tɔ³¹liɔ̃³¹tsʮ²⁵y²¹³] 只：条

意译：一双手没法捉住两条鱼。

0048 自选条目

无仇不成父子，无冤不成夫妻。[u²¹³tsʰau²¹³pu²⁵tsʰan²¹³fu⁴⁴tsʮ³¹，u²¹³yɛ̃⁴⁴pu²⁵tsʰan²¹³fu⁴⁴tsʰai⁴⁴]

意译：父子天生是仇家，夫妻天生是冤家。

0049 自选条目

儿奔生，娘奔死，只隔阎王佬一张纸。[zʮ²¹³pan⁴⁴san⁴⁴，n̠iɔ̃²¹³pan⁴⁴sʮ³¹，tsʮ²⁵kɛ²⁵iɛ²¹³uɔ̃²¹³lɔ³¹i²⁵tsɔ̃⁴⁴tsʮ³¹] 阎王佬：阎王爷

意译：婴儿出生时，产妇常常面临死亡的威胁，这生死之间的距离很近。

0050 自选条目

上等之人，不教而善。[sɔ̃⁴⁴tan³¹tsʮ⁴⁴zan²¹³，pu²⁵tɕiɔ⁴⁴zʮ²¹³sɔ̃⁴⁴]

中等之人，教一而善。[tsaŋ⁴⁴tan³¹tsʮ⁴⁴zan²¹³，tɕiɔ⁴⁴i²⁵zʮ²¹³sɔ̃⁴⁴]

下等之人，教一不善。[ɕiɒ⁴⁴tan³¹tsʮ⁴⁴zan²¹³，tɕiɔ⁴⁴i²⁵pu²⁵sɔ̃⁴⁴]

意译：品行好的人，即使不教育他也会学好。品行一般的人，稍加教育他就会学好。品行差的人，即使教育他也不会学好。

0051 自选条目

瞎子打更——各人凭心。[xɒ²⁵tsʮ⁰tɒ³¹kan⁴⁴——ko²⁵zan²¹³pʰin²¹³sin⁴⁴]

意译：瞎子打更，没法判定时辰，只好各人凭各人心里的标准去打更。

0052 自选条目

城隍庙箇菩萨——东倒西歪。[tsʰan²¹³xuɔ̃²¹³mi⁴⁴ko⁰pu²¹³sɒ²⁵——taŋ⁴⁴tɔ³¹sai⁴⁴ ua⁴⁴]箇：的

意译：城隍庙里的菩萨——东倒西歪。

0053 自选条目

茅厕缸箇石头——又臭又硬。[mɔ²¹³ sʅ⁴⁴ kɔ̃⁴⁴ ko⁰ sʅ²⁵ tʰɛ²¹³——iau⁴⁴ tsʰau⁴⁴ iau⁴⁴ ŋan⁴⁴]茅厕：厕所。箇：的

意译：厕所里的石头——又臭又硬。

0054 自选条目

蚂蝗搭倒螺蛳壳——想脱都不得脱。[mɒ³¹ xuɔ̃²¹³ tɒ²⁵ tɒ³¹ lo²¹³ sʅ⁴⁴ kʰo²⁵——ɕiɔ̃³¹ tʰo²⁵ tau⁴⁴ pu²⁵ tɛ²⁵ tʰo²⁵]

意译：蚂蝗吸附上螺蛳壳——想摆脱都摆脱不了。

0055 自选条目

纸糊箇窗孔——一戳就穿。[tsʅ³¹ xu²¹³ ko⁰ tsʰɔ̃⁴⁴ kʰaŋ³¹——i²⁵ tsʰo²¹³ tsʰiu⁴⁴ tɕʰyɛ̃⁴⁴]箇：的

意译：纸糊的窗孔——一戳就穿。

0056 自选条目

扁担无捺——两头失塌。[piĩ³¹ tã⁴⁴ u²¹³ lɒ²⁵——liɔ̃³¹ tʰɛ²¹³ sʅ²⁵ tʰɒ²⁵]捺：扁担两端的卡口

意译：扁担两端如果没有卡口，东西挂上去就会滑落下来。

0057 自选条目

戴碓臼打狮子——喫力不讨好。[ta⁴⁴ tai⁴⁴ tɕʰiau⁴⁴ tɒ³¹ sʅ⁴⁴ tsʅ⁰——tɕʰiɒ²⁵ lai²⁵ pu²⁵ tʰɔ³¹ xɔ³¹]打狮子：舞狮。喫：吃

意译：头上顶着碓臼舞狮子——吃力不讨好。

0058 自选条目

乌龟翻命槛——舍命一跶。[u⁴⁴ kuai⁴⁴ fã⁴⁴ min⁴⁴ kʰã³¹——sɒ³¹ min⁴⁴ i²⁵ tɒ²⁵]命槛：门槛。跶：摔

意译：乌龟翻越门槛——舍命一摔（喻拼尽全力做某事）。

0059 自选

麻布袋装菱角——尖对尖，角对角。[mɒ²¹³pu⁴⁴tʰa⁴⁴tsɔ̃⁴⁴liŋ²¹³ko²⁵——tsiĩ⁴⁴tai⁴⁴tsiĩ⁴⁴，ko²⁵tai⁴⁴ko²⁵]

意译：麻布袋装菱角——尖对尖，角对角（喻双方都很厉害，互不相让）。

0060 自选条目

牛角挂灯草——轻巧。[ȵiau²¹³ko²⁵kuɒ⁴⁴tan⁴⁴tsʰɔ³¹——tɕʰian⁴⁴tɕʰiɔ³¹]

意译：牛角上挂灯草——轻巧（喻微不足道的负担）。

0061 自选条目

饭甑不搁水——干汽（气）。[fã⁴⁴tsan⁴⁴pu²⁵ko²⁵ɕy³¹——kõ⁴⁴tɕʰi⁴⁴] 甑：蒸米饭等的器具

意译：饭甑下面不放水——干汽（"汽"谐音"气"，喻徒劳生气）。

咸宁市

咸 宁

一 歌谣

0001 歌谣

那往日箇喉咙呃，[ne⁵⁵ uõ⁴² zʅ⁵⁵ kə⁴⁴ xe³¹ nəŋ³¹ ŋe⁴²]

上了哟呵锁啊。[sõ³³ nɒ⁴² iə⁴⁴ xə⁴⁴ sə⁴² ŋa⁵⁵]

今日格外哟呵嘿呃，[tɕiən⁴⁴ zʅ⁵⁵ ke⁵⁵ ua³³ iə⁴⁴ xə⁴⁴ xe⁴⁴ ŋe⁴²] 今日：今天

那喜唱歌喽哦呵呵。[ne⁵⁵ ɕi⁴² tsʰõ²¹³ kə⁴⁴ nə³¹ ŋə⁴⁴ xə⁴⁴ xə⁴⁴]

我风里、雨里、泥里、水里、田里、地里、村里、家里、日里、夜里。[ŋə⁴² fəŋ⁴⁴ næ⁴²、y⁴² næ⁴²、ni³¹ næ⁴²、ɕy⁴² næ⁴²、tʰiẽ³¹ næ⁴²、tʰæ³³ næ⁴²、tsʰən⁴⁴ næ⁴²、tɕiɒ⁴⁴ næ⁴²、zʅ⁵⁵ næ⁴²、iɒ³³ næ⁴²]

里里外外，时时刻刻，[næ⁴² næ⁴² ua³³ ua³³，sʅ³¹ sʅ³¹ kʰe⁵⁵ kʰe⁵⁵]

都唱呃嘿歌哦。[tɒu⁴⁴ tsʰõ²¹³ ŋe⁴² xe⁴⁴ kə⁴⁴ ŋə⁴⁴]

我不唱山歌哟呵嘿呃，[ŋə⁴² pu⁵⁵ tsʰõ²¹³ sɒ̃⁴⁴ kə⁴⁴ iə⁴⁴ xə⁴⁴ xe⁴⁴ ŋe⁴²]

不快啊呵活喽！[pu⁵⁵ kʰua²¹³ ŋa⁴⁴ xə⁴⁴ xe³³ nə³¹]

不快啊呵活喽！[pu⁵⁵ kʰua²¹³ ŋa⁴⁴ xə⁴⁴ xe³³ nə³¹]

哦呵呵呵哦。[ŋə⁴⁴ xə⁴⁴ xə⁴⁴ ŋə⁴⁴]

意译：那往日的喉咙啊，上了哟呵锁啊。今天格外哟呵嘿呃，那喜唱歌喽哦呵呵。我风里、雨里、泥里、水里、田里、地里、村里、家里、日里、夜里。里里外外，时时刻刻，都唱呃嘿歌哦。我不唱山歌哟呵嘿呃，不快啊呵活喽！不快啊呵活喽！哦呵呵呵哦。

0002 歌谣

那腊月里箇喜事多呃。[ne⁵⁵ na⁵⁵ ye⁵⁵ næ⁴² kə⁴⁴ ɕi⁴² sʅ³³ tə⁴⁴ ŋe⁴⁴]

接箇接媳妇呃，[tɕi⁵⁵kə⁴⁴tɕi⁵⁵sæ⁵⁵fu³³ŋe⁴⁴]

嫁又么嫁姐郎呃。[tɕiɒ²¹³iɒu³³mə⁴²tɕiɒ²¹³tɕie⁴²nõ³¹ŋe⁴⁴] 姐郎：姑娘

只有她家里，娶呀啊稀奇呢，[tsʅ⁴²iɒu⁴²tʰɒ⁴⁴tɕiɒ⁴⁴næ⁴²，tɕʰy⁴²iɒ⁴⁴ŋa⁴⁴ɕi⁴⁴tɕʰi³¹næ⁴⁴]

娶呀啊稀奇呢。[tɕʰy⁴²iɒ⁴⁴ŋa⁴⁴ɕi⁴⁴tɕʰi³¹næ⁴⁴]

不娶嫂子呃。[pu⁵⁵tsʰæ⁴²so⁴²tsʅ⁴²ŋe⁴⁴]

那个偏偏，那个偏偏，[nɒ³¹kə⁴⁴pʰiẽ⁴⁴pʰiẽ⁴⁴，nɒ³¹kə⁴⁴pʰiẽ⁴⁴pʰiẽ⁴⁴]

那个偏偏，嫁哥哥。[nɒ³¹kə⁴⁴pʰiẽ⁴⁴pʰiẽ⁴⁴，tɕiɒ²¹³kə⁴⁴kə⁴⁴]

呃，真是怄煞人喽！[ŋæ⁴⁴，tsən⁴⁴sʅ³³ŋe²¹³sa⁵⁵zən³¹nə³¹] 煞：死

真是怄煞人喽！[tsən⁴⁴sʅ³³ŋe²¹³sa⁵⁵zən³¹nə³¹]

意译：那腊月里的喜事多啊。娶的娶媳妇啊，嫁的嫁姑娘啊。只有她家里，娶呀啊稀奇呢，娶呀啊稀奇呢。不娶嫂子啊。那个偏偏，那个偏偏，那个偏偏，嫁哥哥。呃，真是怄死人喽！真是怄死人喽！

0003 歌谣

背背驮驮。[pæ⁴⁴pæ⁴⁴tʰə³¹tʰə⁵⁵]

背背驮驮，[pæ⁴⁴pæ⁴⁴tʰə³¹tʰə⁵⁵]

打酒喝。[tɒ⁴²tɕiɒu⁴²xə⁵⁵]

冇得菜嗛，[mo⁴⁴te⁵⁵tsʰa²¹³iẽ²¹³] 冇得：没有。嗛：下饭

啃猪脚。[kʰẽ⁴²tɕy⁴⁴tɕiə⁵⁵]

猪脚不好喫，[tɕy⁴⁴tɕiə⁵⁵pu⁵⁵xo⁴²tɕʰiɒ⁵⁵] 喫：吃

把尔贴上壁。[pɒ²¹³n̩⁴²tʰi⁵⁵sõ³³piɒ⁵⁵] 壁：墙壁

意译：背一背，驮一驮。背一背，驮一驮，去买酒喝。没有菜下饭，啃猪脚。猪脚不好吃，把你贴到墙壁上。

0004 歌谣

虫崽虫崽飞。[tsʰəŋ³¹tsa⁴²tsʰəŋ³¹tsa⁴²fæ⁴⁴] 虫崽：小虫子

虫崽虫崽飞，[tsʰəŋ³¹tsa⁴²tsʰəŋ³¹tsa⁴²fæ⁴⁴]

飞到谷罗堆。[fæ⁴⁴to²¹³ku⁵⁵nə³¹tæ⁴⁴] 谷罗堆：谷草堆

飞到菜园角，[fæ⁴⁴to²¹³tsʰa²¹³yẽ³¹kə⁵⁵]

野鸡咯咯咯。[iɒ⁴²tɕi⁴⁴kə⁵⁵kə⁵⁵kə⁵⁵]

捡倒野鸡脚，[tɕiẽ⁴²to⁴²iɒ⁴²tɕi⁴⁴tɕiə⁵⁵]

拿回来一嗍。[nɒ³¹fæ³¹na³¹i⁵⁵sə⁵⁵] 嗍：吮吸

捡到野鸡蛋，[tɕiẽ⁴² to⁴² iɒ⁴² tɕi⁴⁴ tʰɒ̃³³]

拿回来嗍饭。[nɒ³¹ fæ³¹ na³¹ iẽ²¹³ fɒ̃³³] 嗍：下饭

意译：小虫子，小虫子飞。小虫子飞，飞到谷草堆上。飞到菜园的角落里，野鸡发出咯咯的叫声。捡到野鸡的脚，拿回来吮吸着吃。捡到野鸡的蛋，拿回来下饭吃。

0005 歌谣

数脶谣。[sɒu⁴² nə³¹ ie³¹] 脶：手指肚上的圆形纹理

一脶穷，二脶富，[i⁵⁵ nə³¹ tɕʰiəŋ³¹，ʐʅ³³ nə³¹ fu²¹³]

三脶四脶开当铺。[sɒ̃⁴⁴ nə³¹ sʅ²¹³ nə³¹ kʰa⁴⁴ tɒ̃²¹³ pʰu²¹³]

五脶六脶挑大屎，[u⁴² nə³¹ nɒu⁵⁵ nə³¹ tʰie⁴⁴ tʰa³³ sʅ⁴²]

七脶八脶做大官。[tsʰæ⁵⁵ nə³¹ pa⁵⁵ nə³¹ tsɒu²¹³ tʰa³³ kuɒ̃⁴⁴]

九脶十脶零巴光。[tɕiɒu⁴² nə³¹ sʅ³³ nə³¹ niən⁴⁴ pɒ⁴⁴ kuɒ̃⁴⁴] 零巴光：一无所有

意译：数脶的童谣。手指头有一个脶纹的将来会贫穷，有两个的将来会富有，有三个、四个的将来会开当铺。手指头有五个、六个脶纹的将来会当掏粪工，有七个、八个的将来会做大官。手指头有九个、十个脶纹的将来会一无所有。迷信的说法。

0006 歌谣

映牛谣。[iɒ̃²¹³ niɒu³¹ ie³¹] 映：放牧

株朵花，六皮叶，[tɕy⁴⁴ tə⁴² xuɒ⁴⁴，nɒu⁵⁵ pʰə³¹ i⁵⁵] 株朵花：栀子花。皮：片

映牛伢崽真作孽。[iɒ̃²¹³ niɒu³¹ ŋa³¹ tsa⁴² tsən⁴⁴ tsə⁵⁵ ni⁵⁵] 伢崽：小孩。作孽：可怜

一天到黑牛做伴，[i⁵⁵ tʰiẽ⁴⁴ to²¹³ xe⁵⁵ niɒu³¹ tsɒu²¹³ pʰɒ̃³³]

塘嘞洗脚庙嘞歇。[tʰɒ̃³¹ ne⁴⁴ sæ⁴² tɕiɔ⁵⁵ mie³³ ne⁴⁴ ɕi⁵⁵] 塘嘞：池塘里。庙嘞：庙里

意译：放牛的童谣。栀子花，六片叶子，放牛的小孩真可怜。一天到晚与牛做伴，在池塘里洗脚在庙里睡觉。

0007 歌谣

三岁伢崽会唱歌。[sɒ̃⁴⁴ sæ²¹³ ŋa³¹ tsa⁴² fæ³³ tsʰɒ̃²¹³ kə⁴⁴] 伢崽：小孩

黄鸡婆，尾巴拖，[uɒ̃³¹ tɕi⁴⁴ pʰə³¹，uæ⁴² pɒ⁴⁴ tʰə⁴⁴] 鸡婆：母鸡

三岁伢崽会唱歌。[sɒ̃⁴⁴ sæ²¹³ ŋa³¹ tsa⁴² fæ³³ tsʰɒ̃²¹³ kə⁴⁴]

不要爷娘告诉我，[pu⁵⁵ ie²¹³ iɒ³¹ niɒ̃³¹ ko²¹³ sɒu²¹³ ŋə⁴²] 爷娘：父母

自家聪明晓得歌。[tsʅ⁴⁴ kɒ⁴⁴ tsʰəŋ⁴⁴ miən³¹ ɕie⁴² te⁵⁵ kə⁴⁴] 自家：自己

一日唱个邪歌崽，[i⁵⁵ zɿ⁵⁵ tsʰõ²¹³ kə²¹³ ɕiɒ³¹ kə⁴⁴ tsa⁴²] 邪：不健康。崽：表小

惹得爷娘骂几多。[zɒ⁴² te⁵⁵ iɒ³¹ niõ³¹ mɒ³³ tɕi⁴² tə⁴⁴]

意译：三岁小孩子会唱歌。黄母鸡，拖着长长的尾巴，三岁小孩子会唱歌。不用父母告诉我，自己聪明知道如何唱歌。有一天唱了个内容不健康的小曲，惹来父母一顿痛骂。

0008 歌谣

月亮走，我也走。[ye⁵⁵ niõ³³ tse⁴²，ŋə⁴² ie⁴² tse⁴²]

月亮走，我也走。[ye⁵⁵ niõ³³ tse⁴²，ŋə⁴² ie⁴² tse⁴²]

我跟月亮提花篓。[ŋə⁴² kẽ⁴⁴ ye⁵⁵ niõ³³ tʰæ³¹ xuɒ⁴⁴ ne⁴²] 跟：给

月亮行，我也行，[ye⁵⁵ iõ³³ ɕiən³¹，ŋə⁴² ie⁴² ɕiən³¹]

我跟月亮拿脸盆。[ŋə⁴² kẽ⁴⁴ ye⁵⁵ niõ³³ nɒ³¹ niẽ⁴² pʰən³¹]

不要尔金不要银，[pu⁵⁵ ie²¹³ n̩⁴² tɕiən⁴⁴ pu⁵⁵ ie²¹³ niən³¹]

只要一个花瓷盆。[tsɿ⁵⁵ ie²¹³ i⁵⁵ kə²¹³ xuɒ⁴⁴ tsʰɿ³¹ pʰən³¹]

打开箱，花姑娘。[tɒ⁴² kʰa⁴⁴ ɕiõ⁴⁴，xuɒ⁴⁴ ku⁴⁴ niõ⁴⁴]

打开柜，花妹妹。[tɒ⁴² kʰa⁴⁴ kʰuæ³³，xuɒ⁴⁴ mæ³³ mæ³³]

双手打开橱柜崽，[sõ⁴⁴ sɒu⁴² tɒ⁴² kʰa⁴⁴ tɕʰy³¹ kʰuæ³³ tsa⁴²] 崽：表小

一双漂亮小花鞋。[i⁵⁵ sõ⁴⁴ pʰie²¹³ niõ³³ ɕie⁴² xuɒ⁴⁴ xa³¹]

意译：月亮走，我也跟着走。月亮走，我也跟着走。我给月亮提花篮子。月亮行，我也跟着行，我给月亮拿脸盆。不要你的金子也不要你的银子，只要一个花瓷盆。打开箱子，看到一个漂亮的姑娘。打开柜子，看到一个漂亮的小妹妹。双手打开小橱柜，看到一双漂亮的小花鞋。

0009 歌谣

铺床谣。[pʰu⁴⁴ tsʰõ³¹ ie³¹]

铺床铺到角，[pʰu⁴⁴ tsʰõ³¹ pʰu⁴⁴ to²¹³ kə⁵⁵]

一床堆不落。[i⁵⁵ tsʰõ³¹ tæ⁴⁴ pu⁵⁵ nɒ⁵⁵]

四角揿几揿，[sɿ²¹³ kə⁵⁵ tsʰən⁴² tɕi⁴² tsʰən⁴²] 揿：按

崽女只筒滚。[tsa⁴² y⁴² tsɿ⁵⁵ kə³³ kuən⁴²] 崽女：儿女。只筒：一直

意译：给新人铺床的童谣。铺床铺到边角，一张床都放不下。四个角按几下，新人将来会生下很多儿女。

0010 歌谣

癞痢壳。[na⁵⁵ næ³¹ kʰə⁵⁵]

癞痢壳，[na⁵⁵ næ³¹ kʰə⁵⁵]
扁担剟。[piẽ⁴² tɒ̃²¹³ tə⁵⁵] 剟：捅、刺
我有药，[ŋə⁴² iɒu⁴² iə⁵⁵]
不把尔搽。[pu⁵⁵ pɒ²¹³ n̩⁴² tsʰɒ³¹] 把：给
要尔曰我箇爷。[ie²¹³ n̩⁴² yɒ²¹³ ŋə⁴² kə⁴⁴ iɒ³¹] 曰：喊、称呼。爷：爸爸

意译：头上长癞痢的人。头上长癞痢的人。我用扁担戳你。我有药，不给你涂。要你称呼我为爸爸。

0011 歌谣

茶˭它˭枳。[tsʰɒ³¹ tʰɒ⁴⁴ tsɿ⁵⁵] 茶˭它˭枳：金樱子
茶˭它˭枳，[tsʰɒ³¹ tʰɒ⁴⁴ tsɿ⁵⁵]
酦水酒。[pʰɒ⁵⁵ çy⁴² tɕiɒu⁴²] 酦：酿酒
今日酦，[tɕiən⁴⁴ zɿ⁵⁵ pʰɒ⁵⁵]
明日有。[miɒ̃³¹ zɿ⁵⁵ iɒu⁴²]

意译：金樱子。金樱子，用来酿米酒。今天酿，明天就可以吃了。

二 规定故事

0021 牛郎和织女

在古时候啊，[tsʰa³³ ku⁴² sɿ³¹ xe³³ ŋa⁴⁴]
有一个年轻人。[iɒu⁴² i⁵⁵ kə²¹³ niẽ⁴⁴ tɕʰiɒ⁴⁴ zən³¹]
伊屋爷娘呢，[e³¹ u⁵⁵ iɒ³¹ niõ³¹ ne⁴⁴] 伊屋：他家。爷娘：父母
很早就过世了，[xẽ⁴² tso⁴² tɕʰiɒu³³ kuə²¹³ sɿ²¹³ nɒ⁴²]
非常箇作孽。[fæ⁴⁴ tsʰõ³¹ kə⁴⁴ tsə⁵⁵ ni⁵⁵] 作孽：可怜
屋嘞只有一只老牛，[u⁵⁵ ne⁴⁴ tsɿ⁵⁵ iɒu⁴² i⁵⁵ tsɒ⁵⁵ no⁴² niɒu³¹]
人家屋都喊伊牛郎。[zən³¹ kɒ⁴⁴ u⁵⁵ tɒu⁴⁴ xɒ̃⁴² e³¹ niɒu³¹ nõ³¹] 人家屋：别人
牛郎呢，跟老牛一起呢生活，[niɒu³¹ nõ³¹ ne⁴⁴, kẽ⁴⁴ no⁴² niɒu³¹ i⁵⁵ tɕʰi⁴² ne⁴⁴ sən⁴⁴ xue³³]
靠种地呢为生。[kʰo²¹³ tsən²¹³ tʰæ³³ ne⁴⁴ uæ³¹ sən⁴⁴]
其实呢个隻老牛啊是天上箇神仙，[tɕʰi³¹ sɿ³³ ne⁴⁴ kə²¹³ tsɒ⁵⁵ no⁴² niɒu³¹ ŋa⁴⁴ sɿ³³ tʰiẽ⁴⁴ sõ³³ kə⁴⁴ sən³¹ ɕiẽ⁴⁴]
就是人家屋经常说箇金牛星。[tɕʰiɒu³³ sɿ³³ zən³¹ kɒ⁴⁴ u⁵⁵ tɕiən⁴⁴ tsʰõ³¹ çye⁵⁵ kə⁴⁴ tɕiən⁴⁴ niɒu³¹ ɕiɒ̃⁴⁴]

金牛星呢，[tɕiən⁴⁴ niɒu³¹ ɕiɒ̃⁴⁴ ne⁴⁴]

非常喜欢牛郎箇为人。[fæ⁴⁴ tsʰõ³¹ ɕi⁴² xuõ⁴⁴ niɒu³¹ nõ³¹ kə⁴⁴ uæ³¹ zən³¹]

觉得牛郎呢，[tɕiə⁵⁵ te⁵⁵ niɒu³¹ nõ³¹ ne⁴⁴]

个人非常勤快，[kə²¹³ zən³¹ fæ⁴⁴ tsʰõ³¹ tɕʰiən³¹ kʰua²¹³]

心地呢善良。[ɕiən⁴⁴ tʰæ³³ ne⁴⁴ sẽ³³ niõ³¹]

因此呢，[iən⁴⁴ tsʰɿ⁴² ne⁴⁴]

金牛星就想帮伊找一个屋里。[tɕiən⁴⁴ niɒu³¹ ɕiɒ̃⁴⁴ tɕʰiɒu³³ ɕiɒ̃⁴² põ⁴⁴ e³¹ tso⁴² i⁵⁵ kə²¹³ u⁵⁵ næ⁴²] 屋里：妻子

有一日啊，[iɒu⁴² i⁵⁵ zɿ⁵⁵ ŋa⁴⁴]

金牛星听说天上箇仙女，[tɕiən⁴⁴ niɒu³¹ ɕiɒ̃⁴⁴ tʰiɒ̃²¹³ ɕye⁵⁵ tʰiẽ⁴⁴ sõ³³ kə⁴⁴ ɕiẽ⁴⁴ y⁴²]

要下凡到屋场边下箇湖嘞来游泳。[ie²¹³ xɒ³³ fɒ̃³¹ to²¹³ u⁵⁵ tsʰõ³¹ piẽ⁴⁴ xɒ³³ kə⁴⁴ fu³¹ ne⁴⁴ na³¹ iɒu³¹ yən²¹³] 屋场：村庄

就托梦得牛郎，[tɕʰiɒu³³ tʰə⁵⁵ məŋ³³ te⁵⁵ niɒu³¹ nõ³¹]

要伊第二日早晨呢，[ie²¹³ e³¹ tʰæ³³ zɿ³³ zɿ⁵⁵ tso⁴² sən³¹ ne⁴⁴]

天冇亮就到湖边去。[tʰiẽ⁴⁴ mo⁴⁴ niõ³³ tɕʰiɒu³³ to²¹³ fu³¹ piẽ⁴⁴ tɕʰie²¹³] 冇：没有

趁个些仙女啊不注意箇时候呢，[tsʰən³³ kə²¹³ sæ⁵⁵ ɕiẽ⁴⁴ y⁴² ŋa⁴⁴ pu⁵⁵ tɕy²¹³ i²¹³ kə⁴⁴ sɿ³¹ xe³³ ne⁴⁴]

㧟㧟拿一件伊都挂在树上箇衣服。[tsʰæ⁵⁵ tsʰæ⁵⁵ nɒ³¹ i⁵⁵ tɕʰiẽ³³ e²¹³ tɒu⁴⁴ kuɒ²¹³ tsʰa³³ ɕy³³ sõ³³ kə⁴⁴ i⁴⁴ fu³³] 㧟㧟：偷偷

然后头也不回箇跑回屋嘞去，[zẽ³¹ xe³³ tʰe³¹ ie⁴² pu⁵⁵ fæ³¹ kə⁴⁴ pʰo⁴² fæ³¹ u⁵⁵ ne⁴⁴ tɕʰie²¹³]

那么呢，其中箇一位仙女啊，[ne⁴⁴ mo⁴² ne⁴⁴, tɕʰi³¹ tsəŋ⁴⁴ kə⁴⁴ i⁵⁵ uæ³³ ɕiẽ⁴⁴ y⁴² ŋa⁴⁴]

就会成为伊箇屋里。[tɕʰiɒu³³ fæ³³ tsʰən³¹ uæ³¹ e³¹ kə⁴⁴ u⁵⁵ næ⁴²]

第二日早晨呢，[tʰæ³³ zɿ³³ zɿ⁵⁵ tso⁴² sən³¹ ne⁴⁴]

牛郎啊，心嘞虽然不相信。[niɒu³¹ nõ³¹ ŋa⁴⁴, ɕiən⁴⁴ ne⁴² sæ⁴⁴ zẽ³¹ pu⁵⁵ ɕiõ⁴⁴ ɕiən²¹³]

但是呢伊还是将信将疑箇来到山脚下嘞。[tʰɒ̃³³ sɿ³³ ne⁴⁴ e³¹ xa³¹ sɿ³³ tɕiõ⁴⁴ ɕiən²¹³ tɕiõ⁴⁴ ni³¹ kə⁴⁴ na³¹ to²¹³ sɒ̃⁴⁴ tɕiə⁵⁵ xɒ³³ ne⁴⁴]

借倒那个非常微弱箇光线啊。[tɕiɒ²¹³ to⁴² ne⁵⁵ kə²¹³ fæ⁴⁴ tsʰõ³¹ uæ³¹ niə⁵⁵ kə⁴⁴ kuõ⁴⁴ ɕiẽ²¹³ ŋa⁴⁴] 倒：着

伊看到那个湖嘞真有人在那洗澡。[e³¹ kʰõ²¹³ to²¹³ ne⁵⁵ kə²¹³ fu³¹ ne⁴² tsən⁴⁴ iɒu⁴² zən³¹ tsʰa³³ ne⁴⁴ sæ⁴² tso⁴²]

伊一数啊，[e³¹ i⁵⁵ sɒu⁴² ŋa⁴⁴]

一、二、三、四、五、六、七。[i⁵⁵、zɿ³³、sɒ̃⁴⁴、sɿ²¹³、u⁴²、nɒu⁵⁵、tsʰæ⁵⁵]

咦，真箇有七个美女啊在湖嘞玩水。[i³¹，tsən⁴⁴ kə⁴⁴ iɒu⁴² tsʰæ⁵⁵ kə²¹³ mæ³³ y⁴² ŋa⁴⁴ tsʰa³³ fu³¹ ne⁴² uɒ̃³¹ ɕy⁴²]

伊冇想那多，[e³¹ mo⁴⁴ ɕiõ⁴² ne⁴⁴ tə⁴⁴] 冇：没有

马上呢拿一件啊红色箇衣服。[mɒ⁴² sõ³³ ne⁴⁴ nɒ³¹ i⁵⁵ tɕʰiẽ³³ ŋa⁴⁴ fəŋ³¹ se⁵⁵ kə⁴⁴ i⁴⁴ fu³³]

阿衣挂在树上呢。[ŋa⁴⁴ i⁴⁴ kuɒ²¹³ tsʰa³³ ɕy³³ sõ³³ ne⁴⁴] 阿：发语词

伊飞快箇跑得屋里去了。[e³¹ fæ⁴⁴ kʰua²¹³ kə⁴⁴ pʰo⁴² te⁵⁵ u⁵⁵ ne⁴² tɕʰie²¹³ nɒ⁴²]

个个被牛郎啊抢走衣服箇仙女呢，[kə²¹ kə²¹³ pʰa³³ niɒu³¹ nõ³¹ ŋa⁴⁴ tɕʰiõ⁴² tse⁴² i⁴⁴ fu³³ kə⁴⁴ ɕiẽ⁴⁴ y⁴² ne⁴⁴] 个个：这个

就是人家屋经常说箇织女。[tɕʰiɒu³³ sʅ³³ zən³¹ kɒ⁴⁴ u⁵⁵ tɕiən⁴⁴ tsʰõ³¹ ɕye⁵⁵ kə⁴⁴ tsʅ⁵⁵ y⁴²]

个日夜嘞呢，[kə²¹³ zʅ⁵⁵ iɒ³³ ne⁴⁴ ne⁴⁴]

伊昪昪箇来到牛郎箇屋。[e³¹ tsʰæ⁵⁵ tsʰæ⁵⁵ kə⁴⁴ na³¹ to²¹³ niɒu³¹ nõ³¹ kə⁴⁴ u⁵⁵]

把门敲开啊，[pɒ²¹³ mən³¹ kʰo⁴⁴ kʰa⁴⁴ ŋa⁴⁴]

两个人就做了恩爱箇俩婆佬。[niõ⁴² kə²¹³ zən³¹ tɕʰiɒu³³ tsɒu²¹³ nɒ⁴² ŋẽ⁴⁴ ŋa²¹³ kə⁴⁴ niõ⁴² pʰə³¹ no⁴²] 俩婆佬：夫妻俩

两个人呢过得非常箇幸福。[niõ⁴² kə²¹³ zən³¹ ne⁴⁴ kuə²¹³ te⁵⁵ fæ⁴⁴ tsʰõ³¹ kə⁴⁴ ɕiən³³ fu⁵⁵]

一转眼箇时间啊，[i⁵⁵ tɕyẽ⁴² ŋɒ̃⁴² kə⁴⁴ sʅ³¹ tɕiẽ⁴⁴ ŋa⁴⁴]

就三年过去了。[tɕʰiɒu³³ sõ⁴⁴ niẽ³¹ kuə²¹³ tɕʰie²¹³ nɒ⁴²]

伊都看了一男一女两个伢崽，[e³¹ tɒu⁴⁴ kʰõ²¹³ nɒ⁴² i⁵⁵ nõ³¹ i⁵⁵ y⁴² niõ⁴² kə²¹³ ŋa³¹ tsa⁴²] 看：生。伢崽：孩子

一家人呢过得非常箇幸福。[i⁵⁵ tɕiɒ⁴⁴ zən³¹ ne⁴⁴ kuə²¹³ te⁵⁵ fæ⁴⁴ tsʰõ³¹ kə⁴⁴ ɕiən³³ fu⁵⁵]

但是呢，[tʰɒ̃³³ sʅ³³ ne⁴⁴]

织女私自下凡箇个件事情啊，[tsʅ⁵⁵ y⁴² sʅ⁴⁴ tsʅ³³ xɒ³³ fɒ̃³¹ kə⁴⁴ kə²¹³ tɕʰiẽ³³ sʅ³³ tɕʰiən³¹ ŋa⁴⁴]

把玉皇大帝晓得了。[pɒ²¹³ y⁵⁵ xõ³¹ tʰa³³ tæ²¹³ ɕie⁴² te⁵⁵ nɒ⁴²] 把：被。晓得：知道

伊呢发了蛮大箇脾气呢，[e³¹ ne⁴⁴ fa⁵⁵ nɒ⁴² mɒ̃³¹ tʰa³³ kə⁴⁴ pʰæ³¹ tɕʰi²¹³ ne⁴⁴] 蛮：很

一定要，发了蛮大箇脾气呢。[i⁵⁵ tʰiən³³ ie²¹³，fa⁵⁵ nɒ⁴² mɒ̃³¹ tʰa³³ kə⁴⁴ pʰæ³¹ tɕʰi²¹³ ne⁴⁴]

发誓啊，要把织女呢把伊捉回来。[fa⁵⁵ sʅ⁵⁵ ŋa⁴⁴，ie²¹³ pɒ⁴² tsʅ⁵⁵ y⁴² ne⁴⁴ pɒ²¹³ e³¹ tsɒ⁵⁵ fæ³¹ na³¹]

那还了得，[ne⁴⁴ xa³¹ nie⁴² te⁵⁵]

仙女昪昪箇跑得啊凡，[ɕiẽ⁴⁴ y⁴² tsʰæ⁵⁵ tsʰæ⁵⁵ kə⁴⁴ pʰo⁴² te⁵⁵ ŋa⁴⁴ fɒ̃³¹]

㞴㞴箇跑得人间去呢跟凡人结婚。[tsʰæ⁵⁵tsʰæ⁵⁵kə⁴⁴pʰo⁴²te⁵⁵zən³¹tɕiõ⁴⁴tɕʰie²¹³ne⁴⁴kẽ⁴⁴fɒ̃³¹zən³¹tɕi⁵⁵fən⁴⁴]

个肯定触犯了天庭箇法律。[kə²¹³kʰẽ⁴²tʰiən³³tsʰuo⁵⁵fɒ̃³³nɒ⁴²tʰiẽ⁴⁴tʰiən³¹kə⁴⁴fɒ⁵⁵næ⁵⁵] 个：这

有一日呢，[iɒu⁴²i⁵⁵ʐɿ⁵⁵ne⁴⁴]

天上啊雷打霍闪。[tʰiẽ⁴⁴sõ³³ŋa⁴⁴næ³¹tɒ⁴²xə⁵⁵sẽ⁴²] 霍闪：闪电

刮起了大风啊，[kuɒ⁵⁵tɕʰi⁴²nɒ⁴²tʰa³³fəŋ⁴⁴ŋa⁴⁴]

落起了大雨。[nə⁵⁵tɕʰi⁴²nɒ⁴²tʰa³³y⁴²] 落：下

一刻崽功夫啊织女就不晓得到哪里去了。[i⁵⁵kʰe⁵⁵tsa⁴²kuaŋ⁴⁴fu⁴⁴ŋa⁴⁴tsɿ⁵⁵y⁴²tɕʰiɒu³³pu⁵⁵ɕie⁴²te⁵⁵to²¹³nɒ²¹³næ⁴²tɕʰie²¹³nɒ⁴²] 一刻崽：一会儿

两个伢崽哦吓得只箇哭箇，[niõ⁴²kə²¹³ŋa³¹tsa⁴²ŋa⁴⁴xə⁵⁵te⁵⁵tsɿ⁵⁵kə⁴⁴kʰu⁵⁵kə⁴⁴] 只箇：一直，不停地

到处找伊娘。[to²¹³tɕʰy²¹³tso⁴²e³¹niõ³¹]

不晓得伊娘到哪里去了。[pu⁵⁵ɕie⁴²te⁵⁵e²¹³niõ³¹to²¹³nɒ²¹³næ⁴²tɕʰie²¹³nɒ⁴²]

牛郎呢也急得不晓得佯适好。[niɒu³¹nõ³¹ne⁴⁴ie⁴²tɕi⁵⁵te⁵⁵pu⁵⁵ɕie⁴²te⁵⁵iõ³¹sɿ⁵⁵xo⁴²] 佯适：怎么

伢崽箇娘冇见了，[ŋa³¹tsa⁴²kə⁴⁴niõ³¹mo⁴⁴tɕie²¹³nɒ⁴²] 冇：不

那难适得了啊？[ne⁴⁴nõ³¹sɿ⁵⁵te⁵⁵nie²¹³ŋa⁴⁴] 难适：怎么

个时候啊，[kə²¹³sɿ³¹xe³³ŋa⁴⁴]

那只老牛开口说话了。[ne⁵⁵tsɒ⁵⁵nɒ⁴²niɒu³¹kʰa⁴⁴kʰe⁴²ɕye⁵⁵xuɒ⁴²nɒ⁴²]

伊说，尔不要着急啊。[e³¹ɕye⁵⁵，n̩⁴²pu⁵⁵ie²¹³tsʰə³³tɕi⁵⁵ŋa⁴⁴]

尔把我箇牛角拿下来，[n̩⁴²pɒ⁴²ŋə⁴²kə⁴⁴niɒu³¹kə⁵⁵nɒ³¹xɒ³³na³¹]

伊都会变成两只箩筐。[e²¹³tɒu⁴⁴fæ³³piẽ²¹³tsʰən³¹niõ⁴²tsɒ⁵⁵nə³¹tɕʰiõ⁴⁴]

尔呢把伊装上两个伢崽，[n̩⁴²ne⁴⁴pɒ²¹³e³¹tsõ⁴⁴sõ³³niõ⁴²kə²¹³ŋa³¹tsa⁴²]

就可以去找尔屋老婆了。[tɕʰiɒu³³kʰə⁴²i⁴²tɕʰie²¹³tso⁴²n̩²¹³u⁵⁵nɒ⁴²pʰə³¹nɒ⁴²]

就可以去找伊屋屋里了。[tɕʰiɒu³³kʰə⁴²i⁴²tɕʰie²¹³tso⁴²e²¹³u⁵⁵u⁵⁵næ⁴²nɒ⁴²]

牛郎呢正觉得稀奇。[niɒu³¹nõ³¹ne⁴⁴tsən²¹³tɕiə⁵⁵te⁵⁵ɕi⁴⁴tɕʰi³¹] 稀奇：奇怪

呃，怎么可能呢，[ŋe⁵⁵，tsən⁴²mo⁴²kʰə⁴²nəŋ³¹ne⁴⁴]

个不是一只牛吗？[kə²¹³pu⁵⁵sɿ³³i⁵⁵tsɒ⁵⁵niɒu³¹mõ⁴⁴]

伊怎么突然说起话来了？[e³¹tsən⁴²mo⁴²tʰɒu⁵⁵zẽ³¹ɕye⁵⁵tɕʰi⁴²xuɒ⁴²na³¹nɒ⁴²]

就在伊个想箇时候呢。[tɕʰiɒu³³tsʰa³³e³¹kə²¹³ɕiõ⁴²kə⁴⁴sɿ³¹xe³³ne⁴⁴]

阿牛角啊，突然之间就落下来了。[ŋa⁴⁴niɒu³¹kə⁵⁵ŋa⁴⁴，tʰɒu⁵⁵zẽ³¹tsɿ⁴⁴tɕiẽ⁴⁴tɕʰiɒu³³nə⁵⁵xɒ³³na³¹nɒ⁴²] 阿：发语词。落：掉

真箇变成两只箩筐。[tsən⁴⁴kə⁴⁴piẽ²¹³tsʰən³¹niõ⁴²tsɒ⁵⁵nə³¹tɕʰiõ⁴⁴]

伊来不及多想了。[e³¹ na³¹ pu⁵⁵ tɕʰi³³ tə⁴⁴ ɕiõ⁴² nɒ⁴²]

赶紧把两个伢崽装得箩筐嘞。[kɒ⁴² tɕiən⁴² pɒ²¹³ niõ⁴² kə²¹³ ŋa³¹ tsa⁴² tsõ⁴⁴ te⁵⁵ nə³¹ tɕʰiõ⁴⁴ ne⁴⁴]

用扁担啊把伊挑起来了。[iəŋ³³ piẽ⁴² tõ²¹³ ŋa⁴⁴ pɒ²¹³ e³¹ tʰie⁴⁴ tɕʰi⁴² na³¹ nɒ⁴²]

就在个时候啊，[tɕʰiɒu³³ tsʰa³³ kə²¹³ sʅ³¹ xe³³ ŋa⁴⁴]

突然之间一阵风吹过来。[tʰɒu⁵⁵ zẽ³¹ tsʅ⁴⁴ tɕiõ⁴⁴ i⁵⁵ tsʰən³³ fəŋ⁴⁴ tɕʰy⁴⁴ kuə²¹³ na³¹]

箩筐就跟长了翅膀一样呢，[nə³¹ tɕʰiõ⁴⁴ tɕʰiɒu³³ kẽ⁴⁴ tsõ⁴² nɒ⁴² tsʅ²¹³ põ⁴² i⁵⁵ iõ³³ ne⁴⁴]

飞了起来。[fæ⁴⁴ nɒ⁴² tɕʰi⁴² na³¹]

腾云驾雾箇朝天上飞去。[tʰiẽ³¹ yən³¹ tɕiɒ²¹³ u³³ kə⁴⁴ tsʰe³¹ tʰiẽ⁴⁴ sõ³³ fæ⁴⁴ tɕʰie²¹³]

越飞越快，飞啊飞啊。[ye⁵⁵ fæ⁴⁴ ye⁵⁵ kʰua²¹³, fæ⁴⁴ ŋa⁴⁴ fæ⁴⁴ ŋa⁴⁴]

眼睁睁看啊就要追上织女了。[ŋɒ̃⁴² tsɒ̃⁴⁴ tsɑ̃⁴⁴ kʰõ²¹³ ŋa⁴⁴ tɕʰiɒu³³ ie²¹³ tɕyæ⁴⁴ sõ³³ tsʅ⁵⁵ y⁴² nɒ⁴²]

就在个时候呢王母娘娘，[tɕʰiɒu³³ tsʰa³³ kə²¹³ sʅ³¹ xe³³ ne⁴⁴ uõ³¹ mə⁴² niõ³¹ niõ³¹]

就在个个时候啊王母娘娘突然发现了。[tɕʰiɒu³³ tsʰa³³ kə²¹³ kə²¹³ sʅ³¹ xe³³ ŋa⁴⁴ uõ³¹ mə⁴² niõ³¹ niõ³¹ tʰɒu⁵⁵ zẽ³¹ fa⁵⁵ ɕiẽ³¹ nɒ⁴²]

伊把头脑壳上箇一根金钗啊。[e³¹ pɒ²¹³ tʰe³¹ no⁴² kʰə⁵⁵ sõ³³ kə⁴⁴ i⁵⁵ kẽ⁴⁴ tɕiən⁴⁴ tsʰɒ⁴⁴ ŋa⁴⁴]头脑壳：头

抽下来，[tsʰɒu⁴⁴ xɒ³³ na³¹]

在伊都箇中间呢一划。[tsʰa³³ e²¹³ tɒu⁴⁴ kə⁴⁴ tsəŋ⁴⁴ tɕiõ⁴⁴ ne⁴⁴ i⁵⁵ xuɒ³³]伊都：他们

马上就出现了一条天河。[mɒ⁴² sõ³³ tɕʰiɒu³³ tɕʰy⁵⁵ ɕiẽ³³ nɒ⁴² i⁵⁵ tʰie³¹ tʰiẽ⁴⁴ xə³¹]

个天河呢，波涛汹涌。[kə²¹³ tʰiẽ⁴⁴ xə³¹ ne⁴⁴, pə⁴⁴ tʰo⁴⁴ ɕiəŋ⁴⁴ iəŋ⁴²]

望不到边，[uõ³³ pu⁵⁵ to²¹³ piẽ⁴⁴]

对岸在哪里，根本看不到。[tæ²¹³ ŋõ³³ tsʰa³³ nɒ²¹³ næ⁴², kẽ⁴⁴ pən⁴² kʰõ²¹³ pu⁵⁵ to⁴²]

个样就把伊俩婆佬硬生生箇把伊隔开了。[kə²¹³ iõ³³ tɕʰiɒu³³ pɒ²¹³ e³¹ niõ⁴² pʰə³¹ no⁴² ŋɒ̃³³ səŋ⁴⁴ səŋ⁴⁴ kə⁴⁴ pɒ²¹³ e³¹ ke⁵⁵ kʰa⁴⁴ nɒ⁴²]俩婆佬：夫妻俩

一个在河个边嘞，[i⁵⁵ kə²¹³ tsʰa³³ xə³¹ kə²¹³ piẽ⁴⁴ ne⁴⁴]

一个在河那边嘞。[i⁵⁵ kə²¹³ tsʰa³³ xə³¹ ne⁵⁵ piẽ⁴⁴ ne⁴⁴]

两个人想见面也见不到。[niõ⁴² kə²¹³ zən³¹ ɕiõ⁴² tɕiẽ²¹³ miẽ³³ ie⁴² tɕiẽ²¹³ pu⁵⁵ to³¹]

喜鹊呢听说了伊都俩个人箇事情啊，[ɕi⁴² tɕʰiə⁵⁵ ne⁴⁴ tʰiɒ²¹³ ɕye⁵⁵ nɒ⁴² e²¹³ tɒu⁴⁴ niõ⁴² kə²¹³ zən³¹ kə⁴⁴ sʅ³³ tɕʰiən³¹ ŋa⁴⁴]

非常同情牛郎跟织女。[fæ⁴⁴ tsʰõ³¹ tʰəŋ³¹ tɕʰiən³¹ niɒu³¹ nõ³¹ kẽ⁴⁴ tsʅ⁵⁵ y⁴²]

到了农历每年七月初七箇时候。[to²¹³ nɒ⁴² nəŋ³¹ næ⁵⁵ mæ⁴² niẽ³¹ tsʰæ⁵⁵ ye⁵⁵ tsʰɒu⁴⁴ tsʰæ⁵⁵ kə⁴⁴ sʅ³¹ xe³³]

成千上万只箇喜鹊，[tsʰən³¹ tɕʰie⁴⁴ sõ³³ uɒ̃²¹³ tsɒ⁵⁵ kə⁴⁴ ɕi⁴² tɕʰiə⁵⁵]

个喜鹊，[kə²¹³ ɕi⁴² tɕʰiə⁵⁵]

在咸宁话里也说叫鸦欠。[tsʰa³³ ɕiɒ̃³¹ niən³¹ xuɒ⁴² ne⁴² ie⁴² ɕye⁵⁵ tɕie²¹³ ŋɒ⁴⁴ tɕʰiẽ²¹³] 鸦欠：喜鹊

就来得天河上，[tɕʰiɒu³³ na⁵⁵ te⁵⁵ tʰiẽ⁴⁴ xə³¹ sõ³³]

一只就咬倒另一只箇尾巴。[i⁵⁵ tsɒ⁵⁵ tɕʰiɒu³³ ŋa⁵⁵ to⁴² niən³³ i⁵⁵ tsɒ⁵⁵ kə⁴⁴ uæ⁴² pɒ⁴⁴]

搭起一座呢长长箇鹊桥。[tɒ⁵⁵ tɕʰi⁴² i⁵⁵ tsʰə³³ ne⁴⁴ tsʰõ³¹ tsʰõ³¹ kə⁴⁴ tɕʰiə⁵⁵ tɕie³¹]

让伊都在个鹊桥上呢相会。[zõ³³ e²¹³ tɒu⁴⁴ tsʰa³³ kə²¹³ tɕʰiə⁵⁵ tɕʰie³¹ sõ³³ ne⁴⁴ ɕiõ⁴⁴ fæ³³]

个就是经常听说箇牛郎和织女箇故事。[kə³¹ tɕʰiɒu³³ sʅ³³ tɕiən⁴⁴ tsʰõ³¹ tʰiɒ̃²¹³ ɕye⁵⁵ kə⁴⁴ niɒu³¹ nõ³¹ xə³¹ tsʅ⁵⁵ y⁴² kə⁴⁴ ku²¹³ sʅ³³]

那么七月初七呢，[ne⁴⁴ mo⁴² tsʰæ⁵⁵ ye⁵⁵ tsʰɒu⁴⁴ tsʰæ⁵⁵ ne⁴⁴]

也成了中国传统箇情人节。[ie⁴² tsʰən³¹ nɒ⁴² tsəŋ⁴⁴ kue⁵⁵ tɕʰyẽ³¹ tʰəŋ⁴² kə⁴⁴ tɕʰiən³¹ zən³¹ tɕi⁵⁵]

意译：在古代，有一位年轻人。他的父母很早就去世了，非常的可怜。家里只有一只老牛，别人都喊他牛郎。牛郎与老牛一起生活，靠种地为生。其实这只老牛是天上的神仙，也就是人们常说的金牛星。金牛星非常喜欢牛郎的为人。觉得牛郎非常勤快，心地善良。所以，金牛星就想帮他找一位妻子。

有一天，金牛星听说天上的仙女们，要下凡到村边的湖里游泳。就托梦给牛郎，要他第二日早晨天没有亮就到湖边去。趁这些仙女们不注意的时候，悄悄地拿走一件她们挂在树上的衣服。然后头也不回地跑回家里去，那么其中的一位仙女就会成为他的妻子。

第二天早晨，牛郎心里虽然不相信。但是他还是将信将疑地来到山脚下。借着那个非常微弱的光线。他看到那个湖里真有人在那洗澡。他一数，一、二、三、四、五、六、七。咦，真的有七位美女在湖里玩水。他来不及多想，马上拿起一件红色的衣服，衣服挂在树上。他飞快地跑回家里去。

这个被牛郎抢走衣服的仙女呢，就是人们常说的织女。这天夜里，她悄悄地来到牛郎家。敲开门，两个人做了恩爱的夫妻。两个人过得非常的幸福。一转眼，就三年过去了。他们生了一男一女两个孩子，一家人过得非常的幸福。

但是织女私自下凡的这件事情被玉皇大帝知道了。他发了很大的脾气，一定要，发了很大的脾气。发誓要把织女，把她抓回来。那还了得，仙女悄悄地跑到人间去跟凡人结婚。这肯定触犯了天庭的法律。有一天，天上打起了雷，扯起了闪电。刮起了大风，下起了大雨。一会儿的功夫织女就不知道到哪里去了。

两个孩子吓得直哭，到处找自己的妈妈。不知道妈妈到哪里去了。牛郎也急得不知道该怎么办。孩子的妈妈不见了，那该怎么办？这时候，那只老牛开口说话了。他说，你不要着急。你把我的牛角拿下来，它们会变成两只箩筐。你用它装上两个孩子，就可以去找你家老婆了。

牛郎正觉得奇怪。呃，怎么可能呢，这不是一只牛吗？它怎么突然说起话来了？就在他这样想的时候，牛角突然之间就掉下来了，真的变成了两只箩筐。他来不及多想了，赶紧把两个孩子装进箩筐里，用扁担把它挑起来了。就在这个时候，突然之间一阵风吹过来。箩筐就跟长了翅膀一样，飞了起来，腾云驾雾的朝天上飞去。

越飞越快，飞呀飞呀。眼睁睁看着就要追上织女了。就在这时候王母娘娘，就在这个时候王母娘娘突然发现了。她把头上的一根金钗，抽下来，在他们的中间一划。马上就出现了一条天河。这天河呢，波涛汹涌，望不到边，对岸在哪里，根本看不到。这样就把他们夫妻俩硬生生的隔开了。一个在河这边，一个在河那边，两个人想见面也见不到。

喜鹊听说了他们俩个人的事情，非常同情牛郎和织女。到了农历每年七月初七的时候。成千上万只的喜鹊，这喜鹊，在咸宁话里也叫作"鸦欠"。就来到天河上，一只就咬着另一只的尾巴，搭起一座长长的鹊桥，让他们在这鹊桥上相会。这就是经常听说的牛郎和织女的故事。那么七月初七呢，也成了中国传统的情人节。

三 其他故事

0022 其他故事

懒得说。[nã⁴² te⁵⁵ ɕye⁵⁵]

从前，有俩婆佬，[tsʰəŋ³¹ tɕʰiẽ³¹, iɒu⁴² niõ⁴² pʰə³¹ no⁴²] 俩婆佬：夫妻俩

懒得出奇。[nõ⁴² te⁵⁵ tɕʰy⁵⁵ tɕʰi³¹]

有一日，[iɒu⁴² i⁵⁵ zɿ⁵⁵]

男筒从外面买了几斤肉回来，[nõ³¹ kə³³ tsʰəŋ³¹ ua³³ miẽ³³ ma⁴² nɒ⁴² tɕi⁴² tɕiən⁴⁴ zɒu⁵⁵ fæ³¹ na³¹] 男筒：男的

叫屋里拿刀切肉。[tɕie²¹³ u⁵⁵ næ⁴² nɒ³¹ to⁴⁴ tɕʰi⁵⁵ zɒu⁵⁵] 屋里：妻子

伊说：[e³¹ ɕye⁵⁵]

"我懒得蠕，[ŋə⁴² nõ⁴² te⁵⁵ niəŋ²¹³] 蠕：动

尔自家去切。"[n̩⁴² tsɿ⁴⁴ kɒ⁴⁴ tɕʰie²¹³ tɕʰi⁵⁵] 自家：自己

伊男人说：[e³¹ nõ³¹ zən³¹ ɕye⁵⁵]

"我在外面买肉累了，[ŋə⁴² tsʰa³³ ua³³ miẽ³³ ma⁴² zɒu⁵⁵ næ³³ nɒ⁴²]

也懒得蠕。"[ie⁴² nõ⁴² te⁵⁵ niən²¹³]

伊说：[e³¹ ɕye⁵⁵]

"哪个买箇肉，[nɒ²¹³ kə²¹³ ma⁴² kə³³ zɒu⁵⁵]

就归哪个切。"[tɕʰiɒu³³ kuæ⁴⁴ nɒ²¹³ kə²¹³ tɕʰi⁵⁵]

男箇想喫肉，[nõ³¹ kə³³ ɕiõ⁴² tɕʰiɒ⁵⁵ zɒu⁵⁵]

冇得法，[mo⁴⁴ te⁵⁵ fɒ⁵⁵] 冇得：没有

只有自家去切。[tsl̩⁵⁵ iɒu⁴² tsl̩⁴⁴ kɒ⁴⁴ tɕʰie²¹³ tɕʰi⁵⁵]

男箇切肉，[nõ³¹ kə³³ tɕʰi⁵⁵ zɒu⁵⁵]

女箇倚在旁边看。[y⁴² kə³³ tɕʰi³³ tsʰa³³ pʰõ³¹ piẽ⁴⁴ kʰõ²¹³] 倚：站

男箇说女箇太懒，[nõ³¹ kə³³ ɕye⁵⁵ y⁴² kə³³ tʰa²¹³ nõ⁴²]

把刀背朝伊手上磕了一下，[pɒ²¹³ to⁴⁴ pæ²¹³ tsʰe³¹ e³¹ sɒu⁴² sõ³³ kʰə⁵⁵ nɒ⁴² i⁵⁵ xɒ³³]

哪晓得磕了一绺长口。[nɒ²¹³ ɕie⁴² te⁵⁵ kʰə⁵⁵ nɒ⁴² i⁵⁵ niɒu²¹³ tsʰõ³¹ kʰe⁴²]

男箇问伊痛不痛，[nõ³¹ kə³³ uən³³ e³¹ tʰəŋ²¹³ pu⁵⁵ tʰəŋ²¹³]

伊半天不做声。[e³¹ põ²¹³ tʰiẽ⁴⁴ pu⁵⁵ tsɒu²¹³ sõ⁴⁴] 做声：出声

男箇又问伊，[nõ³¹ kə³³ iɒu³³ uən³³ e³¹]

伊过了一刻崽才慢一慢箇说：[e³¹ kuə²¹³ nɒ⁴² i⁵⁵ kʰe⁵⁵ tsa⁴² tsʰa³¹ mõ³³ i⁵⁵ mõ³³ kə³³ ɕye⁵⁵] 一刻崽：一会儿。慢一慢：慢慢，不慌不忙

"痛是痛，只是懒得说。"[tʰəŋ²¹³ sl̩³³ tʰəŋ²¹³, tsl̩⁴² sl̩³³ nõ⁴² te⁵⁵ ɕye⁵⁵]

意译：懒得说。从前，有夫妻俩，非常的懒。有一天，男的从外面买了几斤肉回家，喊他老婆拿刀切肉。她说："我不想动，你自己去切。"她男人说："我在外面买肉累了，也不想动。"她说："谁买的肉，就归谁去切。"男的想吃肉，没有办法，只好自己去切。男的切肉，女的站在旁边看。男的说女的太懒，用刀背往她手上磕了一下，哪知道磕了一条长口。男的问她痛不痛，她半天不吭声。男的又问她，她过了一会儿才不慌不忙地说："痛是痛，只是懒得说。"

0023 其他故事

蚂蟥听不得水响。[mɒ³¹ uõ³¹ tʰiõ²¹³ pu⁵⁵ te⁵⁵ ɕy⁴² ɕiõ⁴²]

听说南海观音到咸宁来看风景，[tʰiõ²¹³ ɕye⁵⁵ nõ³¹ xa⁴² kuõ⁴⁴ iən⁴⁴ to²¹³ ɕiõ³¹ niən³¹ na³¹ kʰõ²¹³ fəŋ⁴⁴ tɕiən⁴²]

看见山脚下箇田里面有一伙人在栽田，[kʰõ²¹³ tɕiẽ²¹³ sõ⁴⁴ tɕiɒ⁵⁵ xɒ³³ kə³³ tʰiẽ³¹ næ⁴² miẽ³³ iɒu⁴² i⁵⁵ xə⁴² zən³¹ tsʰa³³ tsa⁴⁴ tʰiẽ³¹] 栽田：插秧

一个年轻崽倚在田塍上打鼓唱歌。[i⁵⁵ kə²¹³ niẽ³¹ tɕʰiõ⁴⁴ tsa⁴² tɕʰi³³ tsʰa³³ tʰiẽ³¹ sən³¹ sõ³³ tɒ⁴² ku⁴² tsʰõ²¹³ kə⁴⁴] 年轻崽：年轻人。倚：站

观音菩萨觉得蛮有味嘞，[kuõ⁴⁴ iən⁴⁴ pʰu³¹ sɒ⁵⁵ tɕiə⁵⁵ te⁵⁵ mɒ̃³¹ iɒu⁴² uæ³³ ne⁴⁴] 蛮：非常。有味：有意思

就化成一个年轻女崽，[tɕʰiɒu³³ xuɒ²¹³ tsʰən³¹ i⁵⁵ kə²¹³ niẽ³¹ tɕʰiɒ̃⁴⁴ y⁴² tsa⁴²] 女崽：女孩

拢去看。[nəŋ⁴² tɕʰie²¹³ kʰõ²¹³] 拢去：走过去

哪晓得勒个年轻崽打箇是栽田鼓，[nɒ²¹³ ɕie⁴² te⁵⁵ ne⁵⁵ kə²¹³ niẽ³¹ tɕʰiɒ̃⁴⁴ tsa⁴² tɒ⁴² kə³³ sɿ³³ tsa⁴⁴ tʰiẽ³¹ ku⁴²] 晓得：知道。勒个：那个

伊看见过来一个女箇，[e³¹ kʰõ²¹³ tɕie²¹³ kuə²¹³ na³¹ i⁵⁵ kə²¹³ y⁴² kə³³]

就信口唱了起来：[tɕʰiɒu³³ ɕiən²¹³ kʰe⁴² tsʰõ²¹³ nɒ²¹³ tɕʰi⁴² na³¹]

路边花朵分外香，[nɒu³³ piẽ⁴⁴ xuɒ⁴⁴ tə⁴² fən⁴⁴ ua³³ ɕiõ⁴⁴]

玉皇教我做情郎。[y⁵⁵ xuõ³¹ ko²¹³ ŋə⁴² tsɒu²¹³ tɕʰiən³¹ nõ³¹]

唱歌击鼓迎玉女，[tsʰõ²¹³ kə⁴⁴ tɕi⁵⁵ ku⁴² niən³¹ y⁵⁵ y⁴²]

赶快同我入洞房。[kõ⁴² kʰua²¹³ tʰəŋ³¹ ŋə⁴² y⁵⁵ tʰəŋ³³ fõ³¹]

观音一听，[kuõ⁴⁴ iən⁴⁴ i⁵⁵ tʰiɒ̃²¹³]

气煞了：[tɕʰi²¹³ sa⁵⁵ nɒ⁴²] 煞：死

"个人真拐！"[kə³¹ zən³¹ tsən⁴⁴ kua⁴²] 个：这。拐：坏

伊顺手从路边扯了一根蚂蟥草，[e³¹ ɕyən³³ sɒu⁴² tsʰən³¹ nɒu³³ piẽ⁴⁴ tsʰɒ⁴² nɒ⁴² i⁵⁵ kẽ⁴⁴ mɒ³¹ uõ³¹ tsʰo⁴²]

折成几节丢得水里头去，[tse⁵⁵ tsʰən³¹ tɕi⁴² tɕi⁵⁵ tiɒu⁴⁴ te⁵⁵ ɕy⁴² næ⁴² tʰe³¹ tɕʰie²¹³]

说："尔听见鼓响就咬人。"[ɕye⁵⁵：n̩⁴² tʰiɒ̃²¹³ tɕie²¹³ ku⁴² ɕiõ⁴² tɕʰiɒu³³ ŋa⁵⁵ zən³¹]

哪晓得蚂蟥震懵了头，[nɒ²¹³ ɕie⁴² te⁵⁵ mɒ³¹ uõ³¹ tsən²¹³ məŋ⁴² nɒ⁴² tʰe³¹]

听错成：[tʰiɒ̃²¹³ tsʰə²¹³ tsʰən³¹]

"尔听见水响就咬人。"[n̩⁴² tʰiɒ̃²¹³ tɕie²¹³ ɕy⁴² ɕiõ⁴² tɕʰiɒu³³ ŋa⁵⁵ zən³¹]

伊就把栽田箇一个个咬得血只箇流箇，[e³¹ tɕʰiɒu³³ pɒ²¹³ tsa⁴⁴ tʰiẽ³¹ kə³³ i⁵⁵ kə²¹³ kə²¹³ ŋa⁵⁵ te⁵⁵ ɕi⁵⁵ tsɿ⁵⁵ kə²¹³ niɒu³¹ kə³³] 只箇：一直

吓得个些人往岸上只跑。[xɒ⁵⁵ te⁵⁵ kə³¹ sæ⁵⁵ zən³¹ uõ⁴² ŋõ³³ sõ³³ tsɿ⁵⁵ pʰo⁴²] 个些人：这些人

从此，水田就有了蚂蟥，[tsʰən³¹ tsʰɿ⁴²，ɕy⁴² tʰiẽ³¹ tɕʰiɒu³³ iɒu⁴² nɒ⁴² mɒ³¹ uõ³¹]

伊一听见水响，[e³¹ i⁵⁵ tʰiɒ̃²¹³ tɕie²¹³ ɕy⁴² ɕiõ⁴²]

就出来咬人。[tɕʰiɒu³³ tɕʰy⁵⁵ na³¹ ŋa⁵⁵ zən³¹]

意译：蚂蟥听到水的响声就咬人。听说南海观音到咸宁来看风景，看见山脚下的田里面有一伙人在插秧，一个年轻人站在田埂上打鼓唱歌。观音菩萨觉得很有意思，就化装成一个年轻女孩，走过去看。谁知道那个年轻人打的是插秧鼓，

她看见过来一个女的，就信口唱了起来：路边花儿分外香，玉皇教我做情郎。唱歌击鼓迎玉女，赶快同我入洞房。观音一听，气死了："这人真坏！"她顺手从路边扯了一根蚂蟥草，折成几节丢到水里面去，说："你听见鼓响就咬人。"哪知道蚂蟥被震晕了头，听错成："你听见水响就咬人。"它就把插秧的一个个咬得血直流的，吓得这些人往岸上直跑。从此，水田里就有了蚂蟥，它一听见水响，就出来咬人。

0024 其他故事

斗话把。[te²¹³ xuɒ⁴² pɒ²¹³] 斗：安装、拼接

有一夜，[iɒu⁴² i⁵⁵ iɒ³³]

屋场上有蛮多人乘凉，[u⁵⁵ tsʰõ³¹ sõ³³ iɒu⁴² mɒ³¹ tə⁴⁴ zən³¹ sən³¹ niõ³¹] 屋场：禾场等开阔处。蛮：很

听张老九呱古。[tʰiɒ̃²¹³ tsõ⁴⁴ no⁴² tɕiɒu⁴² kuɒ⁵⁵ ku⁴²] 呱古：讲故事

钱六姐来得晏，[tɕʰiẽ³¹ nɒu⁵⁵ tɕiɒ⁴² na³¹ te⁵⁵ ŋɒ²¹³] 晏：晚

前面说箇冇听到，[tɕʰiẽ³¹ miẽ³³ ɕye⁵⁵ kə³³ mo⁴⁴ tʰiɒ̃²¹³ to⁴²] 冇：没有

伊中间问了一句：[e³¹ tsəŋ⁴⁴ kɒ̃⁴⁴ uən³³ nɒ⁴² i⁵⁵ tɕy²¹³]

"前面说箇是么呢？"[tɕʰiẽ³¹ miẽ³³ ɕye⁵⁵ kə³³ sɿ³³ mo⁴² næ⁴⁴] 么呢：什么

张老九闭嘴不讲了。[tsõ⁴⁴ no⁴² tɕiɒu⁴² pæ²¹³ tsæ⁴² pu⁵⁵ tɕiõ⁴² nɒ⁴²]

个些人问伊做霉⁼不讲了，[kə³¹ sæ⁵⁵ zən³¹ uən³³ e³¹ tsɒu²¹³ mæ³¹ pu⁵⁵ tɕiõ⁴² nɒ⁴²] 做霉⁼：为什么

伊说：[e³¹ ɕye⁵⁵]

"话把六姑打断了，[xuɒ⁴² pɒ²¹³ nɒu⁵⁵ ku⁴⁴ tɒ⁴² tʰõ³³ nɒ⁴²] 把：被

要讲得请伊把话头斗起来。"[ie²¹³ tɕiõ⁴² te⁵⁵ tɕʰiɒ̃⁴² e³¹ pɒ²¹³ xuɒ⁴² tʰe³¹ te²¹³ tɕʰi⁴² na³¹]

世上只有斗刀把，[sɿ²¹³ sõ³³ tsɿ⁵⁵ iɒu⁴² te²¹³ to⁴⁴ pɒ²¹³]

斗锄头把箇，[te²¹³ tsʰɒu³¹ tʰe³¹ pɒ²¹³ kə³³]

冇听说斗话把箇，[mo⁴⁴ tʰiɒ̃²¹³ ɕye⁵⁵ te²¹³ xuɒ⁴² pɒ²¹³ kə³³]

个明明是要难钱六姐。[kə³¹ miən³¹ miən³¹ sɿ³³ ie²¹³ nɒ̃³¹ tɕʰiẽ³¹ nɒu⁵⁵ tɕiɒ⁴²]

钱六姐灵机一动，[tɕʰiẽ³¹ nɒu⁵⁵ tɕiɒ⁴² niən³¹ tɕi⁴⁴ i⁵⁵ tʰəŋ³³]

得了凳崽就往回走。[te⁵⁵ nɒ⁴² tiẽ²¹³ tsa⁴² tɕʰiɒu³³ uõ⁴² fæ³¹ tse⁴²] 得：端。凳崽：小凳子

张老九得意箇说：[tsõ⁴⁴ no⁴² tɕiɒu⁴² te⁵⁵ i²¹³ kə³³ ɕye⁵⁵]

"尔不会斗话把，[n̩⁴² pu⁵⁵ fæ³³ te²¹³ xuɒ⁴² pɒ²¹³]

难适跑了？"[nɒ̃³¹ sɿ⁵⁵ pʰo⁴² nɒ⁴²] 难适：怎么

钱六姐说：[tɕʰiẽ³¹ nɒu⁵⁵ tɕiɒ⁴² ɕye⁵⁵]

"今夜天气太热，[tɕiən⁴⁴ iŋ³³ tʰiẽ⁴⁴ tɕʰi²¹³ tʰa²¹³ ze⁵⁵]

是我爷把风根缔倒在，[sʅ³³ ŋə²¹³ iŋ³¹ pɒ²¹³ fəŋ⁴⁴ kẽ⁴⁴ tʰiŋ⁵⁵ to⁴² tsʰa³³] 缔：拴

我去回把风解开，[ŋə⁴² tɕʰie²¹³ fæ³¹ pɒ²¹³ fəŋ⁴⁴ ka⁴² kʰa⁴⁴] 去回：回去

拿来让个些人凉快一下。"[nɒ³¹ na³¹ zõ³³ kə³¹ sæ⁵⁵ zən³¹ niõ³¹ kʰua²¹³ i⁵⁵ xɒ³³] 个些人：这些人

张老九心嘞想：[tsõ⁴⁴ no⁴² tɕiɒu⁴² ɕiən⁴⁴ ne⁴⁴ ɕiõ⁴²]

个女崽真是聪明一世，[kə²¹³ y⁴² tsa⁴² tsən⁴⁴ sʅ³³ tsʰəŋ⁴⁴ miən³¹ i⁵⁵ sʅ²¹³] 女崽：女孩子

糊涂一时。[fu³¹ tʰɒu³¹ i⁵⁵ sʅ³¹]

伊说：[e³¹ ɕye⁵⁵]

"尔个伢崽说苕话。[n̩⁴² kə³¹ ŋa³¹ tsa⁴² ɕye⁵⁵ se³¹ xuɒ⁴²] 苕：傻

风来无影去无踪，[fəŋ⁴⁴ na⁴¹ u³¹ iõ⁴² tɕʰie²¹³ u³¹ tsən⁴⁴]

哪里有根，[nɒ²¹³ næ⁴⁴ iɒu⁴² kẽ⁴⁴]

尔又难适把伊拿得来？"[n̩⁴² iɒu³³ nõ³¹ sʅ⁵⁵ pɒ²¹³ e³¹ nɒ³¹ te⁵⁵ na³¹] 难适：怎么

钱六姐反问：[tɕʰiẽ³¹ nɒu⁵⁵ tɕiɒ⁴² fɒ⁴² uən³³]

"凉风无根无法拿，[niõ³¹ fəŋ⁴⁴ u³¹ kẽ⁴⁴ u³¹ fɒ⁵⁵ nɒ³¹]

尔怎叫我斗话把？"[n̩⁴² tsən⁴² tɕie²¹³ ŋə⁴² te²¹³ xuɒ⁴² pɒ²¹³]

一句话，把张老九呛倒了。[i⁵⁵ tɕy²¹³ xuɒ⁴², pɒ²¹³ tsõ⁴⁴ no⁴² tɕiɒu⁴² tɕʰiõ²¹³ to⁴² nɒ⁴²] 倒：着

意译：拼接话头。有一个晚上，屋外场地上有很多人在乘凉，听张老九讲故事。钱六姐来得晚，前面说的没有听见，她在中间插了一句："前面说的是什么？"张老九闭嘴不讲了。这些人问他为何不讲了，他说："话被六姑打断了，要讲得请她把话头拼起来。"世上只有把刀把和刀，锄头把和锄头拼接在一起的，没有听说拼接话头的，这明明是要为难钱六姐。钱六姐灵机一动，端了小凳子就往回走。张老九得意的说："你不会拼话头，怎么跑了？"钱六姐说："今晚天气太热，是我爸爸把风的根拴住了，我回家把风解开，拿来让这些人凉快一下。"张老九心里想：这女孩子真是聪明一世，糊涂一时。他说："你这孩子说傻话。风来无影去无踪，哪里有根，你又怎么把它拿得来？"钱六姐反问："凉风无根无法拿，你怎么让我拼话头？"一句话，把张老九呛着了。

四　自选条目

0031 自选条目

六月落雨隔田塍。[nɒu⁵⁵ ye⁵⁵ nə⁵⁵ y⁴² ke⁵⁵ tʰiẽ³¹ sən³¹] 落雨：下雨

意译：六月天下雨隔一个田埂可能这边下雨那边不下雨。

0032 自选条目

喫了月半粑，各人种庄稼。[tɕʰiɒ⁵⁵ nɒ⁴² ye⁵⁵ põ²¹³ pɒ⁴⁴，kə⁵⁵ zən³¹ tsəŋ²¹³ tsõ⁴⁴ kɒ⁴⁴]

月半：正月十五。粑：糍粑

意译：过了正月十五，各家各户都开始忙自己的活了。

0033 自选条目

栽田嫁女，不分晴雨。[tsa⁴⁴ tʰiẽ³¹ kɒ²¹³ y⁴²，pu⁵⁵ fən⁴⁴ tɕʰiɒ³¹ y⁴²] 栽田：插秧

意译：插秧、嫁女儿，是不分晴雨的。

0034 自选条目

看猪无巧，栏干食饱。[kʰõ⁴⁴ tɕy⁴⁴ u³¹ tɕʰio⁴²，nõ³¹ kõ⁴⁴ sʅ³³ pɒ⁴²] 看：饲养

意译：养猪没什么技巧，做到猪圈干净，猪能吃饱就可以了。

0035 自选条目

雷打冬，十个牛栏九个空。[næ³¹ tɒ⁴² təŋ⁴⁴，sʅ³³ kə²¹³ niɒu³¹ nõ³¹ tɕiɒu⁴² kə²¹³ kʰuəŋ⁴⁴]

意译：冬天打雷，十个牛栏会有九个是空的（冬天打雷是不正常的，极寒天气会冻死牛）。

0036 自选条目

大鱼喫细鱼，细鱼喫虾，虾喫泥巴。[tʰa³³ y³¹ tɕʰiɒ⁵⁵ sæ²¹³ y³¹，sæ²¹³ y³¹ tɕʰiɒ⁵⁵ xɒ⁴²，xɒ⁴² tɕʰiɒ⁵⁵ niẽ²¹³ pɒ⁴⁴] 细：小

意译：大鱼吃小鱼，小鱼吃虾子，虾子吃泥巴（喻环环相扣，相互制约）。

0037 自选条目

爷娘痛晚崽，爹妈痛长孙。[iɒ³¹ niõ³¹ tʰəŋ²¹³ uõ⁴² tsa⁴²，ti⁴⁴ mõ⁴⁴ tʰəŋ²¹³ tsõ⁴² sən⁴⁴]

爷娘：父母。爹妈：爷爷奶奶

意译：爸爸妈妈疼爱最小的孩子，爷爷奶奶疼爱最大的孙子。

0038 自选条目

礼多人不怪。[næ⁴² tə⁴⁴ zən³¹ pu⁵⁵ kua²¹³]

意译：别人不会嫌弃礼节多。

0039 自选条目

一代姑，二代表，三代四代了。[i⁵⁵ tʰa³³ ku⁴⁴，zɿ³³ tʰa³³ pie⁴²，sɒ̃⁴⁴ tʰa³³ sɿ²¹³ tʰa³³ nie⁴²] 了：完结

意译：亲情一代比一代疏远，三四代过后就没有什么了。

0040 自选条目

蚂蟥听不得水响。[mɒ³¹ uõ³¹ tʰiɒ̃²¹³ pu⁵⁵ te⁵⁵ ɕy⁴² ɕiõ⁴²]

意译：蚂蟥听到水响就过来咬人。

0041 自选条目

喫肉不如喝汤，喝汤不如嗅香。[tɕʰiɒ⁵⁵ zɒu⁵⁵ pu⁵⁵ y³¹ xə⁵⁵ tʰõ⁴⁴，xə⁵⁵ tʰõ⁴⁴ pu⁵⁵ y³¹ ɕiəŋ²¹³ ɕiõ⁴⁴] 嗅：闻

意译：吃肉不如喝汤，喝汤不如闻香。

0042 自选条目

六月六，晒红绿。[nɒu⁵⁵ ye⁵⁵ nɒu⁵⁵，sɒ²¹³ fəŋ³¹ niɒu⁵⁵]

意译：六月六日，把衣物拿出来晒一下可以防虫蛀。

0043 自选条目

八月中秋，炙火不羞。[pa⁵⁵ ye⁵⁵ tsəŋ⁴⁴ tɕʰiɒu⁴⁴，tsɒ⁵⁵ xə⁴² pu⁵⁵ ɕiɒu⁴⁴] 炙火：烤火

意译：过了中秋节，天气变冷了，即使烤火也不是什么羞耻的事了。

0044 自选条目

力是压大箇，胆是吓大箇。[næ⁵⁵ sɿ³³ ŋɒ⁵⁵ tʰa³³ kə³³，tõ⁴² sɿ³³ xɒ⁵⁵ tʰa³³ kə³³]

意译：力气越压越大，胆子越吓越大。

0045 自选条目

心中有事瞓不着，心中无事瞌睡多。[ɕiən⁴⁴ tsəŋ⁴⁴ iɒu⁴² sɿ³³ kʰuən²¹³ pu⁵⁵ tsʰə³³，ɕiən⁴⁴ tsəŋ⁴⁴ u³¹ sɿ³³ kʰə⁵⁵ ɕy³³ tə⁴⁴] 瞓：睡觉

意译：心里有事就睡不着，心里无事就经常想睡。

0046 自选条目

一个萝卜一个凼。[i⁵⁵kə²¹³ nə³¹ pʰe³³ i⁵⁵kə²¹³ tõ²¹³] 凼：坑

意译：一个萝卜一个坑。

0047 自选条目

看崽不读书，不如看只猪。[kʰõ⁴⁴tsa⁴² pu⁵⁵tʰɒu³³ ɕy⁴⁴，pu⁵⁵y³¹ kʰõ⁴⁴tsɒ⁵⁵tɕy⁴⁴] 看：生、养

意译：生儿子不供他读书，不如养只猪。

0048 自选条目

脚鱼变乌龟——脱不了壳。[tɕiə⁵⁵y³¹ piẽ²¹³ u⁴⁴kuæ⁴⁴——tʰe⁵⁵pu⁵⁵nie⁴²kʰə⁵⁵] 脚鱼：甲鱼

意译：甲鱼变成乌龟——还是有壳（喻脱不了干系）。

0049 自选条目

瞎嘞喫汤圆——心嘞有数。[xa⁵⁵ne⁴⁴ tɕʰiɒ⁵⁵tʰõ⁴⁴yẽ³¹——ɕiən⁴⁴ne⁴⁴ iɒu⁴²sɒu²¹³] 瞎嘞：瞎子

意译：瞎子吃汤圆——心里有数。

0050 自选条目

篾签穿豆腐——提不上手。[mi⁵⁵tɕʰiẽ⁴⁴ tɕʰyẽ⁴⁴tʰe³³fu⁴²——tʰæ³¹pu⁵⁵sõ³³sɒu⁴²]

意译：用竹签去穿豆腐——没办法提起来（喻方式和方法不对）。

0051 自选条目

鐬鸡公打水——表情。[ɕiẽ²¹³tɕi⁴⁴kəŋ⁴⁴ tɒ⁴²ɕy⁴²——pie⁴²tɕʰiən³¹] 鐬：阉

意译：阉割的公鸡想与母鸡交配——虚情假意。

0052 自选条目

戴斗笠做嘴——差得远。[ta²¹³te⁴²næ⁵⁵tsɒu²¹³tsæ⁴²——tsʰɒ⁴⁴te⁵⁵yẽ⁴²] 做嘴：亲吻

意译：戴着斗笠亲吻——距离太远。

0053 自选条目

儋豆腐承脚——莫指望。[tõ⁴⁴tʰe³³fu⁴² sən³¹tɕiə⁵⁵——mə⁵⁵tsɿ⁴²uõ³³] 儋：拿。承：

垫

意译：拿豆腐垫脚——不要指望。

0054 自选条目

茅厕缸筒石头——又臭又硬。[mo³¹ sɿ⁴⁴ kõ⁴⁴ kə³³ sɒ³³ tʰe³¹ ——iɒu³³ tsʰɒu²¹³ iɒu³³ ŋõ³³] 茅厕：厕所

意译：粪坑里的石头——又臭又硬。

0055 自选条目

破箩装石灰——到处是迹。[pʰə²¹³ nɒ³¹ tsõ⁴⁴ sɒ³³ fæ⁴⁴ ——to²¹³ tɕʰy²¹³ sɿ³³ tɕiɒ⁵⁵]

意译：用破箩筐装石灰——到处留下痕迹。

0056 自选条目

脱裤打屁——多余一理。[tʰe⁵⁵ kʰu²¹³ tɒ⁴² pʰæ²¹³ ——tə⁴⁴ y³¹ i⁵⁵ næ⁴²]

意译：脱掉裤子放屁——多此一举。

0057 自选条目

吹牛屄。[ɕyæ⁴⁴ niɒu³¹ pi⁵⁵]

意译：吹牛。

0058 自选条目

喫叫死。[tɕʰiɒ⁵⁵ tɕie²¹³ sɿ⁴²]

意译：吃了去死（诅咒之语）。

0059 自选条目

捋脚梗。[ne⁵⁵ tɕiə⁵⁵ kuõ⁴²]

意译：捋起裤管（喻因无准备而出洋相）。

0060 自选条目

生六指。[sɒ̃⁴⁴ nɒu⁵⁵ tsɿ⁵⁵]

意译：长六个指头（诅咒某人是小偷）。

0061 自选条目

杀颈。[sa⁵⁵ tɕiɒ̃⁴²] 颈：脖子

意译：用刀捅脖子（喻指某人大声叫喊，像猪被杀一样）。

0062 自选条目

屙屎不揩屁股。[uə⁴⁴ sʅ⁴² pu⁵⁵ ka⁵⁵ pʰæ²¹³ ku⁴²] 揩：擦

意译：拉屎不擦屁股（喻做事情有始无终）。

0063 自选条目

说一些不作油盐箇话。[ɕye⁵⁵ i⁵⁵ sæ⁵⁵ pu⁵⁵ tsə⁵⁵ iɒu³¹ iẽ³¹ kə³³ xuɒ⁴²] 作：放

意译：说一些不着边际或不现实的话。

0064 自选条目

石碾都压不出一个屁来。[sɒ³³ kuən⁴² tɒu⁴⁴ ŋɒ⁵⁵ pu⁵⁵ tɕʰy⁵⁵ i⁵⁵ kə²¹³ pʰæ²¹³ na³¹] 石碾：用来碾压稻谷使之脱粒的石头轱辘

意译：用石头轱辘都没办法压出一个屁来（喻没有什么学问或者无话可说）。

0065 自选条目

去箇盘缠，来箇路费。[tɕʰie²¹³ kə³³ pʰõ³¹ tsʰẽ³¹ , na³¹ kə³³ nɒu³³ fæ²¹³]

意译：去的费用，来的费用。

0066 自选条目

蛤蟆无颈，伢崽无腰。[kʰɒ³¹ mɒ³¹ u³¹ tɕiɒ̃⁴² , ŋa³¹ tsa⁴² u³¹ ie⁴⁴] 颈：脖子。蛤蟆：青蛙

意译：青蛙没有脖子，小朋友没有腰（指小朋友太小，还没有长大，不能起到作用）。

0067 自选条目

当做不做，扬叉打兔。[tõ⁴⁴ tsɒu²¹³ pu⁵⁵ tsɒu²¹³ , iõ³¹ tsʰɒ⁴⁴ tɒ⁴² tʰɒu²¹³] 扬叉：Y形农具，用来翻扬谷草等

意译：该做的不做，用扬叉来打兔。喻工具或方法不对，只会徒劳无功。

0068 自选条目

一猪二茶三花生四芝麻。[i⁵⁵ tɕy⁴⁴ zʅ³³ tsʰɒ³¹ sɒ̃⁴⁴ xuɒ⁴⁴ səŋ⁴⁴ sʅ²¹³ tsʅ⁴⁴ mɒ³¹]

意译：猪油最好，其次茶油，再次花生油，最后是芝麻油。

通 山

一 歌谣

0001 歌谣

一个伢崽着红鞋，[i⁵⁵ koʊ⁴⁵ ŋa²¹ tsa⁴² tsoʊ⁵⁵ xuɑŋ²¹ xa²¹] 伢崽：小孩子
踢踢踏踏过桥来。[tʰi⁵⁵ tʰi⁵⁵ tʰɔ²¹ tʰɔ²¹ koʊ⁴⁵ tɕiɛu²¹ la²¹] 踢踢踏踏：蹦蹦跳跳
家婆问我在哩来，[kɔ²³ poʊ²¹ uɐn³³ ŋoʊ⁴² tsa³³ n̩i³³ la²¹] 家婆：外婆。哩：哪里
我在河下戏水来。[ŋoʊ⁴² tsa³³ xoʊ²¹ xɔ³³ ɕi⁴⁵ ɕyæ⁴² la²¹] 戏：玩耍
家婆问我喫冇吃，[kɔ²³ poʊ²¹ uɐn³³ ŋoʊ⁴² tɕʰiɔ⁵⁵ mɑu²¹ tɕʰiɔ⁵⁵] 喫：吃。冇：没有
杀只鸡婆拖只鸭。[sa³³ tsɔ⁵⁵ tɕi²³ poʊ²¹ tʰœ⁵⁵ tsɔ⁵⁵ ŋɔ⁵⁵]
鸡婆鸡崽冇剐皮，[tɕi²³ poʊ²¹ tɕi²³ tsa⁴² mɑu³³ kɔ⁴² pæ²¹] 鸡崽：小鸡
阿弟发悭跑还回。[a³³ tæ³³ fa⁵⁵ ɕioŋ⁴⁵ pʰau⁴² xɔ³³ fæ²¹] 阿弟：弟弟。发悭：生气

意译：一个小孩儿穿红鞋，蹦蹦跳跳来过桥。外婆问我从哪儿来，我说从河里玩水来。外婆问我吃没吃，杀只母鸡带只鸭。母鸡小鸡都没剐皮，弟弟生气地跑回家了。

0002 歌谣

大月亮，细月亮，[ta³³ yɛ³³ lioŋ³³，sæ⁴⁵ yɛ³³ lioŋ³³] 细：小
家公起来做木匠，[kɔ²¹³ kuɑŋ²¹³ tɕʰi⁴² la²¹ tsɑu⁴⁵ mu³³ tɕioŋ³³] 家公：外公
家婆起来打鞋底，[kɔ²¹³ pu²¹ tɕʰi⁴² la²¹ tɔ⁴² xa²¹ tæ⁴²] 家婆：外婆
媳妇起来甑糯米，[si⁵⁵ fu³³ tɕʰi⁴² la²¹ zen⁴² noʊ³³ mæ⁴²] 甑：一种蒸食物的用具，这里名词用作动词，用甑蒸
一甑甑至家婆箇崽，[i⁵⁵ zen⁴² zen⁴² tsʅ⁴⁵ kɔ²¹³ pu²¹ koʊ⁴⁵ tsa⁴²] 崽：孩子
喫不得滚糯米，[tɕʰiɔ⁵⁵ pa⁵⁵ tɛ⁵⁵ kuɐn⁴² noʊ³³ mæ⁴²] 喫：吃。滚：烫
尔莫尝，我莫尝，[n̩⁴² moʊ³³ soŋ²¹，ŋoʊ⁴² moʊ³³ soŋ²¹] 莫：不要
留得大哥讨婆娘，[lieu²¹ tɛ⁵⁵ ta³³ koʊ²¹³ tʰau⁴² pu²¹ n̩ioŋ²¹] 得：给
讨个婆娘脚又大，嘴又歪，[tʰau⁴² koʊ⁴⁵ pu²¹ n̩ioŋ²¹ tɕioʊ⁵⁵ ioʊ³³ ta³³，tsæ⁴² ioʊ³³ ua²¹³]
破锣破鼓敲上街，[pʰoʊ⁴⁵ noʊ²¹ pʰoʊ⁴⁵ ku⁴² tɕʰiɛu²¹³ soŋ³³ ka²¹³]
上街头不要，[soŋ³³ ka²¹³ tɛu²¹ pa⁵⁵ iɛu⁴⁵]
下街头一抢哦。[xɔ³³ ka²¹³ tɛu²¹ i⁵⁵ tɕʰioŋ⁴² ɔ⁰] 一：都

意译：大月亮，小月亮，外公起来做木匠，外婆起来纳鞋底，媳妇起来用甑蒸糯米，蒸着蒸着引来了外婆的孩子，吃不得烫糯米，你不要吃，我不要吃，留给大哥讨媳妇，讨个媳妇脚又大，嘴又歪，破锣破鼓敲上街，上街头不要，下街头都来抢哦。

0003 歌谣

一天星，早早起，[i⁵⁵ tʰen²³ ɕiã²¹³，tsɑu⁴² tsɑu⁴² tɕʰi⁴²]
米汤和水好浆衣。[mæ⁴² tʰoŋ²¹³ xou²¹ ɕyæ⁴² xɑu⁴² tɕioŋ²³ i²¹³]
将一时，彼一时，[tɕioŋ²³ i⁵⁵ sʅ²¹，pæ⁴² i⁵⁵ sʅ²¹] 将：刚刚
比不得娘家做女儿。[pæ⁴² pa⁵⁵ tɛ⁵⁵ nioŋ²¹ tɕio²³ tsɑu⁴⁵ ȵy⁴² ʐ̩²¹]
娘家睏到早饭后，[ȵioŋ²¹ tɕio²³ kʰuɐn⁴⁵ tɑu⁴⁵ tsɑu⁴² fã³³ xɛu³³] 睏：睡觉
婆家睏到子鸡啼。[pu²¹ tɕio²³ kʰuɐn⁴⁵ tɑu⁴⁵ tsʅ⁴² tɕi²³ tæ²¹] 子鸡：刚长大开始打鸣的公鸡
一鸡叫，起来了；[i⁵⁵ tɕi²³ tɕiɛu⁴⁵，tɕʰi⁴² la²¹ liɛu⁴²]
二鸡叫，在梳头；[ʐ̩³³ tɕi²³ tɕiɛu⁴⁵，tsa³³ sɑu³³ tɛu²¹]
三鸡叫，金花银花插满头；[sã²³ tɕi²³ tɕiɛu⁴⁵，tɕien²³ xɔ²³ ȵien²¹ xɔ²³ tsʰɔ⁵⁵ mã⁴² tɛu²¹]
四鸡叫，手拿扁担去挑水。[sʅ⁴⁵ tɕi²³ tɕiɛu⁴⁵，sɑu⁴² nɔ²¹ pen⁴² tã⁴⁵ tɕy⁴⁵ tɕiɛu²³ ɕyæ⁴²]
脚又细，水难挑；[tɕiou⁵⁵ iou³³ sæ⁴⁵，ɕyæ⁴² nã²¹ tʰiɛu²¹³] 细：小
灶背矮，难弯腰；[tsɑu⁴⁵ pæ⁴⁵ ŋa⁴²，nã²¹ mã²³ iɛu²¹³]
柴又湿，火难烧。[tsa²¹ iou³³ sʅ⁵⁵，xou⁴² nã²¹ sɛu²¹³]
看我媳妇心焦不心焦。[kʰœ⁴² ŋou⁴² sæ⁵⁵ fu³³ sien²³ tɕiɛu²³ pa⁵⁵ sien²³ tɕiɛu²¹³] 焦：着急

意译：满天星的时候就要早早起床，用米汤调和的水便于浆衣服。此一时，彼一时，比不得在娘家做女儿的时光。在娘家每天睡到早饭后，到了婆家每天刚长大的雄鸡打鸣就要起床。鸡叫头一遍，就赶紧起床；鸡叫第二遍，已经在梳头了；鸡叫第三遍，梳妆完毕。第四遍鸡叫时，已经手拿扁担准备去挑水了。脚又小，水难挑；灶那么矮，难弯腰；柴那么湿，很难烧着。让我这小媳妇心急不心急。

0004 歌谣

癞子癞痢粉，[læ²¹ tsʅ⁴² læ²¹ li³³ fen⁴²]
单个打日本，[tã²¹³ kou⁴⁵ tɔ⁴² ʐ̩³³ pen⁴²]
日本投了降，[ʐ̩³³ pen⁴² tou²¹ liɛu⁰ ɕioŋ²¹]
癞子得表扬，[læ²¹ tsʅ⁴² tɛ⁵⁵ piɛu⁴² ioŋ²¹]

表扬一张纸，[piɛu⁴² ioŋ²¹ i⁵⁵ tsoŋ²¹³ tsʅ⁴²]

癞子喫狗屎，[læ²¹ tsʅ⁴² tɕʰiɔ⁵⁵ kɛu⁴² sʅ⁴²] 喫：吃

狗屎一大堆，[kɛu⁴² sʅ⁴² i⁵⁵ ta³³ tæ²¹³]

癞子喫了亏。[læ²¹ tsʅ⁴² tɕʰiɔ⁵⁵ liɛu⁰ kʰuæ²¹³]

意译：一个癞痢头，一个人去打日本，日本投了降，癞痢得表扬，表扬一张纸，癞痢吃狗屎，狗屎一大堆，癞痢吃了亏。

0005 歌谣

月亮地，种芝麻；[yɛ³³ lioŋ³³ tæ³³，tsaŋ⁴⁵ tsʅ²³ mɔ²¹]

哥锄草，嫂提茶。[kou²¹³ tsau²¹ tsʰau⁴²，sau⁴² tæ²¹ tsɔ²¹]

茶吊把，牡丹花；[tsɔ²¹ tiɛu⁴⁵ pɔ⁴²，miɛu⁴² tã²¹³ xɔ²¹³] 吊把：（茶壶）提把

花茶碗，好喝茶。[xɔ²¹³ tsɔ²¹ uẽ⁴²，xau⁴² xou⁵⁵ tsɔ²¹]

意译：在有月亮照耀的地里种芝麻，哥哥锄草，嫂嫂提着茶壶。茶壶的提把是牡丹花的图案，茶碗是花的，正好用来喝茶。

0006 歌谣

洋都畈，一口塘，[ioŋ²¹ tou²¹ fɐn⁴⁵，i⁵⁵ kʰɛu⁴² toŋ²¹]

一只鲤鱼八尺长，[i⁵⁵ tsɔ⁵⁵ læ⁴² n̠y²¹ pa⁵⁵ tsʰɔ⁵⁵ tsoŋ²¹]

长竹篙，打不及，[tsoŋ²¹ tsau⁵⁵ kau²¹³，tɔ⁴² pa⁵⁵ tɕi³³]

短竹篙，挂房门，[tœ̃⁴² tsau⁵⁵ kau²¹³，kuɔ⁴⁵ foŋ²¹ mɐn²¹]

房门挂到溜溜光，[foŋ²¹ mɐn²¹ kuɔ⁴⁵ tau²¹³ lioŋ⁵⁵ lioŋ⁵⁵ kuoŋ²¹³]

新人出来淘茶汤，[sen²¹³ zɐn²¹ tɕʰy⁵⁵ la²¹ tɔ²¹ tsɔ²¹ tʰoŋ²¹³]

茶汤辣，换鞋拔，[tsɔ²¹ tʰoŋ²¹³ la⁵⁵，xuẽ³³ xa²¹ pa²¹] 鞋拔：鞋拔子

鞋拔尖，换上天，[xa²¹ pa²¹ tsĩ²¹³，xuẽ³³ soŋ³³ tʰĩ²¹³]

天又高，换把刀，[tʰĩ²¹³ iou³³ kau²¹³，xuẽ³³ pɔ⁴² tau²¹³]

刀又快，好切菜，[tau²¹³ iou³³ kʰua⁴⁵，xau⁴² tsʰi⁵⁵ tsʰa⁴⁵]

菜又长，换只羊，[tsʰa⁴⁵ iou³³ tsoŋ²¹，xuẽ³³ tsɔ⁵⁵ ioŋ²¹]

羊又走，换只狗，[ioŋ²¹ iou³³ tsɛu⁴²，xuẽ³³ tsɔ⁵⁵ kɛu⁴²]

狗又吠，换张被，[kɛu⁴² iou³³ xuæ³³，xuẽ³³ tsoŋ²¹³ pæ³³]

被有花，换个粑，[pæ³³ iou⁴² xɔ²¹³，xuẽ³³ kou⁴⁵ pɔ²¹³]

粑冇熟，换块肉，[pɔ²¹³ mau³³ sau⁵⁵，xuẽ³³ kʰua⁴² zau³³] 冇：没有

肉有毛，上树摘毛桃，[zau³³ iou⁴² mau²¹，soŋ³³ ɕy³³ tsɔ⁵⁵ mau¹ tau²¹]

毛桃一窠蜂，[mau²¹ tau²¹ i⁵⁵ kʰɔ²¹³ faŋ²¹³] 窠：窝

辣婆辣崽蜇到直跄。[la⁵⁵ pu²¹ la⁵⁵ tsa⁴² tsE⁵⁵ tau²¹³ tsʅ³³ tɕioŋ³³] 跄：一边走一边抖动

意译：洋都畈，有一口水塘，有一条鲤鱼八尺长，长竹篙，打不到，短竹篙，挂房门，房门挂到光溜溜，新人出来淘茶汤，茶汤辣，换鞋扒，鞋扒尖，换上天，天又高，换把刀，刀又快，好切菜，菜又长，换只羊，羊又走，换只狗，狗又吠，换张被子，被子有花，换个米粑，米粑没有熟，换块肉，肉上有毛，上树摘毛桃，毛桃上面有一窝蜂，蜇到奶奶和小孩，蜇得一边抖一边跑。

0007 歌谣

月亮崽，背里梭。[yE³³ lioŋ³³ tsa⁴²，pæ³³ læ⁰ sou²¹³] 崽：表小

先看我，后看哥。[ɕian²¹³ kʰɐn²¹³ ŋou⁴²，xEu³³ kʰɐn²¹³ kou²¹³] 看：生

阿哥细，要我驮，[a³³ kou²¹³ sæ⁴⁵，iEu⁴⁵ ŋou⁴² tou²¹] 细：小

要我做媒讨实婆。[iEu⁴⁵ ŋou⁴² tsau⁴⁵ mæ²¹ tʰau⁴² sʅ³³ pu²¹] 实婆：曾外婆

意译：这是一首颠倒歌，歌谣里的语言都是颠倒着说的。大意是一个小月亮，在背后穿梭，哥哥先出生，我再出生，哥哥比我小，要我背，要我做媒娶曾外婆。

二 规定故事

0021 牛郎和织女

在很久很久箇时候啊，[tsa³³ xE⁴² tɕiou⁴² xE⁴² tɕiou⁴² kou⁴⁵ sʅ²¹ xEu³³ a⁰]

有一个偏僻箇山村呢，[iou⁴² i⁵⁵ kou⁴⁵ pʰiẼ²¹³ pʰi²¹³ kou⁴⁵ sÃ²¹³ tsʰɐn²¹³ nE⁰]

住到呢一个小男伢崽，[tɕy³³ tau²¹³ nE⁰ i⁵⁵ kou⁴⁵ ɕiEu⁴⁵ nÕ²¹ ŋa²¹ tsa⁴²] 伢崽：孩子

在伊很细箇时候呢，[tsa³³ i²¹ xE⁴² sæ⁴⁵ kou⁴⁵ sʅ²¹ xEu³³ nE⁰] 伊：他。细：小

渠箇爷娘一下死了，[ki²¹ kou⁴⁵ iɔ²¹ nioŋ²¹ i⁵⁵ xɔ³³ sʅ⁴² liEu⁰] 渠箇：他的。爷娘：父母。一下：全部

渠一个人过到可怜作孽箇日子，[ki²¹ i⁵⁵ kou⁴⁵ zɐn²¹ kou⁴⁵ tau²¹³ kʰou⁴² liẼ²¹ tsou⁵⁵ ȵi⁵⁵ kou⁴⁵ zʅ³³ tsʅ⁰] 渠：他。作孽：可怜

陪伊箇，只有一只老牛，[pæ⁴⁵ i²¹ kou⁴⁵，tsɔ⁵⁵ iou⁴² i⁵⁵ tsɔ⁵⁵ lau⁴² ȵiou²¹]

种地箇人呢，一下叫伊牛郎。[taŋ²¹ tæ²¹³ kou⁰ zɐn²¹ nE⁰，i⁵⁵ xɔ³³ tɕiEu⁴⁵ i⁴² ȵiou²¹ loŋ²¹]

牛郎箇屋里，个只老牛呢，[ȵiou²¹ loŋ²¹ kou⁴⁵ u⁵⁵ læ⁰，ka²¹ tsɔ⁵⁵ lau⁴² ȵiou²¹ nE⁰] 屋里：家里。个只：这只

不是一般箇牛，伊即是呀，[pa⁵⁵ sʅ³³ i⁵⁵ paŋ²¹³ kou⁰ ȵiou²¹，i²¹ tɕi⁵⁵ sʅ³³ ia⁰]

是在天上，贬下来个，[sʅ³³ tsa³³ tʰĩ²¹³ soŋ³³，piẽ⁴² xɔ³³ la²¹ koʊ⁴⁵]

贬到凡间呢，叫作金牛星。[piẽ⁴² tau²¹³ fÃ³³ tɕiÃ²¹³ nE⁰，tɕiɛu⁴⁵ tsoʊ⁵⁵ tɕien²¹³ ɲioʊ²¹ sÃ²¹³]

过了几年哪，牛郎呢，长大了。[koʊ⁴⁵ liɛu⁰ tɕi⁴² ɲiẽ²¹ nɔ²¹，ɲioʊ²¹ loŋ²¹ nE⁰，tsoŋ²¹ ta³³ liɛu⁰]

老牛呢，[lau⁴² ɲioʊ²¹ nE⁰]

看到一直冇找到一个合适箇人呢，做老婆，[kʰœ⁴⁵ tau²¹³ i⁵⁵ tsʅ³³ mau³³ tsau⁴² tau²¹³ i⁵⁵ koʊ⁴⁵ xoʊ³³ sʅ³³ koʊ⁴⁵ zɛn²¹ nE⁰，tsau⁴⁵ lau⁴² pu²¹] 冇：没有

渠就想法帮伊成个家。[ki⁵⁵ tɕiɛu³³ ɕioŋ⁴² fɔ⁵⁵ poŋ²¹³ i²¹ sen²¹ koʊ⁴⁵ tɕiɔ²¹³]

有一日呢，老牛托梦伊说，[ioʊ⁴² i⁵⁵ zʅ³³ nE⁰，lau⁴² ɲioʊ²¹ tʰɔ⁵⁵ maŋ³³ i²¹ ɕyE⁵⁵]

明日清早，村头箇河里呢，[miÃ²¹ zʅ³³ tɕʰiÃ²¹³ tsau⁴²，tsʰɛn²¹³ tɛu²¹ koʊ⁴⁵ xoʊ²¹ læ⁰ nE⁰] 明日：明天

会有七个长好看箇仙女呢，[xuæ³³ ioʊ⁴² tsʰæ⁵⁵ koʊ⁴⁵ tsɔŋ²¹ xau⁴² kʰœ⁴⁵ koʊ⁴⁵ si²¹³ ɲy⁴² nE⁰]

下凡洗澡，[xɔ³³ fÃ³³ sæ⁴² tsɑu⁴²]

尔呢只要选一件尔最喜欢箇裙子带还回，[n̩⁴² nE⁰ tsʅ⁵⁵ iɛu⁴⁵ si⁴² i⁵⁵ tɕiẽ³³ n̩⁴² tsæ⁴⁵ si⁴² xuẽ²¹³ koʊ⁴⁵ tɕyɐn²¹ tsʅ⁴² ta⁴⁵ xuÃ²¹ xuæ²¹] 还回：回家

个位裙子箇主人就会跟到尔还回，做尔箇老婆。[ka²¹ uæ³³ tɕyɐn²¹ tsʅ⁴² koʊ⁴⁵ tɕy⁴² zɛn²¹ tɕiɛu³³ xuæ³³ kE²¹³ tau²¹³ n̩⁴² xuÃ²¹ xuæ²¹，tsau⁴⁵ n̩⁴² koʊ⁴⁵ lau⁴² pu²¹]

第二天哪，牛郎呢，[tæ³³ zʅ³³ tʰĩ²¹³ nɔ⁰，ɲioʊ²¹ loŋ²¹ nE⁰]

半信半疑箇到了河边，[pẽ⁴⁵ sien⁴⁵ pẽ⁴⁵ ɲi²¹ koʊ⁴⁵ tau⁴⁵ liɛu⁰ xoʊ²¹ piẽ²¹³]

果然看到有一群女伢崽，[koʊ⁴² zẼ⁴² kʰœ⁴⁵ tau ioʊ⁴² i⁵⁵ tɕyɐn²¹ ɲy⁴² ŋa²¹ tsa⁴²]

在河里戏水。[tsa³³ xoʊ²¹ læ⁰ ɕi⁴⁵ ɕyæ⁴²]

牛郎呢，瞅中了一件最喜欢箇粉红色箇裙子，[ɲioʊ²¹ loŋ²¹ nE⁰，tɕiɛu²¹ tsaŋ²¹³ liɛu⁰ i⁵⁵ tɕiẽ³³ tsæ⁴⁵ si⁴² xuẽ²¹³ koʊ⁴⁵ fɛn⁴² xuaŋ²¹ sE⁵⁵ koʊ⁴⁵ tɕyɐn²¹ tsʅ⁴²]

然后按老牛箇指点，[zẼ⁴² xɛu³³ ŋõ³³ lau⁴² ɲioʊ²¹ koʊ⁴⁵ tsʅ⁵⁵ tĩ⁴²]

抱到裙子，头也不回，[pau³³ tau²¹³ tɕyɐn²¹ tsʅ⁴²，tɛu²¹ iɔ⁴² pæ⁵⁵ xuæ²¹]

往屋里飞快地跑。[uɔŋ⁴² u⁵⁵ læ⁰ fæ²¹³ kʰua⁴⁵ tæ³³ pʰau⁴²]

后来呢，裙子箇女主人，[xɛu⁴⁴ la⁰ nE⁰，tɕyɐn²¹ tsʅ⁴² koʊ⁴⁵ ɲy⁴² tɕy⁴² zɛn²¹]

敲开了牛郎屋里箇门，[tɕʰiɛu²¹³ kʰæ²¹³ liɛu⁰ ɲioʊ²¹ loŋ²¹ u⁵⁵ læ⁰ koʊ⁴⁵ mɛn²¹]

渠就是织女。就个形呢，[ki²¹ tɕiɛu³³ sʅ³³ tsʅ⁵⁵ ɲy⁴²。tɕiɛu³³ ka²¹ ɕien²¹ nE⁰] 个形：这样

织女和牛郎成亲了。[tsʅ⁵⁵ ɲy⁴² xoʊ²¹ ɲioʊ²¹ loŋ²¹ sɛn²¹ tsʰien²¹³ liɛu⁰]

转眼啊，三年就过去了。[tɕyɛ̃⁴²ŋÃ⁴²a⁰, sÃ²¹³n̠iɛ̃²¹tɕiɛu³³kou⁴⁵tɕʰiei⁴⁵liɛu⁰]

夫妻呢，勤快苦做，[fu²¹³tsʰæ⁴⁵nɛ⁰, tɕien²¹kʰua⁴⁵kʰu⁴²tsɑu⁴⁵]

茅屋呢就变成了新瓦屋。[mɑu²¹u⁵⁵nɛ⁰tɕʰiɛu³³piɛ̃⁴⁵sen²¹liɛu⁰sien²¹³uɔ⁴²u⁵⁵]

织女啊，[tsʅ⁵⁵n̠y⁴²a⁰]

还看了一男一女两个伢崽，[xuÃ²¹kʰœ⁴⁵liɛu⁰i⁵⁵nœ̃²¹i⁵⁵n̠y⁴²lioŋ⁴²kou⁴⁵ŋa²¹tsa⁴²]

看：生。伢崽：孩子

一家人呢，[i⁵⁵kɔ²¹³zen²¹nɛ⁰]

过着非常幸福快活箇生活。[kou⁴⁵tsou³³fæ²¹³tsʰoŋ²¹sen⁴⁵fu⁵⁵kʰua⁴⁵xuœ³³kou⁴⁵sÃ²¹³xuœ³³]

后来啊，[xɛu³³la²¹a⁰]

天上箇玉皇大帝晓得了织女私自下凡结婚箇个件事，[tʰĩ²¹³soŋ³³kou⁴⁵y⁵⁵uoŋ²¹ta⁴⁵tæ³³ɕiɛu⁴²tɛ⁵⁵liɛu⁰tsʅ⁵⁵n̠y⁴²sʅ²¹³tsʅ³³ɕiɔ³³fÃ³³tɕi⁵⁵xuɐn²¹³kou⁴⁵ka²¹tɕiɛ̃³³sʅ³³] 晓得：知道

真生气，一定要把织女抓回来。[tsen²¹³sÃ²¹³tɕʰi⁴⁵, i⁵⁵ten³³iɛu⁴⁵pɔ⁴²tsʅ⁵⁵n̠y⁴²tsɔ²¹³xuæ²¹la²¹]

于是呢，有一天呢，[y⁴²sʅ³³nɛ⁰, iou⁴²i⁵⁵tʰĩ²¹³nɛ⁰]

天上雷公火爆，[tʰĩ²¹³soŋ³³læ²¹kuaŋ²¹³xou⁴²pɑu³³] 火爆：闪电

刮起了那个大风，[kua⁵⁵tɕʰi⁴²liɛu⁰nɔ⁵⁵kou⁴⁵ta³³faŋ²¹³]

一阵箇落黑过后啊，[i⁵⁵tsen³³kou⁴⁵lou³³xɛ⁵⁵kou⁴⁵xɛu³³a⁰] 落黑：天变黑

织女就冇得了。[tsʅ⁵⁵n̠y⁴²tɕiɛu³³mɑu³³tɛ⁵⁵liɛu⁰] 冇得：不见

两个伢崽呢，在屋里就嚎啕大哭，[lioŋ⁴²kou⁴⁵ŋa²¹tsa⁴²nɛ⁰, tsa³³u⁵⁵læ⁰tɕiɛu³³xɑu²¹tɑu²¹ta³³kʰu⁵⁵]

要找伊箇娘，[iɛu⁴⁵tsɑu⁴²i²¹kou⁴⁵n̠ioŋ²¹]

到了不知道如何是好箇个时候，[tɑu²¹³liɛu⁰pa⁵⁵tsʅ²¹³tɑu³³y²¹xou²¹sʅ³³xɑu⁴²kou⁴⁵ka²¹sʅ²¹xɛu³³]

屋里箇老牛跟伊说，[u⁵⁵læ⁰kou⁴⁵lɑu⁴²n̠iou²¹kɛ²¹³i²¹ɕyɛ⁵⁵]

尔把我箇角，头上箇角倒下来。[n̠⁴²pɔ⁴²ŋou⁴²kou⁰kou⁵⁵, tɛu²¹soŋ³³kou⁰kou⁵⁵tɑu⁴⁵xɔ³³la²¹]

头上箇角就落了倒下来了，[tɛu²¹soŋ³³kou⁴⁵kou⁵⁵tɕiɛu³³lou³³liɛu⁰tɑu⁴⁵xɔ³³la²¹liɛu⁰]

变成了呢两只箩，[piɛ̃⁴⁵sen²¹liɛu⁰nɛ⁰lioŋ⁴²tsɔ⁵⁵lou²¹] 箩：箩筐

牛郎啊，就把两个伢崽，[n̠iou²¹loŋ²¹a⁰, tsɛu³³pɔ⁴²lioŋ⁴²kou⁴⁵ŋa²¹tsa⁴²]

放在箩里，自家呢，[xoŋ⁴⁵tsa³³lou²¹læ⁰, tsɔ³³ka²¹nɛ⁰]

和两个伢崽一路腾云驾雾，[xou²¹lioŋ⁴²kou⁴⁵ŋa²¹tsa⁴²i⁵⁵lɑu³³ten²¹yɐn²¹tɕiɔ⁴⁵u³³]

飞了起来。[fæ²¹³liɛu⁰tɕʰi⁴²la²¹]

眼看就要赶到织女了，[ŋÃ⁴² kʰœ⁴⁵ tɕiɛu³³ iɛu⁴⁵ kœ⁴² tɑu²¹³ tsɿ⁵⁵ n̠y⁴² liɛu⁰]

把得王母娘娘看到了，[pɔ⁴² tɛ⁵⁵ uoŋ²¹ mu⁴² n̠ioŋ²¹ n̠ioŋ²¹ kʰœ⁴⁵ tɑu²¹³ liɛu⁰] 把得：被

跟倒就扯下啊头上箇金簪，[kɛ²¹³ tɑu tɕiɛu³³ tsʰɔ⁴² xɔ³³ a⁰ tɛu²¹ soŋ³³ kou⁴⁵ tɕien²¹³ tsʰÃ²¹³]

轻轻箇一划，天空箇呢，[tɕʰiÃ²¹³ tɕʰiÃ²¹³ kou⁴⁵ i⁵⁵ xɔ³³, tʰĩ²¹³ kʰuaŋ²¹³ kou⁴⁵ nɛ⁰]

立刻出现了一条巨大箇天河。[læ³³ kʰɛ⁴⁵ tɕʰy⁵⁵ ɕiẽ²¹ liɛu⁰ i⁵⁵ tiɛu²¹ tɕy⁴⁵ ta³³ kou⁴⁵ tʰĩ²¹³ xou²¹]

个条天河把牛郎跟织女啊，[ka²¹ tiɛu²¹ tʰĩ²¹³ xou²¹ pɔ⁴² n̠iou²¹ loŋ²¹ kɛ²¹³ tsɿ⁵⁵ n̠y⁴² a⁰]

各隔一边。[kou⁵⁵ kɛ⁵⁵ i⁵⁵ piẽ²¹³]

喜鹊非常箇同情牛郎跟织女，[ɕi⁴² tɕʰiɛu⁵⁵ fæ²¹³ tsʰoŋ²¹³ kou⁰ tʰɑŋ²¹ tsien²¹ n̠iou²¹ loŋ²¹ kɛ²¹³ tsɿ⁵⁵ n̠y⁴²]

每年箇老历箇七月七日，[mæ⁴² n̠iẽ²¹ kou⁰ lau⁴² læ³³ kou⁴⁵ tsʰæ⁵⁵ yɛ³³ tsʰæ⁵⁵ zɿ³³]

全村上方箇喜鹊，[tsĩ²¹ tsʰen²¹³ soŋ³³ foŋ²¹³ kou⁴⁵ ɕi⁴² tɕʰiɛu⁵⁵]

飞到天河呢，[fæ²¹³ tɑu²¹³ tʰĩ²¹³ xou²¹ nɛ⁰]

搭起一条长长箇鹊桥。[tɔ⁵⁵ tɕʰi⁴² i⁵⁵ tiɛu²¹ tsoŋ²¹ tsoŋ²¹ kou⁴⁵ tɕʰiɛu⁵⁵ tɕiɛu²¹]

让牛郎和织女啊团聚。[zoŋ³³ n̠iou²¹ loŋ²¹ xou²¹ tsɿ⁵⁵ n̠y⁴² a⁰ tœ̃²¹ tsæ⁴⁵]

意译：在很久很久以前，有一个偏僻的山村，住着一个小男孩儿，在他很小的时候呢，他的父母都去世了，他一个人过着可怜的日子，家里很穷，只有一头老牛，和他呢，都叫牛郎。牛郎的家里这只老牛，不是一般的牛，它是在天上贬到凡间的，叫作金牛神。过了几年，牛郎长大了。老牛看到他一直没有找到一个合适的人做老婆，帮他生个孩子。

有一天呢，老牛突然说，明日清早，在村头的河里，会有七个漂亮的仙女下凡洗澡，你只要选一件你最喜欢的裙子带回家，这位裙子的主人就会跟你回家，做你的老婆。

第二天，牛郎半信半疑地到了河边，果然看到有一群女孩子，在河里嬉水。牛郎看中了一件最喜欢的粉红色的裙子，然后按老牛的指点，抱着裙子，赶快跑回家。到天黑的时候，裙子的女主人，就敲牛郎家里的门，她就是织女。就这样，织女和牛郎成亲了。

转眼三年就过去了。夫妻勤扒苦做，把茅草房变成了新瓦房。织女啊，还生了一男一女两个孩子，一家人过着非常幸福快乐的生活。后来天上的玉皇大帝知道了织女私自下凡结婚的这件事，很生气，一定要把织女抓回来。

于是有一天，雷鸣电闪，刮起了大风，一阵黑暗之后，织女就不见了。两个孩子，在家里哇哇大哭，要找他们的妈妈。牛郎不知道怎么是好的时候，家里的

这头老牛告诉牛郎："你把我头上的角，掰下来。"老牛头上的角掰下来以后，变成了两只箩筐，牛郎把两个孩子放在箩筐里，和两个孩子一起腾云驾雾，飞了起来。眼看就要追到织女了，这时候王母娘娘看到了，她扯下头上的金簪，轻轻地一划，天空立刻出现了一条很大的天河。这条天河把牛郎和织女隔在天河的两边。

喜鹊非常同情牛郎和织女，每年农历七月七日，全村上方的喜鹊，飞到天河架起一条长长的鹊桥，让牛郎和织女在天桥上相会。

三 其他故事

0022 其他故事

个满=咧，我跟大家讲一个"白喫"箇故事。[kou⁴² mã²¹ li³³，ŋou⁴² kɛ³³ ta³³ tɕiɔ³³ tɕioŋ⁴² i⁵⁵ kou⁴⁵ pɔ³³ tɕʰiɔ⁵⁵ kou⁰ ku⁴⁵ sŋ³³] 个满=：这会儿。跟：给。喫：吃

在相传很早以前，[tsa³³ ɕioŋ²³ tɕyɛ²¹ xɛ⁴² tsɑu⁴² i⁴² tsen²¹]

有一个大户人家，[iou⁴² i⁵⁵ kou⁴⁵ ta⁴⁵ fu³³ zen²¹ tɕiɔ²¹³]

相当活得好。[ɕioŋ²³ toŋ²¹ uœ⁵⁵ tɛ⁵⁵ xɑu⁴²] 活得好：生活过得好

晚年呢，得子。[uã⁴² ȵiẽ²¹ nɛ⁰，tɛ⁵⁵ tsŋ⁴²]

但是呢，得子以后，对他伢崽娇生惯养。[tã³³ sŋ³³ nɛ³³，tɛ⁵⁵ tsŋ⁴² i⁴² xɛu³³，tæ⁴⁵ tɔ²³ ŋa²¹ tsa⁴² tɕiɛu²³ saŋ²³ kuœ⁴⁵ ioŋ⁴²] 伢崽：孩子

把伊含在嘴里，手心里捧大箇。[pɔ⁴² i²¹ xœ²¹ tsa³³ tsæ⁵⁵ li²¹，sɑu⁴² sen²³ li²¹ paŋ⁴² ta³³ kou⁴⁵] 伊：他

冇得几多年以后，[mɑu³³ tɛ⁵⁵ tɕi⁴² tou²³ ȵiẽ²¹ i⁴² xɛu³³] 冇得：没有

别个已经长大了。[pi³³ kou⁴⁵ i⁴² tɕien²¹³ tsoŋ⁴² ta³³ liɛu⁰] 别个：别人

长大以后呢，到处喫到处喝。[tsoŋ⁴² ta³³ i⁴² xɛu³³ nɛ⁰，tɑu⁴⁵ tɕʰy⁴⁵ tɕʰiɔ⁵⁵ tɑu⁴⁵ tɕʰy⁴⁵ xou⁵⁵]

原来咧，那个大户人家有点名气，[yɐn²¹ la²¹ li³³，nɔ³³ kou⁴⁵ ta³³ xu³³ zen²¹ tɕiɔ²³ iou⁴² ten⁴² men²¹ tɕʰi⁴⁵]

人家都在这个咧有奉承箇意思的。[zen²¹ tɕiɔ²³ tɛu²¹ tsa³³ tsɛ³³ kou²¹ li³³ iou⁴² paŋ⁴² tsɐn²¹ kou⁴⁵ i⁴⁵ sŋ²¹³ ti⁰]

就把得伊喫把得伊喝，看到伊箇大人箇面上。[tɕiɛu³³ pɔ⁴² tɛ⁵⁵ i²¹ tɕʰiɔ⁵⁵ pɔ⁴² tɛ⁵⁵ i²¹ xou⁵⁵，kʰœ⁴⁵ tɑu²¹ i²¹ kou⁴⁵ ta³³ zɐn²¹ kou⁴⁵ men³³ soŋ³³] 把得：给

但是呢，好景不长，两位老者呢，相继去世了。[tã³³ sŋ³³ nɛ⁰，xɑu⁴² tɕien⁴² pa⁵⁵ tsoŋ²¹，lioŋ⁴² uæ³³ lɑu⁴² tsɛ⁴² nɛ⁰，ɕioŋ²³ tɕi⁴⁵ tɕʰy⁴⁵ sŋ⁴⁵ liɛu⁰]

又加上这个家庭受了相当大箇灾；[iou³³ tɕiɔ²³ soŋ³³ tsE⁴⁵ koʊ⁴⁵ tɕiɔ²³ ten²¹ sɛu³³ lieu⁰ ɕioŋ²³ toŋ²³ ta³³ koʊ⁴⁵ tsa²¹³]

别嘞，伊来是游手好闲，[pi⁴² lE³³，i²¹ la²¹ sɿ³³ iɛu²¹ sɑu⁴² xɑu⁴⁵ xã²¹]

在外面戏惯了、喫惯了，[tsa³³ uæ³³ men³³ ɕi⁴⁵ kuœ⁴⁵ lE²¹、tɕʰiɔ⁵⁵ kuœ⁴⁵ lE²¹] 戏：玩耍

一直是好喫懒做。[i⁵⁵ tsɿ³³ sɿ³³ xɑu⁴⁵ tɕʰiɔ⁵⁵ lã⁴² tsɑu⁴⁵]

以后伊就把得家产全部卖得喫光了。[i⁴² xɛu³³ i²¹ tɕiɛu³³ pɔ⁴² tE⁵⁵ tɕiɔ²³ tsʰã⁴² tsi²¹ pu³³ ma⁴² tE⁵⁵ tɕʰiɔ⁵⁵ kuoŋ⁵⁵ lieu⁰]

喫光以后，伊就在当地喫一餐、骗一餐；[tɕʰiɔ⁵⁵ kuoŋ⁵⁵ i⁴² xɛu³³，i²¹ tɕiɛu³³ tsa³³ toŋ²³ tæ³³ tɕʰiɔ⁵⁵ i⁵⁵ tsʰã²¹³、pʰen⁴⁵ i⁵⁵ tsʰã²¹³]

个十里八乡哪，就把这名声就传出去了。[ka³³ sɿ³³ læ⁴² pa⁵⁵ ɕioŋ²³ na⁰，tɕiɛu³³ pa⁴² tsE⁵⁵ men²¹ sɛn²¹³ tɕiɛu³³ tɕʰyẽ²¹ tɕʰy⁵⁵ tɕi⁴⁵ lieu⁰]

个为人咧，非常箇刁，好喫懒做。[ka²¹ uæ²¹ zɛn²¹ li⁰，fæ²³ tsoŋ²¹ koʊ⁴⁵ tiɛu²¹³，xɑu⁴⁵ tɕʰiɔ⁵⁵ lã⁴² tsɑu⁴⁵]

别人家见伊咧就愁。[pi³³ zɛn²¹ kɔ²¹³ tɕiẽ⁴⁵ i²¹ li⁰ tɕiɛu³³ tsɛu²¹]

最后咧，人家送伊三个字，[tsæ⁴⁵ xɛu³³ li⁰，zɛn²¹ kɔ²¹ soŋ⁴⁵ i²¹ sã²³ koʊ⁴⁵ tsɿ³³]

挂在牌匾里，就叫做"圣贤愁"。[kuɔ⁴⁵ tsa³³ pæ²¹ pen⁴² læ³³，tɕiɛu³³ tɕiɛu⁴⁵ tsɑu³³ sɛn⁴⁵ ɕiẽ²¹ tsɛu²¹]

有一日啊，[ioʊ⁴² i⁵⁵ zɿ³³ a⁰] 有一日：有一天

吕洞宾、韩湘子两个仙人，[y⁴² taŋ³³ pen²¹³、xẽ²¹ ɕioŋ²³ tsɿ⁴² lioŋ⁴² koʊ⁴⁵ sen²³ zɛn²¹]

看看咧，脑壳高头，[kʰœ⁴⁵ kʰœ⁴⁵ li⁰，nɑu⁴² kʰoʊ⁵⁵ kɑu²¹³ tɛu²¹] 脑壳：脑袋。高头：上面

看到了那三个字"圣贤愁"。[kʰœ⁴⁵ tɑu³³ lieu⁰ na³³ sã²³ koʊ⁴⁵ tsɿ³³ sɛn⁴⁵ ɕiẽ²¹ tsɛu²¹]

"啊？"说个里还有个"圣贤愁"是个么人？[a⁴⁵？ɕyE⁵⁵ ka²¹ læ³³ xa²¹ ioʊ⁴² koʊ⁴⁵ sɛn⁴⁵ ɕiẽ²¹ tsɛu²¹ sɿ³³ koʊ⁴⁵ moʊ⁴² zɛn²¹]

不妨去问一声。[pa⁵⁵ foŋ²¹ tɕʰi⁴⁵ uɐn³³ i⁵⁵ saŋ²¹³]

个里走到当地，一问，[ka²¹ læ³³ tsɛu⁴² tɑu⁴⁵ toŋ²³ tæ³³，i⁵⁵ uɐn³³]

说伊个呢，确实有个样箇人。[ɕyE⁵⁵ i²¹ ka²¹ nE⁰，tɕʰioʊ⁵⁵ sɿ³³ ioʊ⁴² ka²¹ ioŋ³³ koʊ⁴⁵ zɛn²¹] 个样：这样

说圣人见伊都愁，[ɕyE⁵⁵ sɛn⁴⁵ zɛn²¹ tɕiẽ⁴⁵ i²¹ tɛu²³ tsɛu²¹]

每日都骗喫骗喝。[mæ⁴² zɿ³³ tɛu²³ pʰiE⁴⁵ tɕʰiɔ⁵⁵ pʰiE⁴⁵ xoʊ⁵⁵]

说莫忙，去把伊叫来，等我两个人会会伊。[ɕyE⁵⁵ moʊ³³ mɔŋ²¹，tɕʰi⁴⁵ pɔ⁴² i²¹ tɕiɛu⁴⁵ la²¹，taŋ⁴² ŋoʊ⁴² lioŋ⁴² koʊ⁴⁵ zɛn²¹ xuæ³³ xuæ³³ i²¹]

好！把伊叫来以后，[xɑu⁴²！pɔ⁴² i²¹ tɕiɛu⁴⁵ la²¹ i⁴² xɛu³³]

就摆了一张桌，[tɕiɛu³³ pa⁴² liɛu⁰ i⁵⁵ tsoŋ²¹³ tsou⁵⁵]

端了几双筷子。[tœ̃²¹³ liɛu⁰ tɕi⁴² soŋ²¹³ kʰuæ⁴⁵ tsๅ⁴²]

桌上什么菜都有得，[tsou⁵⁵ soŋ³³ sɐn⁴⁵ mou²¹ tsʰa⁴⁵ tɛu²³ mau³³ tɛ⁵⁵]

三个人对面而坐。[sã²³ kou⁴⁵ zɐn²¹ tæ⁴⁵ men³³ zๅ²¹ tsou³³]

开始呢，吕洞宾就开口了，[kʰœ²³ sๅ⁴² nɐ⁰, y⁴² taŋ³³ pen²¹³ tɕiɛu³³ kʰa²³ kʰɛu⁴² liɛu⁰]

说："今日是个形：[ɕyɛ⁵⁵: tɕien²³ zๅ³³ sๅ³³ ka²¹ ɕien²¹] 个形：这样

说'圣贤愁'三个字，[ɕyɛ⁵⁵ sɐn⁴⁵ ɕiɛ̃²¹ tsɛu²¹ sã²³ kou⁴⁵ tsๅ³³]

伢仂每人说一个字，[uɐn⁴² lɛ³³ mæ⁴² zɐn²¹ ɕyɛ⁵⁵ i⁵⁵ kou⁴⁵ tsๅ³³] 伢仂：咱们

要说出伊箇来由，尔才喝得成酒。"[iɛu⁴⁵ ɕyɛ⁵⁵ tɕʰy⁵⁵ i²¹ kou⁴⁵ la²¹ iou²¹, n̩⁴² tsa²¹ xou⁵⁵ tɛ⁵⁵ sɐn²¹ tɕieu⁴²⁻]

从吕洞宾开始。[tsaŋ²¹ y⁴² taŋ³³ pen²¹³ kʰœ²³ sๅ⁴²]

吕洞宾是那个"圣"字：[y⁴² taŋ³³ pen²¹ sๅ³³ nɔ⁴⁵ kou⁴⁵ sɐn⁴⁵ tsๅ³³]

一个"耳"字，一个"口"字，下面一个"王"字。[i⁵⁵ kou⁴⁵ zๅ⁴² tsๅ³³, i⁵⁵ kou⁴⁵ kʰɛu⁴² tsๅ³³, xɔ³³ men³³ i⁵⁵ kou⁴⁵ uoŋ²¹ tsๅ³³]

以个个"圣"字为题，来说一首诗。[i⁴² ka²¹ kou⁴⁵ sɐn⁴⁵ tsๅ³³ uæ³³ tæ²¹, la²¹ ɕyɛ⁵⁵ i⁵⁵ sou²¹ sๅ²¹]

吕洞宾开口说：[y⁴² taŋ³³ pen²¹ kʰœ²³ kʰɛu⁴² ɕyɛ⁵⁵]

"耳口王、耳口王，[zๅ⁴² kʰɛu⁴² uoŋ²¹, zๅ⁴² kʰɛu⁴² uoŋ²¹]

壶中有酒我先尝；[fu²¹ tsaŋ²³ iou⁴² tɕieu⁴² ŋou⁴² sen²³ soŋ²¹]

席上无馐难下酒。"[sæ⁵⁵ soŋ³³ u²¹ ɕieu²¹ nã²¹ ɕiɔ³³ tɕieu⁴²⁻]

接到摇身一变，[tsi⁵⁵ tau⁴² iɛu²¹ sen²³ i⁵⁵ pen⁴⁵]

变出一盆热腾腾箇菜出来。[pen⁴⁵ tɕʰy⁵⁵ i⁵⁵ pɐn²¹ zɛ⁵⁵ tʰɐn²¹ tʰɐn²¹ kou⁴⁵ tsʰa⁴⁵ tɕʰy⁵⁵ la²¹]

捏到酒杯、酒壶就筛到直喝。[ɲiɛ̃⁵⁵ tau⁴² tɕiɛu⁴² pæ²³、tɕiɛu⁴² fu²¹ tɕiɛu³³ sa²³ tau⁴² tsๅ³³ xou⁵⁵] 筛：斟酒

吕洞宾已经喝上了酒。[y⁴² taŋ³³ pen²¹ i⁴² tɕien²³ xou⁵⁵ soŋ³³ liɛu⁰ tɕieu⁴²]

韩湘子接倒开口，[xœ²¹ ɕioŋ²³ tsๅ⁴² tsi⁵⁵ tau⁴² kʰœ²³ kʰɛu⁴²]

说第二个"贤"字：[ɕyɛ⁵⁵ tæ³³ zๅ³³ kou⁴⁵ ɕiɛ̃²¹ tsๅ³³]

"贤"字由臣、又、贝三个字组成。[ɕiɛ̃²¹ tsๅ³³ iou²¹ sɐn²¹、iou³³、pæ⁵⁵ sã²³ kou⁴⁵ tsๅ³³ tsau⁴² sɐn²¹]

韩湘子就说：[xœ²¹ ɕioŋ²³ tsๅ⁴² tɕieu³³ ɕyɛ⁵⁵]

"臣又贝，臣又贝，[sɐn²¹ iou³³ pæ⁵⁵, sɐn²¹ iou³³ pæ⁵⁵]

壶中有酒我先醉"；[fu²¹ tsaŋ²³ iou⁴² tɕieu⁴² ŋou⁴² sien²³ tsæ⁴⁵]

说"席上无馐难下酒。"［ɕyɛ⁵⁵：sæ⁵⁵sɔŋ³³u²¹ɕiɛu²¹nã²¹ɕiɔ³³tɕiɛu⁴²］

摇身一变，［iɛu²¹sɐn²¹³i⁵⁵piẽ⁴⁵］

又变出一盆热腾腾箇好菜，［iou³³piẽ⁴⁵tɕʰy⁵⁵i⁵⁵pɐn²¹zɛ³³tʰɐn²¹tʰɐn²¹kou⁴⁵xau⁴²tsʰa⁴⁵］

猪耳朵之类。［tɕy²¹³zʅ⁴²tou⁴²tsʅ³³læ³³］

又大喝起来。［iou³³ta³³xou⁵⁵tɕʰi⁴²la²¹］

个个到了"白喫"箇名号了，［ka²¹kou⁴⁵tau⁴⁵liɛu⁰pɔ³³tɕʰiɔ⁵⁵kou⁴⁵men²¹xau³³liɛu⁰］

是一个"愁"字。［sʅ³³i⁵⁵kou⁴⁵tsɛu²¹tsʅ³³］

伊就在个里急到挠头，［i²¹tɕiɛu³³tsa³³ka²¹læ³³tɕi⁵⁵tau⁴⁵nou²³tɛu²¹］

个咧几杯已经喝了几杯到了肚。［ka²¹lɛ³³tɕi⁴²pæ²³i²¹tɕien²¹xou⁵⁵lɛ³³tɕi⁴²pæ²³tau⁴⁵liɛu⁴²tau⁴²］

就走走走走……［tɕiɛu³³tsɛu⁴²tsɛu⁴²tsɛu⁴²tsɛu⁴²］

走到慢慢摸自家个头，［tsɛu⁴²tau²¹mã³³mã³³mu⁵⁵tsʅ³³kɔ²³ka³³tɛu²¹］

把个头摸到后颈窝。［pa⁴²kou⁴⁵tɛu⁴²mu⁵⁵tau⁴²xɛu³³tɕien⁴²u²¹³］ 后颈窝：脖子后面

啊，个"愁"字是禾、火、心三个字组成。［a⁴²，ka²¹tsɛu²¹tsʅ³³sʅ³³u²¹、xou⁴²、sien²¹³sã²³kou⁴⁵tsʅ³³tsau⁴²sɐn²¹］

说禾火心、禾火心，［ɕyɛ⁵⁵u²¹xou⁴²sien²¹³、u²¹xou⁴²sien²¹³］

壶中有酒我先斟；［fu²¹tsaŋ²³iou⁴²tɕiɛu⁴²ŋou⁴²sen²³tsɐn²¹］

说"席上无馐难下酒。"［ɕyɛ⁵⁵：sæ³³sɔŋ³³u²¹ɕiɛu²¹nã²¹ɕiɔ³³tɕiɛu⁴²］

把后颈窝一抹，就"扯根汗毛表寸心"。［pɔ⁴²xɛu³³tɕien⁴²u²¹³i⁵⁵mu⁵⁵，tɕiɛu³³tsʰɔ⁵⁵kɐn²³xã²¹mau²¹piɛu⁴²tsʰɐn⁴⁵sien²¹³］ 汗毛：寒毛

就是扯一根汗毛就大喝起来。［tɕiɛu³³sʅ³³tsʰɔ⁵⁵i⁵⁵kɐn²³xœ²¹mau²¹tɕiɛu³³ta³³xou⁵⁵tɕʰi⁴²la²¹］

个个故事是讽刺那些好喫懒做箇。［ka²¹kou⁴⁵ku⁵⁵sʅ³³faŋ⁵⁵tsʰʅ⁴⁵nɔ³³ɕiɔ³³xau⁴⁵tɕʰiɔ⁵⁵lã⁴²tsau⁴⁵ka⁰］

做人要勤快，［tsau⁴⁵zɐn²¹iɛu⁴⁵tɕiaŋ²¹kʰua⁴⁵］

切莫有个个"圣贤愁"个个"白喫"箇名号。［tɕʰi⁵⁵mou⁵⁵iou⁴²ka²¹kou⁴⁵sɐn⁴⁵ɕiẽ²¹tsɛu²¹ka³³kou⁴⁵pɔ³³tɕʰiɔ⁵⁵kou⁴⁵men²¹xau³³］

意译：现在呢，我给大家讲一个白吃的故事。在相传很早以前，有一个大户人家，过得相当好。晚年得子。但是呢，得子以后，对他孩子娇生惯养。把他放在手心里捧大的。没几年，孩子已经长大了。长大以后呢，到处吃到处喝。以前那个大户人家有点名气，别人都对他家很奉承。就看在他家大人的面子上，给他

吃给他喝。但是好景不长，他的父母相继去世了。又加上这个家庭遭遇了一次大灾；但是呢，这个人还是游手好闲，在外面玩惯了、吃惯了，一直是好吃懒做。以后他就把家产全部变卖，吃光了。吃光以后，他就在当地吃一餐、骗一餐；这个名声很快就十里八乡地传出去了。这个人为人非常刁，好吃懒做。别人看见他就发愁。最后，别人送他三个字"圣贤愁"，并且挂在牌匾里。

有一天，吕洞宾、韩湘子两个仙人，一抬头看见了那三个字"圣贤愁"说："啊？这里还有个'圣贤愁'？是个什么人？不妨去问一声。"他们走到当地一问果然有个这样的人。说圣人见他都愁，每天都骗吃骗喝。说先别急，去把他叫来，等我两个人会会他。

好！把他叫来以后，就摆了一张桌，放了几双筷子；桌上什么菜都没有，三个人对面而坐。吕洞宾先开口了，说："今天是这样的，说'圣贤愁'三个字，我们每人说一个字并说出它来由，才能喝酒。"从吕洞宾开始。吕洞宾先说那个"圣"字：一个"耳"字，一个"口"字，下面一个"王"字。以那个"圣"字为题，来说一首诗。吕洞宾开口说："耳口王、耳口王，壶中有酒我先尝；席上无馐难下酒。"接着摇身一变，变出一盆热腾腾的菜出来。拿起酒杯、酒壶就开始斟酒喝。好，吕洞宾已经喝上了酒。韩湘子接着开口，说第二个"贤"字："贤"字由臣、又、贝三个字组成。韩湘子就说："臣又贝，臣又贝，壶中有酒我先醉；说"席上无馐难下酒。"摇身一变，又变出一盆热腾腾的好菜，猪耳朵之类。又大喝起来。轮到"白吃"来说了，是一个"愁"字。他就在那里急得摸头，其他人都已经喝下几杯酒了。就走走走走……一边走一边慢慢摸自己的头，一直摸到后脑勺。啊，那"愁"字是禾、火、心三个字组成。禾火心、禾火心，壶中有酒我先斟，说："席上无馐难下酒。"就把后脑勺一摸，说"扯根汗毛表寸心。"就扯一根汗毛也就大喝了起来。

这个故事就是讽刺那些好吃懒做的人。做人要勤快，千万不要留下"圣贤愁"这样"白吃"的名声啊！

四　自选条目

0031 自选条目

十指尖尖手扒床［ʂʅ tsʅ tsĩ tsĩ sɑu pa tsoŋ］

手扒格子望情郎［sɑu pa kɛ tsʅ uoŋ tsen loŋ］格子：窗户

昨夜望郎通了打［tsou iɛi uoŋ loŋ taŋ liɛu tɕi］

浑身打得都是伤［xuɐn ʂen tɕi tɛ tɐu ʂʅ sɑŋ］

舍得皮肉难舍郎[sɛ tɛ pæ zɑu nã sɛ loŋ]

意译：这是一首情歌，大意是：十个尖尖的指头扒着床，（爬起来）扒着窗子望情郎。昨晚望情郎挨了打，舍得挨打皮肉受伤，舍不得情郎。

0032　自选条目

正月里来是新年[tsɐn yɛ læ la sʅ sen niẽ]
正月十五闹花灯[tsɐn yɛ sʅ u nɑu xɔ tẽ]
看的是嫁衣哟[kʰœ tɛ sʅ tɕiɔ i iou]
妹咿呀喂[mæ i ɕi ɔ uæ]
看妹是真情哦[kʰœ mæ sʅ tsɐn tsɐn ou]
妹子呀咿哟[mæ tsʅ i ɕi iou]
妹咿呀，妹咿呀[mæ i iɔ, mæ i ɕi]
妹子呀咿哟[mæ tsʅ i ɕi iou]
看妹是真情哦[kʰœ mæ sʅ tsɐn tsɐn]
妹子呀咿哟[mæ tsʅ i ɕi iou]
腊月里来快快到[lɔ yɛ læ la kʰua kʰua tɑu]
妹的哥哥来放炮[mæ tɛ kou kou la foŋ pʰɑu]
只要鞭炮响哟[tsɔ iɛu piẽ pʰɑu ɕioŋ iou]
妹咿呀喂[mæ i ɕi ɔ uæ]
妹就穿婚袍哟[mæ tɕiɛu tɕʰyɐn xuɐn pɑu iou]
妹子呀咿哟[mæ tsʅ i ɕi iou]
妹就穿婚袍哟[mæ tɕiɛu tɕʰyɐn xuɐn pɑu iou]
妹子呀咿哟[mæ tsʅ i ɕi iou]

意译：这是一首民歌，也是一首情歌。大意是正月里是新年，正月十五闹花灯，哥哥带妹子去看嫁衣，看得是真情。腊月快快到来，妹的情哥来放鞭炮，只要鞭炮响，妹子就穿上婚袍（衬词略）。

0033　自选条目

桂花香，柳枝俏，[kuæ xɔ ɕioŋ, lieu tsʅ tɕʰiɛu]
花香飘过柳枝头；[xɔ ɕioŋ pʰiɛu kou lieu tsʅ tʰɛu]
阿哥阿妹把花采，[a kou a mæ pɔ xɔ tsʰa]
阿妹恋哥折柳条。[a mæ len kou tsɛ lieu tʰiɛu]
香花插在妹头上，[ɕioŋ xɔ tsʰa tsa mæ tʰɛu soŋ]

柳条轻轻系郎腰。[lieu tʰiɐu tɕʰien tɕʰien tɕi loŋ iɐu]
哟喂伊哟喂喂！[iou uæ i iou uæ uæ]
花香随妹飘到老呀，[xɔ ɕioŋ sæ mæ pʰiau tau lau iɔ]
柳条缠哥到白头；[lieu tʰiɐu tsʰɐn kou tau pa tʰɐu]
桂香缭绕记心里，[kuæ ɕioŋ liɐu zɐu tɕi xien li]
今生今世不动摇，呀！[tɕien sɐn tɕien sɿ pu taŋ iau, iɔ]

意译：这是一首民歌，在通山民间有一个好听的歌名叫《秋恋》。大意是：桂花香，柳枝俏，花香飘过柳枝头；阿哥阿妹把花采，阿妹恋哥折柳条。香花插在妹头上，柳条轻轻系郎腰。花香随妹飘到老呀，柳条缠哥到白头；桂香缭绕记心里，今生今世不动摇（衬词略）。

0034 自选条目

一杯酒引郎来，[i pæ tɕieu ien laŋ la]
把郎引到八仙台。[pɔ loŋ ien tau pa sĩ tœ]
八仙台上铺金盏，[pa sĩ tœ soŋ pʰu tɕien tsõ]
象牙筷子两边排，[sioŋ ŋɔ kʰuæ tsɿ lioŋ piẼ pa]
我请郎上坐来，酒我来筛。[ŋou tɕʰien loŋ soŋ tsou la, tsieu ŋou la sa]
二杯酒进姐方，[zɿ pæ tɕieu tsen tsi faŋ]
亲口问郎么贵庚。[tsʰien kʰɐu uɐn loŋ mou kuæ ken]
郎是初三初四朦胧月，[loŋ sɿ tsʰau sÃ tsʰau sɿ maŋ laŋ yE]
姐是十五十六月团圆，[tsi sɿ sɿ u sɿ lau yE tõ yẼ]
二人结拜两同年。[zɿ zen tɕi pæ lioŋ taŋ niẼ]
三杯酒，酒又酸，[sÃ pæ tɕieu, tɕieu iou sõ]
坛中有酒难得干，[tõ tsaŋ iou tɕieu nÃ tɐ kœ]
满樽满盏见郎面，[mõ tsen mõ tsõ tɕiẼ loŋ mĩ]
满盅满盏漫齐舷，[mõ tsoŋ mõ tsõ mõ tɕi ɕyɐn]
人意好来水也甜，[zɐn i xau la ɕyæ iɔ tĩ]
四杯酒，进花园，[sɿ pæ tɕieu, tsen xɔ yẼ]
手攀花树泪涟涟，[sɑu pœ xɔ ɕy læ liẼ liẼ]
花开花谢年年有，[xɔ kʰœ xɔ si niẼ niẼ iou]
林中花开朵朵鲜，[len tsaŋ xɔ kʰœ tou tou sɿ]
等郎不到不开颜。[tẼ loŋ pa tau pa kʰœ iẼ]
五杯酒，贺端阳，[u pæ tɕieu, xœ tõ ioŋ] 端阳：端午

新打龙船下长江,［sen tɔ laŋ ɕyẽ xɔ tsoŋ tɕioŋ］
假装看船两岸跑,［tɕiɔ tsoŋ kʰœ ɕyẽ lioŋ ŋœ̃ pʰɑu］
不见情郎在何方,［pa tɕiẽ tsen loŋ tsa xou foŋ］
白糖包子不想尝。［pɔ toŋ pɑu tsɿ pa ɕioŋ soŋ］
六杯酒,叫冤家,［lɑu pæ tɕieu, tɕieu yẽ kɔ］
如何说出落音话,［y xou ɕyɛ tɕʰy lou ien uɔ］
唯愿病体慢慢好,［u yen piã tæ mã mã xɑu］
接下郎中把药下,［tsi xɔ loŋ tsaŋ pɔ iou xɔ］
诊好心肝穷了罢。［tsen xɑu sen kœ tɕiaŋ liɛu pa］
七杯酒,月半间,［tsʰæ pæ tɕieu, yɛ pɛ̃ kã］
郎送包头姐送鞋,［loŋ saŋ pɑu tɛu tsi saŋ xa］
郎送包头要钱买,［loŋ saŋ pɑu tɛu iɛu tsĩ ma］
姐送绣鞋手中来,［tsi saŋ ɕiou xa sɑu tsaŋ la］
一双破了二双来。［i soŋ pʰou liɛu zɿ soŋ la］
八杯酒,秋风凉,［pa pæ tɕieu, tɕʰieu faŋ lioŋ］
姐在房中绣鸳鸯,［tsi tsa xoŋ tsaŋ ɕieu yɐu ioŋ］
东绣日头西绣月,［taŋ ɕieu zɿ tɛu sæ ɕieu yɛ］日头：太阳
把郎绣在月中央,［pɔ loŋ cieu tsa yɛ tsaŋ ioŋ］
绣个美女伴情郎。［ɕieu kou mæ ny pɛ̃ tsen loŋ］
九杯酒,是重阳,［tɕieu pæ tɕieu, sɿ tsaŋ ioŋ］
别人煮酒缸缸香,［pi zɐn tɕy tɕieu koŋ koŋ ɕioŋ］
别人煮酒咪咪笑,［pi zɐn tɕy tɕieu mæ mæ ɕiɛu］
我今煮酒又想郎,［ŋou tɕien tɕy tɕieu iou ɕioŋ loŋ］
想郎想得痛断肠。［ɕioŋ loŋ ɕioŋ tɛ tʰaŋ tœ̃ tsʰoŋ］
十杯酒,把郎望,［sɿ pæ tɕieu, pɔ loŋ uoŋ］
脚踩篱笆手扳桩,［tɕiou tsʰa li pa sɑu pœ tsoŋ］
昨日望郎挨顿打,［tsou zɿ uoŋ loŋ æ tɛn tɔ］
姣莲身上条条伤,［tɕiɛu lĩ sɐn soŋ tiɛu tiɛu soŋ］
舍得皮肉舍不得郎。［sɛ tɛ pæ zɑu sɛ pa tɛ loŋ］

意译：这是一首酒歌，歌名也被称作《十杯酒》。第一杯酒把情郎引来，引到八仙台。八仙台上铺金盏，象牙筷子两边排，我请情郎上坐，我来斟酒。第二杯酒倒进情姐这边，亲口问情郎什么年龄。情郎是初三初四朦胧月，情姐是十五十六月团圆，二人结拜两同年。第三杯酒，酒又酸，坛中有酒难得干，满杯满酌

见郎面,一整杯酒全倒满,人意好来水也甜。第四杯酒,进花园,手攀花树泪涟涟,花开花谢年年有,林中花开朵朵鲜,等不到郎来不开心。第五杯酒,贺端阳,新打的龙船下长江,假装看船两岸跑,不见情郎在何方,白糖包子不想尝。第六杯酒,叫冤家,如何说出知心话,唯愿病体慢慢好,接来郎中把药下,诊好心肝花了不少钱。第七杯酒,正是七月半,情郎送包头给情姐,情姐送鞋给情郎,情郎送包头要花钱买,情姐送绣鞋亲手做,一双破了二双来。第八杯酒,秋风凉,情姐在房中绣鸳鸯,东绣日头西绣月,把情郎绣在月中央,绣个美女伴情郎。第九杯酒,是重阳,别人煮酒缸缸香,别人煮酒咪咪笑,我今煮酒又想郎,想郎想得痛断肠。第十杯酒,把郎望,手扳树桩,脚踩过篱笆,昨日望情郎挨顿打,姣莲身上条条伤,舍得皮肉挨打就是舍不得情郎。

0035 自选条目

正月是新年,[tsɐn yE sʅ sen niẽ]
荷包绣几层。[xou pau ɕieu tɕi tsẽ]
绣起的哟荷包呀,[ɕieu tɕʰi ti iou xou pau ia]
相送我同年,[ɕioŋ saŋ ŋou tʰaŋ niẽ]
哪哎咳哎咳呀,[nɔ a xa a xa iɔ]
哎咳哎咳哟火哟,[a xa a xa iou xou iou]
绣起的哟荷包呀,[ɕieu tɕʰi ti iou xou pau iɔ]
相送我同年哪哎咳哎咳呀。[ɕioŋ saŋ ŋou tʰaŋ niẽ nɔ a xa a xa iɔ]
二月是花朝,[zʅ yE sʅ xɔ tsau]
荷包绣得妙,[xou pau ɕien tE mieu]
绣起的哟荷包呀,[ɕieu tɕʰi ti iou xou pau iɔ]
我郎身上飘,[ŋou loŋ sɐn soŋ pʰiEu]
哪哎咳哎咳呀,[nɔ a xa a xa iɔ]
哎咳哎咳哟火哟,[a xa a xa iou xou iou]
绣起的哟荷包呀,[ɕieu tɕʰi ti iou xou pau iɔ]
我郎身上飘,哪哎咳哎咳呀。[ŋou loŋ sɐn soŋ pʰiEu, nɔ a xa a xa iɔ]
三月是清明,[sã yE sʅ tsʰen miã]
荷包绣得紧,[xou pau ɕieu tE tɕien]
绣起的哟荷包呀,[ɕieu tɕʰi ti iou xou pau iɔ]
我郎要来行[ŋou loŋ iEu la ɕien]
哪哎咳哎咳呀,[nɔ a xa a xa iɔ]

哎咳哎咳哟火哟，[a xa a xa iou xou iou]

绣起的哟荷包呀，[ɕieu tɕʰi ti iou xou pau iɔ]

我郎要来行，哪哎咳哎咳呀。[ŋou loŋ iɛu la ɕien, nɔ a xa a xa iɔ]

四月是立夏，[sʅ yɛ sʅ læ ɕiɔ]

荷包绣得哒，[xou pau ɕieu tɛ ta]

绣起的哟荷包呀，[ɕieu tɕʰi ti iou xou pau iɔ]

我要回娘家哪哎咳哎咳呀，[ŋou iɛu uæ ȵioŋ kɔ nɔ a xa a xa iɔ]

哎咳哎咳呦火哟，[a xa a xa iou xou iou]

荷包绣得哒，[xou pau ɕieu tɛ ta]

绣起的哟荷包呀，[ɕieu tɕʰi ti iou xou pau iɔ]

相送我情郎哪哎咳哎咳呀，[ɕioŋ saŋ ŋou tsen loŋ nɔ a xa a xa iɔ]

哎咳哎咳哟火哟，[a xa a xa iou xou iou]

绣起的哟荷包呀，[ɕieu tɕʰi ti iou xou pau iɔ]

相送我情郎哪哎咳哎咳呀。[ɕioŋ saŋ ŋou tsen loŋ nɔ a xa a xa iɔ]

绣起的哟荷包呀，[ɕieu tɕʰi ti iou xou pau iɔ]

我要回娘家哪哎咳哎咳呀。[ŋou iɛu fæ ȵioŋ kɔ nɔ a xa a xa iɔ]

五月是端阳，[u yɛ sʅ tõe ioŋ]

荷包绣得长，[xou pau ɕieu tɛ tsoŋ]

绣起的哟荷包呀，[ɕieu tɕʰi ti iou xou pau iɔ]

相送我情郎哪哎咳哎咳呀，[ɕioŋ saŋ ŋou tsen loŋ nɔ a xa a xa iɔ]

哎咳哎咳哟火哟，[a xa a xa iou xou iou]

绣起的哟荷包呀，[ɕieu tɕʰi ti iou xou pau iɔ]

相送我情郎哪哎咳哎咳呀。[ɕioŋ saŋ ŋou tsen loŋ nɔ a xa a xa iɔ]

六月三伏天，[lau yɛ sã fu tʰĩ]

荷包绣不得，[xou pau ɕieu pa tɛ]

绣起的哟荷包呀，[ɕieu tɕʰi ti iou xou pau iɔ]

花线要褪色哪哎咳哎咳呀，[xɔ si iɛu tʰæ sɛ nɔ a xa a xa iɔ]

哎咳哎咳哟火哟，[a xa a xa iou xou iɔ]

绣起的哟荷包呀，[ɕieu tɕʰi ti iou xou pau iɔ]

花线要褪色哪哎咳哎咳呀。[xɔ si iɛu tʰæ sɛ nɔ a xa a xa iɔ]

七月是月半，[tsʰæ yɛ sʅ yɛ põe]

荷包绣了一大半，[xou pau ɕieu liɛu i ta põe]

绣起的哟荷包呀，[ɕieu tɕʰi ti iou xou pau iɔ]

我郎要来看哪哎咳哎咳呀，[ŋoʊ loŋ iɛu la kʰœ nɔ a xa a xa iɔ]

哎咳哎咳哟火哟，[a xa a xa ioʊ xoʊ ioʊ]

绣起的哟荷包呀，[ɕieu tɕʰi ti ioʊ xoʊ pau ɔ]

我郎要来看哪哎咳哎咳呀。[ŋoʊ loŋ iɛu la kʰœ nɔ a xa a xa iɔ]

八月是中秋，[pa yɛ sʅ tsaŋ tɕʰieu]

荷包绣得多，[xoʊ pau ɕieu tɛ toʊ]

绣起的哟荷包呀，[ɕieu tɕʰi ti ioʊ xoʊ pau ɔ]

相送我朋友哪哎咳哎咳呀，[ɕioŋ saŋ ŋoʊ paŋ ioʊ nɔ a xa a xa iɔ]

哎咳哎咳哟火哟，[a xa a xa ioʊ xoʊ ioʊ]

绣起的哟荷包呀，[ɕieu tɕʰi ti ioʊ xoʊ pau ɔ]

相送我朋友哪哎咳哎咳呀。[ɕioŋ saŋ ŋoʊ paŋ ioʊ nɔ a xa a xa iɔ]

九月重阳九，[tɕieu yɛ tsaŋ ioŋ tɕieu]

荷包绣得有，[xoʊ pau ɕieu tɛ ioʊ]

绣起的哟荷包呀，[ɕieu tɕʰi ti ioʊ xoʊ pau ɔ]

相送我情哥哪哎咳哎咳呀，[ɕioŋ saŋ ŋoʊ tsen koʊ nɔ a xa a xa iɔ]

哎咳哎咳哟火哟，[a xa a xa ioʊ xoʊ ioʊ]

绣起的哟荷包呀，[ɕieu tɕʰi ti ioʊ xoʊ pau ɔ]

相送我情哥哪哎咳哎咳呀。[ɕioŋ saŋ ŋoʊ tsen koʊ nɔ a xa a xa iɔ]

十月小阳春，[sʅ yɛ ɕiɛu ioŋ tɕʰyɐn]

荷包绣得真，[xoʊ pau ɕieu tɛ tsen]

绣起的哟荷包呀，[ɕieu tɕʰi ti ioʊ xoʊ pau ɔ]

我要做新人哪哎咳哎咳呀，[ŋoʊ iɛu tsau sen zɐn nɔ a xa a xa iɔ]

哎咳哎咳哟火哟，[a xa a xa ioʊ xoʊ ioʊ]

绣起的哟荷包呀，[ɕieu tɕʰi ti ioʊ xoʊ pau ɔ]

我要做新人哪哎咳哎咳呀。[ŋoʊ iɛu tsau sen zɐn nɔ a xa a xa iɔ]

绣起的哟，荷包呀，我要做新人。[ɕieu tɕʰi ti ioʊ, xoʊ pau ɔ, ŋoʊ iɛu tsau sen zɐn]

哎咳哎咳哎呀。[a xa a xa a iɔ]

意译：这首民歌在通山民间叫做《十绣荷包》，中间掺杂了许多唱腔衬词。大意是：正月是新年，荷包绣几层。绣的荷包呀，送给我同庚。二月是花朝，荷包绣得妙，绣的荷包呀，在我郎身上飘。三月是清明，荷包绣得紧，绣的荷包呀，我郎要来行。四月是立夏，荷包绣得了，绣着荷包呀，我要回娘家。五月是端阳，荷包绣得长，绣的荷包呀，送给我情郎。六月三伏天，荷包绣不得，绣起荷包呀，花线要褪色。七月是月半，荷包绣了一大半，绣起的荷包呀，我郎要来看。八月是中秋，荷包绣得多，绣起的荷包呀，送给我朋友。九月重阳九，荷包绣得有，绣起的荷包呀，送给我情哥。十月小阳春，荷包绣得真，绣起荷包呀，我要做新娘（衬词略）。

0036　自选条目

（鼓师）：歌有歌头（喜哎），[kou iou kou tɛu(ɕi ai)]

号有号头（发哎），[xɑu iou xɑu tɛu(fa ai)]

鲁班造屋（喜哎），[lu pã tsʰɑu u(ɕi ai)]

先起八字门楼（发哎），[sĩ tɕʰi pa tsɿ mɛn lɛu(fa ai)]

八百斤毛铁打杆枪，[pa pɛ tsi mɑu tʰi to kœ tɕioŋ]

反手插在扬子江。[fã sɑu tsʰɔ tsa ioŋ tsɿ tɕioŋ]

要是有人摇得动，[iɛu sɿ iou zɛn iɛu tɛ taŋ]

就在此地立歌场。[tɕɛu tsa tsʰa tæ læ kou tsoŋ]

有请东头歌郎，西头歌郎，[iou tɕien taŋ tɛu kou loŋ, sæ tɛu kou loŋ]

南边歌郎，北边歌郎，[nõ piɛ̃ kou loŋ, pɛ piɛ̃ kou loŋ]

大声呐喊一齐起号啊，[ta sɛn na xã i tɕʰi tɕʰi xɑu a]

（众）：喔吷吷吷吷吷 [ou xou xou xou xou xou]

（鼓师）：一张白纸四四方，[i tsoŋ pɔ tsɿ sɿ sɿ foŋ]

哟火哟火嘿呀，[iou xou iou xou xei iɔ]

（众）：哟火哟火嘿呀 [iou xou iou xou xei iɔ]

（鼓师）：写封书信寄予郎，请歌郎！[ɕiɔ faŋ ɕy sɛn tɕi y loŋ, tɕien kou loŋ]

（众）：请起歌郎上战场，[tɕien tɕʰi kou loŋ soŋ tsɛ̃ tsoŋ]

（鼓师）：正月二月尔莫望，[tsɛn yɛ zɿ yɛ n̩ mou uoŋ] 尔：你

哟火哟火嘿呀，[iou xou iou xou xei iɔ]

（众）：哟火哟火嘿呀，[iou xou iou xou xei iɔ]

（鼓师）：三月四月要移秧，[sã yɛ sɿ yɛ iɛu i ioŋ]

一毕辞姐到秋凉，请歌郎！[i pi tsʰi tsi tɑu tɕʰieu lioŋ, tɕien kou loŋ]

（众）：请起歌郎上战场。[tɕien tɕʰi kou loŋ soŋ tsɛ̃ tsoŋ]

东头城墙好跑马，[taŋ tɛu tsɛn tɕioŋ xɑu pʰɑu mɔ]

西头城墙好抛枪，[sæ tɛu tsɛn tɕioŋ xɑu pʰɑu tɕioŋ]

好跑马，好抛枪，[xɑu pʰɑu mɔ, xɑu pʰɑu tɕioŋ]

好飒歌郎上战场。[xɑu sa kou loŋ soŋ tsẽ tsoŋ]

（歌郎）：日头起身一点黄，哟火哟嘿呀 [zɿ tɐu tɕʰi sɐn i tĩ xoŋ, iou xou iou xou xei iɔ] 日头：太阳

（众）：哟火哟嘿呀，[iou xou iou xou xei iɔ]

（歌郎）：情姐提篮洗衣裳，请歌郎！[tsen tsi tæ lɑ̃ sæ i tsʰoŋ, tsien kou loŋ]

（众）：请起歌郎上战场。[tɕien tɕʰi kou loŋ soŋ tsẽ tsoŋ]

菜篮放在塘塮上，[tsʰa lɑ̃ xoŋ tsa toŋ kʰoŋ soŋ] 塘塮：池塘的堤岸

哟火哟火嘿呀，[iou xou iou xou xei iɔ]

（众）：哟火哟火嘿呀，[iou xou iou xou xei iɔ]

（歌郎）：棒锤落水响叮当，[pɔŋ kyæ lou ɕyæ ɕioŋ ten toŋ]

斜眉千眼望情郎，请歌郎！[ɕiɔ mæ tsʰen ŋɑ̃ uoŋ tɕien loŋ, tɕien kou loŋ]

（众）：请起歌郎上战场，[tɕien tɕʰi kou loŋ soŋ tsẽ tsoŋ]

（鼓师）：东头城墙好跑马，[taŋ tɐu tsen tɕioŋ xau pʰau mɔ]

（众）：西头城墙好抛枪，[sæ tɐu tsen tɕioŋ xau pʰau tɕioŋ]

（歌郎）：好跑马，好抛枪，[xau pʰau mɔ, xau pʰau tɕioŋ]

（众）：好飒歌郎上战场。[xɑu sa kou loŋ soŋ tsɑ̃ tsoŋ]

（鼓师）：二张白纸四四方，[zɿ tsoŋ pɔ tsɿ sɿ sɿ foŋ]

哟火哟火嘿呀，[iou xou iou xou xei iɔ]

（众）：哟火哟火嘿呀 [iou xou iou xou xei iɔ]

（鼓师）：回封书信女娇娘，请歌郎，[xuæ faŋ ɕy sen ny tɕiɔ nioŋ, tɕien kou loŋ]

（众）：请起歌郎上战场，[tɕien tɕʰi kou loŋ soŋ tsɑ̃ tsoŋ]

正月二月尔莫望，哟火哟火嘿呀，[tsen yɛ zɿ yɛ n̩ mou uoŋ, iou xou iou xou xei ia]

（众）：哟火哟火嘿呀 [iou xou iou xou xei iɔ]

（鼓师）：三月四月要移秧，[sɑ̃ yɛ sɿ yɛ iɐu i ioŋ]

一毕辞姐到秋凉，请歌郎！[i pi tsʰi tsi tau tɕʰieu lioŋ, tɕien kou loŋ]

（众）：请起歌郎上战场，[tɕien tɕʰi kou loŋ soŋ tsɑ̃ tsoŋ]

（鼓师）：东头城墙好跑马，[taŋ tɐu tsen tɕioŋ xau pʰau mɔ]

（众）：西头城墙好抛枪，[sæ tɐu tsen tɕioŋ xau pʰau tɕioŋ]

（歌郎）：好跑马，好抛枪，[xau pʰau mɔ, xau pʰau tɕioŋ]

（众）：好飒歌郎上战场。[xɑu sa kou loŋ soŋ tsɑ̃ tsoŋ]

（歌郎）：山顶有花山脚香，[sã ti iou ɔx sã tɕiou ɕioŋ]

哟火哟火嘿呀，[iou xou iou xou xei iɔ]

（众）：哟火哟火嘿呀[iou xou iou xou xei iɔ]

（歌郎）：桥下有水桥面凉，请歌郎！[tɕiɛu xɔ iou ɕyæ tɕiɛu mĩ lioŋ, tɕien kou loŋ]

（众）：请起歌郎上战场，[tɕien tɕʰi kou loŋ soŋ tsã tsoŋ]

（歌郎）：旁边两位好情姐，[paŋ piã lioŋ uæ xau tɕien tsi]

哟火哟火嘿呀，[iou xou iou xou xei iɔ]

（众）：身上打扮溜溜光，潇潇洒洒会情郎，请歌郎！[sɐn soŋ tɔ pã lieu lieu kuoŋ, ɕiɔ ɕiɔ sa sa xuæ tɕien loŋ, tɕien kou loŋ]

（众）：请起歌郎上战场。[tɕien tɕʰi kou loŋ soŋ tsã tsoŋ]

（鼓师）：东头城墙好跑马，[taŋ tɛu tsɐn tɕioŋ xau pʰau mɔ]

（众）：西头城墙好抛枪，[sæ tɛu tsɐn tɕioŋ xau pʰau tɕioŋ]

（歌郎）：好跑马，好抛枪，[xau pʰau mɔ, xau pʰau tɕioŋ]

（众）：好飒歌郎上战场。[xau sa kou loŋ soŋ tsã tsoŋ]

（歌郎）：山顶有花山脚香，[sã tĩ iou xɔ sã tɕiɛu ɕioŋ]

哟火哟火嘿呀，[iou xou iou xou xei iɔ]

（众）：哟火哟火嘿呀，[iou xou iou xou xei iɔ]

（歌郎）：桥下有水桥上凉，请歌郎！[tɕiɛu xɔ iou ɕyæ tɕiɛu soŋ lioŋ, tɕien kou loŋ]

（众）：请起歌郎上战场，[tɕien tɕʰi kou loŋ soŋ tsã tsoŋ]

（歌郎）：前面来位好情姐，[tsĩ mĩ la uæ xau tɕien tsi]

梳装打扮喷喷香，[sau tsoŋ tɔ pã fɐn fɐn ɕioŋ]

哟火哟火嘿呀，[iou xou iou xou xei iɔ]

（众）：梳装打扮喷喷香，潇潇洒洒会情郎，请歌郎！[sau tsoŋ tɔ pã fɐn fɐn ɕioŋ, ɕiɔ ɕiɔ sa sa xuæ tɕien loŋ, tɕien kou loŋ]

（众）：请起歌郎上战场，[tɕien tɕʰi kou loŋ soŋ tsã tsoŋ]

（鼓师）：东头城墙好跑马，[taŋ tɛu tsɐn tɕioŋ xau pʰau mɔ]

（众）：西头城墙好抛枪，[sæ tɛu tsɐn tɕioŋ xau pʰau tɕioŋ]

（歌郎）：好跑马，好抛枪，[xau pʰau mɔ, xau pʰau tɕioŋ]

（众）：好飒歌郎上战场。[xau sa kou loŋ soŋ tsã tsoŋ]

（鼓师）：早晨打马吔咳嗨，[tsau tsɐn tɔ mɔ iɔ xa xa]

（众）：吔咳嗨吔咳嗨，[iɔ xa xa iɔ xa xa]

（鼓师）：过高桥，早晨头，[kou kɑu tɕiɛu, tsɑu tsen tɛu]

（众）：早晨打马过高桥，[tsɑu tsen tɔ mɔ kou kɑu tɕiɛu]

呩咳海，呩咳海，[iɔ xa xa, iɔ xa xa]

（鼓师）：早晨行，早晨打马过凉亭，[tsɑu tsen ɕien, tsɑu tsen tɔ mɔ kou lioŋ tĩ]

（鼓师）：早晨打马凉亭过，[tsɑu tsen tɔ mɔ lioŋ tĩ kou]

（众）：风吹马尾闪郎行，[faŋ kʰuæ mɔ uæ sã loŋ ɕien]

呩咳海，呩咳海，[iɔ xa xa, iɔ xa xa]

饭后中，篾箩挂在柳树丛，[fã xɛu tsaŋ, mi lou kuɔ tsa lieu ɕy tsaŋ]

大风吹得车车转，[ta faŋ kʰuæ tɛ tsʰɔ tsʰɔ tɕyã]

外头好看里头空，[uæ tɛu xɑu kʰœ læ tɛu kʰuaŋ] 外头：外面。里头：里面

呩咳海，呩咳海，[iɔ xa xa, iɔ xa xa]

象牙筷两边摆，什么好菜拿出来，[sioŋ ŋɔ kʰuæ lioŋ piã pa, sen mou xɑu tsʰa na tɕʰy la]

篾丝筷两条横，[mi sɿ kʰuæ lioŋ tʰiɛu xen]

什么好菜拿来钳，[sen mou xɑu tsʰa na la tɕiã]

喫一碗，划一船，[tɕʰiɔ i uẽ, xɔ i ɕyã] 喫：吃

喫二碗，划二船，[tɕʰiɔ zɿ uẽ, xɔ zɿ ɕyã]

五子登科中状元。[u tsɿ ten kʰɔ tsaŋ tsoŋ yɐn]

呩咳嗨，呩咳嗨，请歌郎！[iɔ xa xa, iɔ xa xa, tɕien kou loŋ]

（鼓师、歌郎）：一个鸡蛋两个黄，[i kou tɕi tã lioŋ kou xoŋ]

一个情姐呩咳嗨，[i kou tɕien tsi iɔ xa xa]

呩咳嗨，呩咳嗨想十郎。[iɔ xa xa, iɔ xa xa ɕioŋ sɿ loŋ]

相遇大郎中知府，[ɕioŋ ȵy ta loŋ tsaŋ tsɿ fu]

相遇二郎做巡常，[ɕioŋ ȵy zɿ loŋ tsɑu ɕyɐn tsʰoŋ]

相遇三郎玩把戏，[ɕioŋ ȵy sã loŋ uã pɔ ɕi]

相遇四郎打铁匠，[ɕioŋ ȵy sɿ loŋ tɔ tʰi tɕioŋ]

相遇五郎卖糕饼，[ɕioŋ ȵy u loŋ ma kɑu piã]

相遇六郎卖干姜，[ɕioŋ ȵy lɑu loŋ ma kœ tɕioŋ]

相遇七郎开药铺，[ɕioŋ ȵy tsʰæ loŋ kʰœ iou pʰu]

相遇八郎裁缝匠，[ɕioŋ ȵy pa loŋ tsʰa faŋ tɕioŋ]

相遇九郎做阴阳，[ɕioŋ ȵy tɕieu loŋ tsɑu ien ioŋ]

相遇十郎做和尚。[ɕioŋ ȵy sɿ loŋ tsɑu xou soŋ]

打起官司有知府，[tɔ tɕʰi kuẽ sʅ ioʊ tsʅ fu]
说起话有巡常，[ɕyɛ tɕʰi uɔ ioʊ ɕyɐn tsʰoŋ]
外头跑路玩把戏，[uæ tɛu pʰau lau uÃ pɔ ɕi]
打起枪刀有铁匠，[tɔ tɕʰi tɕioŋ tau ioʊ tʰi tɕioŋ]
孩儿哭，有糕饼，[xa zʅ kʰu, ioʊ kau piÃ]
头痛发烧有干姜，[tɛu tʰaŋ fa sɛu ioʊ kœ tɕioŋ]
情姐病了有药店，[tɕien tsi piÃ liɛu ioʊ ioʊ tĩ]
冇衣穿，裁缝匠，[mau i ɕyɐn, tsʰa faŋ tɕioŋ] 冇：没有
看起风水有阴阳，[kʰœ tɕʰi faŋ ɕyæ ioʊ ien ioŋ]
做起道场有和尚，[tsau tɕʰi tau tsoŋ ioʊ xoʊ soŋ]
情姐是个唆呀嘞好飒郎。[tɕien tsi sʅ koʊ soʊ iɔ læ xau sa loŋ]
（鼓师、歌郎）：泉塘港塘西坑塘，袁家过来，[tsyɐn toŋ koŋ toŋ sæ kʰÃ toŋ, yɐn kɔ koʊ la]
吔咳嗨，吔咳海，是成方，[iɔ xa xa, iɔ xa xa, sʅ sɐn foŋ]
张家李祝上下杨，[tsoŋ kɔ læ tsoʊ soŋ xɔ ioŋ]
下邓吴郭开陈赵，[xɔ ten u koʊ kʰœ tsɐn tsau]
炕上炕下大屋黄，[kʰuoŋ soŋ kʰuoŋ xɔ ta u xoŋ]
茅田高坑寨下畈，[mau tĩ kau kʰÃ tsæ xɔ fɐn]
沙堤过来咀头方，[sɔ tɛ koʊ la tsæ tɛu foŋ]
坑背吴，港背方，[kʰÃ pæ u, koŋ pæ foŋ]
衢塘庙，衢塘张，[tɕy toŋ miɛu, tɕy toŋ tsoŋ]
转来又是山下黄，打只船崽到蒲圻，[tɕyẽ la ioʊ sʅ sÃ xɔ xoŋ, tɔ tsɔ ɕyɐn tsa tau pu tɕʰi] 崽：表小
下崇阳，到汉口，转武昌，[xɔ tsaŋ ioŋ, tau xœ kʰɛu, tɕyẽ u tsʰoŋ]
登黄鹤，望长江，[tɛn xoŋ xoʊ, uoŋ tsoŋ tɕioŋ]
郎吹笛，姐敲梆，叮叮当叮叮当，[loŋ kʰuæ tæ, tsi kʰau poŋ, tĩ tĩ toŋ tĩ tĩ toŋ]
叮叮当当唆呀嘞，到汉阳请歌郎，[tĩ tĩ toŋ toŋ soʊ iɔ læ, tau xɐn ioŋ tɕien koʊ loŋ]
请起歌郎转歌场，[tɕien tɕʰi koʊ loŋ tɕyẽ koʊ tsoŋ]
如今生活真正好，[y tɕien sÃ xuœ tsɐn tsɐn xau]
歌郎鼓匠天天忙，[koʊ loŋ ku tɕioŋ tʰĩ tʰĩ moŋ]
天天忙，心欢畅，[tʰĩ tʰĩ moŋ, sɐn xuæ tsʰoŋ]

村村组组歌声扬,〔tsʰɐn tsʰɐn tsou tsou kou sɐn ioŋ〕
还过三天不来请,〔xuã kou sã tʰĩ pa la tɕien〕
打鼓唱歌转回乡,〔tɔ ku tsʰoŋ kou tɕyẽ fæ ɕioŋ〕
吔咳嗨,吔咳嗨,〔iɔ xa xa, iɔ xa xa〕
来过三天不来请,〔la kou sã tʰĩ pa la tɕien〕
打鼓唱歌转回乡。〔tɔ ku tsʰoŋ kou tɕyẽ fæ ɕioŋ〕
(众):喔吰吰吰吰吰。〔ou xou xou xou xou xou〕

意译:这是一首通山山鼓的语词记录,有鼓师敲鼓,有歌郎唱歌,有人跟着唱和。有时候是念白,有时候是唱做。以下意译部分略去山鼓唱词中的衬词。

开头有一个开场白,鼓师说:歌有歌头,众人跟着和一声:喜哎!鼓师说:号有号头,众人跟着和一声:发哎!鼓师:鲁班造屋,众人跟着和一声:喜哎!鼓师说:先起八字门楼,众人跟着和一声:发哎!鼓师:八百斤毛铁打杆枪,反手插在扬子江。要是有人摇得动,就在此地立歌场。有请东头歌郎,西头歌郎,南边歌郎,北边歌郎,大声呐喊一齐起号哦。

鼓师:一张白纸四四方,写封书信寄给情郎,请歌郎!众:请起歌郎上战场。鼓师:正月二月你莫望,三月四月要插秧,就这样辞别情姐一直到秋凉季节,请歌郎。众:请起歌郎上战场。东头城墙好跑马,西头城墙好抛枪,好跑马,好抛枪,英俊潇洒的歌郎上战场。

歌郎:日头起身一点黄,情姐提篮洗衣裳,请歌郎!众:请起歌郎上战场。菜篮放在池塘的边上。歌郎:棒锤落水响叮当,斜眉千眼望情郎,请歌郎!众:请起歌郎上战场。鼓师:东头城墙好跑马,众:西头城墙好抛枪,歌郎:好跑马,好抛枪,众:英俊潇洒的歌郎上战场。

鼓师:两张白纸四四方,回封书信女娇娘,请歌郎!众:请起歌郎上战场,正月二月你莫望。鼓师:三月四月要移秧,就这样辞别情姐一直到秋凉季节,请歌郎!众:请起歌郎上战场,鼓师:东头城墙好跑马,众:西头城墙好抛枪,歌郎:好跑马,好抛枪,众:英俊潇洒的歌郎上战场。

歌郎:山顶有花山脚香,桥下有水桥面凉,请歌郎!众:请起歌郎上战场,歌郎:旁边两位好情姐,众:身上打扮光鲜亮丽,潇潇洒洒会情郎,请歌郎!众:请起歌郎上战场。鼓师:东头城墙好跑马,众:西头城墙好抛枪,歌郎:好跑马,好抛枪。众:英俊潇洒的歌郎上战场。

歌郎:山顶有花山脚香,桥下有水桥上凉,请歌郎!众:请起歌郎上战场,歌郎:前面来位好情姐,梳装打扮香喷喷。众:请起歌郎上战场,鼓师:东头城墙好跑马,众:西头城墙好抛枪,歌郎:好跑马,好抛枪,众:英俊潇洒的歌郎上战场。

鼓师：早晨打马过高桥，众：早晨打马过高桥。鼓师：早晨行，早晨打马过凉亭。鼓师：早晨打马凉亭过，众：风吹马尾闪郎行，饭后中，簋箩挂在柳树丛，大风吹得车车转，外头好看里头空，象牙筷两边摆放，什么好菜拿出来，簋丝筷两边横放，什么好菜拿来吃，吃一碗，划一船，吃二碗，划二船，五子登科中状元。请歌郎！

鼓师、歌郎：一个鸡蛋两个黄，一个情姐，想十郎。希望大郎中知府，二郎做巡常，三郎玩把戏，四郎打铁匠，五郎卖糕饼，六郎卖干姜，七郎开药铺，八郎裁缝匠，九郎做阴阳，十郎做和尚。打起官司有知府，说起话有巡常，外头跑路玩把戏，打起枪刀有铁匠，孩儿哭有糕饼，头痛发烧有干姜，情姐病了有药店，穿衣做衣有裁缝匠，看起风水有阴阳师傅，做起道场有和尚，情姐也是真潇洒。

鼓师、歌郎：（接下来的这一段是报通山当地的地名）泉塘港塘西坑塘，袁家过来，是成方，张家李祝上下杨，下邓吴郭开陈赵，炕上炕下大屋黄，茅田高坑寨下畈，沙堤过来咀头方，坑背吴，港背方，衢塘庙，衢塘张，转来又是山下黄，打只小船到蒲圻，下崇阳，到汉口，转武昌，登黄鹤楼，望长江，情郎吹笛子，情姐敲梆子，叮叮当叮叮当到汉阳请歌郎，请起歌郎转歌场。如今生活真正好，歌郎鼓匠天天忙，天天忙，心欢畅，村村组组歌声扬。我们在这里还唱三天，若是过三天没有别家来请，打鼓唱歌回家乡。

0037 自选条目

伏以天地开泰，日吉时良。[fu⁵⁵ i⁴² tʰɿ²¹³ tæ³³ kʰœ²¹ tæ⁴⁵ ， zɿ²¹ tɕi⁵⁵ sɿ²¹ lioŋ²¹]
鸾珠凤嫁，百辆临堂。[luan²¹ tɕy²¹³ faŋ³³ tɕio⁴⁵ ， pE⁵⁵ lioŋ⁵⁵ len²¹ toŋ²¹]
此日韵关雎之句，[tsʰɿ⁴² zɿ³³ yen⁴² kuã²¹³ tɕy²¹³ tsɿ³³ tɕy⁴⁵]
他年看麟子呈祥，[tʰa²¹ ȵiE²¹ kʰœ⁴⁵ len²¹ tsɿ⁴² tsʰen²¹ ɕioŋ²¹³] 看：生
鱼得水，凤求凰。[ȵy²¹ tE⁵⁵ ɕyæ⁴² ， faŋ³³ tɕiou²¹ xoŋ²¹]
双双喜气到华堂。[soŋ²¹³ soŋ²¹³ ɕi⁴² tɕʰi⁴⁵ tau²¹³ xɔ²¹ toŋ²¹]
宜室宜家相好合，[ȵi²¹ sɿ⁵⁵ ȵi²¹ tɕio²¹³ ɕioŋ²³ xau⁴² xoʊ³³]
玉皇王母见吉祥。[y³³ xoŋ²¹ uoŋ²¹ mu⁴² tɕiẽ⁴⁵ tɕi⁵⁵ tɕioŋ²¹]
仙人留下珍珠米，[sĩ²¹³ zen²¹ lieu²¹ xɔ³³ tsen²¹ tɕy²¹³ mæ⁴²]
赐予凡间撒轿娘。[tsʰɿ⁴⁵ y⁴² fẼ³³ tɕiã²¹³ sa⁴² tɕiɛu³³ ȵioŋ²¹]
一撒一吉二宜好，[i⁵⁵ sa⁴² i⁵⁵ tɕi⁵⁵ zɿ³³ ȵi²¹ xau⁴²]
二撒两姓对鸳鸯，[zɿ³³ sa⁴² lioŋ⁴² sien⁴⁵ tæ⁴⁵ yen⁴⁵ ioŋ²¹]

三撒三元祖及第，[sÃ²¹³ sa⁴² sÃ²¹³ yẼ²¹ tsou⁵⁵ tɕi³³ tæ³³]
四撒四季喜洋洋，[sʅ⁴⁵ sa⁴² sʅ⁴⁵ tɕi⁴⁵ ɕi⁴² ioŋ²¹ ioŋ²¹]
五撒五子登金榜，[u⁴² sa⁴² u⁴² tsʅ⁴² ten⁴⁵ tɕien²¹³ poŋ⁵⁵]
六撒六合结成双，[lɑu³³ sa⁴² lɑu³³ xou³³ tɕi⁵⁵ sen²¹ soŋ²¹³]
七撒七姐团圆聚，[tsʰæ⁵⁵ sa⁴² tsʰæ⁵⁵ tsi⁴² tõ²¹ yẼ²¹ tsæ⁴⁵]
八撒八仙庆安康，[pa⁵⁵ sa⁴² pa⁵⁵ sĩ²¹³ tɕʰien⁴⁵ ŋœ̃²¹³ kʰoŋ]
九撒九世同居住，[tɕieu⁴² sa⁴² tɕieu⁴² sʅ⁴⁵ tɑŋ²¹ tɕy²¹³ tɕy⁴⁵]
十撒十全大吉昌。[sʅ³³ sa⁴² sʅ³³ tsi²¹ ta³³ tɕi⁵⁵ tsʰoŋ²¹³]
自从今日撒过后，[tsɔ³³ tsaŋ²¹³ tɕien²³ zʅ³³ sa⁴² kou⁴⁵ xɐu³³]
荣华富贵与天长。[yɐn²¹ xɔ²¹ fu⁴⁵ kuæ⁴⁵ y²¹³ tʰĩ²¹³ tsoŋ²¹]
恭喜！[kuɑŋ²¹³ ɕi⁴²]

意译：以上内容通山民间称为《撒轿娘》，是礼宾先生在新婚典礼的过程中，一边撒喜糖、米花糖和其他点心，一边口中说的吉祥话。大意是：今日天地开泰，良辰吉时。在新婚这天，有许多宾客临门。在此说一些吉祥的好话，愿今日新婚，来年喜得麟子，娶来的新媳妇宜室宜家，夫妻和睦家庭和谐。玉皇大帝和王母娘娘也来祝贺吉祥，赐给我珍珠米，让我来撒轿娘。一撒一吉二宜好，二撒两姓对鸳鸯，三撒三元祖及第，四撒四季喜洋洋，五撒五子登金榜，六撒六合结成双，七撒七姐团圆聚，八撒八仙庆安康，九撒九世同居住，十撒十全大吉昌。自从今日撒过后，荣华富贵与天长。恭喜！

通　城

一　歌谣

0001 歌谣

正月放羊正月正，[tsən yeʔ faŋ iaŋ tsən yeʔ tsən]
手举牧羊棍一根。[sou tsɿ muʔ iaŋ kun iʔ kən]
羊儿放在前面走，[iaŋ ɚ faŋ dzai dʑiɛn miɛn tsu]
永生天际随后跟。[yn sən diɛn tɕi sui hou kən]
羊儿不喫水里草，[iaŋ ɚ pu dʑiʔ sui ni dzau] 喫：吃
要喫中山嫩草根。[iau dʑiʔ tsən san nən dzau kən]
百坪青草霜打死，[pe bin dʑin dzau soŋ ta sɿ]
冬天青草才土生。[tən diɛn dʑin dzau dzai du sən]

奴本金枝玉叶体，[nou pən tɕin tsɿ ɚ ieʔ di]
总经风霜草地奔。[tsən tɕin fəŋ saŋ dzau ti pən]
二月放羊是春分，[ɚ yeʔ faŋ iaŋ sɿ dzən fən]
可恨公婆起歹心。[ho hən koŋ bo dʑi tai ɕin]
唆使丈夫打骂我，[so sən tsaŋ fu ta ma ŋo]
拆散鸳鸯两地分。[dze san yɛn iaŋ diaŋ ti fən]
手掌手背都是肉，[sou tsaŋ sou pi tou sɿ zou]
苦苦逼我为何情。[hu hu pi ŋo ui ho dʑin]

意译：正月放羊正月正，手举牧羊棍一根。羊儿放在前面走，永生天际随后跟。羊儿不吃水里草，要吃中山的草根。百里的青草霜打死，冬天的青草才土生。我本金枝玉叶体，总经风霜草地奔。二月放羊是春分，可恨公婆起歹心。唆使丈夫打骂我，拆散鸳鸯两地分。手掌手背都是肉，苦苦逼我为何情。

0002 歌谣

正月之飘是新年，[tsən yeʔ tsɿ biau sɿ ɕin ȵien]
姐劝亲哥嘛，[tɕia dzɛnʔ tɕin ko ma] 亲哥：丈夫的昵称
快伩快子哟，莫赌钱呐，[huai de huai tsɿ io, moʔ tou dʑiɛn na]
奴的干哥。[nou ti kan kə] 奴：我，自己的谦称。干哥：丈夫的昵称
十个赌钱九个输，尤其我的郎啊，[sɿ ko tou dʑiɛn tɕiou ko su, iou dʑi uo ti naŋ a]
乖乖我小妹，哪有赌钱，[kuai kuai uo ɕiau mi, na iou tou dʑiɛn]
快伩快子哟，有好处，奴的干哥。[huai de huai tsɿ io, iou hau dzou, nou ti kan kə]
二月之飘是花朝，太公出外，[ɚ yeʔ tsɿ biau sɿ fa tsau, dai koŋ dzu uai]
快伩快子哟，把鱼钓哇，奴的干哥。[huai de huai tsɿ io, pa ŋʮ tiau ua, nou ti kan kə]
前面来条金丝鲤，尤其我的郎啊，[dʑiɛn miɛn nai diau tɕin sɿ di, iou dʑi uo ti naŋ a]
乖乖我小妹，调头摆尾，[kuai kuai uo ɕiau mi, diau dou pai ui]
快伩快子哟，来上钓哇，奴的干哥。[huai de huai tsɿ io, nai saŋ tiau ua, nou ti kan kə]
三月之飘是清明，二人挽手嘛，[san yeʔ tsɿ biau sɿ dʑin min, ɚ yn uan sou ma]

快仂快子哟，进房间呐，奴的干哥。[huai de huai tsʅ io, tɕin faŋ tɕiɛn na, nou ti kan kə]

别人看见不要紧，尤其我的郎啊，[bieʔ yn han tɕiɛn pu iau tɕin, iou dʑi uo ti naŋ a]

乖乖我小妹，丈夫看见嘛，[kuai kuai uo ɕiau mi, tsaŋ fu han tɕiɛn ma]

快仂快子哟，打死人呐，奴的干哥。[huai de huai tsʅ io, ta sʅ yn na, nou ti kan kə]

四月之飘是立夏，手拿香纸嘛，[sʅ yeʔ tsʅ biau sʅ dinʔ ɕia, sou naʔ ɕiaŋ tsʅ ma]

快仂快子哟，拜菩萨呐，奴的干哥。[huai de huai tsʅ io, pai bu san na, nou ti kan kə]

大小菩萨显威灵，尤其我的郎啊，[ta ɕiau bu san ɕiɛn ui din, iou dʑi uo ti naŋ a]

乖乖我小妹，保佑妹子嘛，[kuai kuai uo ɕiau mi, pau iou mi tsʅ ma]

快仂快子哟，生娃娃呀，奴的干哥。[huai de huai tsʅ io, sən ua ua ia, nou ti kan kə]

五月之飘是端阳，龙船下水，[u yeʔ tsʅ biau sʅ tuon iaŋ, nəŋ dzuon ɕia sʅ]

快仂快子哟，闹长江啊，奴的干哥。[huai de huai tsʅ io, nau dzaŋ tɕiaŋ a, nou ti kan kə]

两边坐的划船手，[dioŋ piɛn tso ti fa dzuon sou]

尤其我的郎啊，[iou dʑi uo ti naŋ a]

乖乖我小妹，中间坐的是，[kuai kuai uo ɕiau mi, tsən tsən tso ti sʅ]

快仂快子哟，花姑娘啊，奴的干哥。[huai de huai tsʅ io, fa ku ȵiaŋ a, nou ti kan kə]

六月之飘是热天，摇风摆扇嘛，[diouʔ yeʔ tsʅ biau sʅ yeʔ diɛn, iau fəŋ pai sɛn ma]

快仂快子哟，坐空调哇，奴的干哥。[huai de huai tsʅ io, tso həŋ diau ua, nou ti kan kə]

别人热来不要紧，尤其我的郎啊，[bieʔ yn yeʔ nai pu iau tɕin, iou dʑi uo ti naŋ a]

乖乖我小妹，丈夫热来嘛，[kuai kuai uo ɕiau mi, tsaŋ fu yeʔ nai ma]

热仂热子哟，我心痛啊，奴的干哥。[yeʔ de yeʔ tsʅ io, ŋo ɕin doŋ a, nou ti kan kə]

七月之飘七月七，牛郎织女嘛，[dʑiʔ yeʔ tsʅ biau dʑiʔ yeʔ dʑiʔ, ɳiou noŋ tsʅʔ mʮ ma]

　　快伪快子哟，两夫妻呀，奴的干哥。[huai de huai tsʅ io, diaŋ fu dʑi ia, nou ti kan kə]

　　年年有个七月七，尤其我的郎啊，[ɳiɛn ɳiɛn iou ko dʑiʔ yeʔ dʑiʔ, iou dʑi uo ti naŋ a]

　　乖乖我小妹，牛郎织女嘛，[kuai kuai uo ɕiau mi, ɳiou naŋ tsʅʔ mʮ ma]

　　快伪快子哟，来相会呀，奴的干哥。[huai de huai tsʅ io, nai ɕiaŋ fi ia, nou ti kan kə]

　　八月之飘是中秋，长工难做，[pa yeʔ tsʅ biau sʅ tsoŋ dʑiou, dzoŋ koŋ nan tso]

　　快伪快子哟，[huai de huai tsʅ io]

　　寡难得守哇，奴的干哥。[kua nan te sou ua, nou ti kan kə]

　　长工难做不要紧，尤其我的郎啊，[dzoŋ koŋ nan tso pu iau tɕin, iou dʑi uo ti naŋ a]

　　乖乖我小妹，只有守寡啊，[kuai kuai uo ɕiau mi, tsʅʔ iou sou kua a]

　　快伪快子哟，难得守啊，奴的干哥。[huai de huai tsʅ io, nan te sou a, nou ti kan kə]

　　九月之飘是重阳，重阳制酒，[tɕiou yeʔ tsʅ biau sʅ dzəŋ iaŋ, dzəŋ iaŋ tsʅ tɕiou] 制：做

　　快伪快子哟，菊花香啊，奴的干哥。[huai de huai tsʅ io, tɕiouʔ fa ɕiaŋ a, nou ti kan kə]

　　老人喜欢糯米酒哇，[nau yn ɕi fuan no mi tɕiou ua]

　　尤其我的郎啊，乖乖我小妹，[iou dʑi uo ti naŋ a, kuai kuai uo ɕiau mi]

　　后生喜欢，快伪快子哟，[hiau sən ɕi fuan, huai de huai tsʅ io]

　　少年郎，奴的干哥。[sau ɳiɛn noŋ, nou ti kan kə]

　　十月之飘小阳春，奴家得伪，[sənʔ yeʔ tsʅ biau ɕiau ioŋ dzən, nou ka teʔ de]

　　快伪快子哟，相思病，奴的干哥。[huai de huai tsʅ io, ɕioŋ sʅ biaŋ, nou ti kan kə]

　　一切茶饭都不香，尤其我的郎啊，[iʔ dʑiɛnʔ dza fan tou pənʔ ɕioŋ, iou dʑi uo ti naŋ a]

　　乖乖我小妹，一心只想，[kuai kuai uo ɕiau mi, iʔ ɕin tsʅʔ ɕioŋ]

快仂快子哟，少年郎啊，奴的干哥。[huai de huai tsʅ io, sau niɛn noŋ a, nou ti kan kə]

意译：十月之飘

正月之飘是新年，姐劝亲哥莫赌钱，十个赌钱九个输，哪有赌钱有好处。

二月之飘是花朝，太公出外把鱼钓，前面来条金丝鲤，条条摆尾来上钩。

三月之飘是三月三，二人挽手进房间，别人看到不要紧，丈夫看到打一餐。

四月之飘是立夏，手拿香纸拜菩萨，大小菩萨显威灵，保佑妹子生娃娃。

五月之飘是端阳，龙船下水闹长江，两边坐的是划船手，中间坐的是花姑娘。

六月之飘是热天，摇风摆扇坐空调，别人热来我不管，丈夫热来我心痛。

七月之飘七月七，牛郎织女来相会，年年有个七月七，神仙来相会。

八月之飘是中秋，长工难做寡难守，长工难做不要紧，只有守寡真难守。

九月之飘是重阳，重阳制酒菊花香，老年喜欢糯米酒，后生喜欢少年郎。

十月之飘小阳春，奴家得了相思病，一切茶饭都不香，一心只想少年郎。

0003 歌谣

想郎望郎嘛在绣房吔，[ɕiaŋ naŋ uaŋ naŋ ma dzai ɕiou faŋ ie] 郎：情郎

飞针走线绣啊鸳鸯，[fi tsən tsou ɕiɛn ɕiou a yɛn iaŋ]

鸳鸯成双又成对吔，[yɛn iaŋ dzən saŋ iou dzən tui ie]

好似秀英伴我郎。[hau sʅ ɕiou in pan ŋo noŋ]

想姐望姐在绣房啊，[ɕiaŋ tɕie uaŋ tɕie tsai ɕiou faŋ a]

题诗作对表啊衷肠。[di sʅ tsoʔ ti piau a tsoŋ dzaŋ]

上联金牛配织女呀，[saŋ diɛn tɕin niou bei tsʅʔ m̩ ia]

下联七姐呀配董郎嘞。[ɕia diɛn dʑiʔ tɕie ia bei toŋ naŋ ne]

想郎望郎洗衣裳，[ɕiaŋ naŋ uaŋ naŋ ɕi i saŋ]

忘了晒来忘了浆。[uoŋ niau sai nai uoŋ niau tɕioŋ]

错把扁担当晒杆，[dzo pa piɛn tan taŋ sai kan]

错把潲水当饼汤。[dzoʔ pa sau sui taŋ pin doŋ] 潲水：淘米水

想姐望姐写文章，[ɕiaŋ tɕie uaŋ tɕie ɕie un tsaŋ]

忘了磨墨铺纸张。[uaŋ niau mo meʔ bu tsʅ tsaŋ]

错把毛笔当筷子，[dzo pa mau pi taŋ huai tsʅ]

错把墨水当茶尝。[dzo pa meʔ sui taŋ dza dzaŋ]

想郎望郎嘛伴灯光吔，[ɕiaŋ naŋ uaŋ naŋ ma pan təŋ kuaŋ ie]

昏昏沉沉入呀梦乡。[fən fən dzən dzən uʔ ia məŋ ɕiaŋ]
醒来不见郎君面呐，[ɕin nai pu tɕiɛn naŋ tɕyn miɛn na]
但见泪水湿呀衣裳。[tan tɕiɛn nei sui sʅ ia i saŋ]
想姐望姐在呀床呀，[ɕiaŋ tɕie uaŋ tɕie tsai ia dzaŋ ia]
半边莲花贴呀心上。[pan piɛn diɛn hua dieʔ ia ɕin saŋ]
见莲如见姐的面呐，[tɕiɛn niɛn zʅ tɕiɛn tɕie ti miɛn na]
相思人呐嘛断肝肠呐。[ɕiaŋ sʅ zən na ma tan kan dzaŋ na]
盼来中秋月儿圆呐。[ban nai tsoŋ dʑiou yeʔ ɚ yɛn na]
盼来桂树花开放呐。[ban nai kui su fa hai faŋ na]
痴情的话儿说不尽呐啊，[tsʅ dʑin ti hua ɚ so pu tɕin na a]
字字句句暖心房啊，暖心房啊。[tsʅ tsʅ tsʯʔ tsʯʔ nuon ɕin faŋ a, nuon ɕin faŋ a]

意译：《双合莲》郑秀英和胡三保对唱
（郑）想郎望郎在绣房，飞针走线绣鸳鸯，鸳鸯成双又成对，好似秀英伴我郎。
（胡）想姐望姐在绣房，联诗作对表衷肠。上联金牛会织女，下联七姐配董郎。
（郑）想郎望郎洗衣裳，忘了晒来忘了浆。错把扁担当晒杆，错把潲水当来汤。
（胡）想姐望姐写文章，忘了磨墨铺纸张。错把毛笔当筷子，忘了墨水当茶尝。
（郑）想郎望郎伴灯光，昏昏沉沉入梦乡。醒来不见郎君面，但见泪水湿衣裳。
（胡）想姐望姐睡在床，半边莲花贴心上，见莲如见姐的面，相思人儿断肝肠。
（合唱）盼来中秋月儿圆，盼来桂树花开放。痴情的话说不尽，字字句句暖心房。

0004 歌谣
一绣嘛广东哒城嘞，[iʔ ɕiou ma kuoŋ toŋ ie dzən ne]
城上咯扎起大营嘞。[dzən saŋ ko tsaʔ dʑi da in ne]
绣起那个曹操撒，[ɕiou dʑi na ko dzau dzau se]
点万啊哒兵呐哦。[tiɛn uan na ie pin na o]

嘿哦嘿，绣起那个曹操撒，[hei o hei, ɕiou dʑi na ko dzau dzau se]
点万啊㗑兵哦。[tiɛn uan na ie pin o]
二绣嘛花市㗑街㗑，[ɚ ɕiou ma fa sɿ ie kai ie]
街上咯好买㗑卖㗑。[kai soŋ ko hau mai ie mai ie]
绣起那个瑶布撒，望郎啊㗑来呀哦。[ɕiou dʑi na ko iau pu se, uaŋ naŋ na ie nai ia o]
嘿哦嘿，绣起那个瑶布撒，[hei o hei, ɕiou dʑi na ko iau pu se]
望郎啊㗑来呀哦。[uaŋ naŋ a ie nai ia o]
三绣嘛三兄㗑弟㗑，[san ɕiou ma san ɕioŋ ie di ie]
桃园咯三结㗑义㗑。[dau yɛn ko san tɕiɛnʔ ie i ie]
绣起那个刘备撒，与张啊㗑飞㗑哦。[ɕiou dʑi na ko diou bi se, y tsoŋ a ie fi ie o]
嘿哦嘿，绣起那个刘备撒，[hei o hei, ɕiou dʑi na ko diou bi se]
与张啊㗑飞哟哦。[y tsoŋ a ie fi io o]
四绣嘛观世㗑音啦，[sɿ ɕiou ma kuan sɿ ie in na]
身坐咯莲花㗑墩啦。[sən dzo ko diɛn fa ie tən na]
绣起那个童子撒，拜观呐㗑音呐哦。[ɕiou dʑi na ko doŋ tsɿ se, pai kuan na ie in na o]
嘿哦嘿，绣起那个童子撒，[hei o hei, ɕiou dʑiʔ na ko doŋ tsɿ se]
拜观呐㗑音呐哦。[pai kuan na ie in na o]
五绣嘛伍子㗑胥㗑，[u ɕiou ma u tsɿ ie ɕi ie]
身穿咯五色㗑衣㗑。[sən dzuon ko u seʔ ie i ie]
绣起那个寒鸡撒，半夜哇㗑啼哟哦。[ɕiou dʑi na ko han tɕi se, pon ia ua ie di io o]
嘿哦嘿，绣起那个寒鸡撒，[hei o hei, ɕiou dʑi na ko han tɕi se]
半夜哇㗑啼哟哦。[pon ia ua ie di io o]
六绣嘛杨六㗑郎啊，[diouʔ ɕiou ma iaŋ diouʔ ie naŋ a]
镇守咯边关啊㗑上啊。[tsən sou ko piɛn kuan a ie saŋ a]
绣起那个焦赞撒，与孟啊㗑良啊哦。[ɕiou dʑi na ko tɕiau tsan se, y məŋ a ie diaŋ a o]
嘿哦嘿，绣起那个焦赞撒，[hei o hei, ɕiou dʑi na ko tɕiau tsan se]
与孟啊㗑良啊哦。[y məŋ a ie diaŋ a o]
七绣嘛七姊㗑妹㗑，[dʑiʔ ɕiou ma dʑiʔ tsɿ ie mi ie]

姊妹咯来相吔会吔。［tsɿ mi ko nai ɕiaŋ ie fi ie］
绣起那个花篮撒，手中啊吔提哟哦。［ɕiou dʑi na ko fa nan se，sou tsəŋ a ie di io o］
嘿哦嘿，绣起那个花篮撒，［hei o hei，ɕiou dʑi na ko fa nan se］
手中啊吔提哟哦。［sou tsəŋ a ie di io o］
八绣咯八仙吔台吔，［paiʔ ɕiou ko paiʔ ɕiɛn ie dai ie］
神仙咯下凡啊吔来吔。［sən ɕiɛn ko ɕia fan a ie nai ie］
绣起那个韩湘子，化仙啊吔斋吔哦。［ɕiou dʑi na ko hon ɕiaŋ tsɿ，fa ɕiɛn a ie tsai ie o］
嘿哦嘿，绣起那个韩湘子，［hei o hei，ɕiou dʑi na ko hon ɕiaŋ tsɿ］
化仙啊吔斋吔哦。［fa ɕiɛn a ie tsai ie o］
九绣咯关云吔长吔，［tɕiou ɕiou ko kuan yn ie dzaŋ e］
镇守咯边关啊吔上吔。［tsən sou ko piɛn kuan a ie saŋ e］
勒马那个拖刀撒，斩蔡啊吔阳啊哦。［neʔ ma na ko do tau se，tsan dzai a ie iaŋ a o］
嘿哦嘿，勒马那个拖刀撒，［hei o hei，neʔ ma na ko do tau se］
斩蔡啊吔阳啊哦。［tsan dzai a ie iaŋ a o］
十绣咯包文吔拯嘞，［sənʔ ɕiou ko pau un ie tsən ne］
办事咯很清啊吔正呐。［ban sɿ ko hiɛn dʑin a ie tsən na］
日断那个阳间撒，［yʔ ton na ko iaŋ tɕiɛn se］断：断案
晚断啊吔阴呐哦。［uan ton a ie in na o］阴：阴间
嘿哦嘿，日断那个阳间撒，［hei o hei，yʔ ton na ko iaŋ tɕiɛn se］
晚断啊吔阴啰哦。［uan ton a ie in no o］

意译：十绣
一绣广东城，城里扎大营。绣起曹操点万兵。
二绣花市街，街上好买卖营。绣起瑶布望郎来。
三绣三兄弟，桃园三结义。绣起刘备与张飞。
四绣观世音，身坐莲花墩。绣起童子拜观音。
五绣伍子胥，身穿五色衣。绣起寒鸡半夜啼。
六绣杨六郎，镇守边关上。绣对焦赞与孟良。
七绣七姊妹，姊妹同相会。绣起花篮手中提。
八绣八仙台，神仙下凡来。绣起韩湘子化仙斋。
九绣关云长，镇守三关上。勒马拖刀斩蔡阳。

十绣包文拯，办事很清正。日断阳间晚断阴。

二　规定故事

0021 牛郎和织女

大家好，［dai³⁵ tɕia²¹ hau⁴²］

今日呐，［tɕin²¹ n̠in ʔ⁵⁵ na⁰］

我给大家讲一个牛郎和织女的故事。［ŋo⁴² ke⁴² dai³⁵ tɕia²¹ tɕioŋ⁴² iʔ⁵⁵ ko²¹⁴ n̠iou³³ noŋ³³ fo³³ tsɿʔ⁵⁵ m̩⁴² ti⁴² ku²⁴ sɿ³⁵］

古时候哇，［ku⁴² sɿ³³ hiau³⁵ ua⁰］

有一个年轻箇崽仂，［iou⁴² iʔ⁵⁵ ko²¹⁴ n̠iɛn³³ tɕin²¹ ko⁰ tsai⁴² de⁰］箇：的。崽仂：未成年人，年轻人

父母呢，死得早。［fu³⁵ mo⁴² de³⁵，sɿ⁴² te³⁵ tsau⁴²］

家里呀，很贫穷，［tɕia²¹ di⁴² ia⁰，hiɛn⁴² bin³³ dʑioŋ³³］

没有剩下其他的家产。［meiʔ⁵⁵ iou⁴² sən³⁵ ɕia³⁵ dʑi³³ da²¹ ti⁴² tɕia²¹ dzan⁴²］

唯一就只剩下仂一条耕牛，［ui³³ iʔ⁵⁵ dʑiou³⁵ tsɿʔ⁴² sən³⁵ ɕia³⁵ de⁰ iʔ⁵⁵ diau³³ kiɛn²¹ n̠iou³³］

同个个年轻箇崽仂嘞，［dən³³ ke²⁴ ko²¹⁴ n̠iɛn³³ dʑin²¹ ko⁰ tsai⁴² de⁰ de³⁵］个个：这个

啊，相依为命。［a⁰，ɕioŋ²¹ i²¹ ui³³ min³⁵］

由于，个个年轻箇崽仂，［iou³³ y³³，ke²⁴ ko²¹⁴ n̠iɛn³³ dʑin²¹ ko⁰ tsai⁴² de⁰］

心地善良，［ɕin²¹ di³⁵ sɛn³⁵ dioŋ³³］

对个个耕牛照顾得特别好。［ti²¹⁴ ke²⁴ ko²¹⁴ kiɛn²¹ n̠iou³³ tsau²⁴ ku³⁵ te⁰ deʔ⁵⁵ bieʔ⁵⁵ hau⁴²］

所以村仂箇老百姓嘞，［so⁴² i⁴² dzən²¹ de⁰ ko⁰ nau⁴² peʔ⁵⁵ ɕin²⁴ ne³⁵］嘞：语气词

就跟个个崽仂呀，［dʑiou³⁵ kiɛn²¹ ke²⁴ ko²¹⁴ tsai⁴² de⁰ ia⁰］

取仂一个号，［dʑi⁴² de⁰ iʔ⁵⁵ ko⁰ hau³⁵］

把他就取作"牛郎"。［pa⁴² da²¹ dʑiou³⁵ dʑi⁴² tsoʔ⁵⁵ n̠iou³³ noŋ³³］

所以牛郎箇来历，［so⁴² i⁴² n̠iou³³ noŋ³³ ko⁰ nai³³ di⁵⁵］

就是个样箇，个样取来箇。［dʑiou³⁵ sɿ³⁵ ke²⁴ n̠ioŋ³³ ko⁰，ke²⁴ n̠ioŋ³³ dʑi⁴² nai³³ ko⁰］

再由于个个年轻箇崽仂，［tsai²⁴ iou³³ y³³ ke²⁴ ko²¹⁴ n̠iɛn³³ dʑin²¹ ko⁰ tsai⁴² de⁰］

对个个牛郎嘞，对个个牛特别好，［ti²¹⁴ ke²⁴ ko⁰ n̠iou³³ noŋ³³ ne³⁵，ti²¹⁴ ke²⁴ ko⁰ n̠iou³³ dieʔ⁵⁵ bieʔ⁵⁵ hau⁴²］

特别善待伊，［dieʔ⁵⁵ bieʔ⁵⁵ sɛn³⁵ dai³⁵ ie⁴²］

所以个个牛哇，很有灵气。[so⁴² i⁴² ke²⁴ ko⁰ ɲiou³³ ua⁰, hiɛn⁴² iou⁴² din³³ dʑi²¹⁴]

原来嘞，[nɛn³³ nai³³ de³⁵]

伊是天上箇金牛星下凡。[ie⁴² sʅ³⁵ diɛn²¹ soŋ⁰ ko⁰ tɕin²¹ ɲiou³³ ɕin²¹ ɕia³⁵ fan³³]

伊就个心仍想啊，[ie⁴² dʑiou³⁵ ko⁰ ɕin²¹ ne⁰ ɕioŋ⁴² a⁰]

牛郎对我个样好，[ɲiou³³ noŋ³³ ti²¹⁴ ŋo⁴² ke²¹⁴ ɲioŋ³³ hau⁴²]

但，屋仍嘞穷，伊结不起姑仍，[dan³⁵, uʔ⁵⁵ de⁰ de³⁵ dʑioŋ³³, ie⁴² tɕiɛnʔ⁵⁵ pənʔ⁵⁵ dʑi⁴² ku²¹ de⁰]

我一定要得伊成一个家。[ŋo⁴² iʔ⁵⁵ din³⁵ iau²¹⁴ te³⁵ ie⁴² dzən³³ iʔ⁵⁵ ko⁰ tɕia²¹]

所以呀，个个牛郎嘞，[so⁴² i⁴² ia⁰, ke²⁴ ko⁰ ɲiou³³ noŋ³³ ne³⁵]

伊晓得呀，个个天上，[ie⁴² ɕiau⁴² te³⁵ ia⁰, ke²⁴ ko⁰ dian²¹ soŋ⁰]

过两日呀，个个天上有一群仙女 [kuo²¹⁴ ioŋ⁴² ɲinʔ⁵⁵ ia⁰, ke²⁴ ko⁰ dian²¹ soŋ⁰ iou⁴² iʔ⁵⁵ dzən³³ ɕiɛn²¹ m̩⁴²]

要到个个村东箇湖仍来洗澡。[iau²⁴ tau²¹⁴ ke²⁴ ko⁰ dzən²¹ toŋ²¹ ko⁰ fu³³ de⁰ nai³³ ɕi⁴² tsau⁴²]

其中有一个是织女星。[dʑi³³ tsoŋ²¹ iou⁴² iʔ⁵⁵ ko²¹⁴ sʅ³⁵ tsʅʔ⁵⁵ m̩⁴² ɕin²¹]

所以伊个夜仍嘞，[so⁴² i⁴² ie⁴² ko²⁴ ia³⁵ de⁰ de³⁵]

伊就托一个梦得牛郎，伊话 [ie⁴² dʑiou³⁵ doʔ⁵⁵ iʔ⁵⁵ ko²¹⁴ mən³⁵ te³⁵ ɲiou³³ noŋ³³, ie⁴² ua³⁵]

明日清晨，天上有一群仙女，[miaŋ³³ ɲinʔ⁵⁵ dʑin²¹ sən³³, diɛn²¹ soŋ³⁵ iou⁴² iʔ⁵⁵ dzən³³ ɕiɛn²¹ m̩⁴²]

要到尔仍村东湖仍来洗澡。[iau²¹⁴ tau²¹⁴ n̩⁴² ne⁰ dzən²¹ toŋ²¹ fu³³ de⁰ nai³³ ɕi⁴² tsau⁴²]

其中有一个穿箇是红衣。[dʑi³³ tsoŋ²¹ iou⁴² iʔ⁵⁵ ko²¹⁴ dzɛn²¹ ko⁰ sʅ³⁵ fəŋ³³ i²¹]

尔明日过去仍，[n̩⁴² miaŋ³³ ɲinʔ⁵⁵ kuo²⁴ dʑie²¹⁴ de⁰]

要发现仍伊个穿红衣箇，[iau²⁴ faiʔ⁵⁵ ɕiɛn³⁵ ne⁰ ie⁴² ko²⁴ dzɛn²¹ fəŋ³³ i²¹ ko⁰]

啊，有一件红衣箇，[a⁰, iou⁴² iʔ⁵⁵ dʑiɛn³⁵ fəŋ³³ i²¹ ko⁰]

伊挂仍个树上，[ie⁴² kua²⁴ de⁰ ko⁰ fu̩³⁵ soŋ³⁵]

尔就把伊起下来。[n̩⁴² dʑiou³⁵ pa⁴² ie⁴² dʑi⁴² ha³⁵ nai³³]

尔嘞，耳耳者，头不能回。[n̩⁴² ne³⁵, dʑiʔ⁵⁵ dʑiʔ⁵⁵ tse⁰, diau³³ pənʔ⁵⁵ nɛn³³ fi³³] 耳耳：偷偷

尔就耳耳者嘞把个个衣服啊，[n̩⁴² dʑiou³⁵ dʑiʔ⁵⁵ dʑiʔ⁵⁵ tse⁰ de³⁵ pa⁴² ke²⁴ ko²¹⁴ i²¹ fuʔ⁵⁵ a⁰]

拿得屋仍来，[naʔ⁵⁵ te³⁵ uʔ⁵⁵ de⁰ nai³³]

个个仙女就是尔箇姑仍。[ke²⁴ ko⁰ ɕiɛn²¹ m̩⁴² dʑiou³⁵ sʅ³⁵ n̩⁴² ko⁰ ku²¹ de⁰] 姑仍：恋爱中

的女友、年轻的妻子

她可以跟尔成亲。[da²¹ ho⁴² i⁴² kiɛn²¹ n̩⁴² dzən³³ dʑin²¹]

牛郎嘞，半信半疑。[ȵiou³³ noŋ³³ ne³⁵，pon²⁴ ɕin²¹⁴ pon²⁴ ŋi³³]

到第二天早晨呐，[tau²⁴ di³⁵ y³⁵ dian²¹ tsau⁴² sən³³ na⁰]

伊还是信其有，[ie⁴² hai³³ sʅ³⁵ ɕin²¹ dʑi³³ iou⁴²]

就跑到湖边上去等。[dʑiou³⁵ bau⁴² tau⁰ fu³³ piɛn²¹ soŋ³⁵ dʑie²⁴ tiɛn⁴²]

突然嘞，发现仂呀，一群仙女，[dənʔ⁵⁵ yɛn³³ ne³⁵，faiʔ⁵⁵ ɕiɛn³⁵ ne³⁵ ia⁰，iʔ⁵⁵ dzən³³ ɕiɛn²¹ m̩⁴²]

在伊个湖仂洗澡。[dzai³⁵ ie⁴² ko²¹⁴ fu³³ de⁰ ɕi⁴² tsau⁴²]

她们把衣服都挂在树上。[da²¹ mən³³ pa⁴² iʔ⁵⁵ fuʔ⁵⁵ tou²¹ kua²¹⁴ dzai³⁵ fʅ³⁵ soŋ⁰]

其中嘞，果真有一件是粉红色箇。[dʑi³³ tsoŋ²¹ ne³⁵，kuo⁴² tsən²¹ iou⁴² iʔ⁵⁵ dʑiɛn³⁵ sʅ³⁵ fən⁴² fəŋ³³ seʔ⁵⁵ ko⁰]

伊高兴极仂。[ie⁴² kau²¹ ɕin²⁴ dʑiʔ⁵⁵ de⁰]

就轻脚捏手者跑过去呀，[dʑiou³⁵ dʑian²¹ tɕioʔ⁵⁵ ȵiɛnʔ⁵⁵ sou⁴² tse⁰ bau⁴² kuo²⁴ dʑieʔ⁵⁵ ia⁰]

把个身粉红色箇衣服就抱得箇怀里，[pa⁴² ke²⁴ sən²¹ fən⁴² fəŋ³³ seʔ⁵⁵ ko⁰ iʔ²¹ fuʔ⁵⁵ dʑiou³⁵ bau³⁵ te³⁵ ko⁰ fai³³ di⁰]

啊，心门口仂，头也不回，[a⁰，ɕin²¹ mən³³ dʑiau⁴² de⁰，diau³³ ie⁴² pənʔ⁵⁵ fi³³]

一个劲往屋仂跑。[iʔ⁵⁵ ko²⁴ tɕin²¹⁴ uoŋ⁴² uʔ⁵⁵ de⁰ bau⁴²]

到得个天晚上嘞，[tau²¹⁴ te³⁵ ke²⁴ diɛn²¹ uan⁴² soŋ³⁵ ne³⁵]

牛郎正准备睏。[ȵiou³³ noŋ³³ tsən²¹⁴ tsən⁴² bi³⁵ un²¹⁴] 睏：睡觉

果真有人来敲门，[kuo⁴² tsən²¹ iou⁴² ȵin³³ nai³³ dʑiau²¹ mən³³]

牛郎把门打开一看。[ȵiou³³ noŋ³³ pa⁴² mən³³ ta⁴² hai²¹ iʔ⁵⁵ han²¹⁴]

个门口仂呀，[ke²¹⁴ mən³³ dʑiau⁴² de⁰ ia⁰]

就徛倒一个牌牌子子箇仙女，[dʑiou³⁵ dʑi³⁵ tau⁴² iʔ⁵⁵ ko²¹⁴ bai³³ bai³³ tsʅ⁴² tsʅ⁴² ko⁰ ɕian²¹ m̩⁴²] 徛：站

就是姑仂。[dʑiou³⁵ sʅ³⁵ ku²¹ de⁰]

在个门口仂，[dzai³⁵ ko²⁴ mən³³ dʑiau⁴² de⁰]

个个仙女嘞，伊就进去仂。[ke²⁴ ko²¹⁴ ɕiɛn²¹ m̩⁴² de³⁵，ie⁴² dʑiou³⁵ tɕin²⁴ dʑie²¹⁴ de⁰]

伊一夜仂，伊两个人呐，就成仂亲。[ie²⁴ iʔ⁵⁵ ia³⁵ de⁰，ie²⁴ dioŋ⁴² ko²¹⁴ ȵin³³ na⁰，dʑiou³⁵ dzən³³ ne⁰ dʑin²¹]

恩恩爱爱箇夫妻成仂。[ŋiɛn²¹ ŋiɛn²¹ ŋai²⁴ ŋai²¹⁴ ko⁰ fu²¹ dʑi²¹ dzən³³ ne⁰]

个个牛郎啊，同织女啊，[ke²⁴ ko²¹⁴ ȵiou³³ noŋ³³ a⁰，doŋ³³ tsʅʔ⁵⁵ m̩⁴² a⁰]

成仇恩爱夫妻以后哇，[dzən³³ neº ŋiɛn²¹ ŋai²¹⁴ fu²¹ dʑi²¹ i⁴² hiau³⁵ uaº]

一晃啊，就是三年。[iʔ⁵⁵ foŋ⁴² aº，dʑiou³⁵ sʅ³⁵ san²¹ ɲiɛn³³]

个个三年嘞，[ke²⁴ ko²¹⁴ san²¹ ɲiɛn²¹ ne³⁵]

织女就跟牛郎生下仇一崽一女。[tʂʔ⁵⁵ mʅ⁴² dʑiou³⁵ kiɛn²¹ ɲiou³³ noŋ³³ sən²¹ ɕia³⁵ deº iʔ⁵⁵ tsai⁴² iʔ⁵⁵ mʅ⁴²]

家庭呐，四口人，是过得幸福美满。[tɕia²¹ din³³ naº，sʅ²⁴ dʑiau⁴² ɲin³³，sʅ³⁵ kuo²⁴ te³⁵ ɕin²⁴ fuʔ⁵⁵ mi⁴² mon⁴²]

由于啊，牛郎箇姑仇嘞，[iou³³ y³³ aº，ɲiou³³ noŋ³³ koº ku²¹ deº de³⁵]

是天上箇织女星下凡。[sʅ³⁵ diɛn²¹ soŋ³⁵ koº tʂʔ⁵⁵ mʅ⁴² ɕin²¹ ɕia³⁵ fan³³]

所以个个，被玉皇大帝晓得仇，[so⁴² i⁴² ke²⁴ ko²¹⁴，bi³⁵ yʔ⁵⁵ foŋ³³ dai³⁵ ti²¹⁴ ɕiau⁴² te³⁵ deº]

大怒，命令呐，[dai³⁵ nou³⁵，min³⁵ din³⁵ naº]

天兵天将把哇织女，[diɛn²¹ pin²¹ diɛn²¹ tɕioŋ²¹⁴ pa⁴² uaº tʂʔ⁵⁵ mʅ⁴²]

要捉得天上去，捉回天宫。[iau²⁴ tsoʔ⁵⁵ te³⁵ diɛn²¹ soŋ³⁵ dʑie⁵⁵，tsoʔ⁵⁵ fi³³ diɛn²¹ kəŋ²¹]

所以在个年仇箇哇，七月七日，[so⁴² i⁴² dzai³⁵ ke²⁴ ɲiɛn³³ neº koº uaº，dʑiʔ⁵⁵ nɛnʔ⁵⁵ dʑiʔ⁵⁵ ynʔ⁵⁵]

个个日子箇时间，[ke²⁴ ko²¹⁴ ɲinʔ⁵⁵ tsʅ⁴² koº sʅ³³ tɕiɛn³⁵]

天上突然是乌云密布，[diɛn²¹ soŋ³⁵ dənʔ⁵⁵ yɛn³³ sʅ³⁵ u²¹ yn³³ miʔ⁵⁵ pu²¹⁴]

大风只作，大雨是倾盆在下。[dai³⁵ fəŋ²¹ tsʅʔ⁵⁵ tsoʔ⁵⁵，dai³⁵ y⁴² sʅº dzən²¹ bən³³ dzai³⁵ ɕia³⁵]

一时间嘞，织女啊，不见仇。[iʔ⁵⁵ sʅ³³ tɕiɛn²¹ ne³⁵，tʂʔ⁵⁵ mʅ⁴² aº，pənʔ⁵⁵ tɕiɛn²⁴ neº]

两个崽仇嘞就在喊着[dioŋ⁴² ko²¹⁴ tsai⁴² deº de³⁵ dʑiou³⁵ dzai³⁵ han⁴² tsoʔ⁵⁵]

妈妈，妈妈……[ma²¹ maº，ma²¹ maº]

就望倒个天上只在唱。[dʑiou³⁵ uoŋ³⁵ tau⁴² ko²¹⁴ diɛn²¹ soŋ³⁵ tsʅʔ⁵⁵ dzai³⁵ ŋoŋ²¹²] 唱：喊叫

再牛郎一看嘞，织女不见仇，[tsai²⁴ ɲiou³³ noŋ³³ iʔ⁵⁵ han²¹⁴ ne³⁵，tʂʔ⁵⁵ mʅ⁴² pənʔ⁵⁵ tɕiɛn²¹⁴ neº]

非常着急。[fi²¹ soŋ³³ tsoʔ⁵⁵ tɕiʔ⁵⁵]

是三爷者呀，抱倒一团，大哭。[sʅº san²¹ ia³³ tseº iaº，bau³⁵ tauº iʔ⁵⁵ duon³³，dai³⁵ uʔ⁵⁵] 三爷者：三父子

个个金牛星嘞，见状啊，[ke²⁴ ko²¹⁴ tɕin²¹ ɲiou³³ ɕin²¹ de³⁵，tɕiɛn²⁴ dzoŋ³⁵ aº]

伊就开口讲话。[ie⁴² dʑiou³⁵ hai²¹ dʑiau⁴² tɕioŋ⁴² fa³⁵]

就跟牛郎话哇，[dʑiou³⁵ kiɛn²¹ n̩iou³³ noŋ³³ ua³⁵ ua⁰]

不要着急，我来跟尔帮忙，[pən⁵⁵ iau²¹⁴ tsoʔ⁵⁵ tɕiʔ⁵⁵，ŋo⁴² nai³³ kiɛn²¹ n̩⁴² poŋ²¹ moŋ³³]跟：给

等一下哇，我头上两个角，[tən⁴² iʔ⁵⁵ ha³⁵ ua⁰，ŋo⁴² diau³³ soŋ³⁵ dioŋ⁴² ko²⁴ koʔ⁵⁵]

得尔变两个箩筐，[te³⁵ n̩⁴² piɛn²¹⁴ dioŋ⁴² ko²¹⁴ no³³ huoŋ²¹]得：给

尔把两个崽仂，[n̩⁴² pa⁴² dioŋ⁴² ko²¹⁴ tsai⁴² de⁰]

一个箩筐肚仂放一个，[iʔ⁵⁵ ko²¹⁴ no³³ huoŋ³⁵ dou³⁵ de⁰ foŋ²⁴ iʔ⁵⁵ ko²¹⁴]肚仂：里面

挑上扁担，尔去逢。[diau²¹ soŋ³⁵ piɛn⁴² tan²¹⁴，n̩⁴² dʑiɛ²¹⁴ baŋ²¹]逢：追

尔就会一会儿赶到。[n̩⁴² dʑiou³⁵ fi³⁵ iʔ⁵⁵ fi³⁵ ɚ³³ kon⁴² tau²¹⁴]

啊，一窜者呀，[a⁰，iʔ⁵⁵ dzon³³ tseⁿ⁰ ia⁰]一窜者：一会儿。

尔就逢得伊倒箇。[n̩⁴² dʑiou³⁵ baŋ²¹ te³⁵ ie⁴² tau⁴² ko⁰]

再个个牛郎嘞，[tsai²⁴ ke²⁴ ko²¹⁴ n̩iou³³ noŋ³³ ne³⁵]

突然看到牛在话事，[dənʔ⁵⁵ yɛn³³ han²⁴ tau⁴² n̩iou³³ dzai³⁵ ua³⁵ sz̩³⁵]

感到非常惊奇。[kan⁴² tau²¹⁴ fi²¹ soŋ³³ tɕin²¹ dʑi³³]

但伊信其有，[dan³⁵ ie⁴² ɕin²¹⁴ dʑi³³ iou⁴²]

七八是找来扁担。[dʑiʔ⁵⁵ paiʔ⁵⁵ sz̩³⁵ tsau⁴² nai³³ piɛn⁴² tan²¹⁴]七八是：急忙

正在个个时间，金牛哇，[tsən²⁴ dzai³⁵ ke²¹⁴ ko²⁴ sz̩³³ tɕiɛn²¹，tɕin²¹ n̩iou³³ ua⁰]

把脑壳仂一摇哇，[pa⁴² nau⁴² hoʔ⁵⁵ de⁰ iʔ⁵⁵ iau³³ ua⁰]

两只角落下来仂，[dioŋ⁴² tsaʔ⁵⁵ koʔ⁵⁵ noʔ⁵⁵ ha³⁵ nai³³ de⁰]

就变成仂两只箩筐。[dʑiou³⁵ piɛn²⁴ dzən³³ ne⁰ dioŋ⁴² tsaʔ⁵⁵ no³³ huoŋ²¹]

牛郎啊，见金牛哇，突然讲话，[n̩iou³³ noŋ³³ a⁰，tɕiɛn²⁴ tɕin²¹ n̩iou³³ ua⁰，dənʔ⁵⁵ yɛn³³ tɕioŋ⁴² fa³⁵]

感到非常惊奇。[kon⁴² tau²¹⁴ fi²¹ soŋ³³ tɕin²¹ dʑi³³]

但伊还是信其有，[dan³⁵ ie⁴² hai³³ sz̩³⁵ ɕin²¹⁴ dʑi³³ iou⁴²]

很快找来仂扁担。[hiɛn⁴² uai²¹⁴ tsau⁴² nai³³ de⁰ piɛn⁴² tan²¹⁴]

金牛嘞，这个时候伊把头一摇，[tɕin²¹ n̩iou³³ de³⁵，tse²⁴ ko²¹⁴ sz̩³³ hiau³⁵ ie⁴² pa⁴² diau³³ iʔ⁵⁵ iau³³]

两只角一落得地眼仂以后哇，[dioŋ⁴² tsaʔ⁵⁵ koʔ⁵⁵ iʔ⁵⁵ noʔ⁵⁵ te³⁵ din³⁵ ŋan⁴² de⁰ i⁴² hiau³⁵ ua⁰]地眼仂：地上

突然就变成仂两只箩筐。[dənʔ⁵⁵ yɛn³³ dʑiou³⁵ piɛn²⁴ dzən³³ ne⁰ dioŋ⁴² tsʐʔ⁵⁵ no³³ huoŋ²¹]

牛郎啊，就赶紧把两个崽仂，[n̩iou³³ noŋ³³ a⁰，dʑiou³⁵ kon⁴² tɕin⁴² pa⁴² dioŋ⁴² ko²¹⁴ tsai⁴²de⁰]

一个箩筐仂放上一个，[i?⁵⁵ko²¹⁴no³³huoŋ²¹ne⁰foŋ²⁴soŋ³⁵i?⁵⁵ko²¹⁴]

就挑上啊，担子。[dʑiou³⁵diau²¹soŋ³⁵a⁰，tan²⁴tsʅ⁰]

个箇扁担嘚往肩上一放啊，[ke²⁴ko²¹⁴piɛn⁴²tan³⁵ne³⁵uoŋ⁴²tɕiɛn²¹soŋ³⁵i?⁵⁵foŋ²¹⁴a⁰]

突然呐，[dən?⁵⁵yɛn³³na⁰]

就觉得有一阵清风吹过来。[dʑiou³⁵tɕio?⁵⁵te³⁵iou⁴²i?⁵⁵dzən³⁵dʑin²¹fən²¹dzʅ²¹kuo²⁴nai³³]

牛郎嘚，[ȵiou³³noŋ³³ne³⁵]

就自己呀，飘飘然箇，[dʑiou³⁵dzʅ³⁵tɕi⁴²ia⁰，biau²¹biau²¹yɛn³³ko⁰soŋ³⁵ne⁰diɛn²¹]

就个样上仂天。[dʑiou³⁵ke²¹⁴ȵioŋ⁰soŋ³⁵ne⁰diɛn²¹]

由于牛郎追织女心切，[iou³³y³³ȵiou³³noŋ³³kui²¹tsʅ?⁵⁵mʅ⁴²ɕin²¹dʑiɛn?⁵⁵]

啊伊就跑得非常快。[a⁰ie⁴²dʑiou³⁵bau⁴²te⁰fi²¹soŋ³³uai²¹⁴]

两个崽仂嘚得后底喵，[dioŋ⁴²ko²¹⁴tsai⁴²de⁰de³⁵te³⁵hiau⁴²ti⁴²ŋoŋ²¹]

啊，不停箇喵啊：妈妈，妈妈……[a⁰，pən?⁵⁵din³³ko⁰ŋoŋ²¹a⁰：ma²¹ma⁰，ma²¹ma⁰]喵：喊

牛郎嘚，伊也在后底喵：娘子，娘子……[ȵiou³³noŋ³³ne³⁵，ie⁴²ia⁰dzai³⁵hiau³⁵ti⁴²ŋoŋ²¹，ȵioŋ³³tsʅ⁴²，ȵioŋ³³tsʅ⁴²]后底：后面

啊，眼看快要追上的时候，[a⁰，ian⁴²han²¹⁴uai²⁴iau²¹⁴kui²¹soŋ³⁵ti⁰sʅ³³hiau³⁵]

个箇天上王母娘娘发现仂，[ke²⁴ko⁰diɛn²¹soŋ³⁵uoŋ³³mo⁴²ȵioŋ³³ȵioŋ⁰fai?⁵⁵ɕiɛn³⁵ne⁰]

伊得个脑壳上啊，取下一口金簪，[ie⁴²te³⁵ko⁰nau⁴²ho³³soŋ³⁵a⁰，dʑi⁴²ɕia³⁵i?⁵⁵dʑiau⁴²tɕin²¹tson²¹]

在伊仂两个人箇中间呐，一划。[dzai³⁵ie⁴²de⁰dioŋ⁴²ko⁰ȵin³³ko⁰tsəŋ²¹tɕiɛn²¹na⁰，i?⁵⁵fa?⁵⁵]

突然呐，金光啊，一闪，[dən?⁵⁵yɛn³³na⁰，tɕin²¹kuoŋ²¹a⁰，i?⁵⁵sɛn⁴²]

就变成仂，啊，[dʑiou³⁵piɛn²⁴dzən³³ne⁰，a⁰]

一条个箇波涛汹涌箇宽阔箇天河[i?⁵⁵diau³³ke⁰ko⁰po²¹dau⁴²ɕiŋ²¹iŋ⁴²ko⁰uon²¹huon?⁵⁵ko⁰diɛn²¹ho³³]

把牛郎和织女分开仂。[pa⁴²ȵiou³³noŋ³³fo³³tsʅ?⁵⁵mʅ⁴²fən²¹hai²¹de⁰]

所以现在嘚，我仂夜仂呀，[so⁴²i⁴²ɕiɛn³⁵dzai³⁵de³⁵，ŋo⁴²de⁰ia³⁵de⁰ia⁰]夜仂：夜里

望倒天上箇牛郎侧边仂有两个小星，[uoŋ³⁵tau⁴²diɛn²¹soŋ³⁵ko⁰ȵiou³³noŋ³³tse?⁵⁵piɛn²¹ne⁰iou⁴²dioŋ⁴²ko²¹⁴ɕiau⁴²ɕiaŋ²¹]

就是伊两个崽伩。[dʑiou³⁵ sɿ³⁵ ie⁴² dioŋ⁴² ko²¹⁴ tsai⁴² de⁰]

牛郎在中间，河嗨边嘞，[n̠iou³³ noŋ³³ dzai³⁵ tsəŋ²¹ tɕiɛn²¹，ho³³ hai²⁴ piɛn²¹ nɛ³⁵] 嗨边：那边

就是织女，织女星。[dʑiou³⁵ sɿ³⁵ tsʅʔ⁵⁵ m̩ʯ⁴²，tsʅʔ⁵⁵ m̩ʯ⁴² ɕin²¹]

所以，每年伩呀，[so⁴² i⁴²，mi⁴² n̠iɛn³³ ne⁰ ia⁰]

个个七月初七个一日呐，[ke²⁴ ko²¹⁴ dʑiʔ⁵⁵ nɛnʔ⁵⁵ dzʅ²¹ dʑiʔ⁵⁵ ke²⁴ iʔ⁵⁵ n̠in⁵⁵ na⁰]

凡间箇喜鹊都要飞得天上去。[fan³³ tɕiɛn²¹ ko⁰ ɕi⁴² dʑioʔ⁵⁵ tou²¹ iau²¹⁴ fi²¹ te³⁵ diɛn²¹ soŋ³⁵ dʑie²¹⁴]

为牛郎同织女搭喜鹊桥。[ui³⁵ n̠iou³³ noŋ³³ dəŋ³³ tsʅʔ⁵⁵ m̩ʯ⁴² taiʔ⁵⁵ ɕi⁴² dʑioʔ⁵⁵ dʑiau³³]

成千数万只喜鹊在天上搭成伩，[dzən³³ dʑiɛn²¹ sou²⁴ uan³⁵ tsʅʔ⁵⁵ ɕi⁴² dʑioʔ⁵⁵ dzai³⁵ diɛn²¹ soŋ³⁵ taiʔ⁵⁵ dzən³³ nɛ³⁵]

个个搭喜鹊桥嘞，[ke²⁴ ko²¹⁴ taiʔ⁵⁵ ɕi⁴² dʑioʔ⁵⁵ dʑiau³³ de³⁵]

就是尔咬着我，[dʑiou³⁵ sɿ³⁵ n̩⁴² ŋau⁴² tsoʔ⁵⁵ ŋo⁴²]

咬倒我箇尾巴，我咬倒尔箇尾巴，[ŋaiʔ⁵⁵ tau⁴² ŋo⁴² ko⁰ n̠i⁴² pa⁰，ŋo⁴² ŋaiʔ⁵⁵ tau⁴² n̩⁴² ko⁰ n̠i⁴² pa⁰]

从河这边搭到河那边。[dzən³³ ho³³ tse²⁴ piɛn²¹ taiʔ⁵⁵ tau⁰ ho³³ na²⁴ piɛn²¹]

他们就互相啊，[da²¹ mən⁰ dʑiou³⁵ fu³⁵ ɕioŋ²¹ a⁰]

踏着这个喜鹊桥哇，[daiʔ⁵⁵ tsoʔ⁵⁵ tse²⁴ ko⁰ ɕi⁴² dʑioʔ⁵⁵ dʑiau³³ ua⁰]

就在桥上相见。[dʑiou³⁵ dzai³⁵ dʑiau³³ soŋ⁰ ɕioŋ²¹ tɕiɛn²¹⁴]

每年嘞个个七月七日嘞，[mi⁴² n̠iɛn³³ ne³⁵ ke²⁴ ko²¹⁴ dʑiʔ⁵⁵ nɛnʔ⁵⁵ dʑiʔ⁵⁵ ynʔ⁵⁵ ne³⁵]

就见面一次。[dʑiou³⁵ tɕiɛn²⁴ miɛn³⁵ iʔ⁵⁵ dzʅ²¹⁴]

所以在我伩个个通城个个地方啊，[so⁴² i⁴² dzai³⁵ ŋo⁴² de⁰ ke²⁴ ko²¹⁴ dəŋ²¹ dzən³³ ke²⁴ ko²¹⁴ di³⁵ foŋ²¹ a⁰]

普遍到七月七日个一天嘞，[bu⁴² piɛn²¹⁴ tau²¹⁴ dʑiʔ⁵⁵ nɛnʔ⁵⁵ dʑiʔ⁵⁵ ynʔ⁵⁵ ke²⁴ iʔ⁵ diɛn²¹ ne³⁵]

存在一句个样箇话闻，[dzən³³ dzai³⁵ iʔ⁵⁵ tsʮ²¹⁴ ke²⁴ ioŋ⁰ ko⁰ ua³⁵ un³³] 话闻：俗语

就是，[dʑiou³⁵ sɿ³⁵]

七月七日伩，牛郎织女浓相会。[dʑiʔ⁵⁵ nɛnʔ⁵⁵ dʑiʔ⁵⁵ n̠inʔ⁵⁵ ne⁰，n̠iou³³ noŋ³³ tsʅʔ⁵⁵ m̩ʯ⁴² nəŋ³³ ɕioŋ²¹ fi³⁵]

伊箇来历呀，就是个样来箇。[ie²⁴ ko⁰ nai³³ diʔ⁵⁵ ia⁰，dʑiou³⁵ sɿ³⁵ ke²⁴ n̠ioŋ⁰ nai³³ ko⁰]

意译：大家好，今日我给大家讲一个牛郎和织女的故事。古时候有一个年轻人，父母死得早。家里很穷，唯一就只一条牛，同这个年轻人相依为命。这个年

轻人心地善良，对这个耕牛照顾得特别好。所以村里的老百姓，就给他取了一个号叫"牛郎"。

这个年轻人对这个牛特别好。这条牛是天上的星宿下凡。他心想啊，牛郎对我这样好，我一定要得他成个家。他知道过几日这个天上有一群仙女，要到这个村东湖里来洗澡，其中有一个是织女星。他就托一个梦给牛郎，明日清晨，天上有一群仙女，要到你们村东湖来洗澡。其中有一个穿的是红衣，你明日过去，如果发现红衣服挂在树上，你就把他拿下来。你头不能回把这个衣服拿回家来。这个仙女就是你的妻子。她可以跟你成亲。

牛郎半信半疑。到第二天早晨，他还是信其有，就跑到湖边上去等。突然发现一群仙女，在湖里洗澡。她们都把衣服都挂树上。其中果真有一件是粉红色的。他高兴极了。就悄悄地跑过去，把这身粉红色的衣服就抱在怀里头也不回往屋里跑。到得这天晚上，牛郎正准备睡觉，果真有人来敲门，牛郎把门打开一看。门口就站着一个美丽的仙女，他请这个仙女进去。这一夜两个人就成了亲，成了恩恩爱爱的夫妻。

牛郎同织女成恩爱夫妻后，一晃就是三年。三年里织女跟牛郎生下一儿一女。家庭四口人过得幸福美满。牛郎的妻子是天上的织女星下凡，被玉皇大帝知道了，大怒，命令天兵天将把织女捉回天宫。在这年的七月七日，天上突然乌云密布，大雨倾盆，一时间织女不见了。两个孩子喊着：妈妈，妈妈……就望着天空一直喊。牛郎一看，织女不见了，非常着急。三父子抱成一团大哭。金牛星见状就开口讲话，说：不要着急，我来给你帮忙。等一下我头上两个角，给你变两个箩筐，你把两个孩子一个箩筐放一个，挑上扁担，你去追，一会儿就能赶到。这个牛郎突然看到牛在说话，感到非常惊奇。但他信其有，急忙找来一个扁担。正在这时，金牛把脑壳一摇，两只角落下来变成两只箩筐。牛郎赶紧把两个孩子一个箩筐放上一个，就挑上担子。扁担往肩上一放，就觉得有一阵清风吹过来。牛郎自己飘飘然的上了天。由于牛郎追织女心切，就跑得非常快。两个孩子就在后面喊：妈妈，妈妈……牛郎也在后面喊：娘子，娘子……眼看快要追上的时候，这时天上王母娘娘发现了，从头上取下一口金簪，在他两个人中间一划，突然金光一闪，就变成一条波涛汹涌的、宽阔的天河，把牛郎和织女分开。所以现在夜里天上的牛郎星侧边有两个小星，就是他两个孩子，牛郎在中间，河那边，就是织女星。

每年七月初七这一日，凡间的喜鹊都要飞得天上去，为牛郎和织女搭喜鹊桥，成千数万只喜鹊你咬着我，咬倒我的尾巴，我咬倒你的尾巴，从河这边搭到河那边。他们就互相踏着这个喜鹊桥在桥上相见，每年七月七日见面一次。在通

三　其他故事

0022 其他故事

大家好！今日呐，[dai³⁵ tɕia²¹ hau⁴²！tɕin²¹ n̠in ʔ⁵⁵ na⁰]

我跟大家讲一个张家十伢喫猪肚子箇故事，[ŋo⁴² kiɛn²¹ dai³⁵ tɕia²¹ tɕioŋ⁴² iʔ⁵⁵ ko⁰ tsoŋ²¹ ka²¹ sən ʔ⁵⁵ ŋa⁴² dʑia³⁵ tsɿ²¹ tou⁴² tsɿ⁴² ko⁰ ku²⁴ sɿ³⁵] 十伢：通城民间传奇智慧人物。喫：吃

个个张家十伢伈箇故事在我伈通城有很多，[ke⁴² ko⁰ tsoŋ²¹ ka²¹ sən ʔ⁵⁵ ŋa⁰ de⁰ ko⁰ ku²¹⁴ sɿ³⁵ dzai³⁵ ŋo⁴² de⁰ dəŋ²¹ dzən³³ iou⁴² hiɛn⁴² do²¹] 个个：这个

其中啊，个个张家十伢伈嘞，[dʑi³³ tsəŋ²¹⁴ ŋa⁴²，ke²⁴ ko²⁴ tsoŋ²¹ ka²¹ sən ʔ⁵⁵ ŋa⁴² de⁰ d e³⁵]

喫猪肚子，个个故事特别有趣，[dʑia ʔ⁵⁵ tsɿ²¹ tou⁴² tsɿ⁰，ke⁴² ko⁰ ku²⁴ sɿ³⁵ de ʔ⁵⁵ bie ʔ³⁵ iou⁴² dʑi²¹⁴]

所以我哇，今日跟大家分享一下，[so⁴² i⁴² ŋo⁴² ua⁰，tɕin²¹ n̠in ʔ⁵⁵ kiɛn²¹ dai³⁵ tɕia²¹ fən²¹ ɕioŋ⁴² iʔ⁵⁵ ha³⁵]

张家十伢有一年在个财主屋伈呀，制长工。[tsoŋ²¹ ka²¹ sən ʔ⁵⁵ ŋa⁴² iou⁴² iʔ⁵⁵ n̠iɛn³³ dzai³⁵ ko⁰ dzai³³ tsɿ⁴² u ʔ⁵⁵ de⁰ ia⁰，tsɿ²⁴ dzoŋ³³ koŋ²¹] 制：做

个个财主跟伊提出伈一个要求。[ke²¹⁴ ko⁰ dzai³³ tsɿ⁴² kiɛn²¹ ie⁴² di³³ dzən ʔ⁵⁵ ne⁰ iʔ⁵⁵ ko²⁴ iau²¹ dʑiou³³] 伊：他。

伊话哇："十伢，十伢，尔每天伈除落制么伈以外，[ie⁴² ua³⁵ ua⁰：sən ʔ⁵⁵ ŋa⁴²，sən ʔ⁵⁵ ŋa⁴²，n̠⁴² mi⁴² n̠in ʔ⁵⁵ ne⁰ dzʮ³³ no ʔ⁵⁵ tsɿ²⁴ mo⁴² de⁰ i⁴² uai³⁵] 制么伈：做事情，做工

尔个个每个月嘞，[n̠⁴² ke²¹⁴ ko⁰ mi⁴² ko²⁴ nɛn ʔ⁵⁵ ne³⁵]

尔另外要得我洗两个猪肚子，[n̠⁴² din³⁵ ŋai³⁵ iau²¹⁴ te³⁵ ŋo⁴² ɕi⁴² dioŋ⁴² ko²⁴ tsɿ²¹ tou⁴² tsɿ⁰]

得我洗得刮刮者，[te³⁵ ŋo⁴² ɕi⁴² te⁰ kua ʔ⁵⁵ kua ʔ⁵⁵ tse⁰] 得：给。刮刮者：干干净净

侗上糯米，[tsɿ ʔ⁵⁵ soŋ³⁵ no³⁵ mi⁴²] 侗：塞

得我煮好。"[de³⁵ ŋo⁴² tsɿ⁴² hau⁴²] 得：给

再个个张家十伢嘞满口答应伈，[tsai²¹⁴ ke²⁴ ko⁰ tsoŋ²¹ ka²¹ sən ʔ⁵⁵ ŋa⁴² de³⁵ mon⁴² dʑiau⁴² tai ʔ⁵⁵ in²⁴ ne⁰]

每个月呐，跟伊洗上两个猪肚子，[mi⁴² ko²⁴ nɛn ʔ⁵⁵ na⁰，kiɛn²¹ ie⁴² ɕi⁴² soŋ³⁵ ioŋ⁴² ko²⁴ tsɿ²¹ tou⁴² tsɿ⁰]

洗得干干净净，[ɕi⁴²te⁰kon²¹kon²¹dʑin³⁵dʑin³⁵]

佣上糯米，[tsʅʔ⁵⁵soŋ³⁵no³⁵mi⁴²]

煮好，还煮烂，[tsʅ⁴²hau⁴²，hai³³tsʅ⁴²nan³⁵]

双手嘞，端得个个财主面前。[soŋ²¹sou²¹de³⁵，tonʔ⁵⁵te³⁵ke⁴²ko⁰dzai³³tsʅ⁴²miɛn³⁵dʑiɛn³³]

再张家十伢嘞，[tsai²¹⁴tsoŋ²¹ka²¹sənʔ⁵⁵ŋa⁴²de³⁵]

望到财主喫猪肚子，[uoŋ³⁵dau³⁵dzai³³tsʅ⁴²dʑiaʔ⁵⁵tsʅ²¹tou²¹tsʅ⁰]

口仂只冇流瀺哒。[dʑiau⁴²de⁰tsʅ⁵⁵mau³⁵diou³³dzan³³ta⁰]

伊也晓得每次看到个个财主喫猪肚子箇时候，[ie⁴²ia⁴²ɕiau⁴²te³⁵mi⁴²dzɿ²¹⁴han²¹⁴tau⁰ke²⁴ko⁰dzai³³tsʅ⁴²dʑiaʔ⁵⁵tsʅ²¹tou⁴²tsʅ⁴²ko⁰sʅ³³hiau³⁵]

先就咬到个对把者，[ɕiɛn²¹dʑiou³⁵ŋaiʔ⁵⁵tau⁴²ko⁰ti²⁴pa³⁵tse⁰] 对把者：尾巴

再伊也想，[tsai²¹⁴ie⁴²ia⁴²ɕioŋ⁴²]

我喂，喫个大箇亏，[ŋo⁴²ue³³，dʑiaʔ⁵⁵ke²⁴dai³⁵ko⁰ui²¹]

每个月得尔洗猪肚子，佣糯米，[mi⁴²ko²⁴nɛnʔ⁵⁵te³⁵n̩⁴²ɕi⁴²tsʅ²¹tou⁴²tsʅ⁰，tsʅʔ⁵⁵no³⁵mi⁴²]

煮熟哒，端得尔面前，[tsʅ⁴²sʅʔ⁵⁵da⁰，tonʔ⁵⁵te³⁵n̩⁴²miɛn³⁵dʑiɛn³³]

我一口哒冇试到。[ŋo⁴²iʔ⁵⁵dʑiau⁴²ta⁰mau³⁵sʅ²⁴tau⁴²] 冇：没有

伊想仂个主意，[ie⁴²ɕioŋ⁴²ne⁰ko²⁴tsʅ⁴²i³⁵]

我也应该喫个者猪肚子。[ŋo⁴²ia⁴²in²⁴kai²¹dʑiaʔ⁵⁵ko²⁴tse⁰tsʅ²¹tou⁴²tsʅ⁰]

在个一年仂呀，十二月最后一次，[dzai³⁵ke⁴²iʔ⁵⁵niɛn³³ne⁰ia⁰，sənʔ⁵⁵y³³nɛnʔ⁵⁵tɕi²⁴hau³⁵iʔ⁵⁵dzɿ²⁴]

个个张家十伢仂就在个个猪肚子肚仂嘞制仂一点手脚，[ke²⁴ko²¹⁴tsoŋ²¹ka²¹sənʔ⁵⁵ŋa⁴²de⁰dʑiou³⁵dzai³⁵ke⁴²ko²¹⁴tsʅ²¹tou⁴²tsʅ⁰dou³⁵de⁰de³⁵tsʅ²¹⁴de⁰iʔ⁵⁵tiɛn⁴²sou⁴²tɕio?⁵⁵]

伊把个苕藤棍仂，干苕藤棍仂呀，[ie⁴²pa⁴²ko⁰fi³³diɛn³³kun²⁴ne⁰，kon²¹fi³³diɛn³³kun²⁴ne⁰ia⁰] 苕藤棍仂：红薯棍子

佣几根得个个猪肚子箇个个出口，[tsʅʔ⁵⁵tɕi⁴²kiɛn²¹te³⁵ke²⁴ko²¹⁴tsʅ²¹tou⁴²tsʅ⁰ko⁰ke²⁴ko²¹⁴dzənʔ⁵⁵dʑiau⁴²] 个个：这个

伊煮熟仂以后嘞，[ie⁴²tsʅ²¹⁴sʅʔ⁵⁵de⁰i⁴²hiau³⁵de³⁵]

双手恭恭敬敬者端到财主面前 [soŋ²¹sou²¹kəŋ²¹kəŋ⁰tɕin²⁴tɕin²⁴tse⁰tonʔ⁵⁵te³⁵dzai³³tsʅ⁴²miɛn³⁵dʑiɛn³³]

个个财主嘞，[ke⁴²ko³⁵dzai³³tsʅ⁴²de³⁵]

非常高兴，拿起筷子，[fi²¹soŋ³³kau²¹ɕin²¹，naʔ⁵⁵dʑi⁴²uai²⁴tsʅ⁴²]

首先，就夹倒个个猪肚子箇个个尖仂，[sou⁴² ɕiɛn²¹，dʑiou³⁵ kaiʔ⁵⁵ tau⁴² ke²⁴ ko²¹⁴ tsʅ²¹ tou⁴² tsʅ⁰ ko⁰ ke²⁴ ko²¹⁴ tiɛn²¹² ne⁰] 尖仂：最边缘的地方

也就是个个出口，[ie⁴² dʑiou³⁵ sʅ³⁵ ke²⁴ ko²¹⁴ dzən⁵⁵ dʑiau⁴²]

就一口咬得去，[dʑiou³⁵ iʔ⁵⁵ dʑiau⁴² ŋaiʔ⁵⁵ te³⁵ dʑie²⁴]

觉得有点味道不正，[tɕioʔ⁵⁵ te³⁵ iou⁴² tiɛn⁴² ui³⁵ dau³⁵ pənʔ⁵⁵ tsən²¹⁴]

吐出来一看呐，[dou²¹⁴ dzənʔ⁵⁵ nai³³ iʔ⁵⁵ han²¹⁴ na⁰]

是几根苕藤棍仂。[sʅ³⁵ tɕi⁴² kiɛn²¹ fi³³ diɛn³³ kun²⁴ ne⁰]

因为我仂通城饲猪压是喫苕藤多，[in²¹ ui³³ ŋo⁴² de⁰ dəŋ²¹ dzən³³ sʅ³⁵ tsʅ²¹ iaʔ⁵⁵ sʅ³⁵ dʑiaʔ⁵⁵ fi³³ diɛn³³ to²¹] 压："一下"的合音。苕藤：红薯茎和叶

财主看到个个情况啊，就大怒，[dzai³³ tsʅ⁴² han²⁴ tau⁴² ke²⁴ ko²¹⁴ dʑin³³ uoŋ²⁴ a⁰，dʑiou³⁵ dai³⁵ nou³⁵]

得我把张家十伢叫来，[te³⁵ ŋo⁴² pa⁴² tsoŋ²¹ ka²¹ sənʔ⁵⁵ ŋa⁴² tɕiau²⁴ nai³³]

再嘞佣人嘞，[tsai²¹⁴ de³⁵ iŋ³⁵ yn³³ ne³⁵]

就把张家十伢叫来仂。[dʑiou³⁵ pa⁴² tsoŋ²¹ ka²¹ sənʔ⁵⁵ ŋa³³ tɕiau²¹⁴ nai³³ de⁰]

张家十伢嘞，[tsoŋ²¹ ka²¹ sənʔ⁵⁵ ŋa⁴² de³⁵]

毕恭毕敬者徛得面前，[piʔ⁵⁵ kəŋ²¹ piʔ⁵⁵ tɕin²⁴ tse⁰ dʑi³⁵ te³⁵ miɛn³⁵ dʑiɛn³³] 徛：站

"老爷，尔老家有何吩咐？"[nau⁴² ie³³，n̩⁴² na⁴² ka²¹ iou⁴² ho³³ fən²¹ fu³⁵]

"尔不是，我话仂，[n̩⁴² pənʔ⁵⁵ sʅ³⁵，ŋo⁴² ua³⁵ de⁰]

叫尔把猪肚子洗得干干净净么，[tsiau²⁴ n̩⁴² pa⁴² tsʅ²¹ dou²¹ tsʅ⁴² ɕi⁴² te³⁵ kon²¹ kon²¹ dʑin³⁵ dʑin³⁵ mo⁰]

尔若样猪屎都冇洗刮嘞？"[n̩⁴² nioʔ⁵⁵ ioŋ⁰ tsʅ²¹ sʅ⁴² tou⁰ mau³⁵ ɕi⁴² kuaiʔ⁵⁵ de³⁵]

张家十伢就话哇：[tsoŋ²¹ ka²¹ sənʔ⁵⁵ ŋa³³ dʑiou³⁵ ua³⁵ ua⁰]

"哎呀老爷，我真的洗得干干净净仂。"[ai³⁵ ia⁰ nau⁴² ie³³，ŋo⁴² tsən²¹ ti⁰ ɕi⁴² te³⁵ kon²¹ kon⁰ dʑin³⁵ dʑin³⁵ ne⁰]

"尔看，肚仂猪粪都还有哇！[n̩⁴² han²¹⁴，dou³⁵ de⁰ tsʅ²¹ fən²¹⁴ ta⁰ hai³³ iou⁴² ua⁰]

个个哪个喫得？[ke²⁴ ko⁰ na²⁴ ko²⁴ dʑiaʔ⁵⁵ te³⁵]

尔端得去喫仂得。"[n̩⁴² tonʔ⁵⁵ te³⁵ dʑie²¹⁴ dʑiaʔ⁵⁵ de⁰ te⁰]

哈，个一下中仂张家十伢箇下怀，[ha⁰，ke²⁴ iʔ⁵⁵ ɕia³⁵ tsəŋ²¹ ne⁰ tsoŋ²¹ ka²¹ sənʔ⁵⁵ ŋa⁴² ko⁰ ɕia³⁵ fai³³]

他不声不响把个个猪肚子仂，[da²¹ pənʔ⁵⁵ sən²¹ pənʔ⁵⁵ ɕioŋ⁴² pa⁴² ke²⁴ ko²¹⁴ tsʅ²¹ tou⁴² tsʅ⁰ de³⁵]

就端起走哒，[dʑiou³⁵ tonʔ⁵⁵ dʑi⁴² tɕiau⁴² da⁰]

一边走嘞，就一边话：老爷，对不起！[iʔ⁵⁵ piɛn²¹ tɕiau⁴² de³⁵，tɕiou³⁵ iʔ⁵⁵ piɛn²¹ ua³⁵：nau⁴² iɛ³³，ti²¹⁴ pən ʔ⁵⁵ dʑi⁴²]

老爷，对不起![nau⁴² iɛ³³，ti²¹⁴ pən ʔ⁵⁵ dʑi⁴²]

就自己嘞就端倒喫伆，[dʑiou³⁵ dʐɿ³⁵ tɕi⁴² de³⁵ dʑiou³⁵ ton ʔ⁵⁵ tau⁴² dʑia ʔ⁵⁵ de⁰]

所以呀！[so⁴² i⁴² ia⁰]

个个张家十伢就出伆个个点子，[kɛ²⁴ ko²¹⁴ tsoŋ²¹ ka²¹ sən ʔ⁵⁵ ŋa⁴² tɕiou³⁵ dzən ʔ⁵⁵ nɛ⁰ kɛ²⁴ ko²¹⁴ tiɛn⁴² tsɿ⁴²]

个年伆个个猪肚子最后个猪肚子张家十伢就喫伆，[kɛ²⁴ ɲiɛn³³ nɛ⁰ kɛ²⁴ ko²¹⁴ tsʮ²¹ tou⁴² tsɿ⁰ tɕi²⁴ hiau³⁵ ko²¹⁴ tsʮ²¹ tou⁴² tsɿ⁰ tsoŋ²¹ ka²¹ sən ʔ⁵⁵ ŋa⁴² dʑiou³⁵ dʑia ʔ⁵⁵ de⁰]

所以，大家听伆个个故事以后，[so⁴² i⁴²，dai³⁵ tɕia²¹ diaŋ²⁴ nɛ⁰ kɛ²⁴ ko²¹⁴ ku²⁴ sɿ³⁵ i⁴² hiau³⁵]

觉得个个故事是不是很有趣呀！[tɕio ʔ⁵⁵ te³⁵ kɛ²⁴ ko²¹⁴ ku²⁴ sɿ³⁵ sɿ³⁵ pən ʔ⁵⁵ sɿ³⁵ hiɛn⁴² iou⁴² dʑi²⁴ ia³⁵]

意译：张家十伢吃猪肚子。今天我跟大家讲张家十伢吃猪肚子的故事，这个张家十伢的故事在我们通城有很多，其中张家十伢吃肚子的故事特别有趣，所以今天给大家分享一下。

张家十伢有一年在个财主家里做长工。这个财主给提出一个要求，他说："十伢，十伢，你每天除了做事情以外，每个月另外给我洗两个猪肚子，给我洗得干干净净，肚里塞上糯米，给我煮好。"这个张家十伢满口答应了，每个月给财主洗上两个猪肚子，洗得干干净净，放上糯米，煮好，煮烂，双手端到这个财主个面前。张家十伢看到财主吃猪肚子，口里只流口水。他也看到财主吃猪肚子的时候，先咬到个尾巴。他想，我吃了这大的亏，每个月给你洗猪肚子，糯米，煮熟之后，端得你面前，我一口都冇试到。他想我也应该吃个猪肚子。

在这一年里十二月最后一次，这个张家十伢就在猪肚子里做了一点手脚，他把干红薯棍子塞几根到猪肚子的这个出口，他煮熟之后，双手恭恭敬敬端到财主面前。这个财主非常高兴，拿起筷子，首先就夹倒猪肚子的出口，就一口咬得去，觉得有点味道不正，吐出来一看，是几根红薯藤棍子。因为我们通城喂猪用红薯藤比较多，财主看到这个情况就大怒，给我把张家十伢叫来，佣人就把张家十伢叫来了。张家十伢毕恭毕敬地站在财主面前，"老爷，您老家有何吩咐？""我说了，要你将猪肚子洗得干干净净，你怎么猪屎都冇洗干净呢？"张家十伢就说："老爷，我真的洗得干干净净。""你看，肚里猪粪都有啊！这个哪个吃得，你端得去吃了吧。"这一下中了张家十伢的下怀，他边走边说"老爷，对不起！"不声不响把这个猪肚子就端走自己吃了。

所以张家十伢出了这个点子，在这年里最后张家十伢就吃了猪肚子，大家听了这个故事之后，是不是觉得这个故事很有趣啊！

四　自选条目

0031 自选条目

马喫石灰———一张白嘴。[ma⁴² dʑiaʔ⁵⁵ saʔ⁵⁵ fi²¹———iʔ⁵⁵ tsoŋ²¹ baʔ⁵⁵ tɕi⁴²] 喫：吃

意译：马吃石灰———一张白嘴（说空话）。

0032 自选条目

瞎子过跳石，脚脚踏空。[haiʔ⁵⁵ tsʅ⁰ kuo²¹⁴ diau²⁴ saʔ⁵⁵，tɕioʔ⁵⁵ tɕioʔ⁵⁵ daiʔ⁵⁵ hoŋ²¹⁴]

意译：瞎子过跳石，脚脚踏空（盲目去做，没有目标，最终步步错位）。

0033 自选条目

老鼠圆秤钩，自夸自。[nau⁴² sʅ³⁵ yɛn³³ dzən²⁴ kiau²¹，dzʅ³⁵ hua³⁵ dzʅ³⁵]

意译：老鼠圆秤钩，自夸自。

0034 自选条目

乌龟有肉在肚仂。[u²¹ kui²¹ iou⁴² ȵiouʔ⁵⁵ dzai³⁵ dou³⁵ de⁰]

意译：乌龟有肉在肚里（本事都藏在里面）。

0035 自选条目

外底笛金窝银窝，不如屋仂笛狗窝。[ŋai³⁵ ti⁴² ko⁰ tɕin²¹ uo²¹ ȵin³³ uo²¹，pənʔ⁵⁵ y³³ uʔ⁵⁵ de⁰ ko⁰ kiau²⁴ uo²¹] 屋仂：家里

意译：外面的金窝银窝，不如家里的狗窝。

0036 自选条目

告花子也有个年节。[kau²⁴ fa²¹ tsʅ⁰ ia⁴² iou⁴² ko⁰ ȵiɛn³³ tɕiɛnʔ⁵⁵]

意译：叫花子也有个节日（每个人都需要有休息放松的时候）。

0037 自选条目

六月间莫捡外面笛袱仂。[diouʔ⁵⁵ nɛnʔ⁵⁵ kan⁰ moʔ⁵⁵ tɕiɛn⁴² ŋai³⁵ miɛn³⁵ ko⁰ fuʔ⁵⁵ de⁰] 袱：毛巾

意译：六月里不要捡外面的毛巾。

0038 自选条目

瞎子戴眼镜，假扮。[haiʔ⁵⁵tsʅ⁰tai²¹⁴ŋan⁴²tɕin²¹⁴，tɕia⁴²pan²¹⁴]
意译：瞎子戴眼镜，假扮（装腔作势）。

0039 自选条目

二月不闲，趁早下田。[ɚ³⁵nɛnʔ⁵⁵pənʔ⁵⁵ɕiɛn³³，dzən²⁴tsau⁴²ha³⁵diɛn³³]
意译：二月不闲，趁早下田（做事要抓住时机，才有好的结果）。

0040 自选条目

清明要明，谷雨要淋。[dʑin²¹min³³iau²¹⁴min³³，kuʔ⁵⁵y⁴²iau²¹⁴din³³]
意译：清明这天如果不下雨，那就是好天气；谷雨这天如果是下雨天，那才是好天气（如果清明是晴天，谷雨是雨天，那么，这一年就是风调雨顺的好年头）。

0041 自选条目

清明断雪，谷雨断霜。[dʑin²¹min³³don³⁵ɕiɛnʔ⁵⁵，kuʔ⁵⁵y⁴²don³⁵soŋ²¹]
意译：过了清明节，就不会再下雪；过了谷雨节，就不会再有霜。

0042 自选条目

十个手指只往内底抈。[sənʔ⁵⁵ko²⁴sou⁴²tsʅ⁴²tsʅ⁴²uoŋ⁴²ȵi³⁵ti⁴²hue⁴²] 抈：掰，折
意译：十个手指只往里面掰（每个人只顾自己的利益）。

0043 自选条目

初一拜年，只拣好簡话。[dʑ²¹iʔ⁵⁵pai²⁴ȵiɛn³³，tsʅʔ⁵⁵kan⁴²hau⁴²ko⁰ua³⁵]
意译：初一拜年，只拣吉利话说。

0044 自选条目

瞎子打铳，听砰。[haiʔ⁵⁵tsʅ⁴²ta⁴²dzən²¹⁴，din²⁴bəŋ²¹⁴]
意译：瞎子打铳，听砰（瞎蒙，碰运气）。

0045 自选条目

讨米告化，隔尔一家。[dau⁴²mi⁴²kau²⁴fa²¹⁴，kaʔ⁵⁵n̩⁴²iʔ⁵⁵ka²¹]

意译：讨米告化，隔你一家（不管怎么样，都不去找你）。

0046 自选条目

要死，偏旱死。[iau²⁴ sɿ⁴², biɛn²¹ hon³⁵ sɿ⁴²]

意译：要死，偏旱死（人要有骨气有尊严）。

0047 自选条目

人往高处走，水往低处流，[ɲin³³ uoŋ⁴² kau²¹ dzʅ³⁵ tsau⁴², sʅ⁴² uoŋ⁴² ti²¹ dzʅ³⁵ diou³³]

燕子只拣亮处飞。[iɛn²⁴ tsɿ⁴² tsɿ⁴² kan⁴² dioŋ³⁵ dzʅ³⁵ fi²¹]

意译：人往高处走，水往低处流，燕子只往亮处飞（人都是向往更加美好生活的）。

0048 自选条目

人逢喜事精神爽，[ɲin³³ fəŋ³³ ɕi⁴² sɿ³⁵ tɕin²¹ sən³³ soŋ⁴²]

闷事心头瞌睡多。[mən³⁵ sɿ³⁵ ɕin²¹ dou³³ honʔ⁵⁵ sʅ³⁵ to²¹]

意译：人逢喜事精神爽，烦闷的事在心里瞌睡多（遇到喜事精神愉快，遇到愁闷没精打采）。

0049 自选条目

木匠要巧，医生要老。[moʔ⁵⁵ dʑioŋ⁰ iau²⁴ dʑiau⁴², i²¹ sɛn²¹ iau²⁴ nau⁴²]

意译：木匠要巧，医生要老（精多业熟，熟能生巧）。

0050 自选条目

木匠屋仂冇凳坐。[moʔ⁵⁵ dʑioŋ⁰ uʔ⁵⁵ de⁰ mau³⁵ tiɛn²⁴ dzo³⁵]

意译：木匠家里没有凳坐（一心为别人做，反而自己缺乏）。

0051 自选条目

无事莫上街，上街要退财。[u³³ sɿ³⁵ moʔ⁵⁵ soŋ³⁵ kai²¹, soŋ³⁵ kai²¹ iau²⁴ di²⁴ dzai³³]

意译：无事不要逛街，上街要花钱。

0052 自选条目

手里无网看鱼跳。[sou⁴² de⁰ u³³ uoŋ⁴² han²⁴ ŋ̍³³ diau²⁴]

意译：手里无网看鱼跳（徒有羡鱼情。没做好准备，机会来临，都是空谈）。

0053 自选条目

平等夫妻一根草，[bin³³ tiɛn⁴² fu²¹ dʑi²¹ iʔ⁵⁵ kiɛn²¹ dzau⁴²]

半路夫妻一个宝。[pon²⁴ nou³⁵ fu²¹ dʑi²¹ iʔ⁵⁵ ko²⁴ pau⁴²]

意译：前妻如草，后妻如宝（该珍惜的不珍惜）。

0054 自选条目

龙生龙，凤生凤，[nəŋ³³ saŋ²¹ nəŋ³³，fəŋ³⁵ saŋ²¹ fəŋ³⁵]

老鼠生哒箇崽只会打洞。[nau⁴² fʅ⁴² saŋ²¹ da⁴² ko⁰ tsai⁴² tsʅʔ⁵⁵ fi³⁵ ta⁴² dəŋ³⁵]

意译：龙生龙，凤生凤，老鼠生子只会打洞。

0055 自选条目

只有生得亲，冇得叫得亲。[tsʅ⁴² iou⁴² saŋ²¹ teʔ⁵⁵ dʑin²¹，mau³⁵ teʔ⁵⁵ tɕiau²⁴ te⁰ dʑin²¹]

意译：只有生得亲，没有叫得亲（骨肉亲情才是最亲的）。

0056 自选条目

好花自然香，不要挂在树梢上。[hau⁴² fa²¹ dzɿ³⁵ yɛn³³ ɕioŋ²¹，pənʔ⁵⁵ iau²⁴ kua²⁴ dzai³⁵ sʅ³⁵ sau²¹ soŋ³⁵]

意译：好花自然香，不用挂在树梢上（有意义有价值的话语自然有人认可接受）。

0057 自选条目

喫得三年苦，可买一头牛。[dʑiaʔ⁵⁵ teʔ⁵⁵ san²¹ ɲiɛn³³ hu⁴²，ho⁴² mai⁴² iʔ⁵⁵ diau³³ ɲiou³³]

意译：吃得三年苦，可买一头牛（奋斗的重要性）。

0058 自选条目

鸡唱有蛋，人唱有难。[tɕi²¹ dzoŋ²⁴ iou⁴² dan³⁵，ɲin³³ dzoŋ²⁴ iou⁴² nan³⁵]

意译：鸡唱有蛋，人唱有难（人如果乱说就没有好下场）。

0059 自选条目

长长短短十兄弟，一起穿衣一起睏。谜底：脚趾。[dzoŋ³³ dzoŋ³³ tuon⁴² tuon⁴²

səŋʔ⁵⁵ɕiŋ²¹di³⁵，iʔ⁵⁵dʑi⁴²dzuon²¹i²¹iʔ⁵⁵dʑi⁴²un²¹⁴。mi³³ti⁴²：tɕioʔ⁵⁵tsʅ⁴²]

意译：长长短短十兄弟，一起穿衣一起睡觉。谜底：脚趾。

0060 自选条目

屋仂一分钱，挂在壁上几十年。谜底：肚脐角仂。[uʔ⁵⁵de⁰iʔ⁵⁵fən²¹dʑiɛn³³，kua²⁴dzai³⁵piaʔ⁵⁵soŋ³⁵tɕi⁴²sən⁵⁵ȵiɛn³³。mi³³ti⁴²：dou³⁵tɕi⁴²koʔ⁵⁵de⁰]

意译：家里一分钱，挂在壁上几十年。谜底：肚脐。

0061 自选条目

像狗坐，冇得狗高；有眼睛，冇得眉毛。谜底：青蛙。[ɕioŋ²⁴kiau⁴²dzo³⁵，mau³⁵teʔ⁵⁵kiau⁴²kau²¹；iou⁴²ŋan⁴²tɕioŋ⁴²，mau³⁵teʔ⁵⁵mi³³mau³³。mi³³ti⁴²：dʑin²¹ua²¹]

意译：像狗坐，没有狗高；有眼睛，没有眉毛。谜底：青蛙。

0062 自选条目

树上一只碗，落雨装不满。谜底：鸟仂窝。[sʅ³⁵soŋ⁰iʔ⁵⁵tsaʔ⁵⁵uon⁴²，noʔ⁵⁵y⁴²tsoŋ²¹pənʔ⁵⁵mon⁴²。mi³³ti⁴²：tiau⁴²de⁰uo²¹]

意译：树上一只碗，下雨装不满。谜底：鸟窝。

0063 自选条目

一只手摸十二只螺丝——呱呱叫。[iʔ⁵⁵tsaʔ⁵⁵sou⁴²mo²¹sənʔ⁵⁵ɚ³³tsaʔ⁵⁵no³³sʅ²¹——kua²¹kua²¹tɕiau²¹⁴]

意译：一只手摸十二只螺丝——呱呱叫。

0064 自选条目

十伢接外婆——看货。[sənʔ⁵⁵ŋa⁰tɕiɛnʔ⁵⁵ŋa²¹bo³³——han²⁴fo²¹⁴] 十伢：通城民间传奇智慧人物。

意译：十伢去接外婆，去发现清楚真实的状况。

0065 自选条目

八十岁学郎中——治鬼。[paiʔ⁵⁵sənʔ⁵⁵ɕi²¹⁴hoʔ⁵⁵noŋ³³tsəŋ²¹——tsaŋ⁴²kui⁴²]

意译：到了八十岁再来学当医生——只能给鬼治病（人错过最佳学习机会，没意义）。

0066 自选条目

八十岁嫁屠夫——只图喫。[paiʔ⁵⁵ sənʔ⁵⁵ ɕi²¹⁴ ka²¹⁴ dou³³ fu⁰——tsʅ⁴² dou³³ dʑiaʔ⁵⁵]

意译：八十岁嫁屠夫——只图吃（一个人做事的目的以利益为第一原则）。

0067 自选条目

人背时，盐罐也生蛆。[ȵin³³ bi³⁵ sʅ³³，iɛn³³ kuon²¹⁴ ia⁴² saŋ²¹ dʑi²¹]

意译：人背时，盐罐也生蛆（人背运的时候，倒霉到极点）。

0068 自选条目

人情是一把锯，一来一去。[ȵin³³ dʑin³³ sʅ³⁵ pa⁴² ke²¹⁴，iʔ⁵⁵ nai³³ iʔ⁵⁵ dʑie²¹⁴]

意译：人情就像一把锯子，有来有去。（人与人之间的关系是在有来有往中逐渐加深的）

0069 自选条目

三更半夜喫黄瓜，不晓得头尾。[san²¹ kiɛn²¹ pon²¹⁴ ia³⁵ dʑiaʔ⁵⁵ uoŋ³³ kua²¹，pənʔ⁵⁵ ɕiau⁴² te³⁵ diau³³ ui⁴²]

意译：三更半夜吃黄瓜，不知道头尾（做事没有明确目的，结果不清楚）。

0070 自选条目

大门口挂粪桶，臭名在外。[dai³⁵ mən³³ dʑiau⁴² kua²¹⁴ fən²⁴ dəŋ⁴²，dzou²⁴ min³³ dzai³⁵ uai³⁵]

意译：大门口挂粪桶，臭名在外（名声不好）。

0071 自选条目

巴不得外婆屋仂死条牛——有落头。[pa²¹ pənʔ⁵⁵ teʔ⁵⁵ ŋa²¹ bo³³ uʔ⁵⁵ de⁰ sʅ⁴² diau³³ ȵiou³³——iou⁴² noʔ⁵⁵ diau³³]

意译：巴不得外婆家里死一条牛——有利可图（指望别人倒大霉，自己得小利益）。

0072 自选条目

杀死猪过气——制样子。[saiʔ⁵⁵ sʅ⁴² tsʅ²¹ kuo²⁴ dʑi²¹⁴——tsʅ²¹⁴ ioŋ³⁵ tsʅ⁴²] 制：做

意译：杀死猪过气——做样子（走过场）。

0073 自选条目

杀猫唧过年——冇得望头。[saiʔ⁵⁵ miau²¹ tɕiʔ⁵⁵ kuo²¹⁴ nien³³——mau³⁵ teʔ⁵⁵ uoŋ³⁵ diau³³] 冇得：没有

意译：杀猫过年——没有盼头（没有希望）。

0074 自选条目

后底脑壳箇头发——摸得到，看不到。[hiau³⁵ ti⁴² nao⁴² hoʔ⁰ koʔ⁰ diau³³ faiʔ⁵⁵——mo²¹ teʔ⁵⁵ tau⁴²，han²⁴ pənʔ⁵⁵ tau⁴²]

意译：后底脑壳箇头发——摸得到，看不到（不要嘲笑别人的缺陷和苦难）。

0075 自选条目

喫红萝卜，操白心——多管闲事。[dʑiaʔ⁵⁵ fəŋ³³ no³³ boʔ⁰，dzau²¹ baʔ⁵⁵ ɕin²¹——to²¹ kuon⁴² ɕien³³ sɿ³⁵]

意译：吃红萝卜，操白心——多管闲事。

0076 自选条目

孙猴子坐天下——毛手毛脚。[sən²¹ hiau³³ tsɿ⁴² dzo³⁵ dien²¹ ɕia³⁵——mau³³ sou⁴² mau³³ tɕioʔ⁵⁵]

意译：孙猴子坐天下——毛手毛脚（做事不稳重）。

0077 自选条目

屁股夹锅铲——炒（吵）屎（死）。[bi²¹⁴ ku⁴² kaiʔ⁵⁵ kuo²¹ dzan⁴²——dzau⁴² sɿ⁴²]

意译：屁股夹锅铲——炒（吵）屎（死）。

0078 自选条目

秀才造反，三年不成。[ɕiou²⁴ dzai³³ dzau²⁴ fan⁴²，san²¹ nien³³ pənʔ⁵⁵ dzən³³]

意译：秀才造反，三年不成（停留在嘴巴上，不付诸行动）。

0079 自选条目

变条泥鳅，就不怕泥巴捂眼睛。[pien²⁴ diau³³ ɳi³³ dziou³⁵，tɕiou³⁵ pənʔ⁵⁵ ba²¹⁴ ɳi³³ paʔ⁰ u³⁵ ŋan⁴² tɕioŋ⁴²]

意译：变条泥鳅，就不怕泥巴糊住眼睛（接受了这个任务，就要心甘情愿去

做好)。

0080 自选条目

郎中、菩萨斗法——把病人喫亏。[noŋ³³tsoŋ⁰、bu³³san⁰tiau²⁴faiʔ⁵⁵——pa⁴²biaŋ³⁵ȵin³³dʑiaʔ⁵⁵ui²¹]

意译：郎中、菩萨斗法——让病人吃亏（以别人为载体来满足自己的意愿，不达目的不罢休，不管别人感受）。

0081 自选条目

送瞎子下墥——帮倒忙。[soŋ²¹⁴haiʔ⁵⁵tsɿ⁴²ha³⁵han²⁴——poŋ²¹tau²⁴moŋ³³] 墥：高的堤岸

意译：送瞎子下墥——帮倒忙。

0082 自选条目

荞麦田里捉乌龟——十拿九稳。[dʑiau³³maʔ⁵⁵diɛn³³di⁴²tsoʔ⁵⁵u²¹kui²¹——sənʔ⁵⁵na³³tɕiou⁴²un⁴²]

意译：荞麦田里捉乌龟——十拿九稳。

0083 自选条目

虾弓钓鲫鱼——划得来。[ha²¹kəŋ²¹tiau²¹⁴tɕiʔ⁵⁵m̩³³——fa³³teʔ⁵⁵nai³³]

意译：虾弓钓鲫鱼——划得来（划算）。

0084 自选条目

请猫唧看鱼——放不得心。[dʑiaŋ⁴²mau²¹tɕiʔ⁵⁵iaŋ²⁴m̩³³——foŋ²⁴pənʔ⁵⁵teʔ⁵⁵ɕin²¹]

意译：请猫看鱼——放不了心。

0085 自选条目

鹿角上贩马——大胆。[nouʔ⁵⁵koʔ⁵⁵soŋ³⁵fan²⁴ma⁴²——dai³⁵tan⁴²]

意译：鹿角上贩马——大胆。

0086 自选条目

麻雀生鹅蛋，不怕撑破粪门。[ma³³dʑioʔ⁵⁵saŋ²¹ŋo³³dan³⁵，pənʔ⁵⁵ba²¹⁴tsaŋ²⁴bo²¹⁴ fən?⁵⁵mən³³]

意译：麻雀生鹅蛋，不怕撑破粪门（以生命为代价，做力所不能及的事情）。

0087 自选条目

绿蝇仂攻狗屎——一团堆。[diou?⁵⁵in³³ne⁰kəŋ²¹kiau⁴²sʅ⁴²——i?⁵⁵duon³³ti²¹]

意译：绿蝇攻狗屎——一团堆（臭味相投）。

0088 自选条目

跛子拜年——就地歪。[po⁴²tsʅ⁴²pai²⁴ȵiɛn³³——tɕiou³⁵di³⁵uai²¹]

意译：跛子拜年——就地一歪，顺势而为。

0089 自选条目

踢火棍仂吹火——一窍不通。[dia?⁵⁵fo⁴²kun²⁴ne⁰dzʅ²¹fo⁴²——i?⁵⁵dziau²¹⁴pən?⁵⁵dəŋ²¹]踢火棍：挑旺火的棍子（实心）

意译：踢火棍仂吹火——一窍不通。

0090 自选条目

瞎子喫汤圆——心中有数。[hai?⁵⁵tsʅ⁴²dzia?⁵⁵doŋ²¹yɛn³³——ɕin²¹tsəŋ²¹iou⁴²sou²¹⁴]

意译：瞎子吃汤圆——心中有数。

0091 自选条目

瞎子赶夜路——假忙。[hai?⁵⁵tsʅ⁴²kon⁴²ia³⁵nou³⁵——tɕia⁴²moŋ³³]

意译：瞎子赶夜路——假忙。

0092 自选条目

嘴巴两块皮——边说边移。[tɕi⁴²pa⁰dioŋ⁴²uai²¹⁴bi³³——piɛn²¹sue?⁵⁵piɛn²¹i³³]

意译：嘴巴两块皮——边说边移（见风使舵，变得快）。

0093 自选条目

戴斗笠打伞——有多。[tai²¹⁴tiau⁴²di?⁵⁵ta⁴²san⁴²——iou⁴²to²¹]斗笠：竹制遮雨器具，戴在头上

意译：戴斗笠打伞——多此一举。

崇 阳

一 歌谣

0001 歌谣

大眼泉，小眼泉；[dæ⁴⁴ŋæ⁵³ʑiɛ²¹，ɕio⁵³ŋæ⁵³ʑiɛ²¹]

荆竹里出来磨刀源。[tɕin²²təu⁵⁵di²¹də⁵⁵næ²¹mo²¹tau²²viɛ²¹] 荆竹：荆棘丛

要喫饭啊等新熟；[io²⁴ʑiɑ⁵⁵fæ⁴⁴iɑ⁰tiɛ⁵³ɕin²²səu⁵⁵] 喫：吃。新熟：指稻谷最近一次成熟

要喫肉啊等过年。[io²⁴ʑiɑ⁵⁵n̻iəu⁵⁵uɑ⁰tiɛ⁵³ko²⁴n̻iɛ²¹]

脚脚绊倒葛麻藤。[tɕio⁵⁵tɕio⁵⁵bæ²⁴tau²¹kə⁵⁵mɑ⁵³diɛ²¹]

意译：大眼泉，小眼泉，荆棘丛里砍柴回来赶紧在泉水里磨刀。想吃白米饭要等谷子成熟；想吃肉得等到过年；砍柴时每脚都踩到葛麻藤上。

0002 歌谣

华陂条，华陂条；[fɑ²¹bi²¹dio²¹，fɑ²¹bi²¹dio²¹] 华陂条：地名

有女莫嫁华陂条。[iəu⁵³ŋi⁵³mo⁵⁵kɑ²⁴fɑ²¹bi²¹dio²¹]

日哒车水啊，夜哒舂米；[n̻in⁵⁵dæ⁰dɑ²²fi⁵³iɑ⁰，iɑ⁴⁴dæ⁰dən²²mi⁵³] 日哒：白天。夜哒：晚上

坐在个车上还要打鞋底。[zo⁴⁴zæ⁴⁴ko²⁴dɑ²²saŋ⁴⁴hæ²¹io²⁴tɑ⁵³hæ²¹ti⁵³] 打鞋底：纳鞋底

意译：华陂条啊，华陂条。家有女儿的，不要嫁到华陂条那里去。白天要用水车车水，晚上还要舂米；即便坐在水车上都还要纳鞋底。

0003 歌谣

天井啊！[diɛ²²tɕiaŋ⁵³ŋæ⁰]

饿死了啊！[ŋo⁴⁴sɿ⁵³n̻io⁰uɑ⁰]

干死蛤蟆，饿死老鼠。[kə²²sɿ⁵³hɑ²¹mɑ²¹，ŋo⁴⁴sɿ⁵³nau⁵³səu⁵³]

意译：天井啊！人要饿死了啊！现在大旱，渴死了青蛙，饿死了老鼠。

0004 歌谣

嚊嚊啪，嚊嚊啪，大家来打麦。[bi⁵⁵bi⁵⁵bɑ⁵⁵，bi⁵⁵bi⁵⁵bɑ⁵⁵，dæ⁴⁴kɑ²²næ²¹tɑ⁵³mɑ⁵⁵]

麦子多，麦子好，磨面制馍馍。[mɑ⁵⁵tsʅ⁰to²², mɑ⁵⁵tsʅ⁰hau⁵³, mo²¹miɛ⁴⁴tsʅ²⁴mo²¹mo²¹]

馍馍甜，馍馍香；[mo²¹mo²¹diɛ²¹, mo²¹mo²¹ɕiaŋ²²]

过去地主喫，现在我家哒尝。[ko²⁴ziɛ²⁴di⁴⁴təu⁵³ziɑ⁵⁵, ɕiɛ⁴⁴zæ⁴⁴ŋo⁵³kɑ²²dæ⁰saŋ²¹] 我家哒：我们

感谢毛主席，感谢共产党！[kə⁵³ziɑ⁴⁴mau²¹təu⁵³ɕi⁵⁵, kə⁵³ziɑ⁴⁴hən⁴⁴zæ⁵³taŋ⁵³]

意译：噼噼啪，噼噼啪，大家来打麦子。麦子多，麦子好，可以用来磨面做馍馍。馍馍甜，馍馍香，过去只有地主能吃，现在我们也能吃上了。感谢毛主席，感谢共产党！

0005 歌谣

棠棣山，棠棣山，薯当餐。[daŋ²¹di²¹sæ²², daŋ²¹di²¹sæ²², səu²¹taŋ²²zæ²²] 棠棣山：地名

胀得扒一扒啊，[taŋ²⁴tə⁵⁵bɑ²²i⁵⁵bɑ²²iɑ⁰] 扒一扒：描摹肚胀不舒服，用手揉扒肚子的样子

夜哒还是薯宵夜。[iɑ⁴⁴dæ⁰hæ⁰sʅ⁴⁴səu²¹ɕio²²iɑ⁴⁴] 宵夜：晚饭

意译：棠棣山，棠棣山，那个地方把红薯当饭吃。红薯吃多了胀得要用手扒肚皮，可是到了晚上还是只有红薯当晚餐。

0006 歌谣

踩浪船子两头尖，咿呀哟，哎呀哟！[zæ⁵³naŋ⁴⁴sə²¹tsʅ⁰diaŋ⁵³dio²¹tɕiɛ²², i⁵³iɑ⁰io⁰, æ²²iɑ⁰io²²] 踩浪船：采莲船

拿到归家拜新年啊，呀呀呀喂咿呀哟！[nɑ²¹tau⁰kui²²tɕiɑ²²pæ²⁴ɕin²²n̠iɛ²¹ɑ⁰, iɑ⁵³iɑ⁵³iɑ⁵³vi²²i²²iɑ⁰io⁰]

意译：采莲船啊两头尖，咿呀哟，哎呀哟！（采到莲子）拿回家拜新年啊，呀呀呀喂咿呀哟！

0007 歌谣

瞎子见钱眼也开，[hæ⁵⁵tsʅ⁰tɕiɛ²⁴ziɛ²¹ŋæ⁵³iɑ⁵³hæ²²]

跛子见钱跑得快！[bo⁵³tsʅ⁰tɕiɛ²⁴ziɛ²¹bau⁵³tə⁵⁵uæ²¹⁴]

意译：瞎子看见钱都开眼了，跛子看见钱跑得飞快。

二 规定故事

0021 牛郎和织女

我跟尔讲个故事，讲牛郎跟织女。[ŋo⁵³kɛ²²n̠⁵³kaŋ⁵³ko²¹⁴ku²⁴sʅ⁴⁴, kaŋ⁵³n̠iəu²¹ naŋ²¹ kɛ²² tə⁵⁵ ŋi⁵³]

古时候呢，有个小伙子，[ku⁵³ sɿ²¹ ʑiəu⁴⁴ n̩iɛ⁰，iəu⁵³ ko²⁴ ɕio⁵³ ho⁵³ tsɿ⁰]
爷娘死得早，[ia²¹ n̩ian²¹ sɿ⁵³ tə⁵⁵ tsau⁵³]
屋哒就剩一只老牛。[u⁵⁵ dæ⁰ ʑiəu⁴⁴ san⁴⁴ i⁵⁵ ta⁵⁵ nau⁵³ n̩iəu²¹] 屋哒：家里
就跟老牛为生，[ʑiəu⁴⁴ kɛ²² nau⁵³ n̩iəu²¹ vi²¹ ɕiɛ²²]
别个就喊伊牛郎。[biɛ⁵⁵ ko⁴⁴ ʑiəu⁴⁴ hæ⁵³ i⁵³ n̩iəu²¹ naŋ²¹] 别个：别人
牛郎跟老牛靠种地为生。[n̩iəu²¹ naŋ²¹ kɛ²² nau⁵³ n̩iəu²¹ hau²¹⁴ tən²⁴ di⁴⁴ vi²¹ ɕiɛ²²]
其实个个老牛哇，[ʑi²¹ sə⁵⁵ ko²⁴ ko⁴⁴ nau⁵³ n̩iəu²¹ ua⁰] 个个：这个
就是天上箇金牛星。[ʑiəu⁴⁴ sɿ⁴⁴ diɛ²² san⁴⁴ ka⁰ tɕin²² n̩iəu²¹ ɕian²²] 箇：的
伊看见牛郎呢，[i⁵³ hə²⁴ tɕiɛ⁴⁴ n̩iəu²¹ naŋ²¹ n̩iɛ⁰]
点把勤劳善良，[tiɛ⁵³ pa⁵³ ʑin²¹ nau²¹ sə⁴⁴ dian²¹] 点把：特别
伊就想帮伊成个家。[i⁵³ ʑiəu⁴⁴ ɕian⁵³ paŋ²² i⁵³ dən²¹ ko⁰ tɕia²²]
有一日呢，[iəu⁵³ i⁵⁵ n̩in⁵⁵ n̩iɛ⁰]
金牛星就得知个个天上箇仙女啊，[tɕin²² n̩iəu²¹ ɕian²² ʑiəu⁴⁴ tiɛ⁵⁵ tsɿ²² ko²⁴ ko⁴⁴ diɛ²² san⁴⁴ ka⁰ ɕiɛ²² ŋi⁵³ ia⁰]
要到伊个村边箇湖哒去洗澡。[io²⁴ tau²¹⁴ i²⁴ ko⁴⁴ zən²² piɛ²² ka⁰ fu²¹ dæ⁰ ʑiɛ²⁴ ɕi⁵³ tsau⁵³] 伊个：那个
伊就托梦得牛郎，[i⁵³ ʑiəu⁴⁴ do⁵⁵ mən⁴⁴ tə⁵⁵ n̩iəu²¹ naŋ²¹]
伊话，尔个时际呢，[i⁵³ ua⁴⁴，n̩⁵³ ko²⁴ sɿ²¹ tɕi⁵⁵ n̩iɛ⁰] 话：说。个时际：这时候
就把挂在树上箇粉红色箇衣呢，[ʑiəu⁴⁴ pa⁵³ kua²⁴ zæ⁴⁴ səu⁴⁴ san⁴⁴ ka⁰ fən⁵³ fən²¹ ɕiɛ⁵⁵ ka⁰ i²² n̩iɛ⁰]
尔就取倒，跑去归，头也不回。[n̩⁵³ ʑiəu⁴⁴ ʑi⁵³ tau⁰，bau⁵³ ʑiɛ²⁴ kui²²，dio²¹ ia⁵³ pæ⁵⁵ fi²¹]
伊话，就有个美丽箇仙女跟尔制妻子。[i⁵³ ua⁴⁴，ʑiəu⁴⁴ iəu⁵³ ko²¹⁴ mi⁵³ di⁴⁴ ka⁰ ɕiɛ²² ŋi⁵³ kɛ²² n̩⁵³ tsɿ²⁴ ʑi²¹ tsɿ⁵³]
伊再就，到了第二日啊，[i⁵³ tsæ²⁴ ʑiəu⁴⁴，tau²⁴ n̩io⁰ di⁴⁴ ə⁴⁴ n̩in⁵⁵ na⁰]
半信半疑子，[pa²⁴ ɕin²⁴ pa²⁴ ŋi²¹ tsæ⁰]
伊就真箇跑到村边箇湖边去了，[i⁵³ ʑiəu⁴⁴ tən²² ka⁰ bau⁵³ tau²⁴ zən²² piɛ²² ka⁰ fu²¹ piɛ²² ʑiɛ²⁴ n̩io⁰]
看到七个仙女在洗澡。[hə²⁴ tau⁰ ʑi⁵⁵ ko²⁴ ɕiɛ²² ŋi⁵³ zæ⁴⁴ ɕi⁵³ tsau⁵³]
伊就跑到个树上，[i⁵³ ʑiəu⁴⁴ bau⁵³ tau⁰ ko²⁴ səu⁴⁴ san⁴⁴]
按照老牛话箇一句事，[ŋə²⁴ tau⁰ nau⁵³ n̩iəu²¹ ua⁴⁴ ka⁰ i⁵⁵ kui²⁴ sɿ⁴⁴] 事：话语；事情
就把树上箇衣取倒，[ʑiəu⁴⁴ pa⁵³ səu⁴⁴ san⁴⁴ ka⁰ i²² ʑi⁵³ tau⁰]

头也不回跑去归去了。[dio²¹ iɑ⁵³ pæ⁵⁵ fi²¹ bau⁵³ ʑiɛ²⁴ kui²² ʑiɛ²⁴ ɲio⁰]

到了夜边，仙女就起来找衣，[tau²⁴ ɲio⁰ iɑ⁴⁴ piɛ²²，ɕiɛ²² ŋi⁵³ ʑiəu⁴⁴ zi⁵³ næ²¹ tsau⁵³ i²²]

就顺倒找到牛郎屋里去了，[ʑiəu⁴⁴ sən⁴⁴ tau⁰ tsau⁵³ tau²⁴ ɲiəu²¹ naŋ²¹ u⁵⁵ dæ⁰ ʑiɛ²⁴ ɲio⁰]

两个人啊，[diaŋ⁵³ ko²⁴ ɲin²¹ nɑ⁰]

从此以后就制了恩爱夫妻。[zən²¹ zɿ⁵³ i⁵³ ʑio⁴⁴ ʑiəu⁴⁴ tsɿ²⁴ ɲio⁰ ŋɛ²² ŋæ²⁴ fu²² ʑi²²]

一转眼间，就过了三年。[i⁵⁵ tə⁵³ ŋæ⁵³ tɕiɛ²²，ʑiəu⁴⁴ ko²⁴ ɲio⁰ sæ²² ɲiɛ²¹]

个三年箇时际，[ko²⁴ sæ²² ɲiɛ²¹ kɑ⁰ sɿ²¹ tɕi⁵⁵]

两个人过得夫妻恩爱，[diaŋ⁵³ ko⁰ ɲin²¹ ko²⁴ tiɛ⁵⁵ fu²² ʑi²² ŋɛ²² ŋæ²¹⁴]

细伢子，就是话，子女绕膝。[ɕi²⁴ ŋæ²¹ tsæ⁰，ʑiəu⁴⁴ sɿ⁴⁴ uɑ⁴⁴，tsɿ⁵³ ŋi⁵³ io²⁴ ʑi⁵⁵] 细伢子：小孩子

过得幸福箇生活，[ko²⁴ tə⁵⁵ ɕi⁴⁴ fu⁵⁵ kɑ⁰ ɕiɛ²² uə⁵⁵]

生了一男一女。[saŋ²² ɲio⁰ i⁵⁵ nə²¹ i⁵⁵ ŋi⁵³]

有一日箇时际，[iəu⁵³ i⁵⁵ ɲin⁵⁵ kɑ⁰ sɿ²¹ tɕi⁵⁵]

就把得天上箇玉皇大帝晓得了，[ʑiəu⁴⁴ pɑ⁵³ tə⁵⁵ diɛ²² saŋ⁴⁴ kɑ⁰ vi⁵⁵ faŋ²¹ dæ⁴⁴ ti⁴⁴ ɕio⁵³ tə⁵⁵ ɲio⁰] 把得：被。晓得：知道

得知个个仙女啊，私自下凡。[tiɛ⁵⁵ tsɿ²² ko²⁴ ko⁴⁴ ɕiɛ²² ŋi⁵³ iɑ⁰，sɿ²² zɿ⁴⁴ hɑ⁴⁴ fæ²¹] 个个：这个

就派天上箇天兵天将，[ʑiəu⁴⁴ bæ²¹⁴ diɛ²² saŋ⁴⁴ kɑ⁰ diɛ²² pin²² diɛ²² tɕiaŋ²¹⁴]

一阵雷电，风啊雨。[i⁵⁵ tən²¹⁴ di²¹ diɛ⁴⁴，fəŋ²² nɑ⁰ vi⁵³]

好，仙女不见了。[hau⁵³，ɕiɛ²² ŋi⁵³ pæ⁵⁵ tɕiɛ²⁴ ɲio⁰]

不见了箇时际，[pæ⁵⁵ tɕiɛ²⁴ ɲio⁰ kɑ⁰ sɿ²¹ tɕi⁵⁵]

两个细伢崽就哭倒要妈，[diaŋ⁵³ ko²⁴ ɕi²⁴ ŋæ²¹ tsæ⁵³ ʑiəu⁴⁴ u⁵⁵ tau⁰ io²⁴ mɑ²²]

牛郎就急煞，[ɲiəu²¹ naŋ²¹ ʑiəu⁴⁴ tɕi⁵⁵ sæ⁵⁵] 急煞：急死

突然时际子，[də⁵⁵ də²¹ sɿ²¹ tɕi⁵⁵ tsæ⁰]

个个老牛就话事，[ko²⁴ ko⁴⁴ nau⁵³ ɲiəu²¹ ʑiəu⁴⁴ uɑ⁴⁴ sɿ⁴⁴]

伊话，尔莫急！[i⁵³ uɑ⁴⁴，n̩⁵³ mo⁵⁵ tɕi⁵⁵]

尔把我脑壳上箇两只牛角啊，[n̩⁵³ pɑ⁵³ ŋo⁵³ nau⁵³ ho⁵⁵ saŋ⁴⁴ kɑ⁰ diaŋ⁵³ tɑ⁵⁵ ɲiəu²¹ ko⁵⁵ uɑ⁰]

掰下来，制倒两只箩筐，[pæ²² hæ⁴⁴ næ²¹，tsɿ²⁴ tau⁰ diaŋ⁵³ tɑ⁵⁵ no²¹ ʑiaŋ²²]

把两个细伢子装到屎哒，[pɑ⁵³ diaŋ⁵³ ko²⁴ ɕi²⁴ ŋæ²¹ tsæ⁰ tsaŋ²² tau⁰ təu⁵⁵ dæ⁰] 屎哒：里面，底部

到田埂哒去逢伊。[tau²⁴ diɛ²¹ kɛ⁵³ dæ⁰ ʑiɛ²⁴ baŋ²² i⁵³] 逢：追赶

话倒话倒啊，[ua⁴⁴ tau⁰ ua⁴⁴ tau⁰ a⁰]

两个牛角啊，突然就落到地下去了。[diaŋ⁵³ ko²⁴ ɲiəu²¹ ko⁵⁵ ua⁰，də⁵⁵ də²¹ ʑiəu⁴⁴ no⁵⁵ tau⁰ di⁴⁴ hɑ⁴⁴ ʑiɛ²⁴ ɲio⁰]

落到地上去了箇时际变成两只箩筐，[no⁵⁵ tau⁰ di⁴⁴ saŋ⁴⁴ ʑiɛ²⁴ ɲio⁰ kɑ⁰ sɿ²¹ tɕi⁵⁵ piɛ²⁴ dən²¹ diaŋ⁵³ tɑ⁵⁵ no²¹ ʑiaŋ²²]

牛郎就把两个细伢子装到两只箩筐里，[ɲiəu²¹ naŋ²¹ ʑiəu⁴⁴ pa⁵³ diaŋ⁵³ ko²⁴ ɕio⁰ ŋɑ²¹ tsæ⁰ tsaŋ²² tau⁰ diaŋ⁵³ tɑ⁵⁵ no²¹ ʑiaŋ²² di⁰]

拿倒个扁担，[nɑ⁵⁵ tau⁰ ko²⁴ piɛ⁵³ tæ⁴⁴]

突然啊，伊箇箩筐啊，[də⁵⁵ də²¹ a⁰，i⁵³ kɑ⁰ no²¹ ʑiaŋ²² ŋɑ⁰]

就像长了翅膀样箇，[ʑiəu⁴⁴ ɕiaŋ⁴⁴ taŋ⁵³ ɲio⁰ ʐɿ²⁴ paŋ⁵³ ɲiaŋ⁴⁴ kɑ⁰]

就向天空哒飞啊飞，[ʑiəu⁴⁴ ɕiaŋ⁴⁴ diɛ²² hən²² dæ⁰ fi²² ia⁰ fi²²]

马上就要逢到个个织女，[mɑ⁵³ saŋ⁴⁴ ʑiəu⁴⁴ io²⁴ baŋ²² tau⁰ ko²⁴ ko⁴⁴ tə⁵⁵ ɲi⁵³]

就要夫妻团聚了。[ʑiəu⁴⁴ io²⁴ fu²² ʑi²² də²¹ ʑi⁴⁴ ɲio⁰]

好，把得王母娘娘晓得了。[hau⁵³，pa⁵³ tə⁵⁵ uaŋ²¹ mo⁵³ diaŋ²¹ diaŋ⁰ ɕio⁵³ tə⁵⁵ ɲio⁰]

王母娘娘就把脑壳上箇伊个金钗啊，[uaŋ²¹ mo⁵³ diaŋ²¹ diaŋ⁰ ʑiəu⁴⁴ pa⁵³ nau⁵³ ho⁵⁵ saŋ⁴⁴ kɑ⁰ i²⁴ ko²⁴ tɕin²² ʐæ²² a⁰]

就在两口子当中呢，[ʑiəu⁴⁴ zæ⁴⁴ diaŋ⁵³ ʑio⁵³ tsɿ⁰ taŋ²² tən²² ɲiɛ⁰]

划了一道河，[fa⁴⁴ ɲio⁰ i⁵⁵ dau⁴⁴ ho²¹]

就成了一道波涛滚滚箇天河。[ʑiəu⁴⁴ dən²¹ ɲio⁰ i⁵⁵ dau⁴⁴ po²² dau²² kuən⁵³ kuən⁵³ kɑ⁰ diɛ²² ho²¹]

从此以后，夫妻就分隔了，[zən²¹ ʐɿ⁵³ i⁵³ ʑio⁴⁴，fu²² ʑi²² ʑiəu⁴⁴ fən²² kə⁵⁵ ɲio⁰]

一个天边，一个地边，[i⁵⁵ ko²⁴ diɛ²² piɛ²²，i⁵⁵ ko²⁴ di⁴⁴ piɛ²²]

就看不到了人。[ʑiəu⁴⁴ hə²⁴ pæ⁵⁵ tau⁵³ ɲio⁰ ɲin²¹]

再个时际呢，[tsæ²⁴ ko²⁴ sɿ²¹ tɕi⁵⁵ ɲiɛ⁰]

喜鹊点把同情伊家哒，[ɕi⁵³ ʑio⁵⁵ tiɛ⁵³ pa⁵³ dən²¹ ʑin²¹ i⁵³ kɑ²² dæ⁰]伊家哒：他们

就在每年七月初七箇时际，[ʑiəu⁴⁴ zæ⁴⁴ mi⁵³ ɲiɛ²¹ ʑi²⁵ ɲiɛ⁵⁵ ʐɿ²² ʑi⁵⁵ kɑ⁰ sɿ²¹ tɕi⁵⁵]

成千上万箇喜鹊就跑到银河边，[dən²¹ ʑiɛ²² saŋ⁴⁴ uæ⁴⁴ kɑ⁰ ɕi⁵³ ʑio⁵⁵ ʑiəu⁴⁴ bau⁵³ tau²⁴ ɲin²¹ ho²¹ piɛ²²]

架起一道天桥，银河桥，[tɕia²⁴ ʑi⁵³ i⁵⁵ dau⁴⁴ diɛ²² ʑio²¹，ɲin²¹ ho²¹ ʑio²¹]

夫妻团聚了。[fu²² ʑi²² də²¹ ʑi⁴⁴ ɲio⁰]

意译：我讲个牛郎织女的故事。古时候有个小伙子，家里很穷，父母过世早，只留下一头老牛与他相依为命，人们就叫他牛郎。牛郎跟这头老牛靠种地为生。这头老牛其实是天上的金牛星，他看牛郎善良勤劳，想给他找个媳妇儿。有

一天，金牛星得知天上的仙女要到村边的湖里去洗澡，他就托梦给牛郎，让他到时候去找岸边树上挂着的粉红色的衣服，把它取下来，头也别回地跑回家。晚上，织女顺着找到了牛郎家，俩人从此就做了恩爱夫妻。

一转眼过去了三年，这三年啊，两个人夫妻恩爱，子女绕膝。织女生了两个孩子，一男一女，一家人过得和和睦睦。有一天，这件事被天上的玉皇大帝知道了，他知道仙女私自下凡，就派天兵天将来捉织女。一阵雷电风雨过后，仙女不见了。两个孩子在家里哭着喊妈妈。牛郎急得要死，这时老牛说话了，他说他头上的两个牛角可以掰下来，变成两个箩筐，把孩子放进箩筐，去追织女。说完牛角掉落到地上，真的变成两个箩筐。牛郎把孩子装进箩筐，挑上扁担去追织女，箩筐像长了翅膀一样向天空飞。眼看马上就要追上织女了，王母娘娘拔下头上的金钗，在两口子中间划了一条波涛滚滚的银河。从此以后，夫妻被分隔了，一个在天，一个在地。喜鹊非常同情他们，就在每年七月初七，成千上万的喜鹊跑到银河边，架起一座鹊桥，也叫银河桥，使夫妻团聚。

三　其他故事

0022 其他故事

我家哒崇阳啊，[ŋo⁵³ kɑ²² dæ⁰ zən²¹ iaŋ²¹ ŋɑ⁰]我家哒：我们

桂花泉镇有个个样箇传说，[kui²⁴ fɑ²² ziɛ²¹ tən²¹⁴ iəu⁵³ ko⁴⁴ ko²⁴ ɲiaŋ⁴⁴ kɑ⁰ də²¹ sə⁵⁵]个样：这样。箇：的

就是话：[ziəu⁴⁴ sɿ⁴⁴ uɑ⁴⁴]话：说

"天门观箇龙，许进不许出"。[diɛ²² mən²¹ kuə²¹⁴ kɑ⁰ nən²¹，fi⁵³ tɕin²¹⁴ pæ⁵⁵ fi⁵³ də⁵⁵]

就是话原来箇时际呢，[ziəu⁴⁴ sɿ⁴⁴ uɑ⁴⁴ viɛ²¹ næ²¹ kɑ⁰ sɿ²¹ tɕi⁵⁵ ɲiɛ⁰]时际：时候

在江西箇桃花潭，[zæ⁴⁴ tɕiaŋ²² ɕi²² kɑ⁰ dau²¹ fɑ²² də²¹]

每年鲜花盛开绿叶长满，[mi⁵³ ɲiɛ²¹ ɕiɛ²² fɑ²² sən²⁴ hæ²² diəu⁵⁵ iɛ⁵⁵ taŋ⁵³ mə⁵³]

听倒话是天上仙女梳妆打扮箇地方。[diaŋ²⁴ tau⁰ uɑ⁴⁴ sɿ⁴⁴ diɛ²² saŋ⁴⁴ ɕiɛ²² ɲi⁵³ sɿ²² tsaŋ²² tɑ⁵³ pæ²¹⁴ kɑ⁰ di⁴⁴ faŋ²²]

有一日，有条龙在天上犯了天规，[iəu⁵³ i⁵⁵ ɲin⁵⁵，iəu⁵³ dio²¹ nən²¹ zæ⁴⁴ diɛ²² saŋ⁴⁴ fæ⁴⁴ ɲio⁰ diɛ²² kui²²]

跑到潭哒去，[bau⁵³ tau⁰ də²¹ dæ⁰ ziɛ²¹⁴]

把潭哒箇水搅得天昏地暗。[pɑ⁵³ də²¹ dæ⁰ kɑ⁰ fi⁵³ tɕio⁵³ tə⁵⁵ diɛ²² fən²² di⁴⁴ ŋɑ²¹⁴]

温度又高，[uən²² dəu⁴⁴ iəu⁴⁴ kau²²]

把当地弄得民不聊生、饥饿逃荒。[pɑ⁵³ taŋ²² di⁴⁴ nən⁴⁴ tə⁵⁵ min²¹ pæ⁵⁵ dio²¹ saŋ²²、tɕi²² ŋo⁴⁴ dau²¹ faŋ²²]

搅出来箇水焐人，[tɕio⁵³ də⁵⁵ næ²¹ kɑ⁰ fi⁵³ o⁵⁵ n̠in²¹] 焐：烫

几十度，翻滚浑浊。[tɕi⁵³ sə⁵⁵ dəu⁴⁴，fæ²² kuən⁵³ fən⁵³ zo⁵⁵]

七仙女看不过眼，[ʑi⁵⁵ ɕie²² ŋi⁵³ hə²⁴ pæ⁵⁵ ko²⁴ ŋæ⁵³]

跑到天上去跟玉皇大帝话，[bau⁵³ tau²⁴ die²² saŋ⁴⁴ ʑie²⁴ kɛ²² vi⁵⁵ faŋ²¹ dæ⁴⁴ ti⁴⁴ uɑ⁴⁴]

玉皇大帝听倒个样话，[vi⁵⁵ faŋ²¹ dæ⁴⁴ di⁴⁴ diaŋ²⁴ tau⁰ ko²⁴ n̠iaŋ⁴⁴ uɑ⁴⁴]

话个是条孽龙，[uɑ⁴⁴ ko²⁴ sʅ⁴⁴ dio²¹ n̠ie⁵⁵ nən²¹]

伊就派天兵天将去捉伊。[i⁵³ ʑiəu⁴⁴ bæ²⁴ die²² pin²² die²² tɕiaŋ²¹⁴ ʑie²⁴ tso⁵⁵ i⁵³]

天兵天捉伊箇时际，[die²² pin²² die²² tɕiaŋ²¹⁴ tso⁵⁵ i⁵³ kɑ⁰ sʅ²¹ tɕi⁵⁵]

伊正在个哒睏瞌睡哒，[i⁵³ tən²⁴ zæ⁴⁴ ko⁵³ dæ⁰ uən²⁴ hə⁵⁵ fi⁴⁴ dæ⁰] 个哒：这里。睏瞌睡：睡觉

就用妖绳把妖孽捆了四十九下，[ʑiəu⁴⁴ in⁴⁴ io²² sən²¹ pɑ⁵³ io²² n̠ie⁵⁵ uən⁵³ n̠io⁰ sʅ²⁴ sə⁵⁵ tɕiəu⁵³ hɑ⁴⁴]

一不小心把岸上箇石头弄到水哒去，[i⁵⁵ pæ⁵⁵ ɕio⁵³ ɕin⁵⁵ pɑ⁵³ ŋə⁴⁴ saŋ⁴⁴ kɑ⁰ sɑ⁵⁵ dio²¹ nən⁴⁴ tau⁰ fi⁵³ dæ⁰ ʑie²¹⁴]

把水打响了，把伊惊醒了，[pɑ⁵³ fi⁵³ tɑ⁵³ ɕiaŋ⁵³ n̠io⁰，pɑ⁵³ i⁵³ tɕiaŋ²² ɕiaŋ⁵³ n̠io⁰]

孽龙立马翻滚去跑。[n̠ie⁵⁵ nən²¹ di⁴⁴ mɑ⁵³ fæ²² kuən⁵³ ʑie²⁴ bau⁵³]

天兵天将就跟倒逢。[die²² pin²² die²² tɕiaŋ²¹⁴ ʑiəu⁴⁴ kɛ²² tau⁰ baŋ²²] 逢：追赶

就个样孽龙跑到了崇阳桂花泉镇箇塘哒，[ʑiəu⁴⁴ ko²⁴ n̠iaŋ⁴⁴ n̠ie⁵⁵ nən²¹ bau⁵³ tau²⁴ n̠io⁰ zən²¹ iaŋ²¹ kui²⁴ fɑ²² ʑie²¹ tən²¹ kɑ⁰ daŋ²¹ dæ⁰]

在伊哒歇倒，歇倒乘凉。[zæ⁴⁴ i⁵³ dæ⁰ ɕie⁵⁵ tau⁰，ɕie⁵⁵ tau⁰ sən²¹ diaŋ²¹]

天兵天将逢到去了，[die²² pin²² die²² tɕiaŋ²¹⁴ baŋ²² tau⁰ ʑie²⁴ n̠io⁰]

话："孽龙，尔还想跑？"[uɑ⁴⁴：n̠ie⁵⁵ nən²¹，n̠⁵³ hæ²¹ ɕiaŋ⁵³ bau⁵³]

要捉伊归天，[io²⁴ tso⁵⁵ i⁵³ kui²² die²²]

个龙听倒伊个样话，[ko²⁴ nən²¹ diaŋ²⁴ tau⁰ i⁵³ ko²⁴ n̠iaŋ⁴⁴ uɑ⁴⁴]

个身子一乃⁼，[ko²⁴ sən²² tsʅ⁰ i⁵⁵ næ⁵³] 乃⁼：挣扎、翻滚

就把个子哒乃⁼了闷大箇洞，[ʑiəu⁴⁴ pɑ⁵³ ko²⁴ tsʅ⁵³ dæ⁰ næ⁵³ n̠io⁰ mən⁵⁵ dæ⁴⁴ kɑ⁰ dən⁴⁴] 闷：程度副词，特别

就是个时际话箇桂花泉箇"天门观"。[ʑiəu⁴⁴ sʅ⁴⁴ ko⁵³²¹ tɕi⁵⁵ uɑ⁴⁴ kɑ⁰ kui²⁴ fɑ²² ʑie²¹ kɑ⁰ die²² mən²¹ kuɑ²¹⁴]

天兵天将就把玉皇大帝箇铁锁一锁，[die²² pin²² die²² tɕiaŋ²¹⁴ ʑiəu⁴⁴ pɑ⁵³ vi⁵⁵ faŋ²¹ dæ⁴⁴ ti⁴⁴ kɑ⁰ die⁵⁵ so⁵³ i⁵⁵ so⁵³]

插到伊箇弄口上，[zæ⁵⁵ tau⁰ i⁵³ ko⁰ nən²⁴ ʑio⁵³ saŋ⁴⁴]

就跟个贴了符一样箇，[ʑiəu⁴⁴ kɛ²² ko⁰ diɛ⁵⁵ ȵio⁰ fu⁵⁵ i⁵⁵ ȵiaŋ⁴⁴ kɑ⁰]

把龙锁倒伊际哒，[pɑ⁵³ nən²¹ so⁵³ tau⁰ i²⁴ tɕi⁵⁵ dæ⁰] 伊际哒：那里

伊就不能出来了。[i⁵³ ʑiəu⁴⁴ pæ⁵⁵ ȵiɛ²¹ də⁵⁵ næ²¹ ȵio²¹]

再就，龙就跪倒告饶，[tsæ²⁴ ʑiəu⁴⁴，nən²¹ ʑiəu⁴⁴ viɛ⁵³ tau⁰ kau²⁴ dau²¹]

伊话："天兵天将，放我出去。"[i⁵³ uɑ⁴⁴：diɛ²² pin²² diɛ²² tɕiaŋ²¹⁴，faŋ²⁴ ŋo⁵³ də⁵⁵ ʑiɛ²¹⁴]

天兵天将话：[diɛ²² pin²² diɛ²² tɕiaŋ²¹⁴ uɑ⁴⁴]

"尔要到铁树开花水倒流，[n̩⁵³ io²⁴ tau²⁴ diɛ⁵⁵ səu⁴⁴ hæ²² fɑ²² fi⁵³ tau²⁴ diəu²¹]

还要喷出来箇水不冷不热，[hæ²¹ io²⁴ bən²⁴ də⁵⁵ næ²¹ kɑ⁰ fi⁵³ pæ⁵⁵ naŋ⁵³ pæ⁵⁵ ȵiɛ⁵⁵]

尽别人灌溉良田，种植庄稼。"[tɕin⁵³ biɛ⁵⁵ ȵin²¹ kuæ²⁴ kæ²⁴ diaŋ²¹ diɛ²¹，tən²⁴ zɿ⁵⁵ tsaŋ²² tɕiɑ²²]

再龙就睏倒，听伊箇事。[tsæ²⁴ nən²¹ ʑiəu⁴⁴ uən²⁴ tau⁰，diaŋ²⁴ i⁵³ kɑ⁰ sɿ⁴⁴] 睏倒：睡着

个际桂花泉镇里箇人就安居乐业，[ko²⁴ tɕi⁵⁵ kui²⁴ fɑ²² ʑiɛ²¹ tən²⁴ di⁰ kɑ⁰ ȵin²¹ ʑiəu⁴⁴ ŋə²² kui²² no⁵⁵ ŋiɛ⁵⁵]

农民种出来箇有庄稼，[nəu²¹ min²¹ tən²⁴ də⁵⁵ næ²¹ kɑ⁰ iəu⁵³ tsaŋ²² tɕiɑ²²]

再就是喷出来箇水不冷不热，[tsæ²⁴ ʑiəu⁴⁴ sɿ⁴⁴ bən²⁴ də⁵⁵ næ²¹ kɑ⁰ fi⁵³ pæ⁵⁵ naŋ⁵³ pæ⁵⁵ ȵiɛ⁵⁵]

过路箇人从伊子走就喝伊箇水解凉。[ko²⁴ nəu⁴⁴ kɑ⁰ ȵin²¹ zən²¹ i²⁴ tsæ⁰ tɕio⁵³ ʑiəu⁴⁴ hə⁵⁵ i²⁴ kɑ⁰ fi⁵³ kæ⁵³ diaŋ²¹]

有一日箇时际呢，有个秀才，[iəu⁵³ i⁵⁵ ȵin⁵⁵ kɑ⁰ sɿ²¹ tɕi⁵⁵ ȵiɛ⁰，iəu⁵³ ko²⁴ ɕiəu²⁴ zæ²¹]

走过来口干了，[tɕio⁵³ ko²⁴ næ²¹ ʑio⁵³ kə²² næ⁰]

伊就把伊箇红帽哒取出来，[i⁵³ ʑiəu⁴⁴ pɑ⁵³ i⁵³ kɑ⁰ fən²¹ mau⁴⁴ dæ⁰ ʑi⁵³ də⁵⁵ næ²¹]

往铁树上一挂，[uaŋ⁵³ diɛ⁵⁵ səu⁴⁴ saŋ⁴⁴ i⁵⁵ kuɑ²¹⁴]

孽龙一看，[ȵiɛ⁵⁵ nən²¹ i⁵⁵ hə²¹⁴]

"哦，铁树开了花！"[o⁵³，diɛ⁵⁵ səu⁴⁴ hæ²² ȵio⁰ fɑ²²]

伊就马上在屡哒作恶，[i⁵³ ʑiəu⁴⁴ mɑ⁵³ saŋ⁴⁴ zæ⁴⁴ dəu⁵⁵ dæ⁰ tso⁵⁵ ŋo⁵⁵] 屡哒：里面，底部

准备翻身跑出来。[tən⁵³ bi⁴⁴ fæ²² sən²² bau⁵³ də⁵⁵ næ²¹]

个秀才栽倒脑壳喝水箇时际听到了，[ko²⁴ ɕiəu²⁴ zæ²¹ tsæ²² tau⁰ nau⁵³ ho⁵⁵ hə⁵⁵ fi⁵³ kɑ⁰ sɿ²¹ tɕi⁵⁵ diaŋ²⁴ tau⁰ ȵio⁰]

嗅到了个个腥味，[ɕin²⁴ tau⁵³ ȵio⁰ ko²⁴ ko⁴⁴ ɕiaŋ²² vi⁴⁴] 个个：这个

再就回头取到帽哒就跑了。[tsæ²⁴ ʑiəu⁴⁴ fi²¹ dio²¹ ʑi⁵³ tau⁰ mau⁰ dæ⁰ ʑiəu⁴⁴ bau⁵³ ȵio⁰]

龙看到铁树上冇开花，[nən²¹ hə²⁴ tau⁰ diɛ⁵⁵ səu⁴⁴ saŋ⁴⁴ mau⁴⁴ hæ²² fɑ²²] 冇：没有

安心睏在伊子哒。[ŋə²² ɕin²² uən²⁴ zæ⁴⁴ i²⁴ tsʅ⁰ dæ⁰]

从此以后，崇阳桂花泉镇箇时际安居乐业。[zən²¹ zʅ⁵³ i⁵³ ʑio⁴⁴，zən²¹ iaŋ²¹ kui²⁴ fɑ²² ʑiɛ²¹ tən²⁴ kɑ⁰ sʅ²¹ tɕi⁵⁵ ŋə²² kui²² no⁵⁵ ɲiɛ⁵⁵]

平民百姓为了纪念天兵天将，[bin²¹ min²¹ pɑ⁵⁵ ɕin²⁴ vi²¹ ɲio⁰ tɕi²⁴ ɲiɛ⁴⁴ diɛ²² pin²² diɛ²² tɕiaŋ²¹⁴]

就在伊子哒修了一座庙，[ʑiəu⁴⁴ zæ⁴⁴ i²⁴ tsʅ⁰ dæ⁰ ɕiəu²² ɲio⁰ i⁵⁵ zo⁴⁴ mio⁴⁴]

在个庙门口柱子上写了一个：[zæ⁴⁴ ko²⁴ mio⁴⁴ mən²¹ ʑio⁵³ təu⁴⁴ tsʅ⁰ saŋ⁴⁴ ɕiɑ⁵³ ɲio⁰ i⁵⁵ ko²¹⁴]

"天门观箇龙，许进不许出"。[diɛ²² mən²¹ kuə²⁴ kɑ⁰ nən²¹，fi⁵³ tɕin²⁴ pæ⁵⁵ fi⁵³ də⁵⁵]

就是个个传说。[ʑiəu⁴⁴ sʅ⁴⁴ ko²⁴ ko⁴⁴ də²¹ sə⁵⁵]

意译：我们崇阳啊，这个桂花泉镇有个传说，叫"天门观的龙，许进不许出"。

江西以前有个桃花潭，每年鲜花盛开绿叶长满，是天上仙女梳妆打扮的地方。有一天，有条龙犯了天规，跑到潭里去把潭水搅得天昏地暗，把当地弄得民不聊生、饥饿逃荒，搅出来的水又烫又脏。七仙女看不过眼，跑到天上去找玉皇大帝告状，玉皇大帝派天兵天将去抓这条龙。天兵天将抓它的时候，它正在睡觉，于是天兵天将用绳子把这条龙缠了四十九下，缠的过程中，一不小心把岸上的石头弄到水里去，把龙惊醒了，孽龙立马翻滚、准备逃跑。天兵天将赶紧追出去了。就这样，孽龙跑到了崇阳桂花泉镇，天兵天将眼看要抓住它，它使劲一挣脱，把当地戳出了很大个洞，这就是桂花泉镇的"天门观"。天兵天将就把玉皇大帝给的铁锁插在观口，好像一道符把龙锁在里面，使它无法出来。并且告诫说，如果想出来，要等到铁树开花水倒流，还要喷出来的水不冷不热，可以灌溉当地的庄稼。孽龙照做了。此后桂花泉镇的人民安居乐业，安心种庄稼。

有一天，一个秀才来喝水，把帽子往铁树上一挂，孽龙以为是铁树开花了，正准备翻身作孽时，秀才听到动静并且嗅到了一股腥味，立马取下帽子跑了。孽龙才发现不是铁树开花，就又安心缩回去了。从此桂花泉镇的百姓都安居乐业，为了纪念这些天兵天将，百姓在天门观这里修了一座庙，庙门口柱子上写着"天门观的龙，许进不许出"。

0023 其他故事

我给大家讲个故事，[ŋo⁵³ kɛ⁵³ dɑ⁴⁴ tɕiɑ²² kaŋ⁵³ ko²⁴ ku²⁴ sʅ⁴⁴]

就是"双合莲"。[ʑiəu⁴⁴ sʅ⁴⁴ saŋ²² ho⁵⁵ diɛ²¹]

"双合莲"是崇阳箇民间箇传说，[saŋ²² ho⁵⁵ diɛ²¹ sʅ⁴⁴ zən²¹ iaŋ²¹ kɑ⁰ min²¹ tɕiɛ²² kɑ⁰ də²¹ sə⁵⁵〕箇：的

实际上是个真实箇故事。[sə⁵⁵ tɕi²⁴ saŋ⁴⁴ sʅ⁴⁴ ko²⁴ tən²² sə⁵⁵ kɑ⁰ ku²⁴ sʅ⁴⁴]

反映箇是当时箇旧社会，[fæ⁵³ in²⁴ kɑ⁰ sʅ⁴⁴ taŋ⁴⁴ sʅ²¹ kɑ⁰ ʑiəu⁴⁴ sɑ⁴⁴ fi⁴⁴]

封建社会里婚姻冇得自由，冇得自主。[fən²² tɕiɛ²⁴ sɑ⁴⁴ fi⁴⁴ di⁵³ fən²² in²² mau⁴⁴ tə⁵⁵ ʑʅ⁴⁴ iəu²¹，mau⁴⁴ tə⁵⁵ ʑʅ⁴⁴ təu⁵⁵]冇得：没有

个个是哪样箇真实箇故事呢？[ko²⁴ ko⁴⁴ sʅ⁴⁴ nɑ²⁴ ȵiaŋ⁴⁴ kɑ⁰ tən²² sə⁵⁵ kɑ⁰ ku²⁴ sʅ⁴⁴ ȵiɛ⁰]个个：这个

就是一个铁匠，[ʑiəu⁴⁴ sʅ⁴⁴ i⁵⁵ ko²⁴ diɛ⁵⁵ ʑiaŋ⁴⁴]

在邓秀英屋里打铁。[zæ⁴⁴ diɛ⁴⁴ ɕiəu²⁴ in²² u⁵⁵ dæ⁰ tɑ⁵³ diɛ⁵⁵]

个个铁匠呢，也看上了个个邓秀英。[ko²⁴ ko⁴⁴ diɛ⁵⁵ ʑiaŋ⁴⁴ ȵiɛ⁰，iɑ⁵³ hə²⁴ saŋ⁴⁴ ȵio⁰ ko²⁴ ko⁴⁴ diɛ⁴⁴ ɕiəu²⁴ in²²]

个个邓秀英呢，[ko²⁴ ko⁴⁴ diɛ⁴⁴ ɕiəu²⁴ in²² ȵiɛ⁰]

落了看上了胡三保，[no⁵⁵ ȵio⁵³ hə²⁴ saŋ⁴⁴ ȵio⁰ fu²¹ sæ²² pau⁵³]落了：后来

个个桂花树箇公子，[ko²⁴ ko⁴⁴ kui²⁴ fɑ²² səu⁴⁴ kɑ⁰ kən²² tsʅ⁵³]

读书落了榜，冇考上秀才。[dəu⁵⁵ səu²² no⁵⁵ ȵio⁰ paŋ⁵³，mau⁴⁴ hau⁵³ saŋ⁴⁴ ɕiəu²⁴ zæ²¹]冇：没有

之后呢，心情不好去钓鱼。[tsʅ²² ʑio⁴⁴ ȵiɛ⁰，ɕin²² ʑin²¹ pæ⁵⁵ hau⁵³ ʑiɛ²⁴ tio²⁴ ŋi²¹]

碰到个个邓秀英在港哒洗衣。[bən⁵⁵ tau⁰ ko²⁴ ko⁴⁴ diɛ⁴⁴ ɕiəu²⁴ in²² zæ⁴⁴ kaŋ⁵³ dæ⁰ ɕi⁵³ i²²]港哒：河里

一来二去，两个人就心生爱慕。[i⁵⁵ næ²¹ ə⁴⁴ ʑiɛ²¹⁴，diaŋ⁵³ ko²⁴ ȵin²¹ ʑiəu⁴⁴ ɕin²² sən²² ŋæ²⁴ mo⁵⁵]

因为个胡三保也长得一表人才，[in²² vi²¹ ko²¹⁴ fu²¹ sæ²² pau⁵³ iɑ⁵³ taŋ⁵³ tə⁵⁵ i⁵⁵ pio⁵³ ȵin²¹ zæ²¹]

邓秀英也长得漂亮。[diɛ⁴⁴ ɕiəu²⁴ in²² iɑ⁵³ taŋ⁵³ tə⁵⁵ bio²⁴ diaŋ⁴⁴]

当时邓秀英箇爷娘制主，[taŋ²² sʅ²¹ diɛ⁴⁴ ɕiəu²⁴ in²² kɑ⁰ iɑ²¹ ȵiaŋ²¹ tsʅ²⁴ təu⁵³]爷娘：父母

把伊许给了夏昌福。[pɑ⁵³ i⁵³ fi⁵³ kɛ⁵³ ȵio⁰ ɕiɑ⁴⁴ daŋ²² fu⁵⁵]

夏昌福是桂花树箇小财主子。[ɕiɑ⁴⁴ daŋ²² fu⁵⁵ sʅ⁴⁴ kui²⁴ fɑ²² səu⁴⁴ kɑ⁰ ɕio⁵³ zæ²¹ təu⁵³ tsæ⁰]

小财主呢，年纪有伊样大，[ɕio⁵³ zæ²¹ təu⁵³ ȵiɛ⁰，ȵiɛ²¹ tɕi⁵⁵ iəu⁵³ i²⁴ ȵiaŋ⁴⁴ dæ⁴⁴]

再本身脚有点拐，[tsæ²⁴ pən⁵³ sən²² tɕio⁵⁵ iəu⁵³ tiɛ⁵³ kuæ⁵³]拐：瘸

邓秀英也冇看到过，[diɛ⁴⁴ ɕiəu²⁴ in²² iɑ⁵³ mau⁴⁴ hə²⁴ tau⁰ ko²¹⁴]

[一下]是父母之言，媒人制媒。[iɑ⁵⁵ sʅ⁴⁴ fu⁴⁴ mo⁵³ tsʅ²² ȵiɛ²²，mi²¹ ȵin²¹ tsʅ²⁴ mi²¹]

伊冇得个个自由，[i⁵³ mau⁴⁴ tə⁵⁵ ko²⁴ ko⁴⁴ ʑʅ⁴⁴ iəu²¹]

连人都冇看到过，[diɛ²¹ ɲin²¹ təu²² mau⁴⁴ hə²⁴ tau⁵³ ko²¹⁴]

就听到别个讲，[ʑiəu⁴⁴ diaŋ²⁴ tau⁵³ biɛ⁵⁵ ko²⁴ kaŋ⁵³]

个个夏昌福是个拐脚哒，[ko²⁴ ko⁴⁴ ɕia⁴⁴ daŋ²² fu⁵⁵ sʅ⁴⁴ ko²⁴ kuæ⁵³ tɕio⁵⁵ dæ⁰] 拐脚哒：瘸子

本身伊就不蛮愿意。[pən⁵³ sən²² i⁵³ ʑiəu⁴⁴ pæ⁵⁵ mæ²¹ viɛ⁴⁴ i²¹⁴] 蛮：很

所以呢，又碰到胡三保去钓鱼就心生爱慕，[so⁵³ i⁵³ ɲiɛ⁰ , iəu⁴⁴ bən²⁴ tau⁵³ fu²¹ sæ²² pau⁵³ ʑiɛ²⁴ tio²⁴ ŋi²¹ ʑiəu⁴⁴ ɕin²² sən²² ŋæ²⁴ mo⁵⁵]

有一次，邓秀英把伊约到屋里去，[iəu⁵³ i⁵⁵ zʅ²¹⁴ , diɛ⁴⁴ ɕiəu²⁴ in²² pa⁵³ i⁵³ io⁵⁵ tau⁰ u⁵⁵ di⁵³ ʑiɛ²¹⁴]

喫饭喝酒，喝醉了，[ʑia⁵⁵ fæ⁴⁴ hə⁵⁵ tɕiəu⁵³ , hə⁵⁵ tɕi²⁴ ɲio⁰]

邓秀英就留伊在屋里歇。[diɛ⁴⁴ ɕiəu²⁴ in²² ʑiəu⁴⁴ diəu²¹ i⁵³ zæ⁴⁴ u⁵⁵ di⁰ ɕiɛ⁵⁵]

伊嘀娘也晓得。[i⁵³ di⁰ ɲiaŋ²¹ ia⁵³ ɕio⁵³ tə⁵⁵]

再落了两个就心生爱慕。[tsæ²⁴ no⁵⁵ ɲio⁰ diaŋ⁵³ ko²⁴ ʑiəu⁴⁴ ɕin²² sən²² ŋæ²⁴ mo⁵⁵]

夏昌福送日子来提亲。[ɕia⁴⁴ daŋ²² fu⁵⁵ sən²⁴ ɲin⁵⁵ tsʅ⁰ næ²¹ di²¹ ʑin²²]

两个人许了终身，[diaŋ⁵³ ko²⁴ ɲin²¹ fi⁵³ ɲio⁰ tən²² sən²²]

邓秀英就死活不同意。[diɛ⁴⁴ ɕiəu²⁴ in²² ʑiəu⁴⁴ sʅ⁵³ ua⁵⁵ pæ⁵⁵ dən²¹ i²¹⁴]

爷娘就话把伊打死，[ia²¹ ɲiaŋ²¹ ʑiəu⁴⁴ ua⁴⁴ pa⁴⁴ i⁵³ ta⁵³ sʅ⁵³]

逼倒要跟夏昌福成婚。[pi⁵⁵ tau⁰ io²⁴ kɛ²² ɕia⁴⁴ daŋ²² fu⁵⁵ dən²¹ fən²²]

到了成婚箇日子哒，[tau²⁴ ɲio⁰ dən²¹ fən²² ka⁰ ɲin⁵⁵ tsʅ⁰ dæ⁰]

个个邓秀英就一索悬梁，[ko²⁴ ko⁴⁴ diɛ⁴⁴ ɕiəu²⁴ in²² ʑiəu⁴⁴ i⁵⁵ so⁵⁵ viɛ²¹ diaŋ²¹] 索：绳子。

就吊死哒。[ʑiəu⁴⁴ tio²⁴ sʅ⁵³ dæ⁰]

胡三保也急急闷闷几多年，[fu²¹ sæ²² pau⁵³ ia⁵³ tɕi⁵⁵ tɕi⁵⁵ mən⁵⁵ mən⁵⁵ tɕi⁵³ to²² ɲiɛ²¹]

也急成了个神经病，[ia⁵³ tɕi⁵⁵ dən²¹ ɲio⁰ ko²⁴ sən²¹ tɕin²² biaŋ⁴⁴]

也慢慢子死了。[ia⁵³ mæ⁴⁴ mæ⁴⁴ tsæ⁰ sʅ⁵³ ɲio⁰]

个个就是崇阳箇反封建，[ko²⁴ ko⁴⁴ ʑiəu⁴⁴ sʅ⁴⁴ zən²¹ iaŋ²¹ ka⁰ fæ⁵³ fən²² tɕiɛ²¹⁴]

青年争取婚姻自主箇愿望。[ʑin²¹ ɲiɛ²¹ tsən²² ʑi⁵³ fən²² in²² zʅ⁴⁴ təu⁵³ ka⁰ viɛ⁴⁴ uaŋ⁴⁴]

个个在社会上流传很广，[ko²⁴ ko⁴⁴ zæ⁴⁴ sa⁴⁴ fi⁴⁴ saŋ⁴⁴ diəu²¹ də²¹ hɛ⁵³ kuaŋ⁵³]

一直到现在把伊编成了个个戏，提琴戏。[i⁵⁵ zʅ⁵⁵ tau²⁴ ɕiɛ⁴⁴ zæ⁴⁴ pa⁵³ i⁵³ piɛ²² dən²¹ ɲio²¹ ko²⁴ ko⁴⁴ ɕi²¹⁴ , di²¹ ʑin²¹ ɕi²¹⁴]

到处演出啊，[tau²⁴ dəu⁴⁴ iɛ⁵³ də⁵⁵ a⁰]

每次到全县演出箇时际，[mi⁵³ zʅ²⁴ tau²⁴ ʑiɛ²¹ ɕiɛ⁴⁴ iɛ⁵³ də⁵⁵ ka⁰ sʅ²¹ tɕi⁵⁵]

看箇人啊，点把。[hə²⁴ ka⁰ ɲin²¹ na⁰ , tiɛ⁵³ pa⁵³] 点把：特别（多），单用时指数量多

个个流传得广。[ko²⁴ ko⁴⁴ diəu²¹ də²¹ tiɛ⁵⁵ kuaŋ⁵³]

意译：我给大家讲个"双合莲"的故事，这个故事是根据崇阳民间流传的真实事件改编的，反映了旧社会的青年男女婚姻没有自由、没有自主。女主角是邓秀英，她家里有个铁匠，铁匠在她家打铁，看上了她。但是呢，邓秀英后来喜欢上了胡三保。胡三保是桂花树（镇）的公子，考秀才落榜了，心情不好去钓鱼，正好碰到邓秀英在河边洗衣服，两人一见钟情，心生爱慕，因为胡三保一表人才，邓秀英也端庄漂亮。

当时，邓秀英父母做主把她许给了当地的财主夏昌福，但是夏昌福年纪大还瘸腿。邓秀英并没有看到过这个财主，只听说他有点瘸腿，根本不愿意嫁给他。不过，这都是父母之命，媒妁之言，她没有反抗的自由，恰好这时到河边洗衣碰到胡三保，喜欢上了他。再后来，邓秀英把胡三保约到家里吃饭喝酒并留宿，与胡三保许了终身。所以，当这个财主来提亲，邓秀英死活不同意，她父母逼迫她必须与财主成婚，否则打死她。成婚那天，邓秀英在家悬梁自尽。胡三保也心情郁闷之极，煎熬了几年后也悲愤身亡。

这就是旧社会里，崇阳的青年男女与封建婚姻进行抗争、争取婚姻自主的故事，现在被编成了提琴戏，深受百姓喜爱，每次在全县演出的时候，看的人特别多，广为流传。

0024 其他故事

我讲一个故事。[ŋo⁵³ kaŋ⁵³ i⁵⁵ ko²⁴ ku²⁴ sʅ⁴⁴]

从前咧，崇阳有个县令，[zən²¹ ziɛ²¹ n̠iɛ⁰, zən²¹ iaŋ²¹ iəu⁵³ ko²⁴ ɕiɛ⁴⁴ din⁴⁴]

叫张乖崖，[tɕio²⁴ taŋ²² kuæ²² ŋæ²¹]

在崇阳从政有七八年，[zæ⁴⁴ zən²¹ iaŋ²¹ zən²¹ tən²¹⁴ iəu⁵³ ʑi⁵⁵ pæ⁵⁵ n̠iɛ²¹]

为群众办了点把多好事，[vi²¹ vin²¹ tən²¹⁴ pæ⁴⁴ n̠io⁰ tiɛ⁵³ pa⁵³ to²² hau⁵³ sʅ⁴⁴] 点把：特别

清正廉明政。[ʑin²² tən²⁴ diɛ²¹ min²¹ tən²¹⁴]

个个，原来白霓，[ko²⁴ ko⁴⁴, viɛ²¹ næ²¹ ba⁵⁵ ŋi²¹]

个个，石咀堰伊哒。[ko²⁴ ko⁴⁴, sa⁵⁵ tɕi²² iɛ²¹⁴ i⁵³ dæ⁰] 伊哒：那里

当时白霓畈、义主畈，[taŋ²² sʅ²¹ ba⁵⁵ ŋi²¹ fæ²¹⁴、n̠i⁴⁴ təu⁵³ fæ²¹⁴] 个个：这个

两个伊样箇大畈，[diaŋ⁵³ ko²⁴ i²⁴ n̠iaŋ⁴⁴ ka⁰ dæ⁴⁴ fæ²¹⁴] 伊样：这样。箇：的

每年干旱咧，[mi⁵³ n̠iɛ²¹ kə²² hə⁴⁴ n̠iɛ²²]

为了个个争水咧，[vi⁴⁴ næ⁰ ko²⁴ ko⁴⁴ tsaŋ²² fi⁵³ n̠iɛ⁰]

两岸箇群众打架无数，[diaŋ⁵³ ŋə⁴⁴ ka⁰ vin²¹ tən²¹⁴ ta⁵³ tɕia²¹⁴ u²¹ səu²¹⁴]

甚至还有时际打死了人。[sən⁴⁴ tsʅ⁴⁴ hæ²¹ iəu⁵³ sʅ²¹ tɕi⁵⁵ ta⁵³ sʅ⁵³ n̠io⁰ n̠in²¹]

张乖崖到下面去了解，[taŋ²² kuæ²² ŋæ²¹ tau²⁴ ha⁴⁴ miɛ⁴⁴ ʑiɛ²⁴ n̠io⁵³ kæ⁵³]

个伊箇河哒，[ko²⁴i⁵³kɑ⁰ho²¹dæ⁰]

白霓伊箇河哒箇石咀堰，[bɑ⁵⁵ŋi²¹i²⁴kɑ⁰ho²¹dæ⁰ko⁰sɑ⁵⁵tɕi²²iɛ²¹⁴]

原来冇得堰。[viɛ²¹næ²¹mau⁴⁴tə⁵⁵iɛ²¹⁴] 冇得：没有

张乖崖咧，经过考察呢，[taŋ²²kuæ²²ŋæ²¹n̠iɛ⁰，tɕin²²ko²⁴hau⁵³zæ⁵⁵n̠iɛ⁰]

在伊个石咀崖伊子哒修个堰，[zæ⁴⁴i⁵³ko²⁴sɑ⁵⁵tɕi²²ŋæ²¹i²⁴tsɿ⁰dæ⁰ɕiəu²²ko²⁴iɛ²¹⁴]
伊个：那个。伊子哒：那里

修个滚水堰，再修了镇，[ɕiəu²²ko²⁴kuən⁵³fi⁵³iɛ²¹⁴，tsæ²⁴ɕiəu²²n̠io⁰tən²¹⁴]

经过了义主畈白霓畈，[tɕin²²ko²⁴næ⁰n̠i⁴⁴təu⁵⁵fæ²¹⁴bɑ⁵⁵ŋi²¹fæ²¹⁴]

在伊个田里放水啊下不响。[zæ⁴⁴i²⁴ko²⁴diɛ²¹di⁰faŋ²⁴fi⁵³iɑ⁰hɑ⁴⁴pæ⁵⁵ɕiaŋ⁵³] 下：都

两岸箇群众是点把欢喜。[diaŋ⁵³ŋə⁴⁴kɑ⁰vin²¹tən²¹⁴sɿ⁴⁴tiɛ⁵³pɑ⁵³fə²²ɕi⁵³]

再也冇得伊个打架箇现象出现。[tsæ²⁴iɑ⁵³mau⁴⁴tə⁵⁵i²⁴ko⁴⁴tɑ⁵³tɕiɑ²⁴kɑ⁰ɕiɛ²²ɕiaŋ⁴⁴də⁵⁵ɕiɛ²¹⁴]

伊在出水箇每个缺口都有高啊有低。[i⁵³zæ⁴⁴də⁵⁵fi⁵³kɑ⁰mi⁵³ko²⁴viɛ⁵⁵ʑio⁵³təu⁵³iəu⁵³kau²²uɑ⁰iəu⁵³ti²²]

由于个个，县哒，[iəu²¹vi²¹ko²⁴ko⁴⁴，ɕiɛ⁴⁴dæ⁰]

由张乖崖箇时际统一派人定制，[iəu²¹taŋ²²kuæ²²ŋæ²¹kɑ⁰sɿ²¹tɕi⁵⁵dən⁵³i⁵⁵bæ²⁴n̠in²¹din⁴⁴zɿ²¹⁴]

水大水小呢，[fi⁵³dæ⁴⁴fi⁵³ɕio⁵³n̠iɛ⁰]

是个个自然由伊个调，[sɿ⁴⁴ko²⁴ko⁴⁴zɿ⁴⁴də⁰iəu²¹i²⁴ko²⁴dio²¹]

不能尔自家开几大就几大，[pæ⁵⁵n̠iɛ²¹n̠⁵³zɿ⁴⁴kɑ²²hæ²²tɕi⁵³dæ⁴⁴ʑiəu⁴⁴tɕi⁵³dæ⁴⁴]

统一定好了箇。[dən⁵³i⁵⁵din⁴⁴hau⁵³n̠io⁰kɑ⁰]

再从此呢，就冇得个个打架箇现象出现。[tsæ²⁴zən²¹zɿ⁵³n̠iɛ⁰，ʑiəu⁴⁴mau⁴⁴tə⁵⁵ko²⁴ko⁴⁴tɑ⁵³tɕiɑ²⁴kɑ⁰ɕiɛ²²ɕiaŋ⁴⁴də⁵⁵ɕiɛ⁴⁴]

两岸箇时际个个每年是五谷丰登，[diaŋ⁵³ŋə⁴⁴kɑ⁰sɿ²¹tɕi⁵⁵ko²⁴ko⁴⁴mi⁵³n̠iɛ²¹sɿ⁴⁴n̠⁵³ku⁵⁵fən²²tiɛ²²]

民众是无不欢喜。[min²¹tən²⁴sɿ⁴⁴u²¹pæ⁵⁵fə²²ɕi⁵³]

后来为了纪念个个张乖崖，[ʑio⁴⁴næ²¹vi²¹n̠io⁵³tɕi⁵³n̠iɛ⁴⁴ko²⁴ko⁴⁴taŋ²²kuæ²²ŋæ²¹]

在个个县哒箇，个么哒，[zæ⁴⁴ko²⁴ko⁴⁴ɕiɛ⁴⁴dæ⁰kɑ⁰，ko²⁴ko⁴⁴mo⁵³dæ⁰]

大集山伊哒修了个乖崖陵，[dæ⁴⁴zi⁵⁵sæ²²i⁵³dæ⁴⁴ɕiəu²²næ⁰ko⁰kuæ²²ŋæ²¹din²¹]

是为了纪念张乖崖个个县长。[sɿ⁴⁴vi²⁴næ⁰tɕi⁵³n̠iɛ⁴⁴taŋ²²kuæ²²ŋæ²¹ko²⁴ko⁴⁴ɕiɛ⁴⁴taŋ⁵³]

还有一件事呢，[hæ²¹iəu⁵³i⁵⁵ʑiɛ⁵⁵sɿ⁴⁴n̠iɛ⁰]

个个张乖崖，个廉政。[ko²⁴ko⁴⁴taŋ²²kuæ²²ŋæ²¹，ko²⁴diɛ²¹tən²¹⁴]

在个个，伊下面有个官员。[zæ⁴⁴ko²⁴ko⁴⁴，i⁵³hɑ⁴⁴miɛ⁴⁴iəu⁵³ko²⁴kuə²²viɛ²¹]

在管个个财，个个县哒箇财政。[zæ⁴⁴kuə⁵³ko²⁴ko⁴⁴zæ²¹，ko²⁴ko⁴⁴ɕiɛ⁴⁴dæ⁰kɑ⁰zæ²¹tən²¹⁴]

有人反映话伊贪污了钱。[iəu⁵³n̠in²¹fæ⁵³in²⁴uɑ⁴⁴i⁵³də²²u²²n̠io⁰ziɛ²¹] 话：说

张乖崖呢，就派人去清查伊箇帐。[tɑŋ²²kuæ²²ŋæ²¹n̠iɛ⁰，ziəu⁴⁴bæ²⁴n̠in²¹ziɛ²⁴ʑin²²zɑ²¹i⁵³kɑ⁰tɑŋ²¹⁴]

清查个帐呢，[ʑin²²zɑ²¹ko²⁴tɑŋ²⁴n̠iɛ⁰]

其实呢，贪污也不多。[ʑi²¹sə⁵⁵n̠iɛ⁰，də²²u²²iɑ⁵³pæ⁵⁵to²²]

一算起来呢，[i⁵⁵sə²⁴ʑi⁵³næ²¹n̠iɛ⁰]

话是每日只贪污得一个钱，[uɑ⁴⁴sɿ⁴⁴mi⁵³n̠in⁵⁵tə⁵⁵də²²u²²tə⁵⁵i⁵⁵ko²⁴ziɛ²¹]

一个铜钱。[i⁵⁵ko²⁴dən²¹ziɛ²¹]

一个铜钱呢，[i⁵⁵ko²⁴dən²¹ziɛ²¹n̠iɛ⁰]

张乖崖就要判伊箇刑，[tɑŋ²²kuæ²²ŋæ²¹ziəu⁴⁴io²⁴bə²⁴i⁵³kɑ⁰ɕin²¹]

要免伊箇职。[io²⁴miɛ⁵³i⁵³kɑ⁰tə⁵⁵]

有好多人呢，[iəu⁵³hau⁵³to²²n̠in²¹n̠iɛ⁰]

就跟张乖崖求情，[ziəu⁴⁴kɛ²²tɑŋ²²kuæ²²ŋæ²¹ziəu²¹zin²¹]

张乖崖就不行。[tɑŋ²²kuæ²²ŋæ²¹ziəu⁴⁴pæ⁵⁵ɕin²¹]

伊话是，伊话尔看到冇哒，[i⁵³uɑ⁴⁴sɿ⁴⁴，i⁵³uɑ⁴⁴n̩⁵³hə²⁴tau⁵³mau⁴⁴dæ⁰]

山洞哒伊个泉眼了冇吵。[sæ²²dən⁴⁴dæ⁰i²⁴ko²⁴ziɛ²¹ŋæ⁵³næ⁰mau⁴⁴sɑ⁰]

一滴水从上面滴下来，[i⁵⁵ti⁵⁵fi⁵³zən²¹sɑŋ⁴⁴miɛ⁴⁴ti⁵⁵hɑ⁴⁴næ²¹]

下面是闷大箇石洞，[hɑ⁴⁴miɛ⁵⁴sɿ⁴⁴mən⁵⁵dæ⁴⁴kɑ⁰sɑ⁵⁵dən⁴⁴] 闷：特别

是个水滴了箇。[sɿ⁴⁴ko²⁴fi⁵³ti⁵⁵næ⁰kɑ⁰]

话个水滴石穿。[uɑ⁴⁴ko²⁴fi⁵³ti⁵⁵sɑ⁵⁵də²²]

话"伊一日一钱，[uɑ⁴⁴i⁵³i⁵⁵n̠in⁵⁵i⁵³ziɛ²¹]

尔话如果是个样下去，[n̩⁵³uɑ⁴⁴ə²⁴ko⁵³sɿ⁴⁴ko²⁴n̠iaŋ⁴⁴hɑ⁴⁴ziɛ²¹⁴]

越搞越大，还得了？[viɛ⁵⁵kau⁵³viɛ⁵⁵dæ⁴⁴，hæ²¹tə⁵⁵n̠io⁵³]

一定要严办！"[i⁵⁵din⁴⁴io²⁴n̠iɛ²¹bæ⁴⁴]

所以呢，[so⁵³i⁵³n̠iɛ⁰]

后人为了纪念个个张乖崖啊，[ziou⁴⁴n̠in²¹vi²⁴næ⁰tɕi⁵³n̠iɛ⁴⁴ko²⁴ko⁴⁴tɑŋ²²kuæ²²ŋæ²¹iɑ⁰]

群众呢，[vin²¹tən²⁴n̠iɛ⁰]

把张乖崖个个故事一直流传至今。[pɑ⁵³tɑŋ²²kuæ²²ŋæ²¹ko²⁴ko⁴⁴ku²⁴sɿ⁴⁴i⁵⁵zɿ⁵⁵diəu²¹də²¹tsɿ²⁴tɕin²²]

意译：我讲一个故事。从前，崇阳有个县令，叫张乖崖。在崇阳从政七八年，他为群众办了很多好事，清正廉明。

这个，原来白霓镇啊，有个石咀堰在那里。当时白霓镇有白霓畈和义主畈两个这样的大畈。每年干旱为了争水，两岸的群众经常打架，甚至还有打死了人。张乖崖到基层去了解（情况），白霓那里有个河，原来石咀堰那里没有堰。经过考察，张乖崖准备在石咀崖那里修个滚水堰，横跨义主畈、白霓畈，后来再往田里放水的时候都没有响声。两岸的群众非常高兴，再也没有那种打架的现象出现。张乖崖把出水的每个缺口都设计得高低错落，水大水小是由其自动调节，不能人为想开多大就多大，全部提前统一安排好。从此两岸群众就再也没有出现过为了争水而打闹的事件了。河两岸每年五谷丰登，老百姓无不欢喜。

后来为了纪念张乖崖这个县长，崇阳县在大集山那里修了个乖崖陵。

还有一件事，是关于张乖崖的廉政事迹。张乖崖手下有个官员，负责管理县里的财政。有人告他贪污，张乖崖就派人去清查他的账。清查账后发现他其实贪污也不多，每天只贪得一个铜钱。但就为这一个铜钱，张乖崖就要判他的刑、免他的职。很多人去跟张乖崖求情，张乖崖不同意。他说："你看到过山洞里的泉眼了没？一滴水从上面滴下来，下面是很大的石洞，就是这个水滴出来的。"说这叫"水滴石穿"，说"他一天贪一钱，如此下去，越来越多，还得了？一定要严办！"群众把他的这些故事流传至今。

0025 其他故事

今哒我跟大家讲一个故事，[tɕin²² tæ⁰ ŋo⁵³ kɛ²² dæ⁴⁴ tɕiɑ²² kaŋ⁵³ i⁵⁵ ko²⁴ ku²⁴ sɿ⁴⁴] 今哒：今天

故事是我小时际我爷爷奶奶讲倒我听箇，[ku²⁴ sɿ⁴⁴ sɿ⁴⁴ ŋo⁵³ ɕio⁵³ sɿ²¹ tɕi⁵⁵ ŋo⁵³ iɛ⁵³ iɛ⁰ næ⁵³ næ⁰ kaŋ⁵³ tau⁰ ŋo⁰ diaŋ⁰ kɑ⁰] 箇：的

我一直记得个个故事。[ŋo⁵³ i⁵⁵ zɿ⁵⁵ tɕi²⁴ tə⁵⁵ ko⁴⁴ ko⁴⁴ ku²⁴ sɿ⁴⁴]

话是很久很久以前啊，[uɑ⁵³ sɿ⁴⁴ he⁵³ tɕiəu⁵³ he⁵³ tɕiəu⁵³ i⁵³ ʑiɛ²¹ ɑ⁰] 话：说

我箇崇阳不叫"崇阳"，[ŋo⁵³ kɑ⁰ zən²¹ iaŋ²¹ pæ⁵⁵ tɕio²⁴ zən²¹ iaŋ²¹]

是另外一个名字，叫作"示阳"。[sɿ⁴⁴ din⁴⁴ ŋæ⁴⁴ i⁵⁵ ko²⁴ miaŋ²¹ zɿ⁴⁴，tɕio²⁴ tso⁴⁴ sɿ⁴⁴ iaŋ²¹]

为么哒会改名字呢，[vi²¹ mo⁵³ dæ⁰ fi⁴⁴ kæ⁵³ miaŋ²¹ zɿ⁴⁴ ȵiɛ²²]

是因为个样箇。[sɿ⁴⁴ in²² vi²¹ ko²⁴ ȵiaŋ⁴⁴ kɑ⁰] 个样：这样

伊际我箇崇阳，示阳啊，[i²⁴ tɕi⁵⁵ ŋo⁵³ kɑ⁰ zən²¹ iaŋ²¹，sɿ⁴⁴ iaŋ²¹ ŋɑ⁰] 伊际：那时候

地方点把好，山清水秀，[di⁴⁴ faŋ²² tie⁵³ pɑ⁵³ hau⁵³，sæ²² ʑiaŋ²² fi⁵³ ɕiəu²¹⁴] 点把：特

别

是个风水宝地。[sɿ⁴⁴ ko²⁴ fən²² fi⁵³ pau⁵³ di⁴⁴]

出去闷多人才,[də⁵⁵ ʑiɛ²⁴ mən⁵⁵ to²² ȵin²¹ zæ²¹] 闷:特别

在朝廷里面当大官。[zæ⁴⁴ dau²¹ din²¹ di⁵³ miɛ⁴⁴ taŋ²² dæ⁴⁴ kuə²²]

个些官员都制好事,[ko²⁴ ɕiɑ²² kuə²² viɛ²¹ təu²² tsɿ²⁴ hau⁵³ sɿ⁴⁴]

为老百姓制实事,[vi²¹ nau⁵³ pɑ⁵⁵ ɕin²⁴ tsɿ²⁴ sə⁵⁵ sɿ⁴⁴]

让老百姓得到很好箇生活。[ȵiaŋ⁴⁴ nau⁵³ pɑ⁵⁵ ɕin²⁴ tiɛ⁵⁵ tau²⁴ hɛ⁵³ hau⁵³ kɑ⁰ ɕiɛ²² uə⁵⁵]

得到老百姓箇拥护。[tiɛ⁵⁵ tau²⁴ nau⁵³ pɑ⁵⁵ ɕin²⁴ kɑ⁰ in²¹ fu⁴⁴]

正是因为个样,[tən²⁴ sɿ⁴⁴ in²² vi²¹ ko²⁴ ȵiaŋ⁴⁴]

得罪了一些官员和势力。[tiɛ⁵⁵ zi²⁴ ȵio⁰ i⁵⁵ ɕiɑ²² kuə²² viɛ²¹ ho²¹ sɿ⁴⁴ di⁴⁴]

伊家哒想尽一切办法来打抑我家哒,[i⁵³ kɑ⁰ dæ⁰ ɕiaŋ⁵³ tɕin²⁴ i⁵⁵ ʑiɛ⁵⁵ bæ⁴⁴ fæ⁵⁵ næ²¹ tɑ⁵³ i⁴⁴ ŋo⁵³ kɑ²² dæ⁰] 伊家哒:他们。我家哒:我们

打抑个个崇阳箇地方人民。[tɑ⁵³ i⁴⁴ ko²⁴ ko⁴⁴ zən²¹ iaŋ²¹ kɑ⁰ di⁴⁴ faŋ²² ȵin²¹ min²¹]

伊家哒呢,找了一个道士,[i⁵³ kɑ⁰ dæ⁰ niɛ⁰,tsau⁵³ ȵio⁰ i⁵⁵ ko²⁴ dau⁴⁴ sɿ⁴⁴]

想办法镇压崇阳箇风水,[ɕiaŋ⁵³ pæ⁴⁴ fæ⁵⁵ tən²⁴ iɑ⁵⁵ zən²¹ iaŋ²¹ kɑ⁰ fən²² fi⁵³]

于是找了个道士,[vi²¹ sɿ⁴⁴ tsau⁵³ ȵio⁰ ko²⁴ dau⁴⁴ sɿ⁴⁴]

道士出了个主意,[dau⁴⁴ sɿ⁴⁴ də⁵⁵ ȵio⁰ ko²⁴ təu⁵³ i²¹⁴]

话:"示阳是个风水宝地,[uɑ⁴⁴:sɿ⁴⁴ iaŋ²¹ sɿ⁴⁴ ko²⁴ fən²² fi⁵³ pau⁵³ di⁴⁴]

是因为个个名字,[sɿ⁴⁴ in²² vi²¹ ko²⁴ ko⁴⁴ miaŋ²¹ zɿ⁴⁴] 个个:这个

跟崇阳箇风水比较合。[kɛ²² zən²¹ iaŋ²¹ kɑ⁰ fən²² fi⁵³ pi⁵³ tɕio²⁴ hə⁵⁵]

助长崇阳箇风水,[zəu⁴⁴ taŋ⁵³ zən²¹ iaŋ²¹ kɑ⁰ fən²² fi⁵³]

地方出了很多很多箇大官人才。[di⁴⁴ faŋ²² də⁵⁵ ȵio⁰ hɛ⁵³ to²² hɛ⁵³ to²² kɑ⁰ dæ⁴⁴ kuə²² ȵin²¹ zæ²¹]

我建议啊,[ŋo⁵³ tɕiɛ²⁴ i²⁴ iɑ⁰]

尔家哒把个个'示阳'上面加一个宝盖头,[n̩⁵³ kɑ²² dæ⁰ pɑ⁵³ ko²⁴ ko⁴⁴ sɿ⁴⁴ iaŋ²¹ saŋ⁴⁴ miɛ⁴⁴ tɕiɑ²² i⁵⁵ ko²⁴ pau⁵³ kæ²⁴ dio²¹]

以'宗阳'箇名字来镇压伊。[i⁵³ tsən²² iaŋ²¹ kɑ⁰ miaŋ²¹ zɿ⁴⁴ næ²¹ tən²⁴ iɑ⁵⁵ i⁵³]

改变伊个风水气场,[kæ⁵³ piɛ²⁴ i²⁴ ko⁴⁴ fən²² fi⁵³ ʑi²⁴ daŋ⁵³]

让伊个人才凋零。"[ȵiaŋ⁴⁴ i²⁴ ko⁴⁴ ȵin²¹ zæ²¹ tio²² din²¹]

于是,一些官员想各样箇办法,[vi²¹ sɿ⁴⁴,i⁵⁵ ɕiɑ²² kuə²² viɛ²¹ ɕiaŋ⁵³ ko²⁴ ȵiaŋ⁴⁴ kɑ⁰ bæ⁴⁴ fæ⁵⁵]

把"示阳"改为"宗阳"。[pɑ⁵³ sɿ⁴⁴ iaŋ²¹ kæ⁵³ vi²¹ tsən²² iaŋ²¹]

过了闷久以后啊,[ko²⁴ ȵio⁰ mən⁵⁵ tɕiəu⁵³ i⁵³ ʑio⁴⁴ uɑ⁰]

"宗阳"箇名字确实让个地方人才凋零了一些，[tsən²² iaŋ²¹ ka⁰ miaŋ²¹ zֿɿ⁴⁴ ʑio⁵⁵ sə⁵⁵ n̠ian⁴⁴ ko²⁴ di⁴⁴ faŋ²² n̠in²¹ zæ²¹ tio²² din²¹ n̠io⁰ i⁵⁵ ɕia²²]

但是还是冇完全镇压下来，[dæ⁴⁴ sֿɿ⁴⁴ hæ²¹ sֿɿ⁴⁴ mau⁴⁴ uə²¹ ʑiɛ²¹ tən²⁴ ia⁵⁵ ha⁴⁴ næ²¹] 冇：没有

还是出去了一些人才。[hæ²¹ sֿɿ⁴⁴ də⁵⁵ ʑiɛ²⁴ n̠io⁰ i⁵⁵ ɕia²² n̠in²¹ zæ²¹]

个些人才在各行各业发挥自家箇光和热，[ko²⁴ ɕia²² n̠in²¹ zæ²¹ zæ⁴⁴ ko⁵⁵ haŋ²¹ ko⁵⁵ ŋiɛ⁵⁵ fa⁵⁵ fi²² zֿɿ⁴⁴ ka²² ka⁰ kuaŋ²² ho²¹ n̠iɛ⁵⁵]

帮助大家。[paŋ²² zəu⁴⁴ da⁴⁴ ka²²]

还出了一些诗人，宣扬正义，[hæ²¹ də⁵⁵ n̠io⁰ i⁵⁵ ɕia²² sֿɿ²² n̠in²¹，fiɛ²² iaŋ²¹ tən²⁴ n̠i⁴⁴]

宣扬崇阳人民箇勤劳善良。[fiɛ²² iaŋ²¹ zən²¹ iaŋ²¹ n̠in²¹ min²¹ ka⁰ ʑin²¹ nau²¹ sə⁴⁴ diaŋ²¹]

再一些个样箇势力啊，[tsæ²⁴ i⁵⁵ ɕia²² ko²⁴ n̠iaŋ⁴⁴ ka⁰ sֿɿ⁴⁴ di⁴⁴ a⁰]

觉得还是冇镇压下来，[tɕio⁵⁵ tə⁵⁵ hæ²¹ sֿɿ⁴⁴ mau⁴⁴ tən²⁴ ia⁵⁵ ha⁴⁴ næ²¹]

又出些主意，[iəu⁴⁴ də⁵⁵ ɕia²² təu⁵³ i²¹⁴]

又请些各个高人道士，想办法。[iəu⁴⁴ ʑin⁵³ ɕia²² ko²⁴ ko⁴⁴ kau²² n̠in²¹ dau⁴⁴ sֿɿ⁴⁴，ɕiaŋ⁵³ bæ⁴⁴ fæ⁵⁵]

道士经过仔细箇勘探，[dau⁴⁴ sֿɿ⁴⁴ tɕin²² ko²⁴ tsֿɿ⁵³ ɕi²⁴ ka⁰ hə²² də²¹⁴]

伊话：[i⁵³ ua⁴⁴]

"崇阳箇风水还是冇蛮镇压住。"[zən²¹ iaŋ²¹ ka⁰ fən²² fi⁵³ hæ²¹ sֿɿ⁴⁴ mau⁴⁴ mæ²¹ tən²⁴ ia⁵⁵ təu⁴⁴]

于是，"宗阳"箇上面再加个"山"，[vi²¹ sֿɿ⁴⁴，tsən²² iaŋ²¹ ka⁰ saŋ⁴⁴ miɛ⁴⁴ tsæ²⁴ tɕia²² ko²⁴ sæ²²]

应该可以把伊镇住哒。[in²⁴ kæ²² ho⁵³ i⁵³ pa⁵³ i⁵³ tən²⁴ təu⁴⁴ dæ⁰]

于是伊个呢，[vi²¹ sֿɿ⁴⁴ i⁵³ ko⁴⁴ n̠iɛ⁰]

把"宗阳"就改名叫"崇阳"，[pa⁵³ tsən²² iaŋ²¹ ʑiəu⁴⁴ kæ⁵³ miaŋ²¹ tɕio²⁴ zən²¹ iaŋ²¹]

以此来镇压崇阳箇风水。[i⁵³ zֿɿ⁵³ næ²¹ tən²⁴ ia⁵⁵ zən²¹ iaŋ²¹ ka⁰ fən²² fi⁵³]

经过个些人诡计多端箇方法，[tɕin²² ko²⁴ ko²⁴ ɕia²² n̠in²¹ kui⁵³ tɕi²⁴ to²² tə²² ka⁰ faŋ²² fæ⁵⁵]

一些方法来改变崇阳箇生活，[i⁵⁵ ɕia²² faŋ²² fæ⁵⁵ næ²¹ kæ⁵³ piɛ²⁴ zən²¹ iaŋ²¹ ka⁰ ɕiɛ²² uə⁵⁵]

果然把得伊家得逗了。[ko⁵³ də²¹ pa⁵³ tə⁵⁵ i⁵³ ka²² tiɛ⁵⁵ dən⁵³ n̠io⁰] 把得：让。伊家：他们

崇阳从此以后，[zən²¹ iaŋ²¹ zən²¹ zֿɿ⁵³ i⁵³ ʑio⁴⁴]

出去箇人才比较少，人才凋零。[də⁵⁵ ʑiɛ²⁴ kɑ⁰ n̯in²¹ zæ²¹ pi⁵³ tɕio²⁴ sau⁵³，n̯in²¹ zæ²¹ tio²² din²¹]

但是崇阳人民咧，[dæ⁴⁴ ʂʅ⁴⁴ zən²¹ iaŋ²¹ n̯in²¹ min²¹ n̯iɛ⁰]

还是比较勤劳善良箇。[hæ²¹ ʂʅ⁴⁴ pi⁵³ tɕio²⁴ ʑin²¹ nau²¹ sə⁴⁴ diaŋ²¹ kɑ⁰]

意译：我给大家讲个故事，是我小时候爷爷奶奶讲给我听的，我一直都记得这个故事。

这个故事是说很久以前，崇阳不叫"崇阳"，叫"示阳"。为什么会改名字呢？那时候，示阳啊，山清水秀，是个风水宝地，出了很多人才，在朝廷当大官，这些官员为群众办了很多好事，让百姓过上了好日子，因此得到了人民群众的拥护。也正因为这样，他们得罪了一些朝廷的官员势力，这些势力小人想尽办法打压这个地方，打压崇阳的官员和人民。于是找了个道人看风水，道人说"示阳"这个名字与当地风水十分相合，要想破坏这个气场，可以改个名字，在"示"上面压个宝盖头，把"示阳"改为"宗阳"。用"宗阳"这个名字来镇压崇阳，使当地人才凋零。

过了很久，当地虽然人才有所凋零，但还是没有完全镇压下来，依然算人杰地灵，各行各业还是出了很多人才。这些人才发挥各自的光和热，帮助大家。还出了一些诗人宣扬正义，宣扬崇阳人民的勤劳善良。朝廷里的那些小人啊，不肯善罢甘休，又请各位高人道士想办法出主意，道士经过仔细勘探，认为崇阳的风水还是没有被镇压住，说要继续在"宗"字上再加一座山，改名为"崇阳"，以此镇压崇阳的风水。经过这些人诡计多端的操作后，果然就让他们得逞了，崇阳真的就好像被压制了，再也没有像以前那样出很多大人物了。但是崇阳人民还是比较勤劳善良的。

四　自选条目

0031　自选条目

瞎子点眼药——当面见效。[hæ⁵⁵ tsʅ⁰ tiɛ⁵³ ŋæ⁵³ io⁵⁵——taŋ²² miɛ⁴⁴ tɕiɛ²⁴ ɕio⁴⁴]

意译：瞎子点眼药水——瞬间见效（做无用功、表面功）。

0032　自选条目

驼子拜年——就地一歪。[do²¹ tsʅ⁰ pæ²⁴ n̯iɛ²¹——ʑiəu⁴⁴ di⁴⁴ i⁵⁵ uæ²²]

意译：驼子拜年，顺着地面一倒就行了。

0033 自选条目

麻袋绣花——底子太差。[mɑ²¹ dæ⁴⁴ ɕiəu²⁴ fɑ²² ——ti⁵³ tsʅ⁰ dæ²⁴ zɑ²²]

意译：在麻袋上绣花，底子太差。

0034 自选条目

瞎子走夜路——假忙。[hæ⁵⁵ tsʅ⁰ tɕio⁵³ iɑ⁴⁴ nəu⁴⁴ ——kɑ⁵³ maŋ²¹]

意译：瞎子晚上走路——假忙（做表面功夫）。

0035 自选条目

石匠箇女，铁匠箇郎——硬碰硬。[sɑ⁵⁵ ʑiaŋ⁴⁴ kɑ⁰ ŋi⁵³，diɛ⁵⁵ ʑiaŋ⁴⁴ kɑ⁰ naŋ²¹ ——ŋaŋ⁴⁴ bən²⁴ ŋaŋ⁴⁴]

意译：石匠的女儿，铁匠的儿子——硬碰硬。

0036 自选条目

老鼠钻风箱——两头受气。[nau⁵³ səu⁵³ tsə²² fən²² ɕiaŋ²² ——diaŋ⁵³ dio²¹ səu⁴⁴ ʑi²¹⁴]

意译：老鼠钻风箱——两头受气（喻无论怎么做都要受气）。

0037 自选条目

石头冒水，不是风就是雨。[sɑ⁵⁵ dio²¹ mau²⁴ fi⁵³，pæ⁵⁵ sʅ⁴⁴ fən²² ʑiəu⁴⁴ sʅ⁴⁴ vi⁵³]

意译：石头都能冒水，马上会有大风大雨的极端天气到来。

0038 自选条目

日头返黄，大水进房。[ȵin⁵⁵ dio²¹ fæ⁵³ faŋ²¹，dæ⁴⁴ fi⁵³ tɕin²⁴ faŋ²¹]

意译：太阳变得黄黄的，马上会下大雨（要防止涝灾）。

0039 自选条目

过了白露节，夜哒冷啊日哒热。[ko²⁴ næ⁰ bɑ⁵⁵ nəu⁴⁴ tɕiɛ⁵⁵，iɑ⁴⁴ dæ⁰ naŋ⁵³ ŋɑ⁰ ȵin⁵⁵ dæ⁰ ȵiɛ⁵⁵] 夜哒：晚上。日哒：白天。

意译：白露以后，晚上冷白天热（温差特别大）。

0040 自选条目

种田不饲猪，算账三头输。[tən²⁴ diɛ²¹ pæ⁵⁵ sʅ⁴⁴ təu²²，sə²⁴ taŋ²⁴ sæ²² dio²¹ səu²²]

意译：种田不顺便养猪，哪头都不划算。

嘉 鱼

一 歌谣

0001 歌谣

吃了端阳粽，[tɕʰie⁵⁵ nie³¹ tɛn⁴⁴ ioŋ²⁴ tsən²¹³] 端阳：端午

棉袄高高送。[mie²⁴ ŋau³¹ kau⁴⁴ kau⁴⁴ sən²¹³]

意译：吃了端午节的粽子，棉袄就可以放心地收起来了。

0002 歌谣

缺牙齿，扒猪屎。[tɕʰye³¹ ŋa²⁴ tʂʅ³¹，pʰɒ⁴⁴ tɕy⁴⁴ ʂʅ³¹]

扒一担，丢过畈。[pʰɒ⁴⁴ i⁵⁵ tan²¹³，tiəu⁴⁴ kuo²¹³ fan²¹³]

扒一箕，丢过沟。[pʰɒ⁴⁴ i⁵⁵ tei⁴⁴，tiəu⁴⁴ kuo²¹³ kei⁴⁴]

意译：缺牙齿的人，只能去拾猪粪。拾一担粪，扔过田畈。拾一箕粪，扔过水沟。

0003 歌谣

张打铁，李打铁，[tʂoŋ⁴⁴ tɒ³¹ tʰie⁵⁵，ni³¹ tɒ³¹ tʰie⁵⁵]

打把剪刀送姐姐，[tɒ³¹ pɒ²¹³ tɕiɛn³¹ tau⁴⁴ sən²¹³ tɕie³¹ tɕie⁵⁵]

姐姐留我半个月，[tɕie³¹ tɕie³¹ niəu²⁴ ŋo³¹ pɛn²¹³ kə⁴⁴ ye⁵⁵]

我说姐姐屋里冇得东西我吃。[ŋo³¹ ɕye⁵⁵ tɕie³¹ tɕie³¹ u⁵⁵ ni³¹ mau²² tə⁵⁵ tən⁴⁴ ɕi²² ŋo³¹ tɕʰie⁵⁵] 冇得：没有

意译：姓张的打铁匠，姓李的打铁匠，打一把剪刀送给大姐姐，大姐姐收留我住半个月，我却说大姐姐家里没有东西给我吃。

0004 歌谣

好朋友，握握手。[xau²¹³ pʰən²⁴ iəu³¹，u⁵⁵ u⁵⁵ ʂəu²¹³]

你结婚，我喝酒。[ni³¹ tɕie⁵⁵ xuən⁴⁴，ŋo³¹ xo⁵⁵ tɕiəu³¹]

意译：好朋友，握握手。你结婚，我喝酒。

0005 歌谣

留级生，炒花生。[niəu²⁴ tɕi⁵⁵ sən⁴⁴，tsʰau³¹ xuɒ⁴⁴ sən⁴⁴]

炒不熟，搁点油。[tsʰau³¹ pu⁵⁵ ṣəu²⁴, ko⁵⁵ tiɛn³¹ iəu²⁴] 搁：放

意译：留级生，炒花生。炒不熟，放点油。

0006 歌谣

一二三四五，[i⁵⁵ ɔr²² san⁴⁴ sɿ²¹³ u³¹]

上山打老虎。[ʂoŋ²² san⁴⁴ tɒ³¹ nau³¹ xu³¹]

老虎不在家，[nau³¹ xu³¹ pu⁵⁵ tsʰai²² tɕiɒ⁴⁴]

打屁就是他。[tɒ³¹ pʰi²¹³ tɕʰiəu²² ʂɿ²² xɒ²²]

意译：一二三四五，上山打老虎。老虎不在家，打屁的人就是他。

0007 歌谣

胖子胖，打麻将。[pʰoŋ²¹³ tsɿ³¹ pʰoŋ²¹³, tɒ³¹ mɒ²⁴ tɕioŋ²¹³]

差别笛钱，不还帐。[tsʰɒ⁴⁴ pʰie²⁴ kə⁴⁴ tɕʰiɛn²⁴, pu⁵⁵ xuan²⁴ tʂoŋ²¹³] 差：欠。别笛：别人的

捉到了，捶三棒。[tso⁵⁵ tau²¹³ nie³¹, tɕʰy²⁴ san⁴⁴ poŋ²¹³]

意译：胖子很胖，打麻将。欠别人的钱，不还帐。抓住了，打三棒子。

0008 歌谣

雪糕雪糕吃了发泡，[ɕie⁵⁵ kau⁴⁴ ɕie⁵⁵ kau⁴⁴ tɕʰie⁵⁵ nie³¹ fa⁵⁵ pʰau²¹³] 发泡：炫耀

冰棒冰棒吃了发胖！[piən⁴⁴ poŋ²¹³ piən⁴⁴ poŋ²¹³ tɕʰie⁵⁵ nie³¹ fa⁵⁵ pʰoŋ²¹³]

意译：雪糕雪糕吃了可以炫耀，冰棍冰棍吃了长肉！

0009 歌谣

一下哭，[i⁵⁵ xɒ²² kʰu⁵⁵]

一下笑，[i⁵⁵ xɒ²² ɕie²¹³]

躲到门角落里做鸡叫。[to³¹ tau²¹³ mən²⁴ ko⁵⁵ no⁵⁵ ni³¹ tsəu²¹³ tɕi⁴⁴ tɕie²¹³]

意译：一会儿哭，一会儿笑，躲在门角落里学鸡叫。

0010 歌谣

老妈吉，[nau³¹ ma⁴⁴ tɕi⁵⁵] 老妈吉：老太婆

擤鼻涕，[sɛn³¹ pʰi²⁴ tʰi⁵⁵]

擤到锅里炒菜吃。[sɛn³¹ tau²¹³ kuo⁴⁴ ni³¹ tsʰau³¹ tsʰai²¹³ tɕʰie⁵⁵]

意译：老太婆，擤鼻涕，擤到锅里当菜吃。

0011 歌谣

六月天气热，[nəu⁵⁵ ye⁵⁵ tʰiɛn⁴⁴ tɕi²¹³ zə⁵⁵] 六月：农历六月，也泛指夏天

扇子借不得，[ʂɛn²¹³ tsʅ³¹ tɕiɒ²¹³ pu⁵⁵ tə⁵⁵]

你热我也热，[ni³¹ zə⁵⁵ ŋo³¹ ie³¹ zə⁵⁵]

有钱买一把，[iəu³¹ tɕʰiɛn²⁴ mai³¹ i⁵⁵ pɒ²¹³]

一天扇到黑。[i⁵⁵ tʰiɛn⁴⁴ ʂɛn²¹³ tau²¹³ xə⁵⁵]

意译：六月的天气很热，扇子不能外借，你热我也热，有钱就自己买一把，可以从早扇到晚。

0012 歌谣

你箇头，像皮球。[ni³¹ ko⁴⁴ tʰei²¹³，tɕʰioŋ²² pʰi²⁴ tɕʰiəu²⁴]

你箇腰，像镰刀。[ni³¹ ko⁴⁴ ie⁴⁴，tɕʰioŋ²² niɛn²⁴ tau⁴⁴]

你箇屁股像面包。[ni³¹ ko⁴⁴ pʰi²¹³ ku²⁴ tɕʰioŋ²² miɛn²² pau⁴⁴]

意译：你的脑袋，像皮球。你的腰，像镰刀。你的屁股像面包。

0013 歌谣

周扒皮，皮扒周，[tʂəu⁴⁴ pɒ⁴⁴ pʰi²⁴，pʰi²⁴ pɒ⁴⁴ tʂəu⁴⁴]

周扒皮箇老婆像龙舟。[tʂəu⁴⁴ pɒ⁴⁴ pʰi²⁴ ko⁴⁴ nau³¹ pʰo²⁴ tɕʰioŋ²² nən²⁴ tʂəu⁴⁴]

意译：周扒皮，皮扒周，周扒皮的老婆长得像龙舟。

0014 歌谣

天螺蛳，[tʰiɛn⁴⁴ no²⁴ sʅ⁴⁴] 螺蛳：蜗牛

地螺蛳，[tʰi²² no²⁴ sʅ⁴⁴]

你出角我看，[ni³¹ tɕʰy⁵⁵ ko⁵⁵ ŋo²¹³ kʰan²¹³]

我打鼓你听。[ŋo³¹ tɒ³¹ ku³¹ ni³¹ tʰian²¹³]

意译：天螺蛳，地螺蛳，你出角给我看，我打鼓给你听。

0015 歌谣

鸡公叫，[tɕi⁴⁴ kuən⁴⁴ tɕie²¹³] 鸡公：公鸡

马公叫，[mɒ³¹ kuən⁴⁴ tɕie²¹³] 马公：公马

各人寻到各人要。[ko⁵⁵ zən²⁴ tɕʰiɛn²⁴ tau²¹³ ko⁵⁵ zən²⁴ ie²¹³] 各人：各自。寻：找

意译：公鸡叫，公马叫，各自找到各自要。

0016 歌谣

骂箇风吹过，[mɒ²² ko⁴⁴ fən⁴⁴ tɕʰy⁴⁴ ko²¹³]

打箇实心坨。[tɒ³¹ ko⁴⁴ sʅ²² ɕiən⁴⁴ tʰo²⁴]

意译：骂人的话像一阵风吹过就没事了，打人的事就像实心的铁坨，永远忘记不了。

0017 歌谣

你不跟我玩，[ni³¹ pu⁵⁵ kɛn⁴⁴ ŋo³¹ uan²⁴]

我有人玩，[ŋo³¹ iəu³¹ zən²⁴ uan²⁴]

跑到山上打鼓玩。[pʰau³¹ tau²¹³ san⁴⁴ ʂoŋ²² tɒ³¹ ku³¹ uan²⁴]

我摸螺蛳，[ŋo³¹ mə⁴⁴ no²⁴ sʅ⁴⁴]

包饺子，[pau⁴⁴ tɕie³¹ tsʅ³¹]

气死你个小狗子。[tɕʰi²¹³ sʅ³¹ ni³¹ kə⁴⁴ ɕie³¹ kei³¹ tsʅ³¹]

意译：你不和我玩，有人陪我玩，跑到山上去打鼓玩。我捡螺蛳，包饺子，气死你这个小狗东西。

0018 歌谣

三八妇女节，[san⁴⁴ pa⁵⁵ fu²² y³¹ tɕie⁵⁵]

男箇真作孽。[nan²⁴ ko⁴⁴ tʂən⁴⁴ tsəu⁵⁵ nie⁵⁵] 作孽：可怜

女箇坐飞机，[y³¹ ko⁴⁴ tsʰo²² fei⁴⁴ tɕi⁴⁴]

男箇坐堆机。[nan²⁴ ko⁴⁴ tsʰo²² tei⁴⁴ tɕi⁴⁴] 堆机：一种农具

意译：三八妇女节，男的真可怜。女的坐飞机，男的坐堆机（一种农具）。

0019 歌谣

月亮爹爹跟我走，[ye⁵⁵ nioŋ²² tiɒ⁴⁴ tiɒ⁴⁴ kɛn⁴⁴ ŋo³¹ tsei³¹]

我在南山打巴斗。[ŋo³¹ tsʰai²² nan²⁴ san⁴⁴ tɒ³¹ pɒ⁴⁴ tei²¹³]

巴斗巴，参=糍粑。[pɒ⁴⁴ tei²¹³ pɒ⁴⁴, tsʰan³¹ tsʰʅ²⁴ pɒ⁴⁴] 参=：敲打

糍粑尖，尖上天。[tsʰʅ²⁴ pɒ⁴⁴ tɕiɛn⁴⁴, tɕiɛn⁴⁴ ʂoŋ²² tʰiɛn⁴⁴]

天又高，打一把刀。[tʰiɛn⁴⁴ iəu²² kau⁴⁴, tɒ³¹ i⁵⁵ pɒ²¹³ tau⁴⁴]

刀又快，割韭菜。[tau⁴⁴ iəu²² kʰuai²¹³, kə⁵⁵ tɕiəu³¹ tsʰai²¹³]

韭菜开了花，偷我的北瓜。[tɕiəu³¹ tsʰai²¹³ kʰai⁴⁴ nie³¹ xuɒ⁴⁴, tʰei⁴⁴ ŋo³¹ ti⁰ pe⁵⁵ kuɒ²²]

北瓜：南瓜

北瓜有粉，偷我的凳。［pe⁵⁵kuɯ²²iəu³¹fən³¹，tʰei⁴⁴ŋo³¹ti⁰tɛn²¹³］

凳好坐，偷我的磨。［tɛn²¹³xau²¹³tsʰo²²，tʰei⁴⁴ŋo³¹ti⁰mo²²］

磨好推，偷我的鸡。［mo²²xau²¹³tʰei⁴⁴，tʰei⁴⁴ŋo³¹ti⁰tɕi⁴⁴］

鸡好吃，偷我的钵。［tɕi⁴⁴xau²¹³tɕʰie⁵⁵，tʰei⁴⁴ŋo³¹ti⁰pe⁵⁵］

钵好装，偷我的枪。［pe⁵⁵xau²¹³tsoŋ⁴⁴，tʰei⁴⁴ŋo³¹ti⁰tɕʰioŋ⁴⁴］

枪好打，偷麻子屋的妈。［tɕʰioŋ⁴⁴xau²¹³tɒ³¹，tʰei⁴⁴mɒ²⁴tsɿ³¹u⁵⁵ti⁰ma⁴⁴］

麻子麻，筛糖茶。［mɒ²⁴tsɿ³¹mɒ²⁴，sai⁴⁴tʰoŋ²⁴tsʰɒ²⁴］

你一碗，我一碗。［ni³¹i⁵⁵uɛn³¹，ŋo³¹i⁵⁵uɛn³¹］

屙了麻子我不管。［ŋo⁴⁴nie³¹mɒ²⁴tsɿ³¹ŋo³¹pu⁵⁵kuɛn³¹］

意译：月亮公公跟我走，我在南山打巴斗。巴斗巴，做糍粑。糍粑尖尖，尖上天。天又高，打一把刀。刀又快，割韭菜。韭菜开了花，偷我的南瓜。南瓜有粉，偷我的凳。凳子坐着舒服，偷我的石磨。石磨容易推，偷我的鸡。鸡好吃，偷我的钵子。钵子可以装很多东西，偷我的枪。枪好使，偷麻子家的妈妈。麻子长麻，筛一碗糖水茶喝。你喝一碗，我喝一碗。屙了麻子我不管。

0020 歌谣

铺床谣。［pʰu⁴⁴tsʰoŋ²⁴ie²⁴］

铺床，铺床，［pʰu⁴⁴tsʰoŋ²⁴，pʰu⁴⁴tsʰoŋ²⁴］

新娘进房，［ɕiən⁴⁴nioŋ²⁴tɕiən²¹³foŋ²⁴］

先生儿子，［ɕiɛn⁴⁴sən⁴⁴ɔr²⁴tsɿ³¹］

后生姑娘。［xei²²sən⁴⁴kuʮ⁴⁴nioŋ²⁴］

铺床铺到边，［pʰu⁴⁴tsʰoŋ²⁴pʰu²¹³tau²¹³piɛn⁴⁴］

一床睏堆尖。［i⁵⁵tsʰoŋ²⁴kʰuən²¹³ti⁴⁴tɕiɛn⁴⁴］睏：睡

铺床铺到角，［pʰu²¹³tsʰoŋ²⁴pʰu⁴⁴tau²¹³ko⁵⁵］

一床睏不落。［i⁵⁵tsʰoŋ²⁴kʰuən²¹³pu⁵⁵no⁵⁵］

四角一挼，［sɿ²¹³ko⁵⁵i⁵⁵tsʰən³¹］挼：按

伢儿只滚。［ŋɒ²⁴ɔr²⁴tsɿ⁵⁵kuən³¹］伢儿：儿子。只：一直

四角一摸，［sɿ²¹³ko⁵⁵i⁵⁵mə⁴⁴］

五子登科。［u³¹tsɿ³¹tɛn⁴⁴kʰo⁴⁴］

意译：铺床的歌谣。铺床，铺床，新娘进房，先生儿子，后生女儿。铺床铺到边，一床人堆到很高。铺床铺到边，一床睡不下。四个角儿按一按，生了很多儿子到处滚。四个角儿摸一摸，他家的儿子都会有出息。

二　规定故事

0021 牛郎和织女

牛郎和织女。[niəu²⁴ noŋ²⁴ xo²⁴ tʂʅ⁵⁵ y³¹]

蛮久以前，有个年轻伢。[man²⁴ tɕiəu³¹ i³¹ tɕʰie²⁴，iəu³¹ kə⁴⁴ niɛn²⁴ tɕʰiən⁴⁴ ŋɒ²⁴] 伢：孩子

他爷娘蛮早就过世了，[xɒ²² iɒ²⁴ nioŋ²⁴ man²⁴ tsau³¹ tɕʰiəu²² kuə²¹³ ʂʅ²¹³ nie³¹] 蛮：很

屋里甩穷，冇得，[u⁵⁵ ni³¹ ɕyai³¹ tɕʰiən²⁴，sei²⁴ mau²² tə⁵⁵] 甩：很。冇得：没有

只有一只老牛跟他做伴。[tʂʅ⁵⁵ iəu³¹ i⁵⁵ tʂa⁵⁵ nau³¹ niəu²⁴ kɛn⁴⁴ tʰɒ⁴⁴ tsəu²¹³ pʰɛn²²]

所以街坊邻居都叫他牛郎。[so³¹ i³¹ kai⁴⁴ foŋ²⁴ niən²⁴ tɕy⁴⁴ təu⁴⁴ kʰo²⁴ tʰɒ⁴⁴ niəu²⁴ noŋ²⁴]

这牛郎跟老牛跟这只老牛一起相依为命，[tɒ²¹³ niəu²⁴ noŋ²⁴ kɛn⁴⁴ nau³¹ niəu²⁴ kɛn⁴⁴ tɒ²¹³ tʂʅ⁵⁵ nau³¹ niəu²⁴ i⁵⁵ tɕʰi³¹ ɕioŋ²¹³ i⁴⁴ uei²⁴ mian²²]

主要是靠种地为生。[tɕy³¹ ie²¹³ ʂʅ²² kau²¹³ tʂən²¹³ tʰi²² uei²⁴ sən⁴⁴]

那只老牛不是一般箇老牛啊，[tɒ²¹³ tʂʅ⁵⁵ nau³¹ niəu²⁴ pu⁵⁵ ʂʅ²² i⁵⁵ pɛn⁴⁴ kə⁴⁴ nau³¹ niəu²⁴ a⁰]

他是天上箇神仙，[tʰɒ⁴⁴ ʂʅ²² tʰiɛn⁴⁴ ʂoŋ²² ko⁴⁴ ʂən²⁴ ɕiɛn⁴⁴]

也就是金牛星。[iɒ³¹ tɕiəu²² ʂʅ²² tɕiən⁴⁴ niəu²⁴ ɕiən⁴⁴]

金牛星甩喜欢牛郎，[tɕiən⁴⁴ niəu²⁴ ɕiən⁴⁴ ɕyai³¹ ɕi³¹ xuɛn⁴⁴ niəu²⁴ noŋ²⁴]

他觉得牛郎勤快、善良，[tʰɒ⁴⁴ tɕio⁵⁵ tə⁵⁵ niəu²⁴ noŋ²⁴ tɕʰiən²⁴ kʰuai²¹³、ʂɛn²² nioŋ²⁴]

所以想他想帮牛郎说一门亲事。[so³¹ i³¹ ɕioŋ³¹ tʰɒ⁴⁴ ɕioŋ³¹ poŋ⁴⁴ niəu²⁴ noŋ²⁴ ɕye⁵⁵ i⁵⁵ mən²⁴ tɕʰiən⁴⁴ sʅ²²]

那天，金牛星晓得天上的仙女要到村东口箇湖边去玩水，[tʰɒ²⁴ tʰiɛn⁴⁴，tɕiən²⁴ niəu²⁴ ɕiən⁴⁴ ɕie³¹ tə⁵⁵ tʰiɛn⁴⁴ ʂoŋ²² ko⁴⁴ ɕiɛn⁴⁴ y²⁴ ie²¹³ tau²¹³ tsʰən⁴⁴ tən⁴⁴ kʰei³¹ ko⁴⁴ xu²⁴ piɛn⁴⁴ tɕʰi²¹³ uan²⁴ ɕy³¹] 晓得：知道

所以他托梦给牛郎。[so³¹ i³¹ tʰɒ⁴⁴ tʰo⁵⁵ mən²² kei³¹ niəu²⁴ noŋ²⁴]

告诉牛郎，[kau²¹³ səu²¹³ niəu²⁴ noŋ²⁴]

说，你明日到村东口箇湖边，[ɕye⁵⁵，ni³¹ mian²⁴ ʐʅ⁵⁵ tau²¹³ tsʰən⁴⁴ tən⁴⁴ kʰei³¹ ko⁴⁴ xu²⁴ piɛn⁴⁴]

看到树上有有衣服，[kʰan²¹³ tau³¹ ɕy²² ʂoŋ²² iəu³¹ iəu³¹ i⁴⁴ fu²⁴]

你就赶快把衣服扯下来，[ni³¹ tɕʰiəu²² kan³¹ kʰuai²¹³ pɒ²¹³ i⁴⁴ fu²⁴ tʂʰɒ²⁴ ɕiɒ²² nai²⁴]

头也不回箇往屋里跑，[tʰei²² ie³¹ pu⁵⁵ xuei²⁴ ko⁴⁴ uoŋ³¹ u⁵⁵ ni³¹ pʰau³¹]

这样，你就可以接到一个阔气箇媳妇。[tɒ²¹³ ioŋ²²，ni³¹ tɕʰiəu²² kʰo³¹ i³¹ tɕie⁵⁵ tau²¹³ i⁵⁵ kə⁴⁴ kʰo⁵⁵ tɕʰi²¹³ ko⁴⁴ ɕi⁵⁵ fu²²〕阔气：漂亮

第二天，牛郎醒来，〔tʰi²² ɒr²² tʰiɛn⁴⁴，niəu²⁴ noŋ²⁴ ɕiən³¹ nai²⁴〕

半信半疑。〔pɛn²¹³ ɕiən²¹³ pɛn²¹³ i²⁴〕

他想，这么好箇事，〔tʰɒ⁴⁴ ɕioŋ³¹，tɒ²¹³ mo³¹ xau²¹³ ko⁴⁴ sʅ²²〕

是真箇还是假箇啊。〔sʅ²² tʂən⁴⁴ ko⁴⁴ xai²⁴ sʅ²² tɕiɒ³¹ ko⁴⁴ a⁰〕

他既不相信，〔tʰɒ⁴⁴ tɕi²¹³ pu⁵⁵ ɕioŋ²¹³ ɕiən²¹³〕

但是他也不愿意放弃，〔tʰan²² sʅ²² tʰɒ⁴⁴ ie³¹ pu⁵⁵ yɛn²² i²¹³ foŋ²¹³ tɕʰi²¹³〕

毕竟他也老大不小了。〔pi²⁴ tɕiən²¹³ tʰɒ⁴⁴ ie³¹ nau³¹ tʰai²² pu⁵⁵ ɕie³¹ nie³¹〕

所以他抱倒怀疑箇态度，〔so³¹ i³¹ tʰɒ⁴⁴ pau²² tau²¹³ xuai²⁴ i²⁴ ko⁴⁴ tʰai²¹³ tʰəu²²〕抱倒：抱着

来到了村东口箇湖边，〔nai²⁴ tau²¹³ nie³¹ tsʰən⁴⁴ tən⁴⁴ kʰei³¹ ko⁴⁴ xu²⁴ piɛn⁴⁴〕

拨开了那个岸边箇树桠，〔pə⁵⁵ kʰai⁴⁴ nie³¹ no²⁴ kə⁴⁴ ŋan²² piɛn⁴⁴ ko⁴⁴ ɕy²² ŋ⁴⁴〕树桠：树枝

他果真看到了几个仙女在湖边玩水。〔tʰɒ⁴⁴ kuə³¹ tʂən⁴⁴ kʰan²¹³ tau²¹³ nie³¹ tɕi³¹ kə⁴⁴ ɕiɛn⁴⁴ y³¹ tsʰai²² xu²⁴ piɛn⁴⁴ uan²⁴ ɕy³¹〕

这时候，〔tɒ²¹³ sʅ²⁴ xei²²〕

他记倒他记起了老牛跟他说箇。〔tʰɒ⁴⁴ tɕi²¹³ tau²² tʰɒ⁴⁴ tɕi²¹³ tɕʰi³¹ nie³¹ nau³¹ niəu²⁴ kɛn⁴⁴ tʰɒ⁴⁴ ɕye⁵⁵ ko⁴⁴〕

看到树上有几件衣服，〔kʰan²¹³ tau²¹³ ɕy²² ʂoŋ²² iəu³¹ tɕi³¹ tɕʰiɛn²² i⁴⁴ fu²⁴〕

他随手拿起，〔tʰɒ⁴⁴ sei²⁴ ʂəu²¹³ nɒ²⁴ tɕʰi³¹〕

拿起一件粉红色箇衣服，〔nɒ²⁴ tɕʰi³¹ i⁵⁵ tɕʰiɛn²² fən³¹ xuən²⁴ sə⁵⁵ ko⁴⁴ i⁴⁴ fu²⁴〕

头也不回箇，〔tʰei²² ie³¹ pu⁵⁵ xuei²⁴ ko⁴⁴〕

一下下往屋里冲，〔i⁵⁵ xɒ²² xɒ²² uoŋ³¹ u⁵⁵ ni³¹ tʂʰən⁴⁴〕

就这样子，〔tɕʰiəu²² tɒ²¹³ ioŋ²² tsʅ³¹〕

把那个衣服抱到屋里去了。〔pɒ²¹³ no²⁴ kə⁴⁴ i⁴⁴ fu²⁴ pau²² tau²¹³ u⁵⁵ ni³¹ tɕʰi²¹³ nie³¹〕

这个衣服被拿走箇仙女就是我们箇故事女主人公——织女。〔tɒ²¹³ kə⁴⁴ i⁴⁴ fu²⁴ pʰi²² nɒ²⁴ tsei³¹ ko⁴⁴ ɕiɛn⁴⁴ y³¹ tɕʰiəu²² sʅ²² ŋo²¹³ mən⁴⁴ ko⁴⁴ ku²¹³ sʅ²² y³¹ tɕy³¹ zən²⁴ kuən⁴⁴——tʂʅ⁵⁵ y³¹〕

就在那天箇夜里，〔tɕʰiəu²² tsʰai²² nɒ²¹³ tʰiɛn⁴⁴ ko⁴⁴ iɒ²² ni³¹〕

织女就偷偷地敲开了牛郎屋箇门。〔tʂʅ⁵⁵ y³¹ tɕʰiəu²² tʰei⁴⁴ tʰei⁴⁴ ko⁰ kʰau⁴⁴ kʰai⁴⁴ nie³¹ niəu²⁴ noŋ²⁴ u⁵⁵ ko⁴⁴ mən²⁴〕

在开门箇一瞬间，〔tsʰai²² kʰai⁴⁴ mən²⁴ ko⁴⁴ i⁵⁵ ɕyən³¹ kan⁴⁴〕

牛郎跟织女啊一见如故，〔niəu²⁴ noŋ²⁴ kɛn⁴⁴ tʂʅ⁵⁵ y³¹ a⁰ i⁵⁵ tɕiɛn²¹³ y²⁴ ku²¹³〕跟：和

就这样子，他俩就成了亲。〔tɕʰiəu²² tɒ²¹³ ioŋ²² tsʅ³¹，tʰɒ⁴⁴ nioŋ³¹ tɕʰiəu²² tʂʰən²⁴ nie³¹ tɕʰiən⁴⁴〕

一眨眼，三年过去了，[i⁵⁵tsa⁵⁵ŋan³¹， san⁴⁴niɛn²⁴kuo²¹³tɕʰi²¹³nie³¹]

牛郎跟织女过得甩幸福，[niəu²⁴noŋ²⁴kɛn⁴⁴tʂ͡ɿ⁵⁵y³¹kuo²¹³tə⁵⁵ɕyai³¹ɕiən²²fu⁵⁵]

他们生了一儿一女两个伢。[tʰɒ⁴⁴mən²⁴sən⁴⁴nie³¹i⁵⁵ɚ²⁴i⁵⁵y³¹nioŋ³¹kə⁴⁴ŋɒ²⁴]

这个时候啊，[tɒ²¹³kə⁴⁴ʂ͡ɿ²⁴xei²²a⁰]

玉皇大帝听说了织女私自下凡箇事情。[y⁵⁵xuoŋ²⁴tʰai²²tʰi²²tʰiən²¹³ɕye⁵⁵nie³¹tʂ͡ɿ⁵⁵y³¹s͡ɿ⁴⁴tsʰ͡ɿ²²ɕiɒ²²fan²⁴ko⁴⁴s͡ɿ²²tɕʰiən²⁴]

他勃然大怒，[tʰɒ⁴⁴pə⁵⁵zɛn²⁴tʰai²²nəu²²]

就说一定要把织女捉回来。[tɕʰiəu²²ɕye⁵⁵i⁵⁵tʰiən²²ie²¹³pɒ²¹³tʂ͡ɿ⁵⁵y³¹tso⁵⁵xuei²⁴nai²⁴]

有一天啊，天空扯闪，[iəu³¹i⁵⁵tʰiɛn⁴⁴， tʰiɛn⁴⁴kʰuɛn²¹³tʂ͡ʰɒ³¹sɛn³¹] 扯闪：闪电

刮起了大风，[kua⁵⁵tɕʰi³¹nie³¹tʰai²²fən⁴⁴]

落起了硕雨。[no⁵⁵tɕʰi³¹nie³¹ʂo⁵⁵y³¹] 落：下。硕：大

织女突然不见了，[tʂ͡ɿ⁵⁵y³¹tʰəu⁵⁵zɛn²⁴pu⁵⁵tɕiɛn²¹³nie³¹]

两个伢看到娘不见了，[nioŋ³¹kə⁴⁴ŋɒ²⁴kʰan²¹³tau²¹³nioŋ²⁴pu⁵⁵tɕiɛn²¹³nie³¹] 娘：母亲

哭倒喊倒要找姆妈。[kʰu⁵⁵tau²¹³xan³¹tau²¹³ie²¹³tsau³¹m̩²⁴ma⁴⁴] 倒：着。姆妈：母亲

牛郎呢，也一下不晓得囊么搞。[niəu²⁴noŋ²⁴nə⁴⁴， ie³¹i⁵⁵xɒ²²pu⁵⁵ɕie³¹tə⁵⁵noŋ²⁴mo³¹kau³¹] 囊么：怎么

在这个时候呢，[tsʰai²²tɒ²¹³kə⁴⁴ʂ͡ɿ²⁴xei²²ne⁴⁴]

那只老牛突然说起话来了。[no²⁴tʂa⁵⁵nau³¹niəu²⁴tʰəu⁵⁵zɛn²⁴ɕye⁵⁵tɕʰi³¹xuɒ²²nai²⁴nie³¹]

他说，你们不要急，[tʰɒ⁴⁴ɕye⁵⁵， ni²¹³mən²⁴pu⁵⁵ie²¹³tɕi⁵⁵]

你们就把我箇两只角拿下来，[ni³¹mən²⁴tɕʰiəu²²pɒ²¹³ŋo²¹³ko⁴⁴nioŋ³¹tʂ͡ɿ⁵⁵ko⁵⁵nɒ²⁴ɕiɒ²²nai²⁴]

这两只角可以变成两个箩筐。[tɒ²¹³nioŋ³¹tʂ͡ɿ⁵⁵ko⁵⁵kʰo³¹i³¹piɛn²¹³tʂʰən²⁴nioŋ³¹kə⁴⁴no²⁴kʰuoŋ⁴⁴]

你把把两个伢搁到箩筐里，[ni³¹pɒ³¹pɒ³¹nioŋ³¹kə⁴⁴ŋɒ²⁴ko⁵⁵tau²¹³no²⁴kʰuoŋ⁴⁴ni³¹] 搁：放

这个箩筐就会带倒你，[tɒ²¹³kə⁴⁴no²⁴kʰuoŋ⁴⁴tɕʰiəu²²xuei²¹³tai²¹³tau²¹³ni²¹³]

飞到天上去，[fei⁴⁴tau²¹³tʰiɛn⁴⁴ʂoŋ²²tɕʰi²¹³]

去找你屋里人。[tɕʰi²¹³tsau³¹ni³¹u⁵⁵ni³¹zən²⁴]

这个时候，牛郎就觉得蛮稀奇。[tɒ²¹³kə⁴⁴ʂ͡ɿ²⁴xei²²， niəu²⁴noŋ²⁴tɕʰiəu²²tɕio⁵⁵tə⁵⁵man²⁴ɕi²²tɕʰi²⁴]

突然，这两个角真箇落到了地上，[tʰəu⁵⁵zɛn²⁴， tɒ²¹³nioŋ³¹kə⁴⁴ko⁵⁵tʂən⁴⁴ko⁴⁴no⁵⁵ tau²¹³ nie³¹ tʰi²² ʂoŋ²²〕

变成了两个箩筐。〔piɛn²¹³ tʂʰən²⁴ nie³¹ nioŋ³¹ kə⁴⁴ no²⁴ kʰuoŋ⁴⁴〕

牛郎看到果真是有这回事,〔niəu²⁴ noŋ²⁴ kʰan²¹³ tau²¹³ kuo³¹ tʂən⁴⁴ ʂɿ²² iəu³¹ tɒ²¹³ xuei²⁴ sɿ²²〕

就把两个伢搁到箩筐里头,〔tɕʰiəu²² pɒ²¹³ nioŋ³¹ kə⁴⁴ ŋɒ²⁴ ko⁵⁵ tau²¹³ no²⁴ kʰuoŋ⁴⁴ ni³¹ tʰei²²〕

一下突然这两个箩筐真箇像长了两个翅膀一样箇,〔i⁵⁵ xɒ²² tʰəu⁵⁵ zɛn²⁴ tɒ²¹³ nioŋ³¹ kə⁴⁴ no²⁴ kʰuoŋ⁴⁴ tʂən⁴⁴ ko⁴⁴ tɕʰioŋ²² tʂoŋ²⁴ nie³¹ nioŋ³¹ kə⁴⁴ tʂʰʅ²¹³ poŋ²⁴ i⁵⁵ ioŋ²² ko⁴⁴〕

把牛郎箇两个伢带上了天。〔pɒ³¹ niəu²⁴ noŋ²⁴ kɛn⁴⁴ nioŋ³¹ kə⁴⁴ ŋɒ²⁴ tai²¹³ ʂoŋ²² nie³¹ tʰiɛn⁴⁴〕

飞了好久,〔fei⁴⁴ nie³¹ xau³¹ tɕiəu³¹〕

这个织女有一步之遥箇时候,〔tɒ²¹³ kə⁴⁴ tʂʅ⁵⁵ y³¹ iəu³¹ i⁵⁵ pʰu²² tʂʅ⁴⁴ ie²⁴ ko⁴⁴ ʂɿ²⁴ xei²²〕

突然被王母娘娘发现了。〔tʰəu⁵⁵ zɛn²⁴ pʰi²² uoŋ²⁴ mə³¹ nioŋ²⁴ nioŋ²⁴ fa⁵⁵ ɕiɛn²² nie³¹〕

王母娘娘说,〔uoŋ²⁴ mə³¹ nioŋ²⁴ nioŋ²⁴ ɕye⁵⁵〕

这囊么行啊。〔tɒ²¹³ noŋ²⁴ mo³¹ ɕiən²⁴ a⁰〕 囊么:怎么

她就把头发箇钗一抽,〔tʰɒ⁴⁴ tɕʰiəu²² pɒ³¹ tʰei²² fa⁵⁵ ko⁴⁴ tsʰai⁴⁴ i⁵⁵ tʂʰəu⁴⁴〕

在牛郎和织女中间划了一条线,〔tsʰai²² niəu²⁴ noŋ²⁴ xo²² tʂʅ⁵⁵ y³¹ tʂən²¹³ kan⁴⁴ xuɒ²² nie³¹ i⁵⁵ tʰie²⁴ ɕiɛn²¹³〕

这条线突然变成了一条又硕又宽箇天河,〔tɒ²¹³ tʰie²⁴ ɕiɛn²¹³ tʰəu⁵⁵ zɛn²⁴ piɛn²¹³ tʂʰən²⁴ nie³¹ i⁵⁵ tʰie²⁴ iəu²² ʂo⁵⁵ iəu²² kʰuɛn⁴⁴ ko⁴⁴ tʰiɛn⁴⁴ xo²⁴〕

硕到看不到边。〔ʂo⁵⁵ tau²¹³ kʰan²¹³ pu⁵⁵ tau²¹³ piɛn⁴⁴〕

就这样子,〔tɕʰiəu²² tɒ²¹³ ioŋ²² tsɿ³¹〕

牛郎跟织女就这么被分开了。〔niəu²⁴ noŋ²⁴ kɛn⁴⁴ tʂʅ⁵⁵ y³¹ tɕʰiəu²² tɒ²¹³ mo³¹ pʰi²² fən⁴⁴ kʰai⁴⁴ nie³¹〕

喜鹊它晓得牛郎跟织女箇故事之后,〔ɕi³¹ tɕʰio⁵⁵ tʰɒ⁴⁴ ɕie³¹ tə⁵⁵ niəu²⁴ noŋ²⁴ kɛn⁴⁴ tʂʅ⁵⁵ y³¹ ko⁴⁴ ku²¹³ ʂɿ²² tʂɿ⁴⁴ xei²²〕

都非常可怜牛郎跟织女。〔təu⁴⁴ fei⁴⁴ tʂʰoŋ²⁴ kʰo³¹ niɛn²⁴ niəu²⁴ noŋ²⁴ kɛn⁴⁴ tʂʅ⁵⁵ y³¹〕 跟:和

所以它们相约每年箇农历七月初七,〔so³¹ i³¹ tʰɒ⁴⁴ mən²⁴ ɕioŋ²⁴ ye⁵⁵ mei²⁴ niɛn²⁴ ko⁴⁴ nən²⁴ ni⁵⁵ tɕʰi⁵⁵ ye⁵⁵ tsʰəu⁴⁴ tɕʰi⁵⁵〕

所有箇喜鹊都来到天河边,〔so³¹ iəu³¹ ko⁴⁴ ɕi³¹ tɕʰio⁵⁵ təu⁴⁴ nai²⁴ tau²¹³ tʰiɛn⁴⁴ xo²⁴ piɛn⁴⁴〕

它们一只衔到另一只箇尾巴,〔tʰɒ⁴⁴ mən²⁴ i⁵⁵ tsɿ⁵⁵ xan²⁴ tau³¹ niən²² i⁵⁵ tsɿ⁵⁵ ko⁴⁴ uei³¹ pɒ⁴⁴〕

组成一座又长，长长箇鹊桥。[tsəu³¹ tʂʰən²⁴ i⁵⁵ tsʰo²² iəu²² tʂʰoŋ²⁴, tʂʰoŋ²⁴ tʂʰoŋ²⁴ ko⁴⁴ tɕʰio⁵⁵ tɕʰie²⁴]

牛郎跟织女就通过那个鹊桥，[niəu²⁴ noŋ²⁴ kɛn⁴⁴ tʂʅ⁵⁵ y³¹ tɕʰiəu²² tʰən⁴⁴ kuo²¹³ no²⁴ kə⁴⁴ tɕʰio⁵⁵ tɕʰie²⁴]

能够在每年箇七月初七，[nən²⁴ kei²¹³ tsʰai²² mi³¹ niɛn²⁴ ko⁴⁴ tɕʰi⁵⁵ ye⁵⁵ tsʰəu⁴⁴ tɕʰi⁵⁵]

能够全家团聚。[nən²⁴ kei²¹³ tɕʰyɛn²⁴ tɕiɒ⁴⁴ tʰɛn²⁴ tɕʰy²²]

这个故事，[tɒ²¹³ kə⁴⁴ ku²¹³ sʅ²²]

就是我们中国箇情人节七夕箇由来。[tɕʰiəu²² sʅ²² ŋo³¹ mən²⁴ tʂən²¹³ kue⁵⁵ ko⁴⁴ tɕʰiən²⁴ zən²⁴ tɕie⁵⁵ tɕʰi⁵⁵ ɕi⁵⁵ ko⁴⁴ iəu²⁴ nai²⁴]

意译：很久以前，有个年轻人。父母很早就去世了，家里很穷，什么都没有，只有一只老牛与他做伴，所以街坊邻居都叫他牛郎。他主要靠种地为生。

那只老牛不是一般的老牛啊，他是天上的神仙，也就是金牛星。他非常喜欢牛郎，觉得牛郎勤快、善良，就想帮牛郎说一门亲事。有一天，金牛星得知天上的仙女要到村东边的湖里去玩水，就托梦给牛郎。说你明天到村东边的湖边去，看到树上有衣服，就把衣服扯下来，头也不回地往家里跑，这样，你就可以娶到一位漂亮的媳妇。

第二天，牛郎醒过来，半信半疑。他怀疑这么好的事情到底是真还是假。他既不相信，也不愿意放弃，毕竟他年纪也不小了。所以他抱着怀疑的态度，来到了村东边的湖边，拨开岸边的树枝，果真看到了几个仙女在湖边玩水。他想起老牛说的话，看到树上有衣服，就拿起一件粉红色的衣服，头也不回地往家里跑。

这个被拿走衣服的仙女就是我们的故事的主人公——织女。就在那天晚上，她偷偷地敲开了牛郎家的门。在开门的时候，两个人一见如故，就这样，两人成了亲。转眼间，三年过去了，牛郎和织女生活得很幸福，他们生了一儿一女两个孩子。

这个时候，玉皇大帝听说了织女私自下凡的事情，他勃然大怒，说一定要把织女抓回来。有一天，天上电闪雷鸣，刮起了大风，下起了大雨。织女突然不见了，两个小孩看到妈妈不见了，哭着喊着要找妈妈。牛郎也不知道该怎么办。

就在这个时候，那只老牛开始说话了。他说，你们不要着急，你们把我的两只角拿下来，它们会变成两个箩筐，你把两个孩子放在箩筐里，这个箩筐会带着你飞到天上，去找你的妻子。牛郎觉得不可思议，突然，牛角真的掉到了地上，变成了两个箩筐。牛郎看到真有这回事，就把两个小孩放在箩筐里，突然箩筐就像长了翅膀一样，把他们带上了天。

飞了很久，就在与织女只有一步之遥的时候，突然被王母娘娘发现了。她说，这怎么行啊。就把头上的钗抽出来，在牛郎和织女之间划了一条线，这条线突然变成了一条又大又宽的天河，大到望不到边。就这样，牛郎和织女被分开了。

喜鹊听说了牛郎和织女的故事之后，都非常同情牛郎和织女。它们相约每年农历的七月初七，一起来到天河边，一只咬住另一只的尾巴，搭起一座长长的鹊桥。牛郎跟织女通过这座桥，能够在每年的七月初七，一家人得以团聚。这个故事，就是我们中国的七夕情人节的由来。

三 其他故事

0022 其他故事

蚂达＝听不得水响。[mɒ³¹ta⁵⁵tʰian²¹³pu⁵⁵tə⁵⁵ɕy³¹ɕioŋ³¹]蚂达＝：蚂蟥

在甩久甩久以前，[tsʰai²²ɕyai³¹tɕiəu³¹ɕyai³¹tɕiəu³¹i³¹tɕʰie²⁴]甩：很

水里其实是冇得蚂达＝筒。[ɕy³¹ni³¹tɕʰi²⁴ʂʅ²⁴ʂʅ²²mau²¹³tə⁵⁵mɒ³¹ta⁵⁵ko⁴⁴]冇得：没有

就是有一年栽晚谷筒时候，[tɕʰiəu²²ʂʅ²²iəu³¹i⁵⁵nin²⁴tsai⁴⁴uan³¹ku⁵⁵ko⁴⁴ʂʅ²⁴xei²²]栽：插。晚谷：晚稻

天气甩煋。[tʰin⁴⁴tɕʰi²¹³ɕyai³¹ŋo⁵⁵]煋：热

田里筒水呗，[tʰin²⁴ni³¹ko⁴⁴ɕy³¹pei⁰]

晒倒手都撑不下去，[sai²¹³tau³¹ʂəu²¹³təu⁴⁴tsʰan⁴⁴pu⁵⁵xɒ²²tɕʰi²¹³]

甩煋甩煋筒那一种。[ɕyai³¹ŋo⁵⁵ɕyai³¹ŋo⁵⁵ko⁴⁴ni²⁴i⁵⁵tʂən³¹]

就是像现在跟洗脚筒水一样呗，[tɕʰiəu²²ʂʅ²²tɕʰioŋ²²ɕin²²tsʰai²²kɛn⁴⁴ɕi³¹tɕio⁵⁵ko⁴⁴ɕy³¹i⁵⁵ioŋ²²pei⁰]

甩煋，蛮多那种懒婆娘懒汉。[ɕyai³¹ŋo⁵⁵，man²⁴to⁴⁴ni²⁴tʂən³¹nan³¹pʰo²⁴nioŋ²⁴nan³¹xan²¹³]

其实他本来就不想做事晓不晓得啊，[tɕʰi²⁴ʂʅ²⁴xɒ⁴⁴pən³¹nai²⁴tsʰəu²²pu⁵⁵ɕioŋ³¹tsəu²¹³ʂʅ²²ɕie³¹pu⁵⁵ɕie³¹te⁵⁵a⁰]晓不晓得：知不知道

他就巴不得那个煋晓不晓得啊。[xɒ⁴⁴tɕʰiəu²²pɒ⁴⁴pu⁵⁵te⁵⁵no²⁴ko²¹³ŋo⁵⁵ɕie³¹pu⁵⁵ɕie³¹te⁵⁵a⁰]

那个水烫不能够下去啊，[ni²⁴ko²¹³ɕy³¹tʰoŋ²¹³pu⁵⁵nən²⁴kei²¹³xɒ⁴⁴tɕʰi²¹³a⁰]

就是以歪就歪筒那一种，[tɕʰiəu²²ʂʅ²²i³¹uai⁴⁴tɕʰiəu²²uai⁴⁴ko⁴⁴ni²⁴i⁵⁵tʂən³¹]

其实，其实他出是出去了。[tɕʰi²⁴ʂʅ²⁴，tɕʰi²⁴ʂʅ²⁴xɒ⁴⁴tɕʰy⁵⁵ʂʅ²²tɕʰy⁵⁵tɕʰi²¹³nie³¹]

他就睏田塍高头歇伙，[xɒ⁴⁴tɕʰiəu²²kʰuən²¹³tʰin²⁴sɛn²⁴kau⁴⁴tʰei⁵⁵ɕie⁵⁵xo³¹]睏：睡。

田塍：田埂。高头：上面。歇伙：休息

他宁可在那高头歇伙都可得箇，[xɒ⁴⁴ nin²⁴ kʰo³¹ tsʰai²² no²⁴ kau⁴⁴ tʰei²⁴ ɕye⁵⁵ xo³¹ təu⁴⁴ kʰo³¹ te⁵⁵ ko⁴⁴]

他就是不下去做事。[xɒ⁴⁴ tɕʰiəu²² sʅ²² pu⁵⁵ xɒ⁴⁴ tɕʰi²¹³ tsəu²¹³ sʅ²²]

他不做事都不说他，[xɒ⁴⁴ pu⁵⁵ tsəu²¹³ sʅ²² təu⁴⁴ pu⁵⁵ ɕye⁵⁵ xɒ⁴⁴]

他还要说那些做事箇人呗，[xɒ⁴⁴ xai²⁴ ie²¹³ ɕye⁵⁵ no²⁴ ɕie⁴⁴ tsəu²¹³ sʅ²² ko⁴⁴ zən²⁴ pei⁰]

说那些人是苕。[ɕye⁵⁵ no²⁴ ɕie⁴⁴ zən²⁴ sʅ²² ʂei²⁴] 苕：傻子

其实别人辛辛苦苦在做事，[tɕʰi²⁴ sʅ²⁴ pie⁴⁴ zən²⁴ ɕiən⁴⁴ ɕiən⁴⁴ kʰu³¹ kʰu³¹ tsʰai²² tsəu²¹³ sʅ²²]

他还说那些人是苕。[xɒ⁴⁴ xai²⁴ ɕye⁵⁵ no²⁴ ɕie⁴⁴ zən²⁴ sʅ²² ʂei²⁴]

他懒人还说勤快人。[xɒ⁴⁴ nan³¹ zən²⁴ xai²⁴ ɕye⁵⁵ tɕʰiən²⁴ kʰuai²¹³ zən²⁴]

这一车就栽田箇季节过了哦，[tɒ²¹³ i⁵⁵ tsʰɤ⁴⁴ tɕʰiəu²² tsai⁴⁴ tʰin²⁴ ko⁴⁴ tɕi²¹³ tɕie⁵⁵ kuo²¹³ nie³¹ o⁰] 车：转身。栽田：插秧

眼看这季节快要过了，[ian³¹ kʰɛn²¹³ tɒ²¹³ tɕi²¹³ tɕie⁵⁵ kʰuai²¹³ ie²¹³ kuo²¹³ nie³¹]

田里箇秧还一根冇插。[tʰin²⁴ ni³¹ ko⁴⁴ ioŋ⁴⁴ xai²⁴ i⁵⁵ kɛn⁴⁴ mau⁴⁴ tsʰa⁵⁵] 冇：没有

这个事不知道么样传得皇母娘娘那去，[tɒ²¹³ ko²¹³ sʅ²² pu⁵⁵ tsʅ⁴⁴ tʰau²² mo³¹ ioŋ²² tɕʰyn²⁴ te⁵⁵ xuoŋ²⁴ mən³¹ nioŋ²⁴ nioŋ²⁴ ni²⁴ tɕʰi²¹³]

其实这也是一种神话，[tɕʰi²⁴ sʅ²⁴ tɒ²¹³ iɒ³¹ sʅ²² i⁵⁵ tʂən³¹ ʂən²⁴ xuɒ²²]

这个事就传到皇母娘娘。[tɒ²¹³ ko²¹³ sʅ²² tɕʰiəu²² tɕʰyn²⁴ tau²¹³ xuoŋ²⁴ mən³¹ nioŋ²⁴ nioŋ²⁴]

皇母娘娘一听到就气死了，[xuoŋ²⁴ mən³¹ nioŋ²⁴ nioŋ²⁴ i⁵⁵ tʰian²¹³ tau³¹ tɕʰiəu²² tɕʰi²¹³ sʅ³¹ nie³¹]

就说非要整一下那些好吃懒做箇人。[tɕʰiəu²² ɕye⁵⁵ fei⁴⁴ ie²¹³ tʂən³¹ i⁵⁵ xɒ⁴⁴ no²⁴ ɕie⁴⁴ xau²¹³ tɕʰie⁵⁵ nan³¹ tsəu²¹³ ko⁴⁴ zən²⁴]

他吃了不做事都不说他，[xɒ⁴⁴ tɕʰie⁵⁵ nie³¹ pu⁵⁵ tsəu²¹³ sʅ²² təu⁴⁴ pu⁵⁵ ɕye⁵⁵ xɒ⁴⁴]

他还笑那些勤劳箇人。[xɒ⁴⁴ xai²⁴ ɕie²¹³ no²⁴ ɕie⁴⁴ tɕʰiən²⁴ nau²⁴ ko⁴⁴ zən²⁴]

所以说她就一走走到那个，[so³¹ i³¹ ɕye⁵⁵ xɒ⁴⁴ tɕʰiəu²² i⁵⁵ tsei³¹ tsei³¹ tau²¹³ no²⁴ ko²¹³]

皇母娘娘就走到天池边，[xuoŋ²⁴ mən³¹ nioŋ²⁴ nioŋ²⁴ tɕʰiəu²² tsei³¹ tau²¹³ tʰin⁴⁴ tʂʅ²⁴ pin⁴⁴]

天池就是天上箇池子。[tʰin⁴⁴ tʂʅ²⁴ tɕʰiəu²² sʅ²² tʰin⁴⁴ ʂoŋ²² ko⁴⁴ tʂʅ²⁴ tsʅ³¹]

就走到天池边，[tɕʰiəu²² tsei³¹ tau²¹³ tʰin⁴⁴ tʂʅ²⁴ pin⁴⁴]

就跟蚂达⁼说。[tɕʰiəu²² kɛn⁴⁴ mɒ³¹ ta⁵⁵ ɕye⁵⁵]

就说蚂达⁼，[tɕʰiəu²² ɕye⁵⁵ mɒ³¹ ta⁵⁵]

你到人间箇沟里田里去，[ni³¹ tau²¹³ zən²⁴ kan⁴⁴ ko⁴⁴ kei⁴⁴ ni³¹ tʰin²⁴ ni³¹ tɕʰi²¹³]

咬那些好吃懒做箇人，[ŋa⁵⁵ no²⁴ ɕie⁴⁴ xau²¹³ tɕʰie⁵⁵ nan³¹ tsəu²¹³ ko⁴⁴ zən²⁴]

蚂达＝就说我去能不能咬得到他。[mɒ³¹ ta⁵⁵ tɕʰiəu²² ɕye⁵⁵ ŋo³¹ tɕʰi²¹³ nən²⁴ pu⁵⁵ nən²⁴ ŋa⁵⁵ te⁵⁵ tau³¹ xɒ⁴⁴]

她说不要紧，[xɒ⁴⁴ ɕye⁵⁵ pu⁵⁵ ie²¹³ tɕiən³¹]

我派天上箇天兵天将，[ŋo³¹ pʰai²¹³ tʰin⁴⁴ ʂoŋ²² ko⁴⁴ tʰin⁴⁴ piən⁴⁴ tʰin⁴⁴ tɕioŋ⁴⁴]

你下去之后，[ni³¹ xɒ⁴⁴ tɕʰi²¹³ tʂʅ⁴⁴ xei²²]

我就打鼓。[ŋo³¹ tɕʰiəu²² tɒ³¹ ku³¹]

我如果一打鼓，[ŋo³¹ y²⁴ kuo³¹ i⁵⁵ tɒ³¹ ku³¹]

鼓一响，[ku³¹ i⁵⁵ ɕioŋ³¹]

那么你就去咬那些好吃懒做箇人。[no²⁴ mo³¹ ni³¹ tɕʰiəu²² tɕʰi²¹³ ŋa⁵⁵ no²⁴ ɕie⁴⁴ xau²¹³ tɕʰie⁵⁵ nan³¹ tsəu²¹³ ko⁴⁴ zən²⁴]

好吃懒做箇，[xau²¹³ tɕʰie⁵⁵ nan³¹ tsəu²¹³ ko⁴⁴]

就是说那些栽田箇了，[tɕʰiəu²² ʂʅ²² ɕye⁵⁵ no²⁴ ɕie⁴⁴ tsai⁴⁴ tʰin²⁴ ko⁴⁴ nie³¹] 栽田：插秧

就是说睏得田塍上你都可以爬去咬他。[tɕʰiəu²² ʂʅ²² ɕye⁵⁵ kʰuən²¹³ tə⁵⁵ tʰin²⁴ sɛn²⁴ ʂoŋ²² ni³¹ təu⁴⁴ kʰo³¹ i³¹ pʰɒ²⁴ tɕʰi²¹³ ŋa⁵⁵ xɒ⁴⁴]

蚂达＝呢，他就听三不听四，[mɒ³¹ ta⁵⁵ ni⁴⁴，xɒ⁴⁴ tɕʰiəu²² tʰian²¹³ san⁴⁴ pu⁵⁵ tʰian²¹³ sʅ²¹³]

他等于说听错了皇母娘娘箇话。[xɒ⁴⁴ tɛn³¹ y²⁴ ɕye⁵⁵ tʰian²¹³ tsʰo²¹³ nie³¹ xuoŋ²⁴ mən³¹ nioŋ²⁴ nioŋ²⁴ ko⁴⁴ xuɒ²²]

他就把那个鼓响听成了水响，[xɒ⁴⁴ tɕʰiəu²² pɒ³¹ no²⁴ ko²¹³ ku³¹ ɕioŋ³¹ tʰian²¹³ tʂʰən²⁴ nie³¹ ɕy³¹ ɕioŋ³¹]

就是现在箇人说箇话，[tɕʰiəu²² ʂʅ²² ɕin²² tsʰai²² ko⁴⁴ zən²⁴ ɕye⁵⁵ ko⁴⁴ xuɒ²²]

不用心箇听讲，[pu⁵⁵ iən²² ɕiən⁴⁴ ko⁴⁴ tʰian²¹³ tɕioŋ³¹]

他把水响听成了鼓响，[xɒ⁴⁴ pɒ³¹ ɕy³¹ ɕioŋ³¹ tʰian²¹³ tʂʰən²⁴ nie³¹ ku³¹ ɕioŋ³¹]

就在田里一听到水响，[tɕʰiəu²² tsʰai²² tʰin²⁴ ni³¹ i⁵⁵ tʰian²¹³ tau²¹³ ɕy³¹ ɕioŋ³¹]

他就爬起来咬人。[xɒ⁴⁴ tɕʰiəu²² pʰɒ²⁴ tɕʰi³¹ nai²⁴ ŋa⁵⁵ zən²⁴]

到现在箇话呢，[tau²¹³ ɕin²² tsʰai²² ko⁴⁴ xuɒ²² ni⁴⁴]

就田里，只要人栽田也好，[tɕʰiəu²² tʰin²⁴ ni³¹，tʂa⁵⁵ iəu³¹ zən²⁴ tsai⁴⁴ tʰin²⁴ iɒ³¹ xau³¹]

下去扯藕场也好，[xɒ⁴⁴ tɕʰi²¹³ tʂʰɒ³¹ ŋei³¹ tʂʰoŋ³¹ iɒ³¹ xau³¹]

只要在水屡里做事箇人，[tʂʅ⁵⁵ ie²¹³ tsʰai²² ɕy³¹ tʰəu²² ni³¹ tsəu²¹³ sʅ²² ko⁴⁴ zən²⁴] 屡里：里面

蚂达ᵇ他一听到水响就出来咬人。[mɒ³¹ta⁵⁵ xɒ⁴⁴i⁵⁵ tʰian²¹³tau²¹³ ɕy³¹ɕioŋ³¹tɕʰiəu²² tɕʰy⁵⁵nai²⁴ŋa⁵⁵zən²⁴]

所以说现在流传一句俗话，[so³¹i³¹ ɕye⁵⁵ɕin²² tsʰai²²niəu²⁴ tɕyn²⁴i⁵⁵ tɕy²¹³ɕiəu²⁴ xuɒ²²]

就叫做蚂达ᵇ听不得水响。[tɕʰiəu²²tɕie²¹³tsəu²¹³ mɒ³¹ta⁵⁵ tʰian²¹³pu⁵⁵tə⁵⁵ɕy³¹ɕioŋ³¹]

其实这一句话就是现在一直传到，[tɕʰi²⁴ʂʅ²⁴tɒ²¹³i⁵⁵tɕy²¹³xuɒ²² tɕʰiəu²²ʂʅ²²ɕin²² tsʰai²²i⁵⁵tʂʅʰ²²tɕʰyn²⁴tau²¹³]

从古到今一直传到现在，[tsʰən²⁴ku³¹tau²¹³tɕiən⁴⁴i⁵⁵tʂʅʰ²²tɕʰyn²⁴tau²¹³ɕin²²tsʰai²²]

就是说蚂达ᵇ听不到水响。[tɕʰiəu²²ʂʅ²²ɕye⁵⁵mɒ³¹ta⁵⁵ tʰian²¹³pu⁵⁵tau³¹ɕy³¹ɕioŋ³¹]

就是这一句俗话，[tɕʰiəu²²ʂʅ²²tɒ²¹³i⁵⁵tɕy²¹³ɕiəu²⁴xuɒ²²]

一直流传到现在。[i⁵⁵tʂʅʰ²⁴niəu²⁴tɕʰyn²⁴tau²¹³ɕin²²tsʰai²²]

意译：蚂蟥听不得水响。在很久很久以前，水里其实是没有蚂蟥的。

　　就是有一年插晚稻的时候，天气很热。田里的水呗，晒倒手都伸不下去，很热很热的那一种。就是像现在跟洗脚的水一样呗，很热，很多那种懒婆娘懒汉。其实他本来就不想做事知不知道啊，他就巴不得那个热知不知道啊。那个水烫不能够下去啊，就是以歪就歪的那一种，其实，其实他出是出去了。他就睡在田埂上面休息，他宁可在那上面休息都可以的，他就是不下去做事。他不做事都不说他，他还要说那些做事的人呗，说那些人是傻子。其实别人辛辛苦苦在做事，他还说那些人是傻子。他懒人还说勤快人。这一转眼就插秧的季节要过了哦，眼看这季节快要过了，田里的秧还一根没有插。

　　这个事不知道么样传得皇母娘娘那去，其实这也是一种神话，这个事就传到皇母娘娘了。皇母娘娘一听到就气死了，就说非要整一下那些好吃懒做的人。他吃了不做事都不说他，他还笑那些勤劳的人。所以说她就一走走到那个，皇母娘娘就走到天池边，天池就是天上的池子。就走到天池边，就跟蚂蟥说。就说蚂蟥，你到人间的沟里田里去，咬那些好吃懒做的人，蚂蟥就说我去了能不能咬得到他。她说不要紧，我派天上的天兵天将，你下去之后，我就打鼓。我如果一打鼓，鼓一响，那么你就去咬那些好吃懒做的人。好吃懒做的，就是说那些插秧的了，就是说睡在田埂上的你都可以爬去咬他。

　　蚂蟥呢，它就听三不听四，它等于说听错了皇母娘娘的话。它就把那个鼓响听成了水响，就是现在的人说的话，不用心地听讲，它把水响听成了鼓响，就在田里一听到水响，它就爬起来咬人。到现在的话呢，就田里，只要有人栽田也好，下去扯藕田也好，只要在水里做事的人，蚂蟥一听到水响就出来咬人。所以说现在流传一句俗话，就叫做蚂蟥听不得水响。其实这一句话就是现在一直传到，从古到今一直传到现在，就是说蚂蟥听不得水响。就是这一句俗话，一直流传到现在。

0023 其他故事

喳镰雀儿报恩。[tsɒ⁴⁴niɛn²⁴tɕʰio⁵⁵ɔr²⁴pau²¹³ŋɛn⁴⁴]

在我都嘉鱼呗，[tsʰai²²ŋo²¹³təu⁴⁴tɕiɒ⁴⁴y²⁴pei⁴⁴] 我都：我们

就蛮多各种各样箇雀儿哦。[tɕʰiəu²²man²⁴to⁴⁴ko⁵⁵tʂən²¹³ko⁵⁵ioŋ²²ko⁴⁴tɕʰio⁵⁵ɔr²⁴o⁰] 蛮：很。雀儿：鸟

就是说，[tɕʰiəu²²ʂʅ²²ɕye⁵⁵]

不管么样箇雀儿都有。[pu⁵⁵kuɛn³¹mo³¹ioŋ²²ko⁴⁴tɕʰio⁵⁵ɔr²⁴təu⁴⁴iəu³¹]

现在箇话呢，[ɕiɛn²²tsʰai²²ko⁴⁴xuɒ²²ne⁴⁴]

我都嘉鱼就有一种，[ŋo²¹³təu⁴⁴tɕiɒ⁴⁴y²⁴tɕʰiəu²²iəu³¹i⁵⁵tʂən³¹]

这种箇雀儿，[tɒ²¹³tʂən³¹ko⁴⁴tɕʰio⁵⁵ɔr²⁴]

就是有一种五六寸长，[tɕʰiəu²²ʂʅ²²iəu³¹i⁵⁵tʂən³¹u³¹nəu⁵⁵tsʰən²¹³tʂʰoŋ²⁴]

长了跟那个梭子一样箇呗。[tʂoŋ³¹nɒ³¹kɛn⁴⁴no²⁴kə⁴⁴so⁴⁴tsʅ³¹i⁵⁵ioŋ²²ko⁴⁴pei⁴⁴]

就那种雀儿，是黑色箇雀儿，[tɕʰiəu²²no²⁴tʂən³¹tɕʰio⁵⁵ɔr²⁴, ʂʅ²²xə⁵⁵sə⁵⁵ko⁴⁴tɕʰio⁵⁵ɔr²⁴]

那个雀儿叫么的雀儿，[tʰɒ²⁴kə⁴⁴tɕʰio⁵⁵ɔr²⁴tɕie²¹³mo³¹ti⁰tɕʰio⁵⁵ɔr²⁴]

它箇名字就叫喳镰雀儿。[tʰɒ²²ko⁴⁴miən²⁴tsʅ²²tɕʰiəu²²tɕie²¹³tsɒ⁴⁴niɛn²⁴tɕʰio⁵⁵ɔr²⁴]

喳镰雀儿它就是每年到割谷那个插秧箇时候呗，[tsɒ⁴⁴niɛn²⁴tɕʰio⁵⁵ɔr²⁴tʰɒ²²tɕʰiəu²²ʂʅ²²mi³¹niɛn²⁴tau²¹³kə⁵⁵kuʅ²⁴no²⁴kə⁴⁴tsʰa⁵⁵ioŋ⁴⁴ko⁴⁴ʂʅ²⁴xei²²pei⁴⁴]

两头忙箇时候，农忙箇时候，[nioŋ³¹tʰei²²moŋ²⁴ko⁴⁴ʂʅ²⁴xei²², nən²⁴moŋ²⁴ko⁴⁴ʂʅ²⁴xei²²]

它就不等鸡叫它就起来。[xɒ²²tɕʰiəu²²pu⁵⁵tɛn³¹tɕi⁴⁴tɕie²¹³xɒ²²tɕʰiəu²²tɕʰi³¹nai²⁴]

它起来它就说些么东西呢：[xɒ²²tɕʰi³¹nai²⁴xɒ²²tɕʰiəu²²ɕye⁵⁵ɕie⁴⁴mo³¹tən⁴⁴ɕi²²ne⁴⁴]

早出磨镰。[tsau³¹tɕʰy⁵⁵mo²⁴niɛn²⁴]

早出磨镰箇意思就是说，[tsau³¹tɕʰy⁵⁵mo²⁴niɛn²⁴ko⁴⁴i²¹³sʅ⁴⁴tɕʰiəu²²ʂʅ²²ɕye⁵⁵]

早点出来磨镰刀，[tsau³¹tiɛn³¹tɕʰy⁵⁵nai²⁴mo²⁴niɛn²⁴tau⁴⁴]

就早出磨镰。[tɕʰiəu²²tsau³¹tɕʰy⁵⁵mo²⁴niɛn²⁴]

早出磨镰箇就是喊呗，[tsau³¹tɕʰy⁵⁵mo²⁴niɛn²⁴ko⁴⁴tɕʰiəu²²ʂʅ²²xan³¹pei⁴⁴]

就是把那个村里箇人都叫起来。［tɕʰiəu²² ʂʅ²² pɒ²¹³ no²⁴ kə⁴⁴ tsʰən⁴⁴ ni³¹ ko⁴⁴ zən²⁴ təu⁴⁴ kʰo⁵⁵ tɕʰi³¹ nai²⁴］

就是家家户户你都起来磨镰刀，［tɕʰiəu²² ʂʅ²² tɕiɒ⁴⁴ tɕiɒ⁴⁴ xu²² xu²² ni²¹³ təu⁴⁴ tɕʰi³¹ nai²⁴ mo²⁴ niɛn²⁴ tau⁴⁴］

它就说：［xɒ²² tɕʰiəu²² ɕye⁵⁵］

早起磨镰，早起磨镰！［tsau³¹ tɕʰi³¹ mo²⁴ niɛn²⁴，tsau³¹ tɕʰi³¹ mo²⁴ niɛn²⁴］

就叫家家户户起来磨镰刀哦。［tɕʰiəu²² tɕie²¹³ tɕiɒ⁴⁴ tɕiɒ⁴⁴ xu²² xu²² tɕʰi³¹ nai²⁴ mo²⁴ niɛn²⁴ tau⁴⁴ o⁰］

就做饭吃哦，［tɕʰiəu²² tsəu²¹³ fan²² tɕʰie⁵⁵ o⁰］

就准备下地去割麦，［tɕʰiəu²² tɕyən³¹ pʰi²² ɕiɒ²² tʰi²² tɕʰi²¹³ kə⁵⁵ ma⁵⁵］

就是割麦插秧唦，［tɕʰiəu²² ʂʅ²² kə⁵⁵ ma⁵⁵ tsʰa⁵⁵ iɒŋ⁴⁴ sa⁰］

就是两头忙箇时候唦。［tɕʰiəu²² ʂʅ²² niɒŋ³¹ tʰei²² mɒŋ²⁴ ko⁴⁴ ʂʅ²⁴ xei²² sa⁰］

平常农闲箇时候呗，［pʰiən²⁴ ʂɒŋ²⁴ nən²⁴ ɕian²⁴ ko⁴⁴ ʂʅ²⁴ xei²² pei⁴⁴］

又冇听到它叫了。［iəu²² mau²² tʰian²¹³ tau²¹³ xɒ²² tɕie²¹³ nie³¹］冇：没有

冇听到它叫是么原因呢？［mau²² tʰian²¹³ tau²¹³ xɒ²² tɕie²¹³ ʂʅ²² mo³¹ yɛn²⁴ iən⁴⁴ ne⁴⁴］

那个喳镰雀儿为么什在农忙箇时候叫得那么早呃，［no²⁴ kə⁴⁴ tsɒ⁴⁴ niɛn²⁴ tɕʰio⁵⁵ ɔr²⁴ uei²⁴ mo³¹ ʂʅ²² tsʰai²² nən²⁴ mɒŋ²⁴ ko⁴⁴ ʂʅ²⁴ xei²² tɕie²¹³ te⁵⁵ no²⁴ mo³¹ tsau³¹ e⁰］

它是跟鸡公报恩箇。［xɒ²² ʂʅ²² kən⁴⁴ tɕi⁴⁴ kuən⁴⁴ pau²¹³ ŋɛn⁴⁴ ko⁴⁴］鸡公：公鸡

它报恩箇那个是么样箇来历呢？［xɒ²² pau²¹³ ŋɛn⁴⁴ ko⁴⁴ no²⁴ kə⁴⁴ ʂʅ²² mo³¹ iɒŋ²² ko⁴⁴ nai²⁴ ni⁵⁵ e⁰］

就是有一回，［tɕʰiəu²² ʂʅ²² iəu³¹ i⁵⁵ xuei²⁴］

就是那个喳镰雀儿在那个牛棚里呗，［tɕʰiəu²² ʂʅ²² no²⁴ kə⁴⁴ tsɒ⁴⁴ niɛn²⁴ tɕʰio⁵⁵ ɔr²⁴ tsʰai²² no²⁴ kə⁴⁴ niəu²⁴ pʰən²⁴ ni³¹ pei⁴⁴］

就那屋门口箇时候，［tɕʰiəu²² no²⁴ u⁵⁵ mən²⁴ kʰei³¹ ko⁴⁴ ʂʅ²⁴ xei²²］

牛棚牛栏箇门口，［niəu²⁴ pʰən²⁴ niəu²⁴ nan²⁴ ko⁴⁴ mən²⁴ kʰei³¹］

它就栽倒脑壳啄吃箇。［xɒ²² tɕʰiəu²² tsai⁴⁴ tau²¹³ nau³¹ kʰo⁵⁵ tʂəu²⁴ tɕʰie⁵⁵ ko⁴⁴］栽倒：低着。脑壳：脑袋

啄吃箇呢它就冇想到就被一只牛呗就拉屎，［tʂʰəu²⁴ tɕʰie⁵⁵ ko⁴⁴ ne⁰ xɒ²² tɕʰiəu²² mau²² ɕiɒŋ³¹ tau²¹³ tɕʰiəu²² pʰi²² i⁵⁵ tʂʅ⁴⁴ niəu²⁴ pei⁰ tɕʰiəu²² nɒ⁴⁴ ʂʅ³¹］冇：没有

就把它压倒了。［tɕʰiəu²² pɒ²¹³ xɒ²² ia⁵⁵ tau³¹ nie³¹］

压倒呢，那个鸡公看倒了。［ia⁵⁵ tau³¹ ne⁴⁴，no²⁴ kə⁴⁴ tɕi⁴⁴ kuən⁴⁴ kʰan²¹³ tau³¹ nie³¹］

鸡公看到了，［tɕi⁴⁴ kuən⁴⁴ kʰan²¹³ tau³¹ nie³¹］

它就跑过来，就用爪子呗。［xɒ²² tɕʰiəu²² pʰau³¹ kuo²¹³ nai²⁴，tɕʰiəu²² iən²² tɕyɒ³¹ tsʅ³¹pei⁴⁴]

扒去扒来，[pɒ⁴⁴tɕʰi²¹³pɒ⁴⁴nai²⁴]

扒开了那个牛屎，[pɒ⁴⁴kʰai⁴⁴nie³¹no²⁴kə⁴⁴niəu²⁴ʂʅ³¹]

扒开了那个牛屎呃。[pɒ⁴⁴kʰai⁴⁴nie³¹no²⁴kə⁴⁴niəu²⁴ʂʅ³¹e⁰]

后来呃这个喳镰雀儿就想报恩，[xei²²nai²⁴e⁰tɒ²¹³kə⁴⁴tsɒ⁴⁴niɛn²⁴tɕʰio⁵⁵ɔr²⁴tɕʰiəu²² ɕioŋ³¹pau²¹³ŋɛn⁴⁴]

晓得吧。[ɕie³¹te⁵⁵pɒ³¹] 晓得：知道

那个鸡公不是一早上，[no²⁴kə⁴⁴tɕi⁴⁴kuən⁴⁴pu⁵⁵ʂʅ²²i⁵⁵tsau³¹ʂoŋ²²]

每天早上都要叫吗？[mi³¹tʰiɛn⁴⁴tsau³¹ʂoŋ²²təu⁴⁴ie²¹³tɕie²¹³man⁴⁴]

它就想到，[xɒ²²tɕʰiəu²²ɕioŋ³¹tau³¹]

它就跟那个鸡公报恩。[xɒ²²tɕʰiəu²²kən⁴⁴no²⁴kə⁴⁴tɕi⁴⁴kuən⁴⁴pau²¹³ŋɛn⁴⁴]

它就一到农忙箇时候，[xɒ²²tɕʰiəu²²i⁵⁵tau²¹³nən²⁴moŋ²⁴ko⁴⁴ʂʅ²⁴xei²²]

它就起来替鸡公叫，[xɒ²²tɕʰiəu²²tɕʰi³¹nai²⁴tʰi²¹³tɕi⁴⁴kuən⁴⁴tɕie²¹³]

就催别个早点起来割麦啦。[tɕʰiəu²²tsʰei⁴⁴pʰie⁴⁴kə⁴⁴tsau³¹tiɛn³¹tɕʰi³¹nai²⁴kə⁵⁵ma⁵⁵na⁰]

它箇意思就是说让那个鸡公呗，[xɒ²²ko⁴⁴i²¹³sʅ⁴⁴tɕʰiəu²²ʂʅ²²ɕye⁵⁵ʐoŋ²²no²⁴kə⁴⁴ tɕi⁴⁴kuən⁴⁴pei⁴⁴]

就多睏一下，[tɕʰiəu²²to⁴⁴kʰuən²¹³i⁵⁵xɒ²²] 睏：睡

就一种报恩箇意思。[tɕʰiəu²²i⁵⁵tʂən³¹pau²¹³ŋɛn⁴⁴ko⁴⁴i²¹³sʅ⁴⁴]

还有一个就是说，[xai²⁴iəu³¹i⁵⁵ko⁴⁴tɕʰiəu²²ʂʅ²²ɕye⁵⁵]

那个鸡公箇那个后一代呗，[no²⁴kə⁴⁴tɕi⁴⁴kuən⁴⁴ko⁴⁴no²⁴kə⁴⁴xei²²i⁵⁵tʰai²²pei⁴⁴]

就是小鸡。[tɕʰiəu²²ʂʅ²²ɕie³¹tɕi⁴⁴]

就是被老鹰呗，[tɕʰiəu²²ʂʅ²²pʰi²²nau³¹iən⁴⁴pei⁴⁴]

就不是传说，[tɕʰiəu²²pu⁵⁵ʂʅ²²tɕʰyen²⁴ɕye⁵⁵]

有一种故事说，[iəu³¹i⁵⁵tʂən³¹ku²¹³ʂʅ²²ɕye⁵⁵]

老鹰叼小鸡，[nau³¹iən⁴⁴tie⁴⁴ɕie³¹tɕi⁴⁴]

就被老鹰叼走了。[tɕʰiəu²²pʰi²²nau³¹iən⁴⁴tie⁴⁴tsei³¹nie³¹]

这个喳雀镰儿呗，[tɒ²¹³kə⁴⁴tsɒ⁴⁴tɕʰio⁵⁵niɛn⁴⁴ɔr²⁴pei⁴⁴]

就这个喳镰雀儿呗。[tɕʰiəu²²tɒ²¹³ko⁴⁴tsɒ⁴⁴niɛn²⁴tɕʰio⁵⁵ɔr²⁴pei⁴⁴]

就不怕那个老鹰呗，[tɕʰiəu²²pu⁵⁵pʰɒ²¹³no²⁴ko⁴⁴nau³¹iən⁴⁴pei⁴⁴]

那个老鹰肯定比那个喳镰雀儿要大哟，[no²⁴ko⁴⁴nau³¹iən⁴⁴kʰɛn³¹tʰiən²²pi³¹no²⁴ ko⁴⁴tsɒ⁴⁴niɛn²⁴tɕʰio⁵⁵ɔr²⁴ie²¹³tʰai²²io⁰]

大自己数十倍啊。[tʰai²²tsʰʅ²²tɕi³¹səu²¹³ʂʅ²⁴pʰi²²ia⁰]

它就从树高头呗一扑下来，[xɒ²² tɕʰiəu²² tsʰən²⁴ ɕy²² kau⁴⁴ tʰei²² pei⁴⁴ i⁵⁵ pʰu⁵⁵ ɕiɒ²² nai²⁴]

就用那个翅膀呗。[tɕʰiəu²² iən²² no²⁴ ko⁴⁴ tʂʰɿ²¹³ poŋ³¹ pei⁴⁴]

就一夹一夹箇，[tɕʰiəu²² i⁵⁵ ka⁵⁵ i⁵⁵ ka⁵⁵ ko⁴⁴]

就仰倒呗，仰倒飞到天上。[tɕʰiəu²² nioŋ³¹ tau²¹³ pei⁴⁴, nioŋ³¹ tau²¹³ fei⁴⁴ tau²¹³ tʰiɛn⁴⁴ ʂoŋ²²]

一夹一夹，[i⁵⁵ ka⁵⁵ i⁵⁵ ka⁵⁵]

就把那个，一夹倒吵，[tɕʰiəu²² pɒ²¹³ no²⁴ ko⁴⁴, i⁵⁵ ka⁵⁵ tau³¹ sa⁰]

夹倒就把那个，[ka⁵⁵ tau²¹³ tɕʰiəu²² pɒ²¹³ no²⁴ ko⁴⁴]

就仰倒，仰倒飞了呗。[tɕʰiəu²² nioŋ³¹ tau³¹, nioŋ³¹ tau³¹ fei⁴⁴ nie³¹ pei⁴⁴]

望天上，直接往天上冲，[uoŋ²² tʰiɛn⁴⁴ ʂoŋ²², tʂʰɿ²⁴ tɕie⁵⁵ uoŋ³¹ tʰiɛn⁴⁴ ʂoŋ²² tsʰən⁴⁴]

就用那个爪子呗。[tɕʰiəu²² iən²² no²⁴ ko⁴⁴ tsɒ³¹ tsɿ⁴⁴ pei⁴⁴]

就把那个老鹰箇肚皮，[tɕʰiəu²² pɒ²¹³ no²⁴ ko⁴⁴ nau³¹ iən⁴⁴ ko⁴⁴ təu³¹ pʰi²⁴]

就是只抓只抓箇。[tɕʰiəu²² ʂɿ²² tsɿ⁵⁵ tɕyɒ⁴⁴ tsɿ⁵⁵ tɕyɒ⁴⁴ ko⁴⁴]

一直抓到那个老鹰它就疼啰，[i⁵⁵ tʂʰɿ²⁴ tɕyɒ⁴⁴ tau³¹ no²⁴ ko⁴⁴ nau³¹ iən⁴⁴ xɒ²² tɕʰiəu²² tʰən²¹³ no⁰]

一疼它就只顾疼去了，[i⁵⁵ tʰən²¹³ xɒ²² tɕʰiəu²² tsɿ⁵⁵ ku²¹³ tʰən²¹³ tɕʰi²¹³ nie³¹]

它就把那个小鸡就放下来了。[xɒ²² tɕʰiəu²² pɒ²¹³ no²⁴ kə⁴⁴ ɕie³¹ tɕi⁴⁴ tɕʰiəu²² foŋ²¹³ ɕiɒ²² nai²⁴ nie³¹]

就那个喳镰雀儿呗，[tɕʰiəu²² nɒ²¹³ kə⁴⁴ tsɒ⁴⁴ niɛn²⁴ tɕʰio⁵⁵ ɚ²⁴ pei⁴⁴]

一直抓到那个老鹰把小鸡放下来为止。[i⁵⁵ tʂʰɿ²⁴ tɕyɒ⁴⁴ tau²¹³ no²⁴ kə⁴⁴ nau³¹ iən⁴⁴ pɒ²¹³ ɕie³¹ tɕi⁴⁴ foŋ²¹³ ɕiɒ²² nai²⁴ uei²⁴ tʂɿ³¹]

所以说，现在，[so³¹ i³¹ ɕye⁵⁵, ɕiɛn²² tsʰai²²]

那个流传一句俗语——秤砣虽小压千金，[nɒ²⁴ ko⁴⁴ niəu²⁴ tɕʰyɛn²² i⁵⁵ tɕy²¹³ sau⁵⁵ y³¹——tsʰən²¹³ tʰo²⁴ sei⁴⁴ ɕie³¹ ia⁵⁵ tɕʰiɛn⁴⁴ tɕiən⁴⁴]

就是喳镰那个雀儿就是啄老鹰。[tɕʰiəu²² ʂɿ²² tsɒ⁴⁴ niɛn²⁴ nɒ²⁴ ko⁴⁴ tɕʰio⁵⁵ ɚ²⁴ tɕʰiəu²² ʂɿ²² tsʰəu²⁴ nau³¹ iən⁴⁴]

所以说，[so³¹ i³¹ ɕye⁵⁵]

现在传说当中都还是有一点事实根据箇。[ɕiɛn²² tsʰai²² tɕʰyɛn²⁴ ɕye⁵⁵ toŋ⁴⁴ tʂən²¹³ təu⁴⁴ xai²⁴ ʂɿ²² iəu³¹ i⁵⁵ tiɛn³¹ ʂɿ²² ʂɿ²² kɛn⁴⁴ tɕy²¹³ ko⁴⁴]

意译：喳镰雀儿报恩。

在我们嘉鱼，有很多各种各样的鸟儿，不管什么样的鸟儿都有。有一种五六寸长，长得跟梭子一样的，黑色的鸟儿，它的名字就叫喳镰雀儿。

喳镰雀儿在每年农忙的时候，不等公鸡打鸣它就起来了，它起来说什么呢，它说：早出磨镰。早出磨镰的意思就是说，早点起来磨镰刀。把全村人都喊来，让家家户户起来磨镰刀，所以它就说：早起磨镰，早起磨镰！就是让家家户户起来磨镰刀，做早饭吃，然后准备下地去割麦，割麦插秧，正是两头忙的时候，平时农闲的时候，也没有听到它叫了。为什么没有听到它叫呢？

喳镰雀儿为什么在农忙的时候叫得那么早呢，它是给公鸡报恩的。它报恩的事是什么回事呢？就是有一次，喳镰雀儿在牛棚门口，它低着头啄东西吃。没想到被一只牛拉屎，把它压住了。公鸡看到了，就跑过去用爪子扒，扒来扒去，把牛屎扒开了，后来这喳镰雀儿就想报恩。公鸡不是每天要早起打鸣吗？它就想给公鸡报恩。一到农忙的时候，就起来替公鸡打鸣，催人们早点起来割麦。它的意思就是让那个公鸡多睡一会，也就是报恩。

还有一个事，公鸡的后代，也就是小鸡，被老鹰，不是有个故事，叫老鹰叼小鸡，被老鹰叼走了。这个喳镰雀儿就不怕老鹰。那老鹰肯定比喳镰雀儿要大，大它几十倍。它从树上扑下来，用翅膀一夹一夹的，仰着往天上飞。一夹一夹的，仰着飞。往天上直接冲，用爪子不停地在老鹰的肚皮上抓，一直抓到老鹰疼，老鹰一疼，就只顾疼去了，就把小鸡给放下来了。那个喳镰雀儿一直抓到老鹰把小鸡放下来为止。

所以，现在流传了一句俗话——秤砣虽小压千金，喳镰雀儿啄老鹰。也就是说，传说总还是有一点事实根据的。

四　自选条目

0031　自选条目

六月六，晒红绿。[nəu⁵⁵ ye⁵⁵ nəu⁵⁵，sai²¹³ xuən²⁴ nəu⁵⁵]

意译：六月六号，要把家里的各种衣物拿出来晒，以防虫蛀。

0032　自选条目

清明要明，谷雨要雨。[tɕʰiən²¹³ miən²⁴ ie²¹³ miən²⁴，ku⁵⁵ y³¹ ie²¹³ y³¹]

清明不明，谷雨不雨。[tɕʰiən²¹³ miən²⁴ pu⁵⁵ miən²⁴，ku⁵⁵ y³¹ pu⁵⁵ y³¹]

干死蛤蟆，饿死老鼠。[kan²¹³ sʅ³¹ kʰɒ²⁴ mɒ²¹，ŋɒ²² sʅ³¹ nau³¹ ɕy³¹] 蛤蟆：青蛙

意译：清明节天气要明朗，谷雨的时候要下雨。清明节天气不明朗，谷雨的时候不下雨。就会出现干死青蛙，饿死老鼠的恶劣天气。

0033 自选条目

坐倒吃，瞓倒想，[tsʰo²² tau²¹³ tɕʰie⁵⁵，kʰuən²¹³ tau²¹³ ɕioŋ³¹] 瞓：睡

冇得吃筒找队长。[mau²² tə⁵⁵ tɕʰie⁵⁵ kə⁴⁴ tsau³¹ ti²¹³ tʂoŋ³¹] 冇得：没有

队长冇得法，找出纳。[ti²¹³ tʂoŋ³¹ mau²² tə⁵⁵ fa⁵⁵，tsau³¹ tɕʰy⁵⁵ na⁵⁵]

出纳冇得钱，找记工员。[tɕʰy⁵⁵ na⁵⁵ mau²² tə⁵⁵ tɕʰiɛn²⁴，tsau³¹ tɕi²¹³ kuən⁴⁴ yɛn²⁴]

记工员把笔一扳：[tɕi²¹³ kuən⁴⁴ yɛn⁴⁴ pɒ²¹³ pi i⁵⁵ pan³¹]

鬼叫你不生产！[kuei³¹ tɕie²¹³ ni³¹ pu⁵⁵ sən⁴⁴ tsʰan³¹]

意译：坐着吃，睡着想，没有吃的找队长。队长没有办法，找出纳。出纳没有钱，找记工员。记工员把笔一扔：谁叫你不劳动！

0034 自选条目

一条街，两座桥，[i⁵⁵ tʰie²⁴ kai⁴⁴，nioŋ³¹ tsʰo²² tɕʰie²⁴]

三湖连江，四大楼，[san⁴⁴ xu²⁴ niɛn²⁴ tɕioŋ⁴⁴，sʅ²¹³ tʰai²² nei²⁴]

五里牌，陆码头，[u³¹ ni³¹ pʰai²⁴，nəu⁵⁵ mɒ³¹ tʰei²²]

漆家山，八斗角，[tɕʰi⁵⁵ tɕiɒ⁴⁴ san⁴⁴，pa⁵⁵ tei²¹³ ko⁵⁵]

九连队，石矶头。[tɕiəu³¹ niɛn²⁴ ti²¹³，sʅ²⁴ tɕi³¹ tʰei²²]

意译：一条街道，两座桥梁，三个湖儿连着江，四栋大楼，五里牌（地名），陆码头（地名），漆家山（地名），八斗角（地名），九连队（地名），石矶头（地名）。

0035 自选条目

一针锥得婆婆嘴，[i⁵⁵ tʂən⁴⁴ tɕi⁴⁴ tə⁵⁵ pʰo²⁴ pʰo²⁴ tɕi³¹]

婆婆吃不得煻糯米，[pʰo²⁴ pʰo²⁴ tɕʰie⁵⁵ pu⁵⁵ tə⁵⁵ ŋo⁵⁵ no²² mi³¹] 煻：烫、热

你一碗，我一碗，[ni³¹ i⁵⁵ uɛn³¹，ŋo²¹³ i⁵⁵ uɛn³¹]

留得爹爹敲破罐，[niəu²⁴ tə⁵⁵ tiɒ⁴⁴ tiɒ⁴⁴ kʰau⁴⁴ pʰo²¹³ kuɛn²¹³]

爹爹你不哭，[tiɒ⁴⁴ tiɒ⁴⁴ ni³¹ pu⁵⁵ kʰu⁵⁵]

明年我跟你扎花屋。[mian²⁴ niɛn²⁴ ŋo²¹³ kɛn⁴⁴ ni³¹ tsa⁵⁵ xuɒ⁴⁴ u⁵⁵]

意译：一针扎到奶奶的嘴巴，奶奶不能吃滚烫的糯米饭，你吃一碗，我吃一碗，爷爷只有敲破罐的份，爷爷你不要哭，明年我为你扎好看的纸房子。

0036 自选条目

落笼窠。[no⁵⁵ nən²⁴ kʰo⁴⁴]

落笼窠，落笼窠，[no⁵⁵ nən²⁴ kʰo⁴⁴，no⁵⁵ nən²⁴ kʰo⁴⁴]
落到笼中无奈何。[no⁵⁵ tau²¹³ nən²⁴ tʂən⁴⁴ u²⁴ nai²² xo²⁴]
两边都是插秧手，[nioŋ³¹ piɛn⁴⁴ təu⁴⁴ sʅ²² tsʰa⁵⁵ ioŋ⁴⁴ ʂəu²¹³]
一人帮我带一棵，[i⁵⁵ zən²⁴ poŋ⁴⁴ ŋo²¹³ tai²¹³ i⁵⁵ kʰo⁴⁴]
跳出笼儿我唱歌。[tʰie²¹³ tɕʰy⁵⁵ nən²⁴ ɔr²⁴ ŋo²¹³ tʂʰoŋ²¹³ ko⁴⁴]

意译：掉进了包围圈里。掉进了包围圈里，掉进了包围圈里，掉进包围圈里无可奈何。两边都是插秧的能手，你们一人帮我插一棵，我跳出包围圈了为大家唱歌。

0037 自选条目
大月亮，小月亮，[tʰai²² ye⁵⁵ nioŋ²²，ɕie³¹ ye⁵⁵ nioŋ²²]
哥哥起来做木匠，[ko⁴⁴ ko⁴⁴ tɕʰi³¹ nai²⁴ tsəu²¹³ mə⁵⁵ tɕʰioŋ²²]
嫂嫂起来纳鞋底，[sau³¹ sau³¹ tɕʰi³¹ nai²⁴ na⁵⁵ xai²⁴ ti³¹]
一针锥到婆娘嘴。[i⁵⁵ tʂən⁴⁴ tɕi⁴⁴ tau²¹³ pʰo²⁴ nioŋ²⁴ tɕi³¹]

意译：大月亮，小月亮，哥哥起来做木工活，嫂子起来纳鞋底，一针扎到了婆婆的嘴巴。

0038 自选条目
骂媒婆。[mɒ²² mei²⁴ pʰo²⁴]
地米菜，开白花，[tʰi²² mi³¹ tsʰai²¹³，kʰai⁴⁴ pʰə²⁴ xuɯ⁴⁴] 地米菜：荠菜
养女不嫁癞痢家。[ioŋ³¹ y³¹ pu⁵⁵ tɕiɒ²¹³ nai²² tʰi²⁴ tɕiɒ⁴⁴]
癞痢家，苦又苦，[nai²² tʰi²⁴ tɕiɒ⁴⁴，kʰu³¹ iəu²² kʰu³¹]
半夜起来推豆腐。[pɛn²¹³ iɒ²² tɕʰi³¹ nai²⁴ tʰi⁴⁴ tʰei²² fu³¹]
打豆腐，打得热，[tɒ³¹ tʰei²² fu³¹，tɒ³¹ tə⁵⁵ zə⁵⁵]
抓把白米煮粥吃。[tɕyɒ⁴⁴ pɒ²¹³ pʰə²⁴ mi³¹ tɕy³¹ tʂəu⁵⁵ tɕʰie⁵⁵]
公又打，婆又骂，[kuən⁴⁴ iəu⁴⁴ tɒ³¹，pʰo²⁴ iəu²² mɒ²²]
搓根绳子吊死罢。[tsʰo⁴⁴ kɛn⁴⁴ ʂən²⁴ tsʅ³¹ tie²¹³ sʅ³¹ pʰɒ²²]
井边挑水井边望，[tɕian³¹ piɛn⁴⁴ tʰie³¹ ɕy³¹ tɕian³¹ piɛn⁴⁴ uoŋ²²]
骂声媒婆烂身疮。[mɒ²² ʂən⁴⁴ mei²⁴ pʰo²⁴ nan²² ʂən⁴⁴ tsʰoŋ⁴⁴]
井边挑水井边歇，[tɕian³¹ piɛn⁴⁴ tʰie³¹ ɕy³¹ tɕian³¹ piɛn⁴⁴ ɕie⁵⁵]
骂身媒婆屙黑血。[mɒ²² ʂən⁴⁴ mei²⁴ pʰo²⁴ ŋo⁴⁴ xe⁵⁵ ɕie⁵⁵]

意译：骂媒婆。荠菜，开白花，有女儿不要嫁给家境不好的人家。家境不好的人家，生活真是苦，夜里起来磨豆腐。做豆腐，很辛苦，抓把白米煮粥吃。公

公打，婆婆骂，不如搓根绳子吊死算了。在水井旁一边挑水一边望，诅咒媒婆长一身疮。在水井旁一边挑水一边休息，诅咒媒婆拉黑血。

0039 自选条目

一腡穷，二腡富，[i⁵⁵ no²⁴ tɕʰiən²⁴，ɔr²² no²⁴ fu²¹³] 腡：手指肚上圆形的纹理

三腡四腡开当铺，[san⁴⁴ no²⁴ sɿ²¹³ no²⁴ kʰai⁴⁴ toŋ²¹³ pʰu²¹³]

五腡六腡做大官，[u³¹ no²⁴ nəu⁵⁵ no²⁴ tsəu²¹³ tʰai²² kuɛn⁴⁴]

七腡八腡挑大粪，[tɕʰi⁵⁵ no²⁴ pa⁵⁵ no²⁴ tʰie³¹ tʰai²² fən²¹³]

九腡十腡发大财。[tɕiəu³¹ no²⁴ sɿ²⁴ no²⁴ fa⁵⁵ tʰai²² tsʰai²⁴]

意译：有一个腡（手指头圆形的指纹）的人是穷人，有两个腡的人是富人，有三个、四个腡的人可以开当铺，有五个、六个腡的人可以做大官，有七个、八个腡的人只配挑大粪，有九个、十个腡的人会发大财。

0040 自选条目

一个伢，偷黄瓜。[i⁵⁵ kə⁴⁴ ŋɒ²⁴，tʰei⁴⁴ uoŋ²⁴ kuɒ²²] 伢：小朋友

一个伢，偷黄瓜，[i⁵⁵ kə⁴⁴ ŋɒ²⁴，tʰei⁴⁴ uoŋ²⁴ kuɒ²²]

你不把得我吃，[ni³¹ pu⁵⁵ pɒ⁵⁵ te⁵⁵ ŋo³¹ tɕʰie⁵⁵] 把得：给

我告诉你爹。[ŋo³¹ kau²¹³ səu²¹³ ni²¹³ tie⁴⁴] 爹：爸爸

你爹打你我不拉，[ni³¹ tie⁴⁴ tɒ³¹ ni²¹³ ŋo²¹³ pu⁵⁵ nɒ⁴⁴]

我躲到一边笑哈哈。[ŋo³¹ to³¹ tau³¹ i⁵⁵ piɛn⁴⁴ ɕie²¹³ xɒ²² xɒ²²]

意译：有一个小朋友，偷黄瓜。有一个小朋友，偷黄瓜，你不给我吃，我就告诉你爸爸。你爸爸打你我不拉，我躲在旁边笑哈哈。

赤　壁

一　歌谣

0001 歌谣

哪个梯⁼妈儿，真邋遢，[na³¹ ko⁰ di⁴⁴ maɪ⁴⁴，tʂən⁴⁴ na⁴⁵ dɑ⁴⁴] 邋遢：脏

脑壳上箇虱婆跑汽车，[nau³¹ go⁴⁵ ʂou²² ko⁰ sə⁴⁵ bo¹³ bau³¹ dzi²¹³ dzɑ⁴⁴] 虱婆：虱子

洗脚水猜⁼糍粑，[ɕi³¹ tɕio⁴⁵ ʂʅ³¹ dzai⁴⁴ dzɿ¹³ pɑ⁴⁴] 猜⁼：用粗木棒捣

身上箇脂泥搓麻花，[ʂən⁴⁴ ʂou⁰ ko⁰ tsʅ⁴⁵ ȵi⁰ dzo⁴⁴ mɑ¹³ xuɑ⁴⁴] 脂泥：皮肤上积累的皮脂、污垢

鼻涕流到口里喫。[bi¹³ti⁴⁵diu¹³tau⁰dʑiau³¹di⁰dʑia⁴⁵] 喫：吃

意译：谁家的妈，真脏啊，头上的虱子像汽车一样到处跑，洗脚水黏稠得可以用来做糍粑了，身上的污垢可以拿来搓麻花了，鼻涕流到嘴巴上就吃掉了。

0002 歌谣

尔我打打手，交个好朋友。[n̩³¹ŋo³¹tɑ³¹tɑ³¹ʂou³¹，tɕiau⁴⁴ko⁰xau³¹bən¹³iu³¹] 尔：你

尔结婚，我喝酒，[n̩³¹tɕiɛ⁴⁵xuən⁴⁴，ŋo³¹xo⁴⁵tɕiu³¹]

看尔梯⁼媳妇儿丑不丑。[gei²¹³n̩¹³di⁴⁴ɕi⁴⁵fuar²²dʐou³¹pu⁰dʐou³¹]

意译：我们拍拍手，交个好朋友，你结婚，我去喝喜酒，看你的媳妇长得丑不丑。

0003 歌谣

人之初，性本善。[zən¹³tʂʅ⁴⁴dzu⁴⁴，ɕin²¹³pən³¹ʂei²²]

师傅叫我扯马苋，[sʅ⁴⁴fu⁰tɕiau²¹³ŋo³¹dʐa³¹ma³¹xei²²] 马苋：马齿苋

扯一篮，煮一锅，[dʐa³¹i⁴⁵nan¹³，tʂʅ³¹i⁴⁵ko⁴⁴]

师傅喫了抬起来屙。[sʅ⁴⁴fu⁰dʑia⁴⁵diau⁰dai¹³dʑi³¹nai⁰uo⁴⁴] 喫：吃

意译：人之初，性本善，师傅让我去采点马齿苋，采一篮子的马齿苋，煮了一锅，师傅吃了之后狂拉肚子。

0004 歌谣

泡⁼皮泡⁼皮，落到沟里。[bau⁴⁴bi⁰bau⁴⁴bi⁰，no⁴⁵tau⁰tɕiau⁴⁴di⁰] 泡⁼皮：喜欢说大话、吹牛的人

我去扯他，他说我打他。[ŋo³¹dʑi²¹³dʐa³¹na⁴⁴，na⁴⁴ʂuə⁴⁵ŋo³¹tɑ³¹na⁴⁴]

我去抬他，他说我埋他。[ŋo³¹dʑi²¹³dai¹³na⁴⁴，na⁴⁴ʂuə⁴⁵ŋo³¹mai³¹na⁴⁴]

意译：一个说大话的人，落到沟里，我去扯他，他说我打他，我去抬他，他说我埋他。

0005 歌谣

缺眼耙，耙狗屎，[dzɿuə⁴⁵ŋan³¹ba¹³，ba¹³tɕiau³¹sʅ³¹]

耙一箩，丢过河。[ba¹³i⁴⁵no¹³，tiu⁴⁴ko²¹³xo¹³] 箩：箩筐，竹编农具，上圆下方，用于盛粮食

耙一担，丢过畈，[ba¹³i⁴⁵tan²¹³，tiu⁴⁴ko²¹³fan²¹³]

耙一筲，丢过沟。[ba¹³i⁴⁵tiau⁴⁴，tiu⁴⁴ko²¹³tɕiau⁴⁴] 筲：筲箕，用于挑土的竹编农具

意译：缺牙齿，像耙狗屎的耙子一样，用耙子耙满一箩筐狗屎，扔到河那边去，耙满一担狗屎，扔到河畈那边去，耙满一箢箕，丢到沟那边去（儿童换牙时相互取笑戏谑的童谣）。

0006 歌谣

三岁伢儿穿红鞋，[san⁴⁴ ɕi²¹³ ŋar¹³ dzʯei⁴⁴ xən¹³ xai¹³]
摇摇摆摆上学来，[iau¹³ iau¹³ pai³¹ pai³¹ ʂou²² ɕio¹³ nai¹³]
师傅师傅莫打我，[sɿ⁴⁴ fu⁰ sɿ⁴⁴ fu⁰ mo⁴⁵ ta³¹ ŋo³¹] 师傅：老师
我去喫点汁儿来。[ŋo³¹ dzi²¹³ tɕia⁴⁵ ti⁴⁵ tʂar⁴⁵ nai¹³] 汁儿：乳汁

意译：三岁的孩子穿着红色的鞋子摇摇摆摆的上学去，老师您别打我，我回去吃点奶再来上学。

0007 歌谣

一边高，一边矮，[i⁴⁵ piei⁴⁴ kau⁴⁴，i⁴⁵ piei⁴⁴ ŋai³¹]
一锅豆腐打几块？打八块。[i⁴⁵ ko⁴⁴ diau²² fu⁰ ta³¹ tɕi³¹ guai³¹？ta³¹ pa⁴⁵ guai³¹]

意译：一边高，一边矮，一锅豆腐打几块？打八块。

0008 歌谣

天上雾沉沉，地下掉麻城。[diei⁴⁴ ʂou⁰ u²² dzən¹³ dzən¹³，di²² xa²² tiau²¹³ ma¹³ dzən¹³]
要得麻城开，把那个丢过来。[iau²¹³ tə⁴⁵ ma¹³ dzən¹³ gai⁴⁴，pa³¹ nə²¹³ ko⁰ tiu⁴⁴ ko²¹³ nai¹³]

意译：天上大雾弥漫，地上有个麻城，要想麻城大门开，把你的东西丢过来（儿童跳房子时常用的歌谣）。

0009 歌谣

月亮爹爹跟我走，[ȵyə⁴⁵ diou²² tia⁴⁴ tia⁰ kən⁴⁴ ŋo³¹ tɕiau³¹] 爹爹：奶奶
我到南山打芭斗，[ŋo³¹ tau²¹³ nan¹³ san⁴⁴ ta³¹ pa⁴⁴ tiau³¹] 芭斗：芭茅草
东一脚，西一脚，[tən⁴⁴ i⁴⁵ tɕio⁴⁵，ɕi⁴⁴ i⁴⁵ tɕio⁴⁵]
一脚踩到野鸡窠，[i⁴⁵ tɕio⁴⁵ dzai³¹ tau⁰ ia³¹ tɕi⁴⁴ go⁴⁴]
野鸡窠里一窠蛋，[ia³¹ tɕi⁴⁴ go⁴⁴ di⁰ i⁴⁵ go⁴⁴ dan²²]
送到月亮爹爹嚒早饭。[sən²¹³ tau⁰ ȵyə⁴⁵ diou²² tia⁴⁴ tia⁰ iei²¹³ tsau³¹ fan²²] 嚒：伴随着某东西一起吃下

意译：月亮奶奶照着我往前走，我到南山去割茅草，东一脚，西一脚，一不

小心踩到野鸡窝了，野鸡窝里面有一窝野鸡蛋，那就把野鸡蛋作为一碗菜送给月亮奶奶，作为她明早的早餐吧。

0010 歌谣

千字千得好，八字两边倒。[dʑiei⁴⁴ dzʅ²² dʑiei⁴⁴ tə⁰ xɑu³¹, pa⁴⁵ dzʅ²² diou³¹ piei⁴⁴ tau³¹]

女儿回娘家，把倒鬼扯到。[ɳɥar³¹ xui¹³ ȵiou¹³ tɕia⁴⁴, pa³¹ tə⁰ kui³¹ dʐa³¹ tau³¹] 把倒：被

意译：千字千得好，八字两边倒，女儿回娘家，把倒鬼扯到。（字谜谜底：魏）

二　规定故事

0021 牛郎和织女

在古代啊，有一个村庄，[dzai²² ku³¹ dai²² ia⁰, iu³¹ i⁴⁵ ko⁰ dzən⁴⁴ tsou⁴⁴]

住到一个小伙子。[dʐʅ²² tau⁰ i⁴⁵ ko⁰ ɕiau³¹ xo³¹ tsʅ⁰]

这个小伙子箇屋咧，[ta¹³ ko⁰ ɕiau³¹ xo³¹ tsʅ⁰ ko⁰ u⁴⁵ diE²²] 箇：的

就在这个村里，[dʑiu²² dzai²² ta¹³ ko⁰ dzən⁴⁴ di³¹]

比较单独箇位子。[pi³¹ tɕiau³¹ tan⁴⁴ du⁴⁵ ko⁰ ui²² tsʅ³¹] 位子：地方

这个伢儿咧，爷娘死得早，[ta¹³ ko⁰ ŋar¹³ diE²², ia¹³ ȵiou¹³ sʅ³¹ tə⁰ tsau³¹] 伢儿：孩子

他一个人，孤苦伶仃，[na⁴⁴ i⁴⁵ ko²¹³ zən¹³, ku⁴⁴ gu³¹ din¹³ tin⁴⁴]

就住到，屋儿也不沾˭，[dʑiu²² dzʅ²² tau⁰, u⁴⁵ ar⁰ ia³¹ pu⁴⁵ tʂan²¹³] 不沾˭：不好

一个茅棚儿屋，他一个人在住。[i⁴⁵ ko⁰ mau¹³ bən¹³ ŋar⁰ u⁴⁵, na⁴⁴ i⁴⁵ ko²¹³ zən¹³ dzai²² dʐʅ²²]

屋里么东西都冇得，[u⁴⁵ di⁰ mo³¹ tən⁴⁴ ɕi⁰ tou⁴⁴ mau²² tə⁴⁵] 冇得：没有

就是一只老牛，[dʑiu²² sʅ²² i⁴⁵ tʂa⁴⁵ nau³¹ ȵiu¹³]

日儿跟他在一起生活，[or⁴⁵ or⁰ kən⁴⁴ na⁴⁴ dzai²² i⁴⁵ dʑi³¹ sei⁴⁴ xuə⁰] 日儿：每天

跟他两个过着相依为命箇日子。[kən⁴⁴ na⁴⁴ diou³¹ ko⁰ ko²¹³ tso⁰ ɕiou⁴⁴ i⁴⁴ ui¹³ mian²² ko⁰ or⁴⁵ tsʅ⁰]

其实这只牛呢，它不是一般箇牛，[dʑi¹³ sʅ¹³ ta¹³ tʂa⁴⁵ ȵiu¹³ diE²², na⁴⁴ pu⁴⁵ sʅ²² i⁴⁴ pan⁴⁴ ko⁰ ȵiu¹³]

它是天上被贬下来箇一只金牛星，[na⁴⁴ sʅ²² diei⁴⁴ ʂou⁰ bi²² piei³¹ xa²² nai⁰ ko⁰ i⁴⁵ tʂa⁴⁵ tɕin⁴⁴ ȵiu¹³ ɕin⁴⁴]

所以村里箇人咧，[so³¹ i³¹ dzən⁴⁴ di³¹ ko⁰ zən¹³ diE²²]

就看到这个伢儿作孽，[dʑiu²² gei²¹³ tau⁰ ta¹³ ko⁰ ŋar¹³ tso⁴⁵ n̠iE⁴⁵]作孽：可怜

屋里么东西都冇得，[u⁴⁵ di⁰ mo³¹ tən⁴⁴ ɕi⁰ tou⁴⁴ mau²² tə⁴⁵]

就一只牛跟他作伴。[dʑiu²² i⁴⁵ tʂa⁴⁵ n̠iu¹³ kən⁴⁴ na⁴⁴ tsou²¹³ bei²²]

后来，方圆几里路，[xau²² nai⁰, fou⁴⁴ ɥei¹³ tɕi³¹ di³¹ nou²²]

各个村里都晓得这个伢儿，[ko⁴⁵ ko⁰ dzən⁴⁴ di³¹ tou⁴⁴ ɕiau³¹ tə⁰ ta¹³ ko⁰ ŋar¹³]

就把这个伢儿叫成牛郎。[dʑiu²² pa³¹ ta¹³ ko⁰ ŋar¹³ tɕiau²¹³ dzən⁰ n̠iu¹³ nou¹³]

这个伢儿箇名字就这么，[ta¹³ ko⁰ ŋar¹³ ko⁰ mian¹³ dzɿ²² dʑiu²² ta²¹³ mo⁰]

一直被所有人都称为牛郎了。[i⁴⁵ dzɿ⁴⁵ bi²² so³¹ iu³¹ zən¹³ tou⁴⁴ dzən⁴⁴ ui⁰ n̠iu¹³ nou¹³ diau³¹]

这个伢儿咧，[ta¹³ ko⁰ ŋar¹³ diE²²]

在屋里跟这只牛，[dzai²² u⁴⁵ di⁰ kən⁴⁴ ta¹³ tʂa⁴⁵ n̠iu¹³]

两个过得，日子还过得可得，[diou³¹ ko⁰ ko²¹³ tə⁰, or⁴⁵ tsɿ³¹ xai¹³ ko²¹³ tə⁰ go³¹ tə⁰]可得：还行

就是说，虽说饿不死，[dʑiu²² sɿ²² ʂɥe⁴⁵, ɕi⁴⁴ ʂɥe⁴⁵ ŋo²² pu⁴⁵ sɿ³¹]

但是他之⁼确确实实屋里很简陋，[dan²² sɿ²² na⁴⁴ tsɿ⁷ dʑio⁴⁵ dʑio⁴⁵ sɿ¹³ sɿ¹³ u⁴⁵ di⁰ xən³¹ tɕiei³¹ nou²²]

就只茅棚屋儿，[dʑiu²² tsɿ⁴⁵ mau⁴⁵ bən¹³ uar⁴⁵]

屋儿也做不起，[uar⁴⁵ ia³¹ tsou²¹³ pu⁴⁵ dʑi³¹]屋儿：房子

屋里冇得老婆，也冇得伢儿。[u⁴⁵ di⁰ mau²² tə⁴⁵ nau³¹ bo⁰, ia²² mau²² tə⁰ ŋar¹³]冇：没有

这个金牛星咧，[ta¹³ ko⁰ tɕin⁴⁴ n̠iu¹³ ɕian⁴⁴ diE²²]

就看到牛郎作孽，[dʑiu²² gei²¹³ tau⁰ n̠iu¹³ nou¹³ tso⁴⁵ n̠iE⁴⁵]

一直咧，想跟他找个老婆，[i⁴⁵ dzɿ⁴⁵ diE²², ɕiou³¹ kən⁴⁴ na⁴⁴ tsau³¹ ko⁰ nau³¹ bo⁰]

想帮他成个家。[ɕiou³¹ pou⁴⁴ na⁴⁴ dzən¹³ ko⁰ tɕia⁴⁴]

他说这个伢儿咧又勤劳又善良，[na⁴⁴ ʂɥe⁴⁵ ta¹³ ko⁰ ŋar¹³ diE²² iu²² dʑin¹³ nau¹³ iu²² ʂei²² diou¹³]

不成个家还是不行，[pu⁴⁵ dzən¹³ ko⁰ tɕia⁴⁴ xai¹³ sɿ²² pu⁴⁵ ɕin¹³]

今后哪个跟他洗衣呀，[tɕin⁴⁴ xau²² na¹³ ko⁰ kən⁴⁴ na⁴⁴ ɕi³¹ i⁴⁴ a⁰]

哪个搞饭他喫啊，[na¹³ ko⁰ kau³¹ fan²² na⁴⁴ dʑia⁴⁵ da⁰]搞饭：做饭

日儿做得要死。[or⁴⁵ or⁰ tsou²¹³ tə⁰ iau²¹³ sɿ³¹]

冇想到，有一日夜里，[mau²² ɕiou³¹ tau⁰, iu³¹ i⁴⁵ or⁴⁵ ia²² di²²]

这个金牛星呢，[ta¹³ ko⁰ tɕin⁴⁴ n̠iu¹³ ɕian⁴⁴ niE²²]

就是这只老牛，[dʑiu²² sɿ²² ta¹³ tʂa⁴⁵ nau⁰ n̠iu¹³]

它跟牛郎咧托了个梦，[na⁴⁴ kən⁴⁴ n̠iu¹³ nou¹³ diE²² do⁴⁵ diau³¹ ko⁰ mən²²]

就说咧那尔明儿早晨起来以后，［dʑiu²² ʂʮə⁴⁵ diɛ²² na²¹³ n̩³¹ mian¹³ ŋar⁰ tsau³¹ ʂən²² dʑi³¹ nai⁰ i³¹ xau²²］

尔到村里箇东边那里有个塘，［n̩³¹ tau²¹³ dzən⁴⁴ di³¹ ko⁰ tən⁴⁴ piei⁴⁴ nə²¹³ di⁰ iu³¹ ko⁰ dou¹³］

那个塘里明儿早晨有几个女箇在那里洗澡，［nə¹³ ko⁰ dou¹³ di²² mian¹³ ŋar⁰ tsau³¹ ʂən²² iu³¹ tɕi³¹ ko⁰ n̺ʮ³¹ ko⁰ dzai²² nə²¹³ di⁰ ɕi³¹ tsau²¹³］女箇：女的

都长得甩⁼漂亮一个。［tou⁴⁴ tsou³¹ tə⁰ ʂʮai³¹ biau²¹³ diou²² i⁴⁵ ko⁰］甩⁼：很

尔去咧，就看到她之⁼洗澡箇衣儿挂到树高底，［n̩³¹ dʑi²¹³ diɛ²²，dʑiu²² gei²¹³ tau⁰ na⁴⁴ tʂ̩⁰ ɕi³¹ tsau³¹ ko⁰ i⁴⁴ ar⁰ kua²¹³ tau⁰ ʂʮ²² kau⁴⁴ ti⁰］她之：她们

尔就找一件尔最喜欢箇衣儿，［n̩³¹ dʑiu²² tsau³¹ i⁴⁵ dʑiei²² n̩³¹ tɕi²¹³ ɕi³¹ xuei⁴⁴ ko⁰ i⁴⁴ ar⁰］

喜欢么颜色，尔就拿么衣。［ɕi³¹ xuei⁴⁴ mo³¹ ian¹³ sə⁴⁵，n̩³¹ dʑiu²² na¹³ mo³¹ i⁴⁴］么：什么

拿到尔就跑，［na¹³ tau⁰ n̩³¹ dʑiu²² bau³¹］

跑回来，就莫出去了，［bau³¹ xui¹³ nai⁰，dʑiu²² mo⁴⁵ dzʮ⁴⁵ dʑi⁰ diau³¹］

在屋里等到，［dzai²² u⁴⁵ di⁰ tei³¹ tau⁰］

那个女箇肯定会来找尔。［nə¹³ ko⁰ n̺ʮ³¹ ko⁰ gən³¹ din²² xui²² nai⁰ tsau³¹ n̩³¹］

第日早晨一醒了，甩⁼早，他咧，［di²² or⁴⁵ tsau³¹ ʂən⁰ i⁴⁵ ɕian³¹ diau³¹，ʂʮai³¹ tsau³¹，na⁴⁴ diɛ²²］第日：第二天

就突然想到他昨夜里做箇梦，［dʑiu²² du⁴⁵ ʮei¹³ ɕiou³¹ tau⁰ na⁴⁴ dzo¹³ ia²² di⁰ tsou²¹³ ko⁰ mən²²］

就按照梦屪里，［dʑiu²² ŋei²¹³ tsau⁰ mən²² dou²² di⁰］屪里：里面

这只牛跟他所说箇，［ta¹³ tʂa⁴⁵ n̺iu¹³ kən⁴⁴ na⁴⁴ so³¹ ʂʮə⁴⁵ ko⁰］

要他到东边去。［iau²¹³ na⁴⁴ tau²¹³ tən⁴⁴ piei⁴⁴ dʑi²¹³］

他就去了，他走啊走啊，［na⁴⁴ dʑiu²² dʑi²¹³ diau³¹，na⁴⁴ tɕiau³¹ ua⁰ tɕiau³¹ ua⁰］

正好走到村里箇村头儿，［tʂən²¹³ xau³¹ tɕiau³¹ tau⁰ dzən⁴⁴ di²² ko⁰ dzən⁴⁴ diau¹³ uar⁰］

旁边正好有个塘，有个塘咧，［bou¹³ piei⁴⁴ tʂən²¹³ xau³¹ iu³¹ ko⁰ dou¹³，iu³¹ ko⁰ dou¹³ diɛ²²］塘：池塘

他一去咧，就一瞄，［na⁴⁴ i⁴⁵ dʑi²¹³ diɛ²²，dʑiu²² i⁴⁵ miau⁴⁴］瞄：看

真箇有几个女箇在那里洗澡哇。［tʂən⁴⁴ ko⁰ iu³¹ tɕi³¹ ko⁰ n̺ʮ³¹ ko⁰ dzai²² nə²¹³ di⁰ ɕi³¹ tsau³¹ ua⁰］

他一跑到去，他一躲到树林里，［na⁴⁴ i⁴⁵ bau³¹ tau⁰ dʑi⁰，na⁴⁴ i⁴⁵ to³¹ tau⁰ ʂʮ²² din¹³ di⁰］

开始不敢去，[gai⁴⁴ ʂʅ³¹ pu⁴⁵ kei³¹ dʑi²¹³]

几个女篃在那里嘻嘻哈哈，在玩水。[tɕi³¹ ko⁰ ȵu³¹ ko⁰ dzai²² nə²¹³ di⁰ ɕi⁴⁴ ɕi⁴⁴ xa⁴⁴ xa⁴⁴，dzai²² uan¹³ ʂu³¹]

他阴到跑到，[na⁴⁴ in⁴⁴ tau⁰ bau³¹ tau⁰] 阴到：偷偷地

突然他看到一件甩红篃，[dou⁴⁵ ʐei¹³ na⁴⁴ gei²¹³ tau⁰ i⁴⁵ dʑiei²² ʂuai³¹ xən¹³ ko⁰]

一件粉红色篃一件裙子，[i⁴⁵ dʑiei²² fən³¹ xən¹³ sə⁴⁵ ko⁰ i⁴⁵ dʑiei²² dzyən¹³ tsʅ³¹]

他甩喜欢那个颜色。[na⁴⁴ ʂuai³¹ ɕi³¹ xuei⁴⁴ nə¹³ ko⁰ ian¹³ sə⁴⁵]

他黑＝到手上就跑，[na⁴⁴ xə⁴⁴ tau⁰ ʂou³¹ ʂou⁰ dʑiu²² bau³¹] 黑＝：拿

跑了直接往屋里跑，[bau³¹ diau³¹ dʐʅ⁴⁵ tɕiɛ³¹ uou¹³ u⁴⁵ di⁰ bau³¹]

跑到屋里以后他就把个门关到，[bau³¹ tau⁰ u⁴⁵ di⁰ i³¹ xau²² na⁴⁴ dʑiu²² pa³¹ ko⁰ mən¹³ kuan⁴⁴ tau³¹]

就等到看得有冇得女篃来找他。[dʑiu²² tei³¹ tau⁰ gei²¹³ tə⁴⁵ iu³¹ mau²² tə⁴⁵ ȵu³¹ ko⁰ nai¹³ tsau³¹ na⁴⁴]

他左等右等，一下等到天黑了，[na⁴⁴ tso³¹ tei³¹ iu²² tei³¹，i⁴⁵ xa²² tei³¹ tau⁰ diei⁴⁴ xə⁴⁵ diau³¹]

哪么还有得人来呀？[na³¹ mo⁰ xai¹³ mau²² tə⁴⁵ zən¹³ nai¹³ ia⁰] 哪么：怎么

他心里也甩焦，他一想呢，[na⁴⁴ ɕin⁴⁴ di³¹ ia³¹ ʂuai³¹ tɕiau⁴⁴，na⁴⁴ i⁴⁵ ɕiou³¹ diɛ⁰] 焦：着急、愁

算了，焦也冇得焦首，[sei²¹³ diau³¹，tɕiau⁴⁴ ia³¹ mau²² tə⁴⁵ tɕiau⁴⁴ ʂou³¹] 首：词尾，头

反正是个梦，[fan³¹ tʂən²¹³ ʂʅ²² ko⁰ mən²²]

是真是假，反正无所谓，[ʂʅ²² tʂən⁴⁴ ʂʅ²² tɕia³¹，fan³¹ tʂən²¹³ u¹³ so³¹ ui²²]

是吧，他就咧，[ʂʅ²² pa⁰，na⁴⁴ dʑiu²² diɛ⁰]

准备上床睏瞌睡。[tʂuən³¹ bi²² ʂou²² dzou¹³ guan²¹³ go⁴⁵ ʂu] 睏瞌睡：睡觉

刚刚一上床，呃，[tɕiou⁴⁴ tɕiou⁴⁴ i⁴⁵ ʂou²² dzou¹³，ə⁴⁵]

哪么听到门前有人敲门篃声音。[na³¹ mə⁰ dian²¹³ tau⁰ mən¹³ dʑiei¹³ iu³¹ zən¹³ gau⁴⁴ mən¹³ ko⁰ ʂan⁴⁴ in⁰]

他赶快一爬起来，把个门一打开，[na⁴⁴ kei³¹ guai²¹³ i⁴⁵ ba¹³ dʑi³¹ nai⁰，pa³¹ ko⁰ mən¹³ i⁴⁵ ta³¹ gai⁴⁴]

果果不然，[ko³¹ ko³¹ pu⁴⁵ ʐei¹³] 果果不然：真的、果然

有一个非常非常漂亮篃一个女篃在他门口，[iu³¹ i⁴⁵ ko⁰ fi⁴⁴ dzou¹³ fi⁴⁴ dzou¹³ biau²¹³ diou²² ko⁰ i⁴⁵ ko⁰ ȵu³¹ ko⁰ dzai²² na⁴⁴ mən¹³ dʑiau³¹]

问他：[uən²² na⁴⁴]

"是不是尔把我篃裙儿拿起跑了？" [ʂʅ²² pu⁴⁵ ʂʅ²² n̩³¹ pa³¹ ŋo³¹ ko⁰ dzyən¹³ ŋar⁰ na¹³ dʑi²² bau³¹ diau³¹]

牛郎咧就笑，[n̠iu¹³ nou¹³ diE⁰ dʑiu²² ɕiau²¹³]

赶快把她迎到屋里来，[kei³¹ guai²¹³ pa³¹ na⁴⁴ n̠in¹³ tau⁰ u⁴⁵ di⁰ nai⁰]

问她喫东西么？喫饭么？[uən²² na⁴⁴ dʑia⁴⁵ tən⁴⁴ ɕi²² mo²²，dʑia⁴⁵ fan²² mo²²]

嗯＝个女箇咧就说冇喫。[n̩²¹³ ko⁰ m̩³¹ ko⁰ diE⁰ dʑiu²² ʂuə⁴⁵ mau²² dʑia⁴⁵] 嗯＝个：那个

冇喫呢，他就，[mau²² dʑia⁴⁵ diE⁰，na⁴⁴ dʑiu²²]

牛郎就赶快把屋里仅剩箇一点儿食物，[n̠iu¹³ nou¹³ dʑiu²² kei³¹ guai²¹³ pa³¹ u⁴⁵ di⁰ tɕin³¹ ʂən²² ko⁰ i⁴⁵ ti⁴⁵ ar⁰ ʂʅ⁴⁵ u⁴⁵]

做滴儿东西把到她喫了。[tsou²¹³ ti⁴⁵ ar⁰ tən⁴⁴ ɕi⁰ pa³¹ tau⁰ na⁴⁴ dʑia⁴⁵ diau³¹] 滴：一点儿

两个人就聊下儿天，[diou³¹ ko⁰ zən¹³ dʑiu²² diau¹³ xar⁴⁵ diei⁴⁴]

聊下儿天以后咧，牛郎咧，[diau¹³ xar⁴⁵ diei⁴⁴ i³¹ xau²² diE⁰，n̠iu¹³ nou¹³ diE⁰]

就鼓到勇气跟这个女箇说，[dʑiu²² ku³¹ tau⁰ in³¹ dʑi²¹³ kən⁴⁴ ta¹³ ko⁰ m̩³¹ ko⁰ ʂuə⁴⁵]

他说：[na⁴⁴ ʂuə⁴⁵]

"尔能不能留下来？[n̩³¹ nən¹³ pu⁴⁵ nən¹³ diu¹³ xa²² nai⁰]

当我箇媳妇儿，[tou⁴⁴ ŋo³¹ ko⁰ ɕi⁴⁵ fu²² ar⁰]

我之＝一起过日子。"[ŋo³¹ tsʅ²² i⁴⁵ dʑi³¹ ko²¹³ or⁴⁵ tsʅ³¹]

这个女箇看到牛郎咧确实是个老实忠厚箇人，[ta¹³ ko⁰ m̩³¹ ko⁰ gei²¹³ tau⁰ n̠iu¹³ nou¹³ diE⁰ dʑio⁴⁵ ʂʅ¹³ ʂʅ²² ko⁰ nau³¹ ʂʅ²² tʂən⁴⁴ xou²² ko²² zən¹³]

又善良，就答应了，[iu²² ʂei²² diou¹³，dʑiu²² ta⁴⁵ in⁰ diau³¹]

跟他下来过日子。[kən⁴⁴ na⁴⁴ xa²² nai⁰ ko²¹³ or⁴⁵ tsʅ³¹]

日复一日，年复一年，[or⁴⁵ fu⁴⁵ i⁴⁵ or⁴⁵，n̠iei¹³ fu⁴⁵ i⁴⁵ n̠iei¹³]

转眼一眨眼睛就过了三年。[tʂuei³¹ ian³¹ i⁴⁵ tsa⁴⁵ ŋan³¹ tɕin⁰ dʑiu²² ko²¹³ diau³¹ san⁴⁴ n̠iei¹³]

这个女箇咧，[ta¹³ ko⁰ m̩³¹ ko⁰ diE⁰]

她跟牛郎两个在一起过日子，[na⁴⁴ kei⁴⁴ n̠iu¹³ nou¹³ diou³¹ ko⁰ dzai²² i⁴⁵ dʑi³¹ ko²¹³ or⁴⁵ tsʅ³¹]

村里箇人，[dzən⁴⁴ di⁰ ko⁰ zən¹³]

都把这个女人叫做织女。[tou⁴⁴ pa³¹ ta¹³ ko⁰ m̩³¹ zən¹³ tɕiau²¹³ tsou²¹³ tsʅ⁴⁵ m̩³¹]

为么事叫织女咧，[ui¹³ mo³¹ sʅ²² tɕiau²¹³ tsʅ⁴⁵ m̩³¹ diE⁰] 为么事：为什么

因为牛郎每日出去耕田，种粮食。[in⁴⁴ ui²² n̠iu¹³ nou¹³ mi³¹ or⁴⁵ dzʅ⁴⁵ dʑi⁰ kan⁴⁴ diei¹³，tʂən²¹³ diou¹³ sʅ⁴⁵]

她每日在屋里，[na⁴⁴ mi³¹ or⁴⁵ dzai²² u⁴⁵ di⁰]

就织布，做衣儿，带伢儿，[dʑiu²² tsʅ⁴⁵ pu²¹³，tsou²¹³ i⁴⁴ ar⁰，tai²¹³ ŋa¹³ ar⁰]

所以说，村里箇人都叫她织女。[so³¹ i³¹ ʂʯ⁴⁵, dzən⁴⁴ di³¹ ko⁰ zən¹³ tou⁴⁴ tɕiau²¹³ na⁴⁴ tʂʅ⁴⁵ ȵʯ³¹]

就这样，牛郎和织女，[dʑiu²² ta²¹³ iou²², ȵiu¹³ nou¹³ xo¹³ tʂʅ⁴⁵ ȵʯ³¹]

过了几年，[ko²¹³ diau³¹ tɕi³¹ ȵiei¹³]

他之＝两个日子过得红红火火，[na²² tʂʅ²² diou³¹ ko⁰ or⁴⁵ tʂʅ³¹ ko²¹³ tə⁰ xuən¹³ xuən¹³ xo³¹ xo³¹]

相亲相爱，还有一对儿女，[ɕiou⁴⁴ dʑin⁴⁴ ɕiou⁴⁴ ŋai²¹³, xai¹³ iu³¹ i⁴⁵ ti²¹³ or¹³ ȵʯ³¹]

过着世外桃源箇日子。[ko²¹³ tʂo⁰ ʂʅ²¹³ uai²² dau¹³ ɻei¹³ ko⁰ or⁴⁵ tʂʅ³¹]

但是咧，好景不长，[dan²² ʂʅ²² diɛ⁰, xau³¹ tɕin³¹ pu⁴⁵ dʑou¹³]

因为织女当时下凡来洗澡箇时节，[in⁴⁴ ui²² tʂʅ⁴⁵ ȵʯ³¹ tou⁴⁴ ʂʅ¹³ xa²² fan¹³ nai¹³ ɕi³¹ tsau³¹ ko⁰ ʂʅ¹³ tɕiɛ⁰] 时节：时候

她是阴到跑箇，[na⁴⁴ ʂʅ²² in⁴⁴ tau⁰ bau³¹ ko⁰] 阴到：偷偷地

天宫里不晓得。[diei⁴⁴ kuən⁴⁴ di³¹ pu⁴⁵ ɕiau³¹ tə⁰] 不晓得：不知道

玉皇大帝晓得织女，七仙女啊，[ʯ⁴⁵ xuou¹³ da²² ti²¹³ ɕiau³¹ tə⁰ tʂʅ⁴⁵ ȵʯ³¹, dʑi⁴⁵ ɕiei⁴⁴ ȵʯ³¹ a⁰]

当时下凡去洗澡，有一个人冇回。[tou⁴⁴ ʂʅ¹³ xa²² fan¹³ dʑi²¹³ ɕi³¹ tsau³¹, iu³¹ i⁴⁵ ko²¹³ zən¹³ mau²² xui¹³]

冇回咧，玉皇大帝龙颜大怒，[mau²² xui¹³ diɛ⁰, ʯ⁴⁵ xuou¹³ da²² ti²¹³ nən¹³ iei¹³ da²² nu²²]

一下气死了，决心啊，[i⁴⁵ xa²² dʑi²¹³ sʅ³¹ diau³¹, tʂʯ⁴⁵ ɕin⁴⁴ na⁰]

坚决要把七仙女搞回来。[tɕiei⁴⁴ tʂʯ⁴⁵ iau²¹³ pa³¹ dʑi⁴⁵ ɕiei⁴⁴ ȵʯ³¹ kau³¹ xui¹³ nai⁰]

所以说，后来有一日啊，[so³¹ i³¹ ʂʯ⁴⁵, xau²² nai¹³ iu³¹ i⁴⁵ or⁴⁵ a⁰]

突然天空上电闪雷鸣，[du⁴⁵ ɻei¹³ diei⁴⁴ guən⁴⁴ ʂou²² diei²² ʂei³¹ di¹³ min¹³]

突然天都黑了，[du⁴⁵ ɻei¹³ diei⁴⁴ tou⁴⁴ xə⁴⁵ diau³¹]

又是甩＝硕箇雨，甩＝硕箇雷。[iu²² ʂʅ²² ʂɻai³¹ ʂo⁴⁵ ko⁰ ʯ³¹, ʂɻai³¹ ʂo⁴⁵ ko⁰ di¹³] 硕：大

一阵电闪雷鸣过了以后，[i⁴⁵ dzən²² diei²² ʂei³¹ di¹³ min¹³ ko²¹³ diau³¹ i³¹ xau²²]

牛郎突然发现自己箇老婆，[ȵiu¹³ nou¹³ du⁴⁵ ɻei¹³ fa⁴⁵ ɕiei²² dʑʅ²² tɕi³¹ ko⁰ nau³¹ bo⁰]

织女不晓得哪里去了，[tʂʅ⁴⁵ ȵʯ³¹ pu⁴⁵ ɕiau³¹ tə⁰ na³¹ di⁴⁴ dʑi²¹³ diau³¹]

两个伢儿丢在屋里，[diou³¹ ko⁰ ŋar¹³ tiu⁴⁴ dzai²² u⁴⁵ di⁰]

睏到床上拼命箇哭。[guən²¹³ tau⁰ dzou¹³ ʂou⁰ bin⁴⁴ mian²² ko⁰ gu⁴⁵]

他一下焦科＝了，[na⁴⁴ i⁴⁵ xa²² tɕiau⁴⁴ go⁴⁴ diau³¹] 焦科＝了：急得要死

不晓得哪么搞好。[pu⁴⁵ ɕiau³¹ tə⁴⁵ na³¹ mo⁰ kau³¹ xau³¹]

正在他不知所措箇情况下，[tʂən²¹³ dzai²² na⁴⁴ pu⁴⁵ tʂʅ⁴⁴ so³¹ dzo²¹³ ko⁰ dʑin¹³ gou²¹³ ɕia²²]

这只老牛哇，金牛星就说话了，[ta¹³ tʂa⁴⁵ nau³¹ ȵiu¹³ ua⁰，tɕin⁴⁴ ȵiu¹³ ɕian⁴⁴ dʑiu²² ʂʅə⁴⁵ xua²² diau³¹]

他说牛郎哇，[na⁴⁴ ʂʅə⁴⁵ ȵiu¹³ nou¹³ ua⁰]

尔赶快把我两只角扳下来，[n̩³¹ kei³¹ guai²¹³ pa³¹ ŋo³¹ diou³¹ tʂa⁴⁵ ko⁴⁵ pan⁴⁴ xa²² nai⁰]

扳下来咧，变成两只箩筐，[pan⁴⁴ xa²² nai⁰ diɛ²²，piei²¹³ dzən¹³ diou³¹ tʂa⁴⁵ no¹³ dʑiou⁰]

把两个伢儿搁在箩筐屎里，[pa³¹ diou³¹ ko⁰ ŋar¹³ ko⁴⁵ dzai²² no¹³ dʑiou⁰ du²² di⁰] 屎里：里面

尔赶快去班=她。[n̩³¹ kei³¹ guai²¹³ dʑi²¹³ pan⁴⁴ na⁴⁴] 班=：追

牛郎咧，就觉得莫名其妙，[ȵiu¹³ nou¹³ diɛ²²，dʑiu²² tɕio⁴⁵ tə⁴⁵ mo⁴⁵ min¹³ dʑi¹³ miau²²]

这只牛哪么会说话咧？[ta¹³ tʂa⁴⁵ ȵiu¹³ na³¹ mo⁰ xui²² ʂʅə⁴⁵ xua²² diɛ²²]

哪么说叫我把它箇角扳下来？[na³¹ mo⁰ ʂʅə⁴⁵ tɕiau²¹³ ŋo³¹ pa³¹ na⁴⁴ ko⁰ ko⁴⁵ pan⁴⁴ xa²² nai⁰]

我哪么扳得下来咧，是吧？[ŋo³¹ na³¹ mo⁰ pan⁴⁴ tə⁰ xa²² nai⁰ diɛ²²，ʂʅ²² pa⁰？]

扳下来有么用咧？[pan⁴⁴ xa²² nai⁰ iu¹³ mo³¹ in²² diɛ²²？]

在说话箇中间，果果不然，[dzai²² ʂʅə⁴⁵ xua²² ko⁰ tʂən⁴⁴ kan⁴⁴，ko³¹ ko³¹ pu⁴⁵ ʮei¹³]

这只牛箇两只角，[ta¹³ tʂa⁴⁵ ȵiu¹³ ko⁰ diou³¹ tʂa⁴⁵ ko⁴⁵]

突然落到地下，[du⁴⁵ ʮei¹³ no⁴⁵ tau⁰ di²² xa⁰]

一落到地下就变成两只箩筐。[i⁴⁵ no⁴⁵ tau⁰ di²² xa⁰ dʑiu²² piei²¹³ dzən¹³ diou³¹ tʂa⁴⁵ no¹³ dʑiou⁰]

这么时节儿牛郎也顾不上问老牛是哪么回事了，[ta²¹³ mo⁰ ʂʅ¹³ tɕiɛr⁴⁵ ȵiu¹³ nou¹³ ia³¹ ku²¹³ pu⁴⁵ sou²² uən²² nau¹³ ȵiu¹³ ʂʅ²² na³¹ mo⁰ xui¹³ ʂʅ²² diau³¹] 哪么：怎么

他看到两只箩筐，[na⁴⁴ gei²¹³ tau⁰ diou³¹ tʂa⁴⁵ no¹³ dʑiou⁰]

就把伢儿往箩筐里一搁，[dʑiu²² pa³¹ ŋar¹³ uou³¹ no¹³ dʑiou⁰ di⁰ i⁴⁵ ko⁴⁵]

绾起来就拼命箇往门口跑，[guan²² dʑi³¹ nai⁰ dʑiu²² bin⁴⁴ mian²² ko⁰ uou³¹ mən¹³ dʑiau³¹ bau³¹] 绾：挑

刚刚出门，[tɕiou⁴⁴ tɕiou⁴⁴ dʐu⁴⁵ mən¹³]

箩筐跟人一伙飞起来了，[no¹³ dʑiou⁰ kən⁴⁴ zən¹³ i⁴⁵ xo³¹ fi⁴⁴ dʑi³¹ nai¹³ diau³¹] 一伙：一起

就朝到织女被捉去走箇方向，[dʑiu²² dzau¹³ tau⁰ tʂʅ⁴⁵ ŋʮ³¹ bi²² tso⁴⁵ dʑi⁰ tɕiau³¹ ko⁰ fou⁴⁴ɕiou²¹³]

拼命箇飞，飞到，[bin⁴⁴mian²²ko⁰fi⁴⁴，fi⁴⁴tau⁰]
看到看到就快班⁼到他之⁼了，[gei²¹³tau⁰gei²¹³tau⁰dʑiu²²guai²¹³pan⁴⁴tau⁰na⁴⁴tʂʅ⁰diau³¹]班⁼：追
就快马上就要抓到这个织女了。[dʑiu²²guai²¹³ma³¹ʂou²²dʑiu²²iau²¹³tʂʅ⁴⁴tau⁰ta¹³ko⁰tʂʅ⁴⁵ŋʮ³¹diau³¹]
这么时节儿，王母娘娘出现了，[ta²¹³mo⁰ʂʅ¹³tɕiɛʀ⁴⁵，uou¹³mu³¹ȵiou¹³ȵiou⁰dzʅ⁴⁵ɕiei²²diau³¹]
她在脑壳上把她箇金钗一拔下来，[na⁴⁴dzai²²nau³¹go⁴⁵ʂou²²pa³¹na⁴⁴ko⁰tɕin⁴⁴dzai⁴⁴i⁴⁵pa⁴⁵xa²²nai⁰]
就照到牛郎和织女两个人箇中间，一划，[dʑiu²²tʂau²¹³tau⁰ȵiu¹³nou¹³xo¹³tʂʅ⁴⁵ŋʮ³¹diou³¹ko⁰zən¹³ko⁰tʂən⁴⁴kan⁴⁴，i⁴⁵xua²²]
突然，天上突然就出现了一条无边无际、波涛汹涌箇一条天河。[du⁴⁵ɻei¹³，diei⁴⁴ʂou²²du⁴⁵ɻei¹³dʑiu²²dzʅ⁴⁵ɕiei²²diau³¹i⁴⁵diau¹³u¹³piei⁴⁴u¹³tɕi²¹³、po⁴⁴dau⁴⁴ɕin⁴⁴in³¹ko⁰i⁴⁵diau¹³diei⁴⁴xo¹³]
两个人，是尔叫我，[diou³¹ko⁰zən¹³，ʂʅ²²n̩³¹tɕiau²¹³ŋo³¹]
我喊尔都喊不应。[ŋo³¹xan³¹n̩³¹tou⁴⁴xan³¹pu⁴⁵in²¹³]
牛郎焦到直哭，眼泪直滴，[ȵiu¹³nou¹³tɕiau⁴⁴tau⁰tʂʅ⁴⁵gu⁴⁵，ŋan³¹di²²tʂʅ⁴⁵ti⁴⁵]
不晓得哪么搞，[pu⁴⁵ɕiau³¹tə⁴⁵na³¹mo⁰kau²¹³]
这是哪么搞咧？[ta²¹³ʂʅ²²na³¹mo⁰kau²¹³diɛ⁰]
老婆看到看到都要抓到手上了，[nau³¹bo¹³gei²¹³tau⁰gei²¹³tau⁰tou⁴⁴iau²¹³tʂʅ⁴⁴tau⁰ʂou³¹ʂou²²diau³¹]
天河这么一下隔开了，[diei⁴⁴xo¹³ta²¹³mo³¹i⁴⁵xa²²kə⁴⁵gai⁴⁴diau³¹]
这哪么得了啊？[ta²¹³na³¹mo⁰tə⁴⁵diau³¹ua⁰]
正在他心里在想箇时候，[tʂən²¹³dzai²²na⁴⁴ɕin⁴⁴di⁰dzai²²ɕiou³¹ko⁰ʂʅ¹³xou⁰]
天上飞来了一群喜鹊，[diei⁴⁴ʂou⁰fi⁴⁴nai¹³diau³¹i⁴⁵dzʮən¹³ɕi³¹dʑio⁴⁵]
这飞来箇一群喜鹊就不是一只两只咧，[ta²¹³fi⁴⁴nai¹³ko⁰i⁴⁵dzʮən¹³ɕi³¹dʑio⁴⁵dʑiu²²pu⁴⁵ʂʅ²²i⁴⁵tʂa⁴⁵diou³¹tʂa⁴⁵dia³¹]
就是成千上万箇喜鹊，[dʑiu²²ʂʅ²²dzən¹³dʑiei⁴⁴ʂou²²uan²²ko⁰ɕi³¹dʑio⁴⁵]
飞过来了，飞过来咧，[fi⁴⁴ko²¹³nai¹³diau³¹，fi⁴⁴ko²¹³nai¹³diɛ⁰]
喜鹊就看到牛郎和织女，[ɕi³¹dʑio⁴⁵dʑiu²²gei²¹³tau⁰ȵiu¹³nou¹³xo¹³tʂʅ⁴⁵ŋʮ³¹]
这么悲惨箇遭遇，[ta²¹³mo⁰pi⁴⁴dzan³¹ko⁰tsau⁴⁴ʮ²²]
他之⁼看不下去，同情他之⁼两个。[na⁴⁴tʂʅ⁰gei²¹³pu⁴⁵xa²²dʑi²¹³，dən¹³dʑin¹³na⁴⁴

tʂʅ⁰ diou³¹ ko²¹³〕

所以说，最后他之⁼成千上万箇喜鹊，〔so³¹ i³¹ ʂʯə⁴⁵，tɕi²¹³ xau²² na⁴⁴ tʂʅ⁰ dzən¹³ dziei⁴⁴ ʂou²² uan²² ko⁰ ɕi³¹ dzio⁴⁵〕

就尔咬我箇尾巴，我咬你箇尾巴，〔dʑiu²² n̩³¹ ŋa⁴⁵ ŋo³¹ ko⁰ ui³¹ pa⁰，ŋo³¹ ŋa⁴⁵ n̩³¹ ko⁰ ui³¹ pa⁰〕

这么搭成了一条很长很长箇一座鹊桥。〔ta²¹³ mo³¹ ta⁴⁵ dzən¹³ diau³¹ i⁴⁵ diau¹³ xən³¹ dzou¹³ xən³¹ dzou¹³ ko⁰ i⁴⁵ dzo²² dzio⁴⁵ dziau¹³〕

牛郎和织女看到了一座鹊桥，〔n̩iu¹³ nou¹³ xo¹³ tʂʅ⁴⁵ ŋʯ³¹ gei²¹³ tau⁰ diau³¹ i⁴⁵ dzo²² dzio⁴⁵ dziau¹³〕

马上两个人就一下到了鹊桥高底，〔ma³¹ ʂou²² diou³¹ ko⁰ zən¹³ dʑiu²² i⁴⁵ xa²² tau²¹³ diau³¹ dzio⁴⁵ dziau¹³ kau⁴⁴ ti³¹〕高底：上面

就这么一下会了面。〔dʑiu²² ta²¹³ mo³¹ i⁴⁵ xa²² xui²² diau³¹ miei²²〕

见面以后，两个人悲喜交加，〔tɕiei²¹³ miei²² i³¹ xau²²，diou³¹ ko⁰ zən¹³ pei⁴⁴ ɕi³¹ tɕiau⁴⁴ tɕia⁴⁴〕

但是他之⁼两个必须还是要离开呀，〔dan²² ʂʅ²² na⁴⁴ tʂʅ⁰ diou³¹ ko⁰ pi⁴⁵ ʂʯ⁴⁴ xai¹³ ʂʅ²² iau²¹³ di¹³ gai⁴⁴ ia⁰〕

这个喜鹊它不能一老这么搭到哇，〔ta¹³ ko⁰ ɕi³¹ dzio⁴⁵ na⁴⁴ pu⁴⁵ nən¹³ i⁴⁵ nau³¹ ta²¹³ mo³¹ ta⁴⁵ tau⁰ ua⁰〕一老：一直

他之⁼两个见了面，〔na⁴⁴ tʂʅ⁰ diou³¹ ko⁰ tɕiei²¹³ diau³¹ miei²²〕

两个人见个最后一面就分开了，〔diou³¹ ko⁰ zən¹³ tɕiei²¹³ ko⁰ tɕi²¹³ xau²² i⁴⁵ miei²² dʑiu²² fən⁴⁴ gai⁴⁴ diau³¹〕

分开了咧，这个喜鹊呀，〔fən⁴⁴ gai⁴⁴ diau³¹ diE⁰，ta¹³ ko⁰ ɕi³¹ dzio⁴⁵ a⁰〕

为了让他之⁼两个人每年有一次会面箇日子，〔ui¹³ diau³¹ zou²² na⁴⁴ tʂʅ⁰ diou³¹ ko⁰ zən¹³ mi³¹ n̩iei¹³ iu³¹ i⁴⁵ dzʅ²¹³ xui²² miei²² ko⁰ or⁴⁵ tsʅ³¹〕

就在每年箇农历七月初七，〔dʑiu²² dzai²² mi³¹ n̩iei¹³ ko⁰ nən¹³ di⁴⁵ dʑi⁴⁵ ŋʯə⁴⁵ dzu⁴⁴ dʑi⁴⁵〕

这些喜鹊同样箇飞过来，〔ta²¹³ ɕia⁴⁴ ɕi³¹ dzio⁴⁵ dən¹³ iou²² ko⁰ fi⁴⁴ ko²¹³ nai⁰〕

搭成一条鹊桥，〔ta⁴⁵ dzən¹³ i⁴⁵ diau¹³ dzio⁴⁵ dziau¹³〕

让他之⁼两个会面，〔zou²² na⁴⁴ tʂʅ⁰ diou³¹ ko⁰ xui²² miei²²〕

所以后人就一直把每年箇农历七月初七，〔so³¹ i³¹ xou²² zən¹³ dʑiu²² i⁴⁵ dzʅ⁴⁵ pa³¹ mi³¹ n̩iei¹³ ko⁰ nən¹³ di⁴⁵ dʑi⁴⁵ ŋʯə⁴⁵ dzu⁴⁴ dʑi⁴⁵〕

作为牛郎织女箇会面箇日子，〔tso⁴⁵ ui¹³ n̩iu¹³ nou¹³ tʂʅ⁴⁵ ŋʯ³¹ ko⁰ xui²² miei²² ko⁰ or⁴⁵ tsʅ³¹〕

让他之﹦两个，[zou²² na⁴⁴ tṣʅ⁰ diou³¹ ko⁰]

夫妻永远这么恩爱下去。[fu⁴⁴ dʑi⁴⁴ ʯən³¹ ʯei³¹ tɑ²¹³ mo⁰ ŋən⁴⁴ ŋai²¹³ xɑ²² dʑi⁰]

意译：在古时候，有一个村庄里住着一个小伙子，这个小伙子的家位于村里一个比较偏僻的地方。他的爹妈死得很早，他一个人孤苦伶仃地住着，房子也不好——一个茅草屋，他一个人住着。家里什么东西都没有，就只有一头老牛每天跟他在一起，过着相依为命的日子。其实这头牛不是一般的牛，它是天上被贬下来的金牛星。村里的人看着这个小孩可怜，家里什么东西都没有，就只有一头牛跟他作伴。后来，方圆几里路，各个村里都知道了这个孩子，就把他叫做牛郎。这个孩子就这样被所有人都称作牛郎了。他和这头牛在一起，日子过得还可以，虽说饿不死，但是家里确确实实很简陋，就只有一个茅草屋，做不起房子，没有老婆，也没有孩子。这个金牛星看到牛郎可怜，一直想帮他找个老婆，帮他成个家。它想呀，这个孩子又勤劳又善良，不成家还是不行的，将来谁帮他洗衣做饭？他天天做农活忙得要死。

有一天晚上，金牛星，也就是这头老牛跟牛郎托了个梦，它说你明天早上起床以后就去村东边的水塘，有几个女人在那个塘里洗澡，都长得非常漂亮。她们脱下的衣服，挂在树上，你挑一件最喜欢的，喜欢什么颜色，就拿什么颜色的。拿到你就跑，跑回来你就别出去了，在家里等着，那个女的肯定会来找你。第二天早上很早，他就醒了，想到昨天晚上做的梦，于是他就按照梦里那头牛跟他说的，走到村东头。他走啊走啊，走到村头，那里正好有一个塘，他一看，真的有几个女的在那里洗澡。他跑到树林里躲起来，开始不敢看，只见那些女人在嘻嘻哈哈的戏水，于是他偷偷跑过去，看到一件很红的、粉红色的裙子，他很喜欢这个颜色。他把裙子拿到手里就往家里跑，跑到家以后他就把门关上，等呀等，就想看有没有女的来找他。他左等右等，一直等到天黑了，怎么还没有人来呀？他心里很着急，但一想呢，算了，急也没用，反正是个梦，是真是假，反正无所谓。于是，他呢，就准备上床睡觉。刚刚一上床，怎么有敲门的声音？他赶快爬起来开门，一个非常漂亮的女孩站在他的门口，问他："是不是你把我的裙子拿走了？"牛郎就笑，赶快把她请到家里，问她吃了没有？那个女的说，我没有吃呢。于是牛郎就赶快把家里仅剩的一点食物做给女孩子吃了。两个人聊着聊着，牛郎鼓起勇气说："你能不能留下来当我的媳妇，咱们一起过日子？"这个女孩看到牛郎确实是一个忠厚老实的人，又善良，就答应了，于是他们就一起过起了日子。

就这样日复一日，年复一年，转眼过了三年。这个女人，她跟牛郎在一起过日子，村里的人都把她叫做织女。为什么叫织女呢？因为牛郎每天都要出去耕田种地，她每天就在家里织布、做衣服、带孩子，所以村里的人都叫她织女。牛郎和织女把日子过得红红火火，相亲相爱，还有了一对儿女，过着世外桃源的日子。但是，好景不长，因为当年织女下凡来洗澡，是偷偷溜出来的，天宫里不知道。玉皇大帝知道七仙女下凡去洗澡，有一个没有回去，于是，他龙颜大怒，气得要死，发誓一定要把织女抓回来。有一天，电闪雷鸣，天都黑了，很大的雨，很大的雷，一阵电闪雷鸣之后，牛郎发现自己的老婆——织女不见了，两个孩子丢在家里，睡在床上拼命的哭。他一下急得要死，不知道怎么办才好。正在他不知所措的情况下，这头老牛，也就是金牛星说话了，它说牛郎呀，你赶紧把我的两只角给掰下来变成两只箩筐，你把孩子放在箩筐里，然后去追你的老婆。牛郎觉得莫名其妙，这牛为什么会说话呢？它为什么叫我把它头上的角掰下来？我怎么掰得下来呢？掰下来有什么用呢？正当他思考的时候，这头牛的两只角掉在地上，变成了两只箩筐。这时候，牛郎也顾不得问老牛是怎么回事了，他把两个孩子往箩筐里一放，挑起箩筐就拼命地往外面跑。

刚刚一出门，箩筐和人就一起飞了起来，朝着织女被捉走的那个方向，飞呀飞呀，眼看就要抓到织女了，这时，王母娘娘出现了，她把头上的金钗拔下来，照着牛郎和织女的中间一划，突然天上出现了一条无边无际，波涛汹涌的天河。牛郎和织女隔着天河，你喊我，我喊你，怎么喊都喊不应。牛郎急得直哭，不知道怎么办。老婆眼看就要抓到手了，却一下被天河隔开了。这怎么办啊？正当他心里想着这事的时候，天上飞来了一群喜鹊，这喜鹊可不是一只两只呢，是成千上万只。喜鹊看到牛郎和织女这么悲惨的遭遇，它们看不下去了，非常同情他们两个。最后，成千上万只喜鹊，你咬着我的尾巴，我咬着你的尾巴，搭起了一座很长很长的鹊桥，牛郎和织女看到了鹊桥，就马上跑到了鹊桥上面，就这么会了面。见面以后，两个人悲喜交加，但是他们两个还是要离开呀，这些喜鹊也不能一直就这么搭着呀。他们在鹊桥上见了一面就分开了，这些喜鹊为了让他们夫妻两个每年都有一次会面的日子，就在每年农历的七月初七，这些喜鹊都会飞到天上去，搭成一座鹊桥，让牛郎和织女会面。所以，后人就一直把每年农历的七月初七，作为牛郎织女会面的日子，让他们夫妻两个永远这么恩爱下去。

三 其他故事

0022 其他故事

今日我跟大家讲下儿，[tɕin⁴⁴ ŋar⁴⁴ ŋo³¹ kei⁴⁴ da²² tɕia⁴⁴ tɕiou³¹ xar⁴⁵]

蒲圻县有个斋公岭，有个和尚岭。[bu¹³ dʑi⁰ ɕiei²² iu³¹ ko⁰ tsai⁴⁴ kuən⁴⁴ diɑn³¹，iu³¹ ko⁰ xo¹³ dʐou³¹ dian³¹]

这两个地名呢是哪么来箇？［ ta¹³ diou³¹ ko⁰ di²² min¹³ ȵie⁰ ʂʅ²² na³¹ ma⁰ nai¹³ ko⁰ ］哪么：怎么。箇：的

我今儿跟尔之⁼讲下。［ ŋo³¹ tɕin⁴⁴ ŋar⁴⁴ kən⁴⁴ n̩³¹ tʂʅ⁰ tɕiou³¹ xar⁴⁵ ］尔之：你们

斋公岭和和尚岭是在蒲圻县箇西边，［ tsai⁴⁴ kuəŋ⁴⁴ dian³¹ xo¹³ xo¹³ dʐou³¹ dian³¹ ʂʅ²² dzai²² bu¹³ dʑi⁰ ɕiei²² ko⁰ ɕi⁴⁴ piei⁴⁴ ］

原来呀蒲圻县有六个城门洞儿，［ ɣei¹³ nai¹³ ia⁰ bu¹³ dʑi⁰ ɕiei²² iu²² nou⁴⁵ ko⁰ dzən¹³ mən⁰ dən²² ŋar²² ］

蒲圻县箇城墙是在中国都是有名箇，［ bu¹³ dʑi⁰ ɕiei²² ko⁰ dzən¹³ dʑiou¹³ ʂʅ²² dzai²² tʂən⁴⁴ kuə⁴⁵ tou⁴⁴ ʂʅ²² iu³¹ mian¹³ ko⁰ ］

当时是在三国时期所建造箇城墙，［ tou⁴⁴ ʂʅ¹³ ʂʅ²² dzai²² san⁴⁴ kuə⁴⁵ ʂʅ¹³ dʑi⁴⁴ so³¹ tɕiei²¹³ dzau²¹³ ko⁰ dzən¹³ dʑiou¹³ ］

所以说这个城墙名气相当箇大。［ so³¹ i³¹ ʂuə⁴⁵ ta¹³ ko⁰ dzən¹³ dʑiou¹³ min¹³ dʑi⁰ ɕiou⁴⁴ tou⁴⁴ ko⁰ dai²² ］

从城门洞从西边箇西门出城以后，［ dzən¹³ dzən¹³ mən¹³ dən²² dzən¹³ ɕi⁴⁴ piei⁰ ko⁰ ɕi⁴⁴ mən¹³ dʐʅ⁴⁵ dzən¹³ i³¹ xau²² ］

不远箇位子有个叫斋公岭箇位子。［ pu⁴⁵ ɣei³¹ ko⁰ ui²² tʂʅ⁰ iu³¹ ko⁰ tɕiau²¹³ tsai⁴⁴ kuəŋ⁴⁴ dian³¹ ko⁰ ui²² tʂʅ⁰ ］位子：地方

这个斋公岭是哪么来箇咧？［ ta¹³ ko⁰ tsai⁴⁴ kuəŋ⁴⁴ dian³¹ ʂʅ²² na³¹ ma⁰ nai¹³ ko⁰ diɛ⁰ ］

传说当时有一个叫彭家四爹箇一个人，［ dzʐei¹³ ʂuə⁴⁵ tou⁴⁴ ʂʅ¹³ iu³¹ i⁴⁵ ko²¹³ tɕiau²¹³ bən¹³ ka⁰ sʅ²¹³ tia⁴⁴ ko⁰ i⁴⁵ ko²¹³ zən¹³ ］

在那里设斋堂行医，［ dzai²² nə²¹³ di⁰ ʂə⁴⁵ tsai⁴⁴ dou¹³ ɕin¹³ i⁴⁴ ］

专门为穷人诊病，［ dzʐei⁴⁴ mən⁰ ui²² dʑin¹³ zən⁰ tʂan³¹ bian²² ］

解决为难箇事情。［ kai³¹ tʂuə⁴⁵ ui¹³ nan¹³ ko⁰ sʅ²² dʑin⁰ ］

当时箇村民啊哪个都说这个彭家四爹是个好人，［ tou⁴⁴ ʂʅ¹³ ko⁰ dzən⁴⁴ min¹³ na⁰ na³¹ ko⁰ tou⁴⁴ ʂuə⁴⁵ ta¹³ ko⁰ bən¹³ ka⁰ sʅ²¹³ tia⁴⁴ ʂʅ²² ko⁰ xau³¹ zən⁰ ］

我之⁼随么事情，［ ŋo³¹ tʂʅ⁰ ɕi¹³ mo⁰ sʅ²² dʑin⁰ ］么：什么

只要有点儿难处有点儿病灾，［ tʂʅ⁴⁵ iau⁰ iu³¹ ti⁴⁵ ər⁰ nan¹³ dzʐu⁰ iu³¹ ti⁴⁵ ər⁰ bian²² tsai⁴⁴ ］

他一分钱都不收他跟我之⁼看病。［ na⁴⁴ i⁴⁵ fən⁴⁴ dʑiei¹³ tou⁴⁴ pu⁴⁵ sou⁴⁴ na⁴⁴ kei⁴⁴ ŋo³¹ tʂʅ⁰ gei²¹³ bian²² ］

彭家四爹这个人呢他有个特点，［ bən¹³ ka⁰ sʅ²¹³ tia⁴⁴ ta¹³ ko⁰ zən¹³ ȵiɛ⁰ na⁴⁴ iu³¹ ko⁰ də⁴⁵ tiei³¹ ］

他为么家，［ na⁴⁴ ui¹³ mo³¹ tɕia⁰ ］为么家：为什么

他是尔只有钱箇人，[na⁴⁴ ʂʅ²² n̩³¹ tsʅ⁴⁵ iu³¹ dzieí¹³ ko⁰ zən¹³]
么地主啊富农啊这一种人，[mo³¹ di²² tsʯ³¹ a⁰ fu²¹³ nən⁰ na⁰ ta¹³ i⁴⁵ tʂən³¹ zən¹³]
你越有钱他就越收多点儿，[n̩³¹ ʯə⁴⁵ iu³¹ dzieí¹³ na⁴⁴ dziu²² ʯə⁴⁵ ʂou⁴⁴ to⁴⁴ tiɛr⁴⁵]
你诊就诊不诊就算了。[n̩³¹ tʂan³¹ dziu²² tʂan³¹ pu⁴⁵ tʂan³¹ dziu²² sei²¹³ diau⁰]
他看到穷人来了呢，[na⁴⁴ gei²¹³ tau⁰ dzin¹³ zən⁰ nai¹³ diau⁰ diɛ⁰]
他几乎不收一分钱，[na⁴⁴ tɕi⁴⁴ xu⁴⁴ pu⁴⁵ ʂou⁴⁴ i⁴⁵ fən⁴⁴ dzieí⁰]
后来咧他在四邻八乡啊，[xau²² nai⁰ diɛ⁰ na⁴⁴ dzai²² sʅ²¹³ din¹³ pa⁴⁵ ɕiou⁴⁴ ua⁰]
他箇名气大得很，[na⁴⁴ ko⁰ min¹³ dzi⁰ dai²² tə⁰ xən³¹]
到处受人尊敬受人尊重。[tau²¹³ dzʯ⁰ ʂou²² zən¹³ tsən⁴⁴ tɕin²¹³ ʂou²² zən¹³ tsən⁴⁴ dzən²²]
最后咧彭家四爹年龄大了，[tɕi²¹³ xau²² diɛ⁰ bən¹³ ka⁰ sʅ²¹³ tia⁴⁴ n̠iei¹³ din⁰ dai²² diau⁰]
不久咧他就离开了人世他也死了。[pu⁴⁵ tɕiu³¹ diɛ⁰ na⁴⁴ dziu⁰ di¹³ gai⁴⁴ diau³¹ zən¹³ sʅ²¹³ na⁴⁴ ia³¹ sʅ³¹ diau⁰]
当地箇老百姓村民就为了纪念这个彭家四爹，[tou⁴⁴ di²² ko⁰ nau³¹ pə⁴⁵ ɕin⁰ dzən⁴⁴ min¹³ dziu²² ui¹³ diau³¹ tɕi²¹³ n̠iei²² ta⁰ ko⁰ bən¹³ ka⁰ sʅ²¹³ tia⁴⁴]
就把他住箇这个位子命名为斋公岭。[dziu²² pa³¹ na⁴⁴ dzʯ²² ko⁰ ta¹³ ko⁰ ui²² tsʅ⁰ min²² min¹³ ui⁰ tsai⁴⁴ kuən⁴⁴ dian³¹]
斋公岭这个名字定下来以后，[tsai⁴⁴ kuən⁴⁴ dian³¹ da¹³ ko⁰ mian⁴⁴ dzʅ⁰ din²² xa²² nai⁰ i²¹³ xau²²]
当地甩⁼多人都晓得这个事，[tou⁴⁴ di²² ʂʯai³¹ to⁴⁴ zən¹³ tou⁴⁴ ɕiau³¹ tə⁰ ta¹³ ko⁰ sʅ²²]

甩：很

这个彭家四爹死了以后哇，[ta¹³ ko⁰ bən¹³ ka⁰ sʅ²¹³ tia⁴⁴ sʅ³¹ diau³¹ i³¹ xau²² ua⁰]
甩⁼多人都经常去为他烧香啊磕头啊。[ʂʯai³¹ to⁴⁴ zən¹³ tou⁴⁴ tɕin⁴⁴ dzou¹³ dzi²¹³ ui²² na⁴⁴ ʂau⁴⁴ ɕiou⁴⁴ ua⁰ go⁴⁵ diau¹³ ua⁰]
在这么时间儿咧，[dzai²² ta²¹³ ma⁰ sʅ¹³ tɕiar⁴⁴ diɛ⁰]
在斋公岭箇前底，[dzai²² tsai⁴⁴ kuən⁴⁴ dian³¹ ko⁰ dzieí¹³ ti⁰] 前底：前面
不到斋公岭箇位子，在靠城西这边，[pu⁴⁵ tau²¹³ tsai⁴⁴ kuən⁴⁴ dian³¹ ko⁰ ui²² tsʅ⁰，dzai²² gau²¹³ dzən¹³ ɕi⁴⁴ ta²¹³ piei⁰] 位子：地方
还近点儿箇位子，有个和尚。[xai²¹³ dzin²² tiɛr⁴⁵ ko⁰ ui²² tsʅ⁰，iu³¹ ko⁰ xo⁰ dzou³¹]
和尚咧，也是一个好人，[xo¹³ dzou³¹ diɛ⁰，ia³¹ sʅ²² i⁴⁵ ko⁰ xau³¹ zən⁰]
一个大善人。[i⁴⁵ ko⁰ dai²² ʂei²² zən⁰]
他就看到彭家四爹呢一生为老百姓做好事，[na⁴⁴ dziu²² gei²¹³ tau⁰ bən¹³ ka⁰ sʅ²¹³ tia⁴⁴ da⁰ i⁴⁵ sei⁴⁴ ui¹³ nau³¹ pə⁴⁵ ɕin²¹³ tsu²¹³ xau³¹ sʅ⁰]

行医看病，不收别个一分钱。[ɕin¹³ i⁴⁴ gei²¹³ bian²², pu⁴⁵ ʂou⁴⁴ biɛ¹³ ko⁰ i⁴⁵ fən⁴⁴ dʑiei⁴⁴]别个：别人

这个和尚咧就为了学习这个彭家四爷，[ta¹³ ko⁰ xo¹³ dʑou³¹ diɛ⁰ dʑiu²² ui¹³ diau⁰ ɕio¹³ ɕi⁴⁵ ta¹³ ko⁰ bən¹³ ka⁰ sʅ²¹³ tia⁴⁴]

他就在附近呢他就做了一个祠堂，叫彭公祠。[na⁴⁴ dʑiu²² dzai²² fu²² dʑin²² n̪iɛ⁰ na⁴⁴ dʑiu²² tsu²¹³ diau⁰ i⁴⁵ ko⁰ dzʅ¹³ dou¹³, tɕiau³¹ bən¹³ kuan⁴⁴ dzʅ¹³]

做了个祠堂咧，[dzu²¹³ diau³¹ ko⁰ dzʅ¹³ dou¹³ diɛ⁰]

他就在这个祠堂里也开始，[na⁴⁴ dʑiu²² dzai²² ta¹³ ko⁰ dzʅ¹³ dou⁰ di⁰ ia³¹ gai⁴⁴ sʅ³¹]

施斋饭哪，[ʂʅ⁴⁴ tsai⁴⁴ fan²² na⁰]

跟人诊点儿小病哪，[kən⁴⁴ zən¹³ tʂan³¹ tiɛr⁴⁵ ɕiau³¹ bian²² na⁰]

因为他也是懂点儿医，[in⁴⁴ ui⁰ na⁴⁴ ia³¹ sʅ²² tən³¹ tiɛr⁴⁵ i⁴⁴]

也跟别个诊病。[ia³¹ kən⁴⁴ biɛ¹³ ko⁰ tʂan³¹ bian²²]

久而久之，[tɕiu³¹ or¹³ tɕiu³¹ tsʅ⁴⁴]

一年过去了两年过去了三年过去了，[i⁴⁵ n̪iei¹³ ko²¹³ dʑi⁰ diau⁰ diou³¹ n̪iei¹³ ko²¹³ dʑi⁰ diau⁰ san⁴⁴ n̪iei¹³ ko²¹³ dʑi⁰ diau⁰]

这个时间一长了以后啊，[tə¹³ ko⁰ sʅ¹³ tɕian⁴⁴ i⁴⁵ dʑou¹³ diau³¹ i³¹ xau²² ua⁰]

当地箇老百姓村民又晓得，[tou⁴⁴ di²² ko⁰ nau³¹ pə⁴⁵ ɕin⁰ dzən⁴⁴ min¹³ iu²² ɕiau³¹ tə⁴⁵]晓得：知道

这个位子有个和尚，[ta¹³ ko⁰ ui²² tsʅ⁰ iu³¹ ko⁰ xo¹³ dʑou³¹]

也是一个大善人。[ia³¹ sʅ²² i⁴⁵ ko⁰ dai²² ʂei²² zən⁰]

所以说随么事情，[so³¹ i³¹ ʂuɚ⁴⁵ ɕi¹³ mo³¹ sʅ²² dʑin⁰]随：无论。么：什么

屋里有点儿困难，[u⁴⁵ di⁰ iu³¹ tiɛr⁴⁵ guan²¹³ nan²²]

伢儿饿狠了冇得饭喫，[ŋar¹³ ŋo²² xei³¹ diau⁰ mau²² tə⁴⁵ fan²² dʑia⁴⁵]冇得：没有

都跑到那个祠堂里去找这个和尚。[tu⁴⁴ bau³¹ tau⁰ nə²¹³ ko⁰ dzʅ¹³ dou⁴⁴ di⁰ dʑi⁰ tsau³¹ ta¹³ ko⁰ xo¹³ dʑou³¹]

一去了，和尚就为他之=又是诊病看病又是把饭他之=喫，[i⁴⁵ dʑi²¹³ diau⁰, xo¹³ dʑou³¹ dʑiu²² ui²² na⁴⁴ tsʅ⁰ iu²² sʅ²² tʂan³¹ bian²² gei²¹³ bian²² iu²² sʅ²² pa³¹ fan²² na⁴⁴ tsʅ⁰ dʑia⁴⁵]

名气不亚于当年箇彭家四爷。[min¹³ dʑi⁰ pu⁴⁵ ia²¹³ y̯⁰ tou⁴⁴ n̪iei¹³ ko⁰ bən¹³ ka⁰ sʅ²¹³ tia⁴⁴]

但是咧和尚咧年纪也大了，[dan²² sʅ²² n̪iɛ⁰ xo¹³ dʑou³¹ diɛ⁰ n̪iei¹³ tɕi⁰ ia³¹ dai²² diau⁰]

冇过几年和尚也得病也死了。[mau²² ko²¹³ tɕi³¹ n̪iei¹³ xo¹³ dʑou³¹ ia³¹ tə⁴⁵ bian²² ia³¹ sʅ³¹ diau⁰]

这里箇人呢就晓得，[ta²¹³ di²² ko⁰ zən¹³ n̪iɛ⁰ dʑiu²² ɕiau³¹ tə⁰]

前底有个斋公岭，［dʑiei¹³ti³¹iu³¹ko⁰tsai⁴⁴kuən⁴⁴diɑn³¹］前底：前面

这个和尚跟彭家四爹差不多，［tɑ¹³ko⁰xo¹³dzou³¹kən⁴⁴bən¹³kɑ⁰sɿ²¹³tiɑ⁴⁴dzɑ⁴⁴pu⁰to⁴⁴］

也是为人民为老百姓着想。［iɑ³¹sɿ²²ui¹³zən¹³min⁰ui¹³nɑu³¹pə⁴⁵ɕin⁰tʂo⁴⁵ɕiou³¹］

他死了以后，［nɑ⁴⁴sɿ³¹diɑu³¹i³¹xɑu²²］

当地箇老百姓为了纪念这个和尚，［tou⁴⁴di²²ko⁰nɑu³¹pə⁴⁵ɕin⁰ui²²diɑu⁰tɕi²¹³ɲiei²²tɑ¹³ko⁰xo¹³dzou³¹］

就把他住箇这个位子，［dʑiu²²pɑ³¹nɑ⁴⁴dzʅ²²ko⁰tɑ¹³ko⁰ui²²tsɿ⁰］

这个建造箇这个祠堂，［tɑ¹³ko⁰tɕiei²¹³dzɑu²¹³ko⁰tɑ¹³ko⁰dzɿ¹³dou¹³］

这个岭儿叫做和尚岭。［tɑ¹³ko⁰diɑn²²ɳɑr²²tɕiɑu²²tsu⁰xo¹³dzou³¹diɑn³¹］

所以说，后底，［so³¹i³¹ʂʅə⁴⁵，xɑu²²ti⁰］后底：后来

蒲圻县后人就问，［bu¹³dʑi⁰ɕiei²²xɑu²²zən⁰dʑiu²²uən²²］

这个和尚岭跟斋公岭哪么来箇咧？［tɑ¹³ko⁰xo¹³dzou³¹diɑn³¹kən⁴⁴tsai⁴⁴kuən⁴⁴diɑn³¹nɑ³¹mɑ⁰nai⁰ko⁰diɛ⁰］

实际上，我将才讲箇这个故事，［sɿ⁴⁵tɕi⁰ʂou⁰，ŋo³¹tɕiou⁴⁴dzai¹³tɕiou³¹ko⁰tɑ¹³ko⁰ku²¹³sɿ⁰］将才：刚刚

斋公岭跟和尚岭箇来源就是这么来箇。［tsai⁴⁴kuən⁴⁴diɑn³¹kən⁴⁴xo¹³dzou³¹diɑn³¹ko⁰nai¹³ɥei²²dʑiu²²sɿ²²tɑ²¹³mɑ⁰nai¹³ko⁰］

意译：今天我跟大家讲一下，蒲圻县（赤壁市的前称）的斋公岭和和尚岭。这两个地名是怎么来的呢？今天我来跟你们讲一下。斋公岭和和尚岭在蒲圻县的西边，蒲圻县城原来有六个城门，蒲圻县的城墙在全中国都是有名的，城墙是三国时期建造的，名气相当大。

从西门出城以后，不远处有个叫斋公岭的地方。这斋公岭是怎么来的呢？传说当时有一个叫彭四爹的人，在那里设斋堂行医，专门为穷人看病，替老百姓排忧解难。当地的村民都说彭四爹是个好人，我们不管什么事情，只要有点儿难处有点儿病灾，他一分钱都不收，跟我们看病。彭四爹这个人呢，他有个特点，他呢，要是你是个有钱人，像地主、富农等这种人，你越有钱，他就越多收点儿钱，你治就治，不治就算了。他看到穷人来了呢，几乎不收一分钱。后来，他在四邻八乡，名气非常大，到处受人尊重。后来，彭四爹年龄大了，不久就离开了人世。当地的老百姓为了纪念彭四爹，就把他住的这个地方命名为斋公岭。斋公岭这个名字定下来以后，当地很多人都知道这个事，彭四爹死了以后，很多人都经常去为他烧香、磕头。

这时候，在斋公岭的前面，不到斋公岭的地方，在靠城西这边，还近一点的

地方，有个和尚，和尚也是一个好人，一个大善人。他看到彭四爹一生为老百姓做好事，行医看病，不收别人一分钱。和尚为了学习彭四爹，就在附近做了一个祠堂，叫彭公祠。做了祠堂以后，他就在这个祠堂里也开始施斋饭，跟人治点儿小病，因为他也懂点儿医术，也跟别人治病。久而久之，一年过去了两年过去了三年过去了，时间一长了以后呢，当地的老百姓、村民又知道，这个地方有个和尚，也是一个大善人。因此，不管什么事情，只要家里有点儿困难，比如说孩子饿了，没有饭吃，都跑到那个祠堂里去找这个和尚。去了以后，和尚既为他们看病，又给他们施饭，名气不亚于当年的彭四爹。但是和尚年纪也大了，没过几年，和尚也得病死了。这里的人都知道，前面有个斋公岭，这个和尚跟彭四爹差不多，也是为人民为老百姓着想。他死了以后，当地的老百姓为了纪念这个和尚，就把他住的这个地方，他建造的这个祠堂、这个岭叫做和尚岭。

所以说，后来，蒲圻县的后人就问，这个和尚岭和斋公岭是怎么来的呢？实际上，我刚才讲的这个故事，斋公岭跟和尚岭就是这么来的。

四 自选条目

0031 自选条目
人为财死，鸟为食亡。[zən¹³ ui¹³ dzai¹³ sʅ³¹，ȵiɑu³¹ ui¹³ sʅ⁴⁵ uou¹³]
意译：人为财死，鸟为食亡。

0032 自选条目
人无千日好，花无百日红。[zən¹³ u¹³ dʑiei⁴⁴ or⁴⁵ xɑu³¹，xuɑ⁴⁴ u¹³ pə⁴⁵ or⁴⁵ xuən¹³]
意译：人无千日好，花无百日红。

0033 自选条目
一日夫妻百日恩。[i⁴⁵ or⁴⁵ fu⁴⁴ dʑi⁴⁴ pə⁴⁵ or⁴⁵ ŋən⁴⁴]
意译：一日夫妻百日恩。

0034 自选条目
龙生龙，凤生凤，[nən¹³ sei⁴⁴ nən¹³，fən²² sei⁴⁴ fən²²]
老鼠落儿会打洞。[nɑu³¹ ʂʅ³¹ no⁴⁵ or¹³ xui²² tɑ³¹ dən²²] 落儿：生子
意译：龙生龙，凤生凤，老鼠生的孩子会打洞。

0035 自选条目

人善被人欺，马善被人骑。[zən¹³ ʂei²² bi²² zən¹³ dʑi⁴⁴，ma³¹ ʂei²² bi²² zən¹³ dʑi¹³]

意译：人善被人欺，马善被人骑。

0036 自选条目

一寸光阴一寸金，[i⁴⁵ dzən²¹³ kou⁴⁴ in⁴⁴ i⁴⁵ dzən²¹³ tɕin⁴⁴]

寸金难买寸光阴。[dzən²¹³ tɕin⁴⁴ nan¹³ mai³¹ dzən²¹³ kou⁴⁴ in⁴⁴]

意译：一寸光阴一寸金，寸金难买寸光阴。

0037 自选条目

活要见人，死要见尸。[xuə¹³ iɑu²¹³ tɕiei²¹³ zən¹³，ʂʅ³¹ iɑu²¹³ tɕiei²¹³ ʂʅ⁴⁴]

意译：活要见人，死要见尸。

0038 自选条目

金窝银窝，不如自己簡狗窝。[tɕin⁴⁴ uo⁴⁴ ɲin¹³ uo⁴⁴，pu⁴⁵ ʐʅ¹³ dzi²² tɕi³¹ ko⁰ tɕiɑu³¹ uo⁴⁴]

意译：金窝银窝，不如自己的狗窝。

0039 自选条目

好事不出门，坏事传千里。[xɑu³¹ ʂʅ²² pu⁴⁵ dzʅu⁴⁵ mən¹³，xuai²² ʂʅ²² dzuei¹³ dʑiei⁴⁴ di³¹]

意译：好事不出门，坏事传千里。

0040 自选条目

救人一命，胜造七级浮屠。[tɕiu²¹³ zən¹³ i⁴⁵ mian²²，ʂən²¹³ dzɑu²¹³ dʑi⁴⁵ tɕi⁴⁵ fu¹³ du¹³]

意译：救人一命，胜造七级浮屠。

参考文献

毕　晟　2000　《武汉方言中的"VV 神"》,《高等函授学报（哲学社会科学版）》第 5 期。

毕　晟　2005　《武汉方言中的差比句》,《华中师范大学研究生学报》第 2 期。

蔡　庆　2007　《随州方言双宾结构的研究》,中南大学硕士学位论文。

曹廷玉　2001　《赣方言特征词研究》,暨南大学博士学位论文。

曹文安　2003　《宜昌方言字考古》,《三峡大学学报（人文社会科学版）》第 1 期。

曹文安　2003　《宜昌话"ABB"式论析》,《三峡大学学报（人文社会科学版）》第 5 期。

曹文安　2004　《宜昌话"AA 神"式论析》,《三峡大学学报（人文社会科学版）》第 6 期。

曹志耘　2011　《湖北通城方言的语音特点》,《语言研究》第 1 期。

曾庆祝　2019　《湖北宜城方言语音调查研究》,四川师范大学硕士学位论文。

陈汉清　1984　《孝感方言的韵母变读》,《语言研究》第 1 期。

陈　洁,杨　慧　2013　《丹江口方言语音系统》,《郧阳师范高等专科学校学报》第 4 期。

陈　洁　2020　《基于有声数据库调查的房县方言老青对比》,《汉江师范学院学报》第 5 期。

陈　萌　2014　《湖北五峰汉语方言词汇调查研究》,云南师范大学硕士学位论文。

陈淑梅　1989　《湖北英山方言志》,武汉：华中师范大学出版社。

陈淑梅　1994　《湖北英山方言形容词的重叠式》,《方言》第 1 期。

陈淑梅　1996　《湖北英山方言"式"字的用法》,《方言》第 1 期。

陈淑梅　1997　《湖北英山方言的"X儿的"》，《方言》第3期。

陈淑梅　2000　《鄂东方言中表状态的结构助词"得"》，《黄冈师范学院学报》第4期。

陈淑梅　2000　《谈鄂东方言的"V得得"》，《方言》第3期。

陈淑梅　2001　《鄂东方言语法研究》，南京：江苏教育出版社。

陈淑梅　2003　《鄂东方言的"数+量+O"的结构》，《方言》第2期。

陈淑梅　2006　《鄂东方言俗语中的量范畴》，《语言研究》第1期。

陈淑梅　2007　《鄂东方言量词重叠与主观量》，《语言研究》第4期。

陈　秀　2015　《湖北仙桃方言研究》，华中师范大学博士学位论文。

陈应远　2002　《荆门方言熟语详释》，《荆门职业技术学院学报》第1期。

陈有恒，李元授　1985　《蒲圻口语词考释》，《咸宁师专学报》第1期。

陈有恒，李元授　1985　《蒲圻口语词考释》，《咸宁师专学报》第2期。

陈有恒，刘兴策　1986　《鄂东南方言的内部分歧与外部联系》，《咸宁师专学报》第2期。

陈有恒　1979　《鄂东南方言的特征》，《教学参考》第2期。

陈有恒　1982　《鄂南方言里的"AA甚"》，《武汉师院咸宁分院学报》第1期。

陈有恒　1982　《鄂南方言里的"把""到""在"》，《武汉师院咸宁分院学报》第2期。

陈有恒　1984　《蒲圻方音与古音的关系》，《咸宁师专学报》第2期。

陈有恒　1986　《鄂东南的活古话》，《咸宁师专学报》第1期。

陈有恒　1989　《鄂南方言的词汇特点》，《咸宁师专学报》第1期。

陈有恒　1989　《蒲圻方言》，武汉：华中师范大学出版社。

陈有恒　1990　《鄂南方言的几个语法现象》，《咸宁师专学报》第1期。

陈有恒　1990　《湖北蒲圻话的人称代词》，《方言》第3期。

陈有恒　1991　《鄂南方言志略》，鄂咸地图内字第29号。

陈有恒　1991　《湖北方言里的十个词语现象》，《咸宁师专学报》第2期。

陈有恒　1994　《湖北方音说略》，《咸宁师专学报》第3期。

陈俞蓉　2014　《湖北咸丰方言中的"得"》，《语文学刊》第10期。

程从荣　1997　《浠水方言的人称代词》，《语言研究》第2期。

程从荣　1998　《浠水话双宾语句的特点》，《中南民族学院学报（哲学社会科学版）》第1期。

储泽祥，刘　琪　2012　《湖北仙桃话中强调高程度性状的"X哒"结构式》,《学术探索》第 5 期。

  戴军平 2011 《湖北京山方言中的"AA 声"》,《语文知识》第 4 期。

  邓晓华 1986 《通城黄袍语音特点》,《龙岩师专学报（社会科学版）》第 2 期。

  丁沽沽 2017 《鄂西北竹山（宝丰镇）方言音韵特点及归属》,《安康学院学报》第 1 期。

  董绍克 2002 《汉语方言词汇差异比较研究》,北京：民族出版社。

  董为光 1987 《湘赣鄂三界方言的"l"韵尾》,《语言研究》第 1 期。

  董为光 1989 《湘赣鄂三界方言的送气声母》,《语言研究》第 2 期。

  杜忠道 2015 《保康方言集成》,北京：中国文史出版社。

  杜佐祥 1992 《仙桃方言中双唇鼻音声母的失落》,《荆楚方言研究》,武汉：华中师范大学出版社。

  杜佐祥 1992 《仙桃话中的助词"到"和"哒"》,《荆楚方言研究》,武汉：华中师范大学出版社。

  范新干 2007 《湖北通山方言的动词"把得"句》,《汉语方言语法研究》,武汉：华中师范大学出版社。

  范新干 2007 《湖北通山方言的语素变调》,《方言》第 2 期。

  方懿林 2012 《襄阳方言本字书写》,《湖北文理学院学报》第 12 期。

  冯 苗 2019 《咸丰方言儿化现象初探》,《中部社科学术研讨会论文集》,武汉：创读时代出版策划有限公司。

  付开平 2022 《神农架松柏话的音系和归属》,《华中学术》第 2 期。

  付丽萍 2007 《随州方言介词研究》,武汉大学硕士学位论文。

  付 乔 2012 《湖北恩施咸丰方言音系记略》,《天水师范学院学报》第 1 期。

  郭 丽 2008 《西南官话鄂北片入声韵带 i 介音现象探析》,《汉语学报》第 1 期。

  郭 攀,夏凤梅 2016 《浠水方言研究》,武汉：华中师范大学出版社。

  郭 攀 2002 《丹江口方言"狠的"的复叠形式》,《方言》第 3 期。

  郭 攀 2003 《湖北浠水方言中的叠合式正反问》,《中国语文》第 3 期。

  郭 攀 2003 《浠水方言中的"够冒"》,《语文研究》第 1 期。

  郭友鹏 1990 《湖北十堰市普通话与方言的使用情况》,《中国语文》第 6 期。

  郝文华,谭文勇 2004 《十堰方言中"谓词+得+看"式结构》,《理论月刊》第 10 期。

  何洪峰，程明安　1996　《黄冈方言的"把"字句》，《语言研究》第 2 期。

  何洪峰，程明安　1996　《内容充实丰富　纵横今古普方——评刘兴策先生的〈宜昌方言研究〉》，《武当学刊》第 2 期。

  何洪峰，黎立夏　2017　《通城方言名词性标记"者"》，《语言研究》第 3 期。

  何洪峰　1998　《丹江方言的三个程度副词》，《武当学刊》第 1 期。

  何洪峰　2001　《黄冈方言的比较句》，《语言研究》第 4 期。

  何洪峰　2018　《上巴河方言的反复体》，《长江学术》第 3 期。

  何洪峰　2022　《湖北黄冈团风方言体貌略说》，《区域文化与文学研究集刊》第 12 辑，北京：中国社会科学出版社。

  何洪峰　2023　《湖北团风（上巴河）方言的亲属称谓》，《后学衡》第 1 辑，重庆：西南大学出版社。

  何洪峰，陈　凌　2023　《团风方言研究》，武汉：华中师范大学出版社。

  何天贞　1982　《阳新三溪话的小称形式》，《语言研究》第 2 期。

  鸿　鸣　1986　《五峰话的"您"和"您们"》，《中国语文天地》第 6 期。

  胡　海　1994　《宜昌方言儿化现象初探》，《华中师范大学学报（哲学社会科学版）》第 4 期。

  胡　海　2002　《宜昌方言"X 人"结构的分析》，《三峡大学学报（人文社会科学版）》第 2 期。

  胡海琼　2017　《湖北英山杨柳方言知系字的舌叶性和唇齿化》，《方言》第 4 期。

  胡　伟，刘新红　2019　《湖北宜城方言"子"颤音的实验语音学分析》，《湖南工业大学学报（社会科学版）》第 6 期。

  胡　伟，刘新红　2020　《湖北宜城方言变韵探究》，《湖南工业大学学报（社会科学版）》第 6 期。

  胡　伟　2007　《宜城方言基调及变调语音实验报告》，《中南民族大学学报（人文社会科学版）》第 s1 期。

  胡炎炎　2021　《湖北随州方言小称词缀"娃儿""娃子"》，《湖北文理学院学报》第 1 期。

  湖北省随州市地方志编纂委员会　1988　《随州志》，北京：中国城市经济社会出版社。

  湖北省天门市地方志编纂委员会　1989　《天门县志》，武汉：湖北人民出版社。

湖北省仙桃市地方志编纂委员会　1989　《沔阳县志》，武汉：华中师范大学出版社。

湖北省钟祥县县志编纂委员会　1990　《钟祥县志》，武汉：湖北人民出版社。

湖北省崇阳县志编纂委员会　1991　《崇阳县志》，武汉：武汉大学出版社。

湖北省武穴市地方志编纂委员会　1994　《广济县志》，上海：汉语大词典出版社。

湖北省地方志编纂委员会　1996　《湖北省志·方言》，武汉：湖北人民出版社。

湖北省神农架林区地方志编纂委员会　1996　《神农架志》，武汉：湖北科学技术出版社。

湖北省蕲春县地方志编纂委员会　1997　《蕲春县志》，武汉：湖北科学技术出版社。

湖北省英山县志编纂委员会　1998　《英山县志》，北京：中华书局。

湖北省公安县志地方志编纂委员会　2010　《公安县志》，北京：中国环境科学出版社。

湖北省宜城市地方志编纂委员会　2011　《宜城市志》，武汉：湖北人民出版社。

湖北省咸丰县县志编纂委员会　2011　《咸丰县志》，北京：方志出版社。

湖北省建始县地方志编纂委员会　2012　《建始县志》，北京：方志出版社。

湖北省孝感市地方志编纂委员会　2013　《孝感市志》，武汉：湖北人民出版社。

湖北省黄冈市地方志编纂委员会　2015　《黄冈市志》，武汉：崇文书局。

湖北省黄冈市黄州区地方志编纂委员会　2015　《黄州区志》，武汉：武汉大学出版社。

湖北省通城县地方志编纂委员会　2015　《通城县志》，武汉：湖北科学技术出版社。

湖北省保康县地方志编纂委员会　2015　《保康县志》，北京：方志出版社。

黄群建，徐　红　1999　《黄侃〈蕲春语〉音系的语音特点》，《湖北师范学院学报（哲学社会科学版）》第1期。

黄群建　1989　《阳新方言说略》，《湖北师范学院学报（哲学社会科学版）》第2期。

黄群建　1990　《通山方言的语音特征》，《湖北师范学院学报（哲学社会科学版）》第 4 期。

黄群建　1993　《大冶方言考》，《湖北师范学院学报（哲学社会科学版）》第 1 期。

黄群建　1993　《湖北阳新方言的小称音变》，《方言》第 1 期。

黄群建　1994　《通山方言志》，武汉：武汉大学出版社。

黄群建　1994　《阳新方言志》，北京：中国三峡出版社。

黄群建　1995　《黄石方言语音记略》，《湖北师范学院学报（哲学社会科学版）》第 5 期。

黄群建　1997　《阳新方言古牙喉音及泥母对韵母的影响》，《湖北师范学院学报（哲学社会科学版）》第 5 期。

黄群建　2002　《鄂东南方言音汇》，武汉：华中师范大学出版社。

黄群建　2002　《湖北阳新方言的代词》，《湖北师范学院学报（哲学社会科学版）》第 2 期。

黄群建　2016　《阳新方言研究》，武汉：华中师范大学出版社。

黄赛勤　1992　《襄阳方言记略》，《荆楚方言研究》，武汉：华中师范大学出版社。

黄树先　2021　《黄陂方言研究》，武汉：华中师范大学出版社。

黄雪贞　1986　《西南官话的分区（稿）》，《方言》第 4 期。

黄志明　2002　《湖北汉川话的虚词"倒"》，《语言研究》第 s1 期。

季红霞　2008　《红安方言语法研究》，云南师范大学硕士学位论文。

贾红霞　2009　《湖北丹江口方言的情态标记"得［te］"》，《广播电视大学学报（哲学社会科学版）》第 1 期。

贾君芳　2007　《湖北襄樊方言"V＋起个＋N"格式》，《现代语文（语言研究版）》第 1 期。

蒋　静　2007　《湖北建始方言中名词的叠音现象》，《现代语文（语言研究版）》第 7 期。

匡鹏飞　2005　《武汉方言中的长音式状态形容词语及其与 ABB 式状态形容词的关系》，《双语双方言（八）》，香港：汉学出版社。

匡鹏飞　2006　《武汉方言中的用事成分标记词"过"和"架"》，《双语双方言（九）》，香港：汉学出版社。

雷凤珍，殷凌燕　2000　《通城话和普通话声母之比较》，《咸宁师专学报》第 5 期。

冷遇春　1990　《郧县方言》,《郧阳师专学报（社会科学版）》第 2 期。

黎立夏,何洪峰　2016　《通城方言研究综观与展望》,《湖北科技学院学报》第 7 期。

黎立夏　2019　《通城方言名词性标记"仂"》,《华中学术》第 4 期。

黎立夏　2017　《通城方言语法研究》,华中科技大学博士学位论文。

李爱国　2002　《通城话与普通话韵母之比较》,《咸宁师专学报》第 5 期。

李爱国　2006　《湖北嘉鱼方言形容词本字考》,《咸宁学院学报》第 1 期。

李崇兴,刘晓玲　2004　《安陆方言中的"X 得 X"》,《南阳师范学院学报（社会科学版）》第 4 期。

李崇兴　1986　《宜都话的两种状态形容词》,《方言》第 3 期。

李崇兴　1989　《宜都话的疑问代词》,《语言研究》第 1 期。

李崇兴　1996　《湖北宜都方言助词"在"的用法和来源》,《方言》第 1 期。

李崇兴　2014　《宜都方言研究》,武汉：华中师范大学出版社。

李建校　2005　《通城（麦市）话群母溪母字的读音》,《晋中学院学报》第 5 期。

李康澄　2005　《湘方言特征词研究》,南京师范大学硕士学位论文。

李　蓝　2008　《汉语的人称代词复数表示法》,《方言》第 3 期。

李　蓝　2009　《西南官话的分区（稿）》,《方言》第 1 期。

李　荣　1997　《汉语方言里当"你"讲的"尔"（上）》,《方言》第 2 期。

李　荣　1997　《汉语方言里当"你"讲的"尔"（中）》,《方言》第 3 期。

李如龙　2002　《汉语方言特征词研究》,福建：厦门大学出版社。

李思琪　2019　《湖北方志方言词研究》,西南交通大学硕士学位论文。

李文娟　2013　《湖北天门方言声母特点研究》,《长治学院学报》第 5 期。

李小凡　1992　《鄂东南方言研究的第一部专著——读〈蒲圻方言〉》,《咸宁师专学报》第 4 期。

李　旭,郭沈青　2016　《湖北郧西（上津）方言音系研究》,《安康学院学报》第 4 期。

李　汛,肖国政　1984　《钟祥方言本字考》,《华中师院学报（哲学社会科学版）》第 5 期。

李宇明,邢福义,刘兴策　1983　《钟祥方言中的亲属称谓》,《华中师范学院研究生学报》第 2 期。

李治平　2020　《咸丰方言谚语研究》,《湖北理工学院学报（人文社会科学版）》第 1 期。

李祖林　1993　《宜昌方言"AA 神"的语法特点》,《宜昌师专学报（社会科学版）》第 4 期。

栗华益　2011　《通城塘湖方言的"东冬有别"》,《甘肃高师学报》第 1 期。

栗华益　2013　《试析湖北通城方言的入声韵尾》,《语言研究》第 3 期。

连永龙　1992　《钟祥方言声母的送气和不送气》,《荆楚方言研究》,武汉：华中师范大学出版社。

连永龙　1992　《钟祥方言音系》,《荆楚方言研究》,武汉：华中师范大学出版社。

刘宝俊　1988　《湖北崇阳方言音系及特点》,《中南民族学院学报（哲学社会科学版）》第 5 期。

刘宝俊　1993　《崇阳方言本字考》,《语言研究》第 1 期。

刘村汉,陈振寰　1984　《襄阳捻语》,《广西师范大学学报（哲学社会科学版）》第 3 期。

刘村汉,张大荣　2017　《随县方言字韵》,《随县文化图典》,武汉：武汉出版社。

刘村汉　1992　《随州方言语法条例》,《荆楚方言研究》,武汉：华中师范大学出版社。

刘村汉　1995　《随州方言代词四指》,《中国语言学报》第 7 期。

刘国斌　1991　《通城方言》,北京：中国文史出版社。

刘海章,黄赛勤　1992　《襄阳方言中的儿化与颤音》,《荆楚方言研究》,武汉：华中师范大学出版社。

刘海章　1989　《湖北荆门话中的"V 人子"》,《语言研究》第 1 期。

刘海章　1990　《荆楚颤音探源》,《荆门大学学报》第 3 期。

刘海章　1992　《荆门、钟祥、仙桃方言词音义》,《荆楚方言研究》,武汉：华中师范大学出版社。

刘海章　1992　《荆门方言中的颤音》,《荆楚方言研究》,武汉：华中师范大学出版社。

刘海章　1992　《荆门话同音字汇》,《荆楚方言研究》,武汉：华中师范大学出版社。

刘海章　1992　《荆门话中的状态助词"哒"》，《荆楚方言研究》，武汉：华中师范大学出版社。

刘海章　2017　《荆门方言研究》，武汉：华中师范大学出版社。

刘海章等　1992　《荆楚方言研究》，武汉：华中师范大学出版社。

刘金勤，周先龙　2003　《枣阳方言后缀"娃儿""儿"的语言学特征考察》，《江汉石油学院学报（社会科学版）》第 1 期。

刘　俊　2017　《湖北竹溪方言单音节动词的重叠形式及语法意义研究》，《青年文学家》第 6 期。

刘　丽　2006　《大冶方言的亲属称谓》，华中师范大学硕士学位论文。

刘丽沙　2017　《襄阳方言词汇考释举隅》，《襄阳职业技术学院学报》第 4 期。

刘　群　2006　《襄樊方言"VV 看"格式的特点》，《襄樊职业技术学院学报》第 1 期。

刘　群　2010　《襄樊方言的特殊量词研究》，《襄樊学院学报》第 12 期。

刘祥柏　2007　《江淮官话的分区（稿）》，《方言》第 4 期。

刘晓然　2002　《黄冈方言的疑问代词》，《湖北师范学院学报（哲学社会科学版）》第 4 期。

刘晓然　2002　《黄冈方言的中指代词》，《海南师范学院学报（人文社会科学版）》第 5 期。

刘晓然　2003　《黄冈方言人称代词的形态变化》，《湖北师范学院学报（哲学社会科学版）》第 4 期。

刘兴策，刘　坚，盛银花　1994　《湖北安陆方言词汇（一）》，《方言》第 4 期。

刘兴策，刘　坚，盛银花　1995　《湖北安陆方言词汇（二）》，《方言》第 1 期。

刘兴策，赵葵欣　1998　《武汉话音档》，上海：上海教育出版社。

刘兴策，朱建颂　1980　《略谈武汉方言词汇的特点》，《武汉师范学院学报（哲学社会科学版）》第 z1 期。

刘兴策　1982　《蒲圻话中的文白异读》，《华中师院学报（哲学社会科学版）》第 4 期。

刘兴策　1988　《试论"楚语"的归属》，《华中师范大学学报（哲学社会科学版）》第 4 期。

刘兴策　1988　《宜昌方言记略》，《咸宁师专学报》第 1 期。

刘兴策　1994　《现代宜昌音与中古音的比较》，《华中师范大学学报（哲学社会科学版）》第6期。

刘兴策　1994　《宜昌方言研究》，武汉：华中师范大学出版社。

刘兴策　1998　《近百年来湖北省汉语方言研究综述》，《方言》第3期。

刘兴策　2001　《再论近20年的湖北方言研究》，《沙洋师范高等专科学校学报》第1期。

刘兴策　2005　《对湖北省境内汉语方言分区的几点意见》，《方言》第3期。

刘兴策　2010　《刘兴策文集》，武汉：武汉大学出版社。

刘　颐　1958　《广济方音之调类与调值》，《武汉大学人文科学学报》第1期。

刘　颐　1963　《广济方言》，《武汉大学学报（人文科学）》第1期。

刘志成　1991　《楚方言考略》，《语言研究》第s1期。

龙　涯　2013　《鹤峰方言词汇研究》，重庆师范大学硕士学位论文。

卢烈红　2001　《湖北黄梅话的人称代词》，《湖北大学学报（哲学社会科学版）》第3期。

卢烈红　2002　《湖北黄梅话的指示代词》，《方言》第4期。

卢烈红　2009　《近代汉语书面文献与现代方言词语的考释——以黄梅方言为例》，《湖北大学学报（哲学社会科学版）》第5期。

鲁　杰　2014　《湖北房县方言中的"子"尾词》，《焦作师范高等专科学校学报》第2期。

鲁允中　2001　《轻声和儿化》，北京：商务印书馆。

罗建军　2006　《大冶陈贵方言口语中的合音词》，《湖北师范学院学报（哲学社会科学版）》第4期。

罗庆云　2007　《新洲方言的入声》，《江汉大学学报（人文科学版）》第5期。

罗姝芳　2007　《恩施方言中特殊的形容词重叠式》，《湖北师范学院学报（哲学社会科学版）》第6期。

罗自群　1995　《襄樊方言"AA神"式特点和性质探微》，《语言研究》第2期。

罗自群　1999　《襄樊方言"AA神"式及其变体比较》，《语言研究》第s1期。

罗自群　2002　《从〈湖北方言调查报告〉看湖北方言的声调特点》，《语言研究》第 s1 期。

罗自群　2002　《襄樊方言的重叠式》，《方言》第 1 期。

罗自群　2004　《襄樊话"倒"和北京话"着"之比较》，《语言科学》第 6 期。

罗自群　2005　《襄樊方言的"在"字句》，《汉语学报》第 1 期。

罗自群　2006　《现代汉语方言持续标记的比较研究》，北京：中央民族大学出版社。

马芝兰，黄群建　2001　《黄石方言语法札记》，《湖北师范学院学报（哲学社会科学版）》第 4 期。

毛祖贵　2012　《公安民歌集锦》，武汉：长江出版社。

潘　攀，熊一民　1998　《普通话口语与武汉方言》，武汉：武汉出版社。

潘　攀　1990　《汉口方言"倒"及其相关的句子格式》，《江汉大学学报》第 2 期。

钱曾怡　1995　《论儿化》，《中国语言学报》第 5 期。

秦炯灵　1965　《〈广济方言词汇〉的凡例和样稿》，《中国语文》第 6 期。

秦炯灵　1986　《广济方言词本字考零拾》，《中国语文》第 2 期。

秦炯灵　1987　《"钩口藕"等字在广济方言的读音》，《中国语文》第 2 期。

覃金玉　2008　《长阳方言中的虚词"哒"初探》，《湖北三峡职业技术学院学报》第 1 期。

屈哨兵　1992　《湖北宣恩话中一种特殊的语词重叠格式》，《湖北大学学报（哲学社会科学版）》第 2 期。

屈哨兵　1993　《湖北宣恩话语法札记》，《中国语文》第 6 期。

屈哨兵　2001　《湖北宣恩话"V 下 V 下的"动词重叠及相关问题》，《方言》第 2 期。

阮桂君　2014　《五峰方言研究》，武汉：华中师范大学出版社。

邵则遂　1991　《湖北天门方言的异读》，《语言研究》增刊。

邵则遂　1991　《天门方言研究》，武汉：华中师范大学出版社。

沈益宇　2011　《四川方言特征词研究》，东北师范大学硕士学位论文。

盛银花　1994　《安陆方言的助词"了"》，《孝感师专学报（哲学社会科学版）》第 1 期。

盛银花　2005　《安陆方言物量词比较研究》，《中南民族大学学报（人文社会科学版）》第 1 期。

盛银花　2006　《安陆方言的程度补语考察》,《语言研究》第 3 期。

盛银花　2006　《安陆方言的句末助词"得"和"着"》,《语文教学和研究》第 26 期。

盛银花　2007　《安陆方言的特殊正反问格式"有不有"》,《孝感学院学报》第 1 期。

盛银花　2007　《安陆方言的指示代词》,《汉语学报》第 4 期。

盛银花　2007　《安陆方言的状态形容词》,《咸宁学院学报》第 2 期。

盛银花　2007　《安陆方言研究》,武汉：湖北人民出版社。

盛银花　2007　《湖北安陆方言的否定词和否定式》,《方言》第 2 期。

盛银花　2007　《语气词"哆"及其类型学意义》,《湖北教育学院学报》第 5 期。

盛银花　2010　《安陆方言语法研究》,武汉：华中师范大学出版社。

盛银花　2010　《湖北安陆方言的比较句》,《湖北第二师范学院学报》第 12 期。

盛银花　2011　《湖北安陆方言的两种正反问句》,《方言》第 2 期。

盛银花　2011　《湖北安陆方言的祈使句》,《湖北第二师范学院学报》第 11 期。

盛银花　2012　《湖北安陆方言的双宾句》,《湖北第二师范学院学报》第 9 期。

盛银花　2014　《湖北安陆方言的感叹句》,《汉语学报》第 3 期。

盛银花　2015　《安陆方言研究》,武汉：华中师范大学出版社。

盛银花　2015　《湖北安陆方言的音变现象》,《中国方言学报》第 5 期。

盛银花　2016　《湖北安陆方言的"随"字及其相关句式》,《方言语法论丛》,北京：商务印书馆。

盛银花　2016　《竹山竹溪方言的撮口呼读音及其价值》,《湖北第二师范学院学报》第 1 期。

盛银花　2018　《湖北安陆方言与民俗文化》,《华中学术》第 3 期。

盛银花　2018　《湖北方言文化传播研究》（第一辑）,武汉：华中科技大学出版社。

盛银花　2019　《湖北方言文化传播研究》（第二辑）,武汉：华中科技大学出版社。

石桂芳　2008　《通山方言的人称代词》,《语文教学与研究》第 19 期。

史　琪　2017　《竹山方言时间副词考察》,华中师范大学硕士学位论文。

舒　怀　1987　《鄂东方言词语探原举例》，《湖北大学学报（哲学社会科学版）》第 2 期。

苏俊波　2005　《丹江话中的"X 得 Y 得 Y"重叠式》，《华中科技大学学报（社会科学版）》第 6 期。

苏俊波　2008　《丹江方言的多重重叠》，《三峡大学学报（人文社会科学版）》第 6 期。

苏俊波　2009　《丹江方言的小称》，《汉语学报》第 4 期。

苏俊波　2010　《丹江方言的持续体标记"的"》，《汉语学报》第 4 期。

苏俊波　2010　《丹江方言体标记"在"及其来源》，《江汉大学学报》第 5 期。

苏俊波　2011　《丹江方言的性质和归属》，《长江学术》第 1 期。

苏俊波　2011　《十堰方言"看叫 NPV/A 得看"句式》，《华中师范大学学报（人文社会科学版）》第 5 期。

苏俊波　2012　《丹江方言的"圪"》，《汉语学报》第 3 期。

苏俊波　2012　《丹江方言语法研究》，武汉：华中师范大学出版社。

苏俊波　2014　《丹江方言的语气副词"白"》，《语言研究》第 2 期。

苏俊波　2016　《郧县方言研究》，武汉：华中师范大学出版社。

苏俊波　2019　《再谈湖北方言的颤音》，《方言》第 2 期。

孙玉文　2007　《试释湖北黄冈话中"模母暮木"等字读 [moŋ] 的现象——兼谈汉语史上的阴阳对转问题》，《长江学术》第 1 期。

谭　飞　2013　《仙桃方言里的变调构词》，《汉字文化》第 8 期。

谭　麟，王群生　1984　《湖北方言里有颤音 r》，《荆州师专学报》第 1 期。

谭　雄　2007　《湖北宜都土语"得"字结构探究》，《现代语文（语言研究版）》第 6 期。

陶立军，邬美芳　2016　《十堰方言亲属称谓词考察》，《郧阳师范高等专科学校学报》第 1 期。

陶立军　2009　《湖北荆门方言词汇研究》，华中师范大学硕士学位论文。

田祚申　1989　《巴东方言中的儿化》，《湖北大学学报（哲学社会科学版）》第 5 期。

童　健　2006　《黄冈方言特殊代词"莫"研究》，《江汉大学学报（人文科学版）》第 4 期。

童　琴　2007　《〈说文解字〉和鄂州方言本字考》，《现代语文（语言研究版）》第 2 期。

童　琴　2018　《鄂州方言研究综述》，《湖北第二师范学院学报》第 5 期。

万献初　1994　《鄂南地名志中的地名俗字评议》，《咸宁师专学报》第 3 期。

万献初　2003　《湖北通城方言的量词"隻"》，《方言》第 2 期。

万幼斌　1987　《鄂州方言词语举例》，《方言》第 2 期。

万幼斌　1990　《鄂州方言的儿化》，《方言》第 2 期。

汪国胜，赵爱武　2016　《从地域文化看武汉方言》，《汉语学报》第 4 期。

汪国胜　1989　《湖北大冶（金湖）方言音系》，《华中师范大学研究生学报》第 2 期。

汪国胜　1990　《当阳方言的语法特点》，《华中师范大学学报（人文社会科学版）》第 5 期。

汪国胜　1991　《大冶金湖话的"的"和"的个"》，《中国语文》第 3 期。

汪国胜　1992　《大冶方言的程度副词"闷"》，《方言》第 2 期。

汪国胜　1992　《大冶话的"倒"字及其相关句式》，《华中师范大学学报（人文社会科学版）》第 5 期。

汪国胜　1993　《大冶方言的物量词》，《语言研究》第 2 期。

汪国胜　1993　《湖北大冶方言的语缀》，《方言》第 3 期。

汪国胜　1994　《大冶方言语法研究》，武汉：湖北教育出版社。

汪国胜　1994　《大冶方言语法札记》，《华中师范大学学报（人文社会科学版）》第 2 期。

汪国胜　1994　《大冶话里的状态形容词》，《湖北师范学院学报（哲学社会科学版）》第 2 期。

汪国胜　1995　《湖北大冶话的语气词》，《方言》第 2 期。

汪国胜　1996　《大冶话做补语的"倒"和后附成分"倒"》，《汉语方言体貌论文集》，南京：江苏教育出版社。

汪国胜　1996　《湖北大冶话的情意变调》，《中国语文》第 5 期。

汪国胜　1999　《湖北方言的"在"和"在里"》，《方言》第 2 期。

汪国胜　2000　《大冶方言的双宾句》，《语言研究》第 3 期。

汪国胜　2000　《湖北大冶方言的比较句》，《方言》第 3 期。

汪国胜　2003　《湖北大冶方言人称代词的变调》，《中国语文》第 6 期。

汪化云，余俊卿　2000　《古入声字在团风方言中的调类演变》，《中南民族学院学报（人文社科版）》第 4 期。

汪化云　1987　《黄冈话的几种形态变化》，《黄冈师专学报》第 2 期。

汪化云　1988　《鄂东方言的把字句》，《黄冈师专学报》第 1 期。

汪化云　1990　《鄂东方言入声记略》，《黄冈师专学报》第 1 期。

汪化云　1990　《黄冈话的文白异读》，《黄冈师专学报》第 4 期。

汪化云　1992　《黄州话阳去同阴去声合流的征兆》，《黄冈师专学报》第 2 期。

汪化云　1994　《黄州话的"得"》，《黄冈师专学报》第 2 期。

汪化云　1996　《鄂东北方言中的父母称谓词考辨》，《黄冈师专学报》第 1 期。

汪化云　1996　《黄冈方言量词的单用》，《语言研究》第 2 期。

汪化云　1999　《黄州话形容词的生动形式》，《黄冈师专学报》第 1 期。

汪化云　1999　《团风方言的儿尾》，《方言》第 4 期。

汪化云　1999　《团风方言三身代词的入声形式》，《黄冈师范学院学报》第 5 期。

汪化云　2000　《黄冈方言的指示代词》，《语言研究》第 4 期。

汪化云　2000　《团风方言入声研究》，《黄冈师范学院学报》第 2 期。

汪化云　2001　《团风方言变调构词现象初探》，《中南民族学院学报（人文社科版）》第 4 期。

汪化云　2003　《黄冈方言中的类双宾句》，《黄冈师范学院学报》第 1 期。

汪化云　2003　《自主的轻声和非自主的轻声》，《语文研究》第 1 期。

汪化云　2004　《鄂东方言研究》，成都：四川出版集团巴蜀书社。

汪化云　2008　《汉语方言代词论略》，成都：四川出版集团巴蜀书社。

汪化云　2008　《武汉新洲方言的归属》，《方言》第 4 期。

汪化云　2016　《黄孝方言语法研究》，北京：语文出版社。

汪　平　1987　《湖北省西南官话的重叠式》，《方言》第 1 期。

王彩豫，朱晓农　2015　《湖北监利张先村赣语的三域十声系统》，《方言》第 2 期。

王楚恩　2016　《黄陂方言》，武汉：长江出版社。

王丹荣　2005　《襄樊方言名词、动词、形容词重叠初探》，《襄樊学院学报》第 3 期。

王丹荣　2006　《襄樊方言被动句和处置句探析》，《孝感学院学报》第 5 期。

王丹荣　2007　《论被动句在襄樊方言中的用法及其发展探源》，《襄樊学院学报》第 9 期。

王定国　2016　《黄梅方言志》，武汉：华中师范大学出版社。

王福堂　1999　《汉语方言语音的演变和层次》，北京：语文出版社。

王功平　2007　《湖北阳新三溪赣语人称代词的变音》，《方言》第 4 期。

王宏佳，汪国胜　2011　《江汉平原方言语音的几个特点》，《方言》第 3 期。

王宏佳　2003　《湖北咸宁方言的调值和调类——兼介绍〈桌上语音工作室〉软件》，《咸宁学院学报》第 2 期。

王宏佳　2006　《湖北咸宁方言的语缀》，《咸宁学院学报》第 2 期。

王宏佳　2008　《湖北咸宁方言的文白异读》，《咸宁学院学报》第 2 期。

王宏佳　2009　《咸宁方言词汇研究》，武汉：华中师范大学出版社。

王宏佳　2015　《咸宁方言研究》，武汉：华中师范大学出版社。

王宏佳　2019　《鄂东南方言研究综述》，《华中学术》第 1 期。

王　进　2009　《丹江方言与〈元曲选〉释词》，《郧阳师范高等专科学校学报》第 1 期。

王梦荣　2017　《湖北枝城方言词汇调查研究》，华中科技大学硕士学位论文。

王平夷　2017　《阶曲线法能否用于平等混合型方言声调层次的判定——以竹溪话入声字的归派为例》，《语言科学》第 3 期。

王平夷　2020　《论湖北竹溪方言的归属》，《方言》第 3 期。

王平夷　2023　《鄂渝陕交界地区方言古精知庄章组声母的今读类型与历史演变》，《中国语文》第 5 期。

王秋隆等　1989　《当阳方言音系》，《华中师范大学研究生学报》第 4 期。

王求是　1996　《孝感方言的入声》，《方言》第 2 期。

王求是　1999　《孝南话的人称代词和指示代词》，《孝感学院学报》第 2 期。

王求是　2003　《孝感（孝南）话语气词"了"和"的"的连用》，《孝感学院学报》第 5 期。

王求是　2007　《孝感方言的语气助词"在"》，《孝感学院学报》第 5 期。

王求是　2014　《孝感方言研究》，武汉：华中师范大学出版社。

王群生，王彩豫　2018　《荆州方言研究》，武汉：华中师范大学出版社。

王群生　1985　《谈荆州话里的"AA 声"》，《荆州师专学报》第 3 期。

王群生　1987　《湖北方言的颤音》，《语言研究》第 2 期。

王群生　1988　《湖北中部地区方言分区的商榷——兼谈方言分区的语感问

题》,《荆州师专学报》第 1 期。

王群生　1989　《潜江方言述略》,《荆州师专学报》第 4 期。

王群生　1992　《荆沙方言的语法特点》,《荆州师专学报》第 1 期。

王群生　1993　《荆沙方言中的"不过"补语句》,《中国语文》第 2 期。

王群生　1994　《湖北荆沙方言》,武汉：武汉大学出版社。

王群生　1994　《荆沙方言中的两种特殊语言现象》,《荆州师专学报》第 1 期。

王群生　1999　《湖北双方言临界带入声消逝的轨迹》,《湖北大学学报（哲学社会科学版）》第 4 期。

王树瑛　2017　《恩施方言的被动标记"着"》,《汉语学报》第 2 期。

王树瑛　2017　《恩施方言研究》,武汉：华中师范大学出版社。

王树瑛　2017　《恩施方言中的"倒"和"起"》,《华中学术》第 1 期。

王亚玲　2016　《利川方言词汇研究》,华中师范大学硕士学位论文。

王燕玲　2014　《钟祥方言词汇研究》,广西师范学院硕士学位论文。

王　玉　2007　《咸宁方言差比句式特点及语用价值》,《武汉科技大学学报（社会科学版）》第 2 期。

王志方　1984　《湖北方言中的几种语法形式》,《孝感师专学报（哲学社会科学版）》第 2 期。

王志方　1987　《湖北境内西南官话语法拾零》,《孝感师专学报（哲学社会科学版）》第 1 期。

王作新　2003　《宜昌方言语词的结构组合与语法特征谭要》,《三峡大学学报（人文社会科学版）》第 3 期。

尉迟治平　1989　《英山方言的儿尾》,《语言研究》第 2 期。

魏兆惠　2004　《襄樊方言特殊的处置式——"给"字句和"叫"字句》,《培训与研究（湖北教育学院学报）》第 4 期。

芜　崧　2014　《荆楚方言语法研究》,武汉：武汉大学出版社。

芜　崧　2017　《荆楚方言词汇研究》,武汉：武汉大学出版社。

吴凤华　1995　《武汉话的程度副词"几"》,《华中师范大学学报（哲学社会科学版）》第 5 期。

吴福祥　2002　《南方方言里虚词"到（倒）"的用法及其来源》,《中国语文研究》（香港）第 2 期。

吴　伶　1998　《武汉方言的助词"在"》,《华中师范大学学报（人文社会科学版）》第 s2 期。

吴培根　2004　《中国咸宁咸安区方言词典》，鄂咸内图字 2004 年第 43 号。
吴崚等　2002　《武汉郊区方言研究》，武汉：武汉出版社。
吴小奕　2011　《监利方言古阴平字声调的特殊表现》，《语言研究》第 2 期。
吴振国　1999　《武汉话中的类儿化音变》，《华中师范大学学报（人文社会科学版）》第 5 期。
项　菊　2000　《湖北英山方言的体成分"倒"》，《黄冈师范学院学报》第 1 期。
项　菊　2004　《湖北黄冈方言的差比句》，《黄冈师范学院学报》第 5 期。
项　菊　2005　《湖北英山方言的儿化》，《双语双方言（八）》，香港：汉学出版社。
项　菊　2005　《黄冈方言的"VP－neg？"及其相关句式》，《黄冈师范学院学报》第 2 期。
项　菊　2006　《湖北红安方言的反复问句》，《黄冈师范学院学报》第 5 期。
项　菊　2006　《英山方言的"VP－neg"及其相关句式》，《双语双方言（九）》，香港：汉学出版社。
项　菊　2012　《湖北英山方言"在"的用法及相关问题》，《方言》第 3 期。
项　菊　2012　《湖北英山方言的重叠形式"X 得儿 X"》，《语文研究》第 1 期。
项　菊　2016　《湖北英山方言的"VP 有"和"VP 不"》，《中国方言学报》第 6 期。
肖　芸　2016　《武汉方言词汇研究》，华中师范大学硕士学位论文。
萧国政　2000　《武汉方言"着"字与"着"字句》，《方言》第 1 期。
谢彬彬　2011　《钟祥方言词汇研究》，中南民族大学硕士学位论文。
谢留文　2006　《赣语的分区（稿）》，《方言》第 3 期。
谢文芳　1998　《古知照系字在嘉鱼方言中的流变及其与普通话的对应关系》，《咸宁师专学报》第 1 期。
谢文芳　2007　《嘉鱼方言中的程度语义范畴》，《咸宁学院学报》第 1 期。
谢文芳　2008　《嘉鱼方言鼻音尾韵母的历史流变及其与普通话的对应关系》，《咸宁学院学报》第 5 期。
谢忠凤，柯恒波　2011　《丹江口人学习普通话时语音存在的主要问题及对策》,《郧阳师范高等专科学校学报》第 4 期。

熊桂芬,汪璞赟　2011　《从语言接触看嘉鱼县马鞍山话的语音层次》,《长江学术》第 1 期。

熊桂芬　2010　《释鄂东南方言来母和透定母的特殊读音》,《长江学术》第 1 期。

熊　雯　2009　《湖北大冶方言词汇研究》,华中师范大学硕士学位论文。

熊一民　1998　《武汉方言两字组连读变调》,《武汉教育学院学报》第 1 期。

熊一民　2001　《武汉方言的重叠式"VV 神"》,《武汉教育学院学报》第 4 期。

熊一民　2007　《武汉方言的长音结构（语音、韵律）》,《长江学术》第 4 期。

熊一民　2008　《武汉方言的长音结构（语法、语用）》,《汉语学报》第 1 期。

熊一民　2010　《从武汉湖泗话、黄陂话的阴去看汉语的去声》,《理论月刊》第 8 期。

熊一民　2018　《湖北武汉湖泗方言同音字汇》,《人文论谭（第十辑）》,武汉：武汉出版社。

徐　红,张春泉　1998　《黄侃〈蕲春语〉音系同音字汇》,《湖北师范学院学报（哲学社会科学版）》第 5 期。

徐　华,毛祖贵　2013　《公安说鼓子》,武汉：湖北人民出版社。

徐　英　2021　《湖北罗田方言的无宾"把"字句》,《方言》第 2 期。

徐　英　2022　《罗田方言语法研究》,北京：中国社会科学出版社。

鄢柏龄,张道俊　2019　《郧阳城关方言双音节词变调研究》,《现代语文（语言研究版）》第 9 期。

鄢柏龄　2019　《郧阳方言的时间词》,《汉江师范学院学报》第 5 期。

严　斌　2009　《湖北红安方言中的否定差比句》,《现代语文（语言研究版）》第 12 期。

杨发兴　1987　《湖北长阳方言名词和动词的重叠式》,《方言》第 3 期。

杨发兴　1992　《长阳方言音系》,《荆楚方言研究》,武汉：华中师范大学出版社。

杨辉映　1992　《潜江话中全浊声母的归趋》,《荆州师专学报》第 1 期。

杨佳璐　2017　《咸丰方言"VV 的"》,《现代语文（语言研究版）》第 5

期。

杨佳璐　2018　《咸丰方言体貌研究》，华中师范大学硕士学位论文。

杨　洁　2005　《恩施方言否定式差比句考察》，《语言研究》第4期。

杨　凯　2008　《湖北蕲春方言的进行体》，《方言》第4期。

杨　凯　2009　《鄂东方言词汇研究》，武汉：湖北人民出版社。

杨　岚　1992　《公安方言研究》，上海：汉语大辞典出版社。

杨　琳　2011　《谈襄阳方言中的"搞"》，《语文学刊》第7期。

杨　琳　2017　《浅析襄阳方言的名词性小称》，《现代语文（学术综合版）》第11期。

殷凌燕　2002　《从中古音看嘉鱼话与普通话声母的关系》，《咸宁师专学报》第5期。

袁海霞　2010　《"A不比BW"的语义及其方言分化形式》，《长江学术》第2期。

袁海霞　2017　《公安方言研究》，武汉：华中师范大学出版社。

袁　盼　2020　《湖北天门方言词汇研究》，长江大学硕士学位论文。

袁　媛　2012　《神农架锣鼓词中的方言语法现象》，《长江师范学院学报》第3期。

詹伯慧，李元授　1964　《鄂南蒲圻话的语音特点——蒲圻方言研究之一》，《武汉大学学报（人文科学）》第1期。

詹伯慧，李元授　1987　《鄂南蒲圻话的词汇语法特点》，《武汉大学学报（社会科学版）》第5期。

詹伯慧　1979　《郧县方音记要》，《江汉语言学丛刊》第1集。

詹伯慧　1981　《浠水方言纪要》，（日本）龙溪书舍。

张成林　2018　《大悟方言词汇研究》，华中师范大学硕士学位论文。

张道俊　2006　《崇阳（天城）方言声系分析》，《湖北师范学院学报（哲学社会科学版）》第2期。

张道俊　2009　《崇阳方言声系中的几个上古音特征》，《湖北师范学院学报（哲学社会科学版）》第2期。

张道俊　2011　《崇阳方言文白异读分析》，《遵义师范学院学报》第2期。

张良斌　2007　《恩施方言的声母系统》，《湖北教育学院学报》第9期。

张鹏飞　2020　《竹山方言的被动表达》，《汉语学报》第2期。

张亚明　2014　《湖北郧西话的体》，《郧阳师范高等专科学校学报》第2期。

张　义　2005　《武汉方言的否定句》，华中师范大学硕士学位论文。

张　义　2005　《武汉话的"V 得 X"》，《华中师范大学研究生学报》第 1 期。

张　义　2016　《钟祥方言研究》，武汉：华中师范大学出版社。

张勇生　2012　《鄂东南通城方言入声韵尾演变研究》，《语言科学》第 6 期。

张玉苹　2008　《宜昌方言中的"哒"》，《三峡大学学报（人文社会科学版）》第 s1 期。

张　珍　2017　《郧阳方言词汇研究》，福建师范大学硕士学位论文。

张振兴　2017　《关于"渠"和"個"》，《中国方言学报》第 7 期。

张正耀　2018　《麻城方言》，武汉：武汉出版社。

张志华　2005　《湖北罗田方言中"差"的重叠形式》，《汉语学报》第 3 期。

赵爱武　2021　《湖北罗田（大河岸）方言同音字汇》，《方言》第 1 期。

赵葵欣　1993　《武汉方言中的两种问句》，《汉语学习》第 6 期。

赵葵欣　2012　《武汉方言语法研究》，武汉：武汉大学出版社。

赵和平　1999　《荆门方言的"没得"》，《沙洋师范专科学报》第 1 期。

赵晓丽　2012　《湖北竹溪方言与普通话的差异分析》，《现代语文（语言研究版）》第 2 期。

赵晓丽　2015　《竹溪方言"儿/子"缀名词重叠式探究》，《华中师范大学研究生学报》第 3 期。

赵元任，丁声树，杨时逢等　1948　《湖北方言调查报告》，上海：商务印书馆。

赵元任　1956　《钟祥方言记》，北京：科学出版社。

赵元任　1992　《钟祥方言的助词》，《方言》第 2 期。

郑弘洁　2020　《十堰方言前后鼻音韵尾字发音情况的社会语言学调查》，《遵义师范学院学报》第 6 期。

周大璞　1959　《天门话的疑问代词》，《武汉大学人文科学学报（语文专号）》第 10 期。

周继圣　1981　《襄阳话中的颤音声化音节——"子"》，《中山大学研究生学刊》第 1 期。

周继圣　1984　《宜城话中的成音节颤音》，《中山大学学报（哲学社会科学版）》第 1 期。

周建民　2018　《武汉方言900词》，武汉：武汉出版社。

周　娟　2007　《论襄樊方言中的词缀》，《武汉工程职业技术学院学报》第3期。

周丽娜　2014　《湖北京山方言词汇研究》，曲阜师范大学硕士学位论文。

周　文　2004　《鄂州方言本字考略》，《鄂州大学学报》第3期。

周莹萍　2011　《潜江方言词汇研究》，暨南大学硕士学位论文。

朱冠明　2005　《湖北公安方言的几个语法现象》，《方言》第3期。

朱　怀　2011　《湖北仙桃方言的"A都A（B）"句》，《方言》第3期。

朱建颂，刘兴策　1981　《武汉方言词汇（一）》，《方言》第1期。

朱建颂，刘兴策　1981　《武汉方言词汇（二）》，《方言》第2期。

朱建颂，刘兴策　1981　《武汉方言词汇（三）》，《方言》第3期。

朱建颂　1985　《解放以来武汉方言词汇的发展》，《华中师院学报（哲学社会科学版）》第1期。

朱建颂　1986　《武汉的指示代词也是三分的》，《中国语文》第6期。

朱建颂　1987　《武汉方言的重叠式》，《方言》第1期。

朱建颂　1988　《汉口方言有入声吗?》，《武汉教育学院学报（哲学社会科学版）》第1期。

朱建颂　1988　《武汉方言的演变》，《方言》第2期。

朱建颂　1992　《武汉方言研究》，武汉：武汉出版社。

朱建颂　2017　《武汉方言词典》（修订版），武汉：崇文书局。

朱丽师　2015　《从语音学角度看竹山方言的归属问题》，《郧阳师范高等专科学校学报》第2期。

朱庆仪　1988　《武汉的指示代词不是三分的》，《中国语文》第5期。

朱　毅　1992　《襄阳方言语法特点试探》，《荆楚方言研究》，武汉：华中师范大学出版社。

朱　芸　2015　《湖北建始方言词汇研究》，华中师范大学博士学位论文。

祝　敏　2018　《崇阳方言的"把得"被动句》，《华中学术》第1期。

祝　敏　2020　《崇阳方言研究》，武汉：华中师范大学出版社。

祝敏鸿　2002　《通城方言入声的特点》，《语言研究》第s1期。

邹德雄　2000　《湖北天门方言的助词"起"和"哈"》，《荆州师范学院学报》第6期。

邹礼超　2007　《浅谈汉川话中的入声》，《湖北职业技术学院学报》第3期。

邹正利　1980　《新洲方言里的形容词词尾》,《中国语文》第 4 期。
宗　丽　2023　《长阳方言研究》,武汉:华中师范大学出版社。
左林霞　2001　《孝感话的"把"字句》,《孝感学院学报》第 5 期。
左林霞　2004　《孝感方言的标记被动句》,《语言研究》第 2 期。

附　　录

一　湖北方言调查项目子课题信息

中国语言资源保护工程湖北项目共设有 51 个子课题，除开"荆州西边腔"，共有 50 个点入选资源集。下面列表说明各子课题的有关情况，包括课题负责人、调查点、调查人员、调查时间、调查设备等信息。

附表 1　子课题"武汉方言调查"

调查点：武汉	
负责人：熊一民，女，1961 年 4 月出生，硕士，副教授，研究方向为汉语方言	
单位：江汉大学	
通信地址：武汉市经济技术开发区博学路江大园	
其他调查人员：宗丽、王桂亮、吕洪雁、李嘉陵、欧阳绯、余诗谣	
录音话筒：SENNHEISERMK4	
录音声卡：STEINBERGUR22MK2	
摄像机：索尼 X280	
调查时间：2017.3.27 – 2017.11.6	
调查地点：武汉市江汉区	
当地协助调查的其他人员、单位：郭佳钰，武汉市江汉区语委办；李朝霞，武汉市江汉区语委办	

附表 2　子课题"蔡甸方言调查"

调查点：蔡甸	
负责人：熊一民，女，1961 年 4 月出生，硕士，副教授，研究方向为汉语方言	
单位：江汉大学	

续表

通信地址：湖北省武汉市经济技术开发区博学路江大园	
其他调查人员：王桂亮、王金芳、宗丽、吕洪雁、李嘉陵	
录音话筒：SAMSONC03U	
录音声卡：话筒内置声卡	
摄像机：索尼 X280	
调查时间：2016.3.3 – 2016.4.30	
调查地点：湖北省武汉市蔡甸区蔡甸街	
当地协助调查的其他人员、单位：方昌虎，武汉市蔡甸区教育局语委办	

附表3　子课题"江夏方言调查"

调查点：江夏	
负责人：王桂亮，男，1985年9月出生，博士，副教授，研究方向为汉语方言及语言应用	
单位：江汉大学	
通信地址：武汉市经济技术开发区三角湖路8号江汉大学武汉语言文化研究中心（图书馆8楼）	
其他调查人员：宗丽、熊一民、欧阳绯、李嘉陵	
录音话筒：SENNHEISERMK4	
录音声卡：STEINBERGUR22MK2	
摄像机：索尼 X280	
调查时间：2017.7.5 – 2017.11.10	
调查地点：江夏市江夏区纸坊街	
当地协助调查的其他人员、单位：葛秋萍，武汉市江夏区教育局语委办	

附表4　子课题"汉川方言调查"

调查点：汉川	
负责人：王求是，男，1965年7月出生，硕士，教授，研究方向为汉语方言	
单位：湖北工程学院	
通信地址：湖北工程学院文学与新闻传播学院	
其他调查人员：曾敬、丁勇、李书超、许艳平	
录音话筒：SAMSONC03U	
录音声卡：话筒内置声卡	

续表

摄像机：PanasonicAG – Ac90AMC	
调查时间：2017.7.10 – 2017.8.30	
调查地点：湖北省汉川市仙女山街道办事处白云宾馆	
当地协助调查的其他人员、单位：方芳，汉川市仙女山街道办事处	

附表5　子课题"荆州方言调查"

调查点：荆州	
负责人：陈秀，女，1980年8月出生，博士，副教授，研究方向为汉语方言	
单位：长江大学	
通信地址：荆州市荆州区南环路1号长江大学文学院	
其他调查人员：吴松、李华平、刘金勤、王彩豫	
录音话筒：SAMSONC03U	
录音声卡：话筒内置声卡	
摄像机：罗技（Logitech）c930e	
调查时间：2016.7.15 – 2016.11.15	
调查地点：湖北省荆州市荆州区	
当地协助调查的其他人员、单位：田芬，荆州市教育局语委办	

附表6　子课题"仙桃方言调查"

调查点：仙桃	
负责人：陈秀，女，1980年8月出生，博士，副教授，研究方向为汉语方言	
单位：长江大学	
通信地址：荆州市荆州区南环路1号长江大学文学院	
其他调查人员：李华平、吴松、刘金勤、张义	
录音话筒：SAMSONC03U	
录音声卡：话筒内置声卡	
摄像机：罗技（Logitech）c930e	
调查时间：2017.5.10 – 2017.9.20	
调查地点：湖北省仙桃市干河街道办事处	
当地协助调查的其他人员、单位：（无）	

附表 7　子课题"天门方言调查"

调查点：天门	
负责人：陈秀，女，1980 年 8 月出生，博士，副教授，研究方向为汉语方言	
单位：长江大学	
通信地址：荆州市荆州区南环路 1 号长江大学文学院	
其他调查人员：李华平、吴松、刘金勤、袁海霞	
录音话筒：SAMSONC03U	
录音声卡：话筒内置声卡	
摄像机：罗技（Logitech）c930e	
调查时间：2018.5.8–2018.9.10	
调查地点：湖北省天门市竟陵街道	
当地协助调查的其他人员、单位：（无）	

附表 8　子课题"荆门方言调查"

调查点：荆门	
负责人：李华平，男，1970 年 12 月出生，博士，副教授，研究方向为汉藏语研究	
单位：长江大学	
通信地址：湖北省荆州市南环路 1 号长江大学文学院	
其他调查人员：陈秀、吴松、刘金勤、吴勇	
录音话筒：SAMSONC03U	
录音声卡：话筒内置声卡	
摄像机：索尼 Vg30e	
调查时间：2018.7.20–2018.8.7	
调查地点：长江大学文理学院	
当地协助调查的其他人员、单位：杨雪，荆门市东宝区龙泉街道土门巷居委会副主任	

附表 9　子课题"钟祥方言调查"

调查点：钟祥	
负责人：张义，1980 年 12 月出生，博士，副教授，研究方向为汉语方言和对外汉语教学	
单位：华中师范大学	
通信地址：湖北省武汉市华中师范大学国际文化交流学院	
其他调查人员：陈秀、徐红、彭杨	

续表

录音话筒：SAMSONCO3U	
录音声卡：话筒内置声卡	
摄像机：索尼 Vg30e	
调查时间：2017.7.28－2017.8.20	
调查地点：湖北省钟祥市郢中街道莫愁湖路莫愁湖国际大酒店	
当地协助调查的其他人员、单位：杨君花，莫愁湖国际大酒店	

附表 10　子课题"宜昌方言调查"

调查点：宜昌	
负责人：周卫华，1970 年 1 月出生，博士，副教授，研究方向为汉语方言和现代汉语语法	
单位：三峡大学	
通信地址：宜昌市大学路 8 号	
其他调查人员：柯移顺、徐英、杨艾熹、潘丽竹	
录音话筒：SAMSONCO3U	
录音声卡：话筒内置声卡	
摄像机：索尼（SONY）EX－330	
调查时间：2016.6.25－2016.11.30	
调查地点：宜昌市	
当地协助调查的其他人员、单位：刘艾华，宜昌市教育局；袁文婷，宜昌市西陵区红星路社区；黄显宁，宜昌市总工会	

附表 11　子课题"兴山方言调查"

调查点：兴山	
负责人：徐英，1979 年 5 月出生，博士，副教授，研究方言为汉语方言和历史语法	
单位：三峡大学	
通信地址：湖北省宜昌市大学路 8 号文学与传媒学院	
其他调查人员：周卫华、柯移顺、潘丽竹、周鑫媛	
录音话筒：SAMSONCO3U	
录音声卡：话筒内置卡	
摄像机：索尼（SONY）EX－330	
调查时间：2018.6.1－2018.9.30	

续表

调查地点：湖北省宜昌市兴山县昭君镇	
当地协助调查的其他人员、单位：何兴，兴山县文化馆；张进联，兴山县实验中学	

附表 12　子课题"长阳方言调查"

调查点：长阳
负责人：周卫华，1970 年 1 月出生，博士，副教授，研究方向为汉语方言和现代汉语语法
单位：三峡大学
通信地址：湖北省宜昌市大学路 8 号文学与传媒学院
其他调查人员：徐英、柯移顺、潘丽竹、郑泓源
录音话筒：SAMSONC03U
录音声卡：话筒内置声卡
摄像机：（SONY）EX－330
调查时间：2018.6.1－2018.9.30
调查地点：湖北省宜昌市长阳县龙舟坪镇
当地协助调查的其他人员、单位：向晓勇，长阳县电视台；何宏绮，长阳县龙舟坪镇

附表 13　子课题"五峰方言调查"

调查点：五峰
负责人：周卫华，1970 年 1 月出生，博士，副教授，研究方向为汉语方言和现代汉语语法
单位：三峡大学
通信地址：宜昌市大学路 8 号
其他调查人员：徐英、柯移顺、杨艾熹、潘丽竹
录音话筒：SAMSONC03U
录音声卡：话筒内置声卡
摄像机：索尼（SONY）EX－330
调查时间：2017.6.25－2017.11.30
调查地点：宜昌市
当地协助调查的其他人员、单位：赵长飞，五峰土家族自治县招商局；胡甜，五峰土家族自治县渔洋关镇政府

附表 14　子课题"宜都方言调查"

调查点：宜都	
负责人：徐英，1979 年 5 月出生，博士，副教授，研究方向为汉语方言和历史语法	
单位：三峡大学	
通信地址：宜昌市大学路 8 号	
其他调查人员：周卫华、柯移顺、杨艾熹、潘丽竹	
录音话筒：SAMSONC03U	
录音声卡：话筒内置声卡	
摄像机：索尼（SONY）EX－330	
调查时间：2016.7.25－2017.11.30	
调查地点：宜都市	
当地协助调查的其他人员、单位：申应平，宜都市文广新体旅游局；潘海燕，宜都市文广新体旅游局	

附表 15　子课题"恩施方言调查"

调查点：恩施	
负责人：张磊，1986 年 6 月出生，博士，副教授，研究方向为汉语方言和汉语语法	
单位：华中师范大学	
通信地址：湖北武汉华中师范大学文学院	
其他调查人员：朱芸、王树瑛、阮桂君、王庆苗、杨莉、王昕、田海珍、白豪贤	
录音话筒：得胜 sm－1c－L	
录音声卡：艾肯 UPOD	
摄像机：NANO 松下 AG－AC130AMC	
调查时间：2017.6.8－2017.9.30	
调查地点：湖北恩施市	
当地协助调查的其他人员、单位：曹莉莉，恩施州语委	

附表 16　子课题"咸丰方言调查"

调查点：咸丰	
负责人：阮桂君，1977 年 2 月出生，博士，副教授，研究方向为汉语方言和国际中文教育	
单位：武汉大学	
通信地址：湖北武汉武昌区珞珈山武汉大学文学院	

续表

其他调查人员：南小兵、谢飘飘、冯苗、陈樱苹、谢天、潘伟东、吴梦丽、曹馨予、王霆威、王雯琪
录音话筒：SAMSONC03U
录音声卡：话筒内置声卡 AVIDMBOX
摄像机：索尼 4K 摄录一体机 FDR－AX4O
调查时间：2018.7.18－2018.8.13
调查地点：咸丰县高乐山镇
当地协助调查的其他人员、单位：李爱民，咸丰县南剧艺术传承保护中心

附表 17　子课题"建始方言调查"

调查点：建始
负责人：朱芸，女，1987 年 5 月出生，博士，讲师，研究方向为汉语方言
单位：华中师范大学
通信地址：湖北省武汉市洪山区珞喻路 152 号语言研究所
其他调查人员：王树瑛、熊英
录音话筒：SAMSONC03U
录音声卡：话筒内置声卡
摄像机：松下 AG－UX90MC
调查时间：2017.5.10－2017.11.20
调查地点：湖北省建始县业州镇
当地协助调查的其他人员、单位：胡丽红，建始县阳光房地产开发有限责任公司；黄萍，个体户；朱诗国，建始县人民医院

附表 18　子课题"巴东方言调查"

调查点：巴东
负责人：朱芸，女，1987 年 5 月出生，博士，讲师，研究方向为汉语方言
单位：华中师范大学
通信地址：湖北省武汉市洪山区珞喻路 152 号语言研究所
其他调查人员：刘春华、李镓
录音话筒：SamsonC03U
录音声卡：话筒内置声卡

续表

摄像机：罗技（Logitech）c930e
调查时间：2018.6.20 – 2018.8.20
调查地点：巴东县信陵镇老年大学
当地协助调查的其他人员、单位：鲁德贵，巴东县老年大学校长；吴建华，巴东县老年大学职员

附表19　子课题"宜城方言调查"

调查点：宜城
负责人：杨琳，女，1979年10月出生，硕士，讲师，研究方向为现代汉语语法
单位：湖北文理学院
通信地址：湖北省襄阳市襄城区隆中路296号
其他调查人员：马婷婷、刘群、张彦林
录音话筒：SAMSONC03U
录音声卡：话筒内置声卡
摄像机：尼康D7100
调查时间：2017.6.2 – 2017.8.24
调查地点：湖北省襄阳市宜城市
当地协助调查的其他人员、单位：肖锐，宜城市教育体育局

附表20　子课题"保康方言调查"

调查点：保康
负责人：马婷婷，女，1983年2月出生，博士，副教授，研究方向为现代汉语语法
单位：湖北文理学院
通信地址：湖北省襄阳市襄城区隆中路296号
其他调查人员：杨琳、刘群、张彦林、周欣欣
录音话筒：SAMSONC03U
录音声卡：话筒内置声卡
摄像机：尼康D7100
调查时间：2017.6.1 – 2017.11.12
调查地点：湖北省襄阳市保康县金城宾馆
当地协助调查的其他人员、单位：姚家发，保康县环保局退休干部；张红，保康县档案局

附表 21　子课题"神农架方言调查"

调查点：神农架	
负责人：付开平，男，1977 年 12 月出生，博士，副教授，研究方向为汉语词汇语法	
单位：汉江师范学院	
通信地址：湖北省十堰市北京南路 18 号	
其他调查人员：陈洁、江艳丽、丁翠叶、张亚明	
录音话筒：SAMSONC03U	
录音声卡：AVIDMBOX	
摄像机：索尼 HXR – MC1500	
调查时间：2017.7.15 – 2017.8.4	
调查地点：神农架宾馆	
当地协助调查的其他人员、单位：宋会，神农架林区教育局	

附表 22　子课题"襄阳方言调查"

调查点：襄阳	
负责人：刘群，女，1972 年 10 月出生，博士，教授，研究方向为汉语语法和语言政策与规划	
单位：湖北文理学院	
通信地址：湖北省襄阳市襄城区隆中路 296 号	
其他调查人员：杨琳、马婷婷、周贝、陈文君	
录音话筒：SAMSONC03U	
录音声卡：话筒内置声卡	
摄像机：sonyz5c	
调查时间：2016.5.1 – 2016.7.25	
调查地点：湖北省襄阳市市区	
当地协助调查的其他人员、单位：（无）	

附表 23　子课题"随州方言调查"

调查点：随州	
负责人：徐红，女，1966 年 1 月出生，硕士，副教授，研究方向为汉语方言和公共文化	
单位：湖北理工学院	
通信地址：湖北省黄石市下陆区桂林北路 16 号湖北理工学院公共文化研究中心	

续表

其他调查人员：刘村汉、张红英、严小香、邹定家	
录音话筒：SAMSONC03U	
录音声卡：话筒内置声卡	
摄像机：佳能5DSR	
调查时间：2018.7.23 – 2018.8.18；2018.10.20 – 2018.10.30	
调查地点：湖北省随州市曾都区	
当地协助调查的其他人员、单位：敖长玲，随州市教育局语委办	

附表24　子课题"郧阳方言调查"

调查点：郧阳	
负责人：陈洁，女，1980年1月出生，硕士，副教授，研究方向为音韵学	
单位：汉江师范学院	
通信地址：湖北省十堰市北京南路18号	
其他调查人员：王进、江艳丽、付开平、张亚明	
录音话筒：SAMSONC03U	
录音声卡：AVIDMBOX	
摄像机：sonyhxr – mc1500	
调查时间：20160602 – 20160630	
调查地点：郧阳区	
当地协助调查的其他人员、单位：赵华，郧阳区教育局；张景国，郧阳区教育局	

附表25　子课题"丹江口方言调查"

调查点：丹江口	
负责人：王进，男，1970年9月出生，博士，教授，研究方向为汉语语法学	
单位：汉江师范学院	
通信地址：湖北省十堰市北京南路18号	
其他调查人员：陈洁、江艳丽、付开平、张亚明	
录音话筒：SAMSONC03U	
录音声卡：AVIDMBOX	
摄像机：sonyhxr – mc1500	

续表

调查时间：2016.4.15 – 2016.5.25
调查地点：丹江口
当地协助调查的其他人员、单位：徐峰，丹江口市教育局

附表 26　子课题"房县方言调查"

调查点：房县
负责人：王进，男，1970 年 9 月出生，博士，教授，研究方向为汉语语法学
单位：汉江师范学院
通信地址：湖北省十堰市北京南路 18 号
其他调查人员：陈洁、江艳丽、付开平、张亚明
录音话筒：SAMSONC03U
录音声卡：AVIDMBOX
摄像机：sonyhxr – mc1500
调查时间：2016.11. – 2016.12
调查地点：房县
当地协助调查的其他人员、单位：张维、付瑜，房县教育局

附表 27　子课题"竹溪方言调查"

调查点：竹溪
负责人：张亚明，男，1978 年 12 月出生，博士，副教授，研究方向为汉语语法学
单位：汉江师范学院
通信地址：湖北省十堰市北京南路 18 号
其他调查人员：陈洁、江艳丽、丁翠叶、付开平
录音话筒：SAMSONC03U
录音声卡：AVIDMBOX
摄像机：sonyhxr – mc1500
调查时间：2017.8.15 – 2017.8.30
调查地点：竹溪县福安国际酒店
当地协助调查的其他人员、单位：陈汝波，竹溪县教育局

附表 28　子课题"公安方言调查"

调查点：公安
负责人：袁海霞，女，1981 年 2 月出生，博士，副教授，研究方向为汉语语法及汉语方言
单位：华中师范大学
通信地址：湖北省武汉市珞喻路 152 号华中师范大学国际文化交流学院
其他调查人员：李明、赵涵、赵思雯、林敏芳、陈双
录音话筒：SAMSONC03U
录音声卡：内置话筒声卡
摄像机：sony 储存卡摄录一体机 pxw – fs5
调查时间：2017. 12. 1 – 2018. 12. 1
调查地点：公安县斗湖堤镇
当地协助调查的其他人员、单位：徐华，公安县文化馆；崔燕，公安县文化馆；朱祥胜，公安县图书馆

附表 29　子课题"鹤峰方言调查"

调查点：鹤峰
负责人：熊英，女，1979 年 3 月出生，博士，副教授，研究方向为少数民族语言学
单位：中南民族大学
通信地址：湖北省武汉市洪山区民族大道 182 号中南民族大学文学与新闻传播学院
其他调查人员：付梅梅、梅琼
录音话筒：samsonG – TRACK
录音声卡：魅声 T6 – 2
摄像机：索尼 HXR – NX100
调查时间：2018. 7. 4 – 2018. 8. 14
调查地点：湖北省恩施市鹤峰县
当地协助调查的其他人员、单位：郭明鹤，鹤峰县人民政府办公室；黄友志，鹤峰县电视台

附表 30　子课题"黄冈方言调查"

调查点：黄冈
负责人：项菊，女，1966 年 6 月出生，硕士，教授，研究方向为汉语方言和文化
单位：黄冈师范学院

续表

通信地址：湖北黄冈市开发区新港二路 146 号黄冈师范学院文学院
其他调查人员：蒋静、王琼子、蔡航、周明宇
录音话筒：SAMSONCO3U
录音声卡：SAMSONCO3UEXIR
摄像机：EXIR
调查时间：2017.7.25－2017.8.30
调查地点：湖北省黄冈市黄州区
当地协助调查的其他人员、单位：黄冈市黄州区四海社区工作人员

附表 31　子课题"红安方言调查"

调查点：红安
负责人：王琼子，女，1982 年 5 月出生，博士在读，副教授，研究方向为汉语方言
单位：黄冈师范学院
通信地址：湖北黄冈市开发区新港二路 146 号黄冈师范学院文学院
其他调查人员：项菊、蒋静、郝帅奇、郭涛
录音话筒：SAMSONCO3U
录音声卡：SAMSONCO3UEXIR
摄像机：EXIR
调查时间：2018.3.20－2018.10.23
调查地点：湖北省黄冈市红安县城关镇
当地协助调查的其他人员、单位：戴峰，红安县第三中学

附表 32　子课题"英山方言调查"

调查点：英山
负责人：项菊，女，1966 年 6 月出生，硕士，教授，研究方向为汉语方言和文化
单位：黄冈师范学院
通信地址：湖北黄冈市开发区新港二路 146 号黄冈师范学院文学院
其他调查人员：蒋静、王琼子、郭涛、郝帅奇
录音话筒：SAMSONCO3U
录音声卡：SAMSONCO3U
摄像机：EXIR

续表

调查时间：2018.6.28 – 2018.7.10	
调查地点：湖北省黄冈市英山县温泉镇	
当地协助调查的其他人员、单位：王永福，英山县教育局	

附表33　中国语言资源保护工程湖北项目子课题"蕲春方言调查"

调查点：蕲春	
负责人：项菊，女，1966年6月出生，硕士，教授，研究方向为汉语方言和文化	
单位：黄冈师范学院	
通信地址：湖北黄冈市开发区新港二路146号黄冈师范学院文学院	
其他调查人员：李银霞、蒋静、熊岭、许五龙	
录音话筒：SAMSONC03U	
录音声卡：内置话筒声卡	
摄像机：SONYPMW – F3L	
调查时间：2014.12.5 – 2015.4.15，2016.8.10 – 2016.11.11（项目升级）	
调查地点：湖北省黄冈市蕲春县漕河镇	
当地协助调查的其他人员、单位：宛小林，蕲春县教育局教师管理股；李向阳，蕲春县教育局教师管理股	

附表34　子课题"武穴方言调查"

调查点：武穴	
负责人：项菊，女，1966年6月出生，硕士，教授，研究方向为汉语方言和文化	
单位：黄冈师范学院	
通信地址：湖北黄冈市开发区新港二路146号黄冈师范学院文学院	
其他调查人员：蒋静、王琼子、许王龙、谷越	
录音话筒：SAMSONC03U	
录音声卡：SAMSONC03U	
摄像机：EXIR	
调查时间：2016.4.16 – 2016.5.9	
调查地点：湖北省黄冈市武穴市武穴办事处	
当地协助调查的其他人员、单位：余虹，武穴市教育局	

附表 35　子课题"黄梅方言调查"

调查点：黄梅	
负责人：蒋静，男，1977 年 4 月出生，硕士，副教授，研究方向为汉语方言和文化	
单位：黄冈师范学院	
通信地址：湖北黄冈市开发区新港二路 146 号黄冈师范学院文学院	
其他调查人员：项菊、王琼子、吕旭、蔡航	
录音话筒：SAMSONC03U	
录音声卡：SAMSONC03UEXIR	
摄像机：SONYX280，佳能 7D	
调查时间：2017.4.5－2017.8.25	
调查地点：黄梅县黄梅镇	
当地协助调查的其他人员、单位：桂靖雷，黄梅县政协；章彬，黄梅县农商行	

附表 36　子课题"黄陂方言调查"

调查点：黄陂	
负责人：宗丽，女，1973 年 10 月出生，博士，讲师，研究方向为汉语方言	
单位：江汉大学	
通信地址：江汉大学	
其他调查人员：熊一民、王桂亮、欧阳绯、李嘉陵	
录音话筒：森海塞尔 mk4	
录音声卡：雅马哈 UR_RT4	
摄像机：SONYPXW_Z280	
调查时间：2018.4.1－2018.11.10	
调查地点：湖北省武汉市黄陂区	
当地协助调查的其他人员、单位：胡欣，湖北省武汉市黄陂区语言文字工作委员会	

附表 37　子课题"新洲方言调查"

调查点：新洲	
负责人：熊一民，女，1961 年 4 月出生，硕士，副教授，研究方向为汉语方言	
单位：江汉大学	
通信地址：湖北省武汉市经济技术开发区博学路江大园东区	
其他调查人员：王桂亮、宗丽、吕洪雁、梁蓉、余诗谣	

续表

录音话筒：SAMSONC03U	
录音声卡：内置话筒声卡	
摄像机：索尼 X280	
调查时间：2016.9.2 – 2016.10.25	
调查地点：武汉市新洲区邾城街	
当地协助调查的其他人员、单位：彭江帆，武汉市新洲区教育局语委办	

附表38　子课题"孝感方言调查"

调查点：孝感	
负责人：王求是，男，1965年7月出生，硕士，教授，研究方向为汉语方言	
单位：湖北工程学院	
通信地址：湖北工程学院文学院	
其他调查人员：李书超、丁勇、许艳平、许中华	
录音话筒：SAMSONCO3U	
录音声卡：内置话筒声卡	
摄像机：PanasonicAG – AC90AMC	
调查时间：2016.7.16 – 2016.9.20	
调查地点：孝感市孝南区	
当地协助调查的其他人员、单位：（无）	

附表39　子课题"安陆方言调查"

调查点：安陆	
负责人：盛银花，女，1964年8月出生，博士，教授，研究方向为汉语方言	
单位：湖北第二师范学院	
通信地址：湖北省武汉市东湖新技术开发区高新二路129号湖北第二师范学院文学院	
其他调查人员：无	
录音话筒：SAMSONCO3U	
录音声卡：内置话筒声卡	
摄像机：索尼 330cpmw – EX3301	
调查时间：2017.5.1 – 2017.9.28	
调查地点：安陆市城关	
当地协助调查的其他人员、单位：徐天云，安陆市经济开发区雷庵社区七组；梅德华，安陆市档案局；盛金花，安陆市经济开发区雷庵社区七组；邱少明，安陆市城关商贩；周永芬，安陆市府城百货公司	

附表 40　子课题"广水方言调查"

调查点：广水	
负责人：盛银花，女，1964 年 8 月出生，博士，教授，研究方向为汉语方言	
单位：湖北第二师范学院	
通信地址：湖北省武汉市东湖新技术开发区高新二路 129 号湖北第二师范学院	
其他调查人员：无	
录音话筒：SAMSONCO3U	
录音声卡：内置话筒声卡	
摄像机：索尼 330cpmw – EX3301	
调查时间：2018.5.1 – 2018.9.16	
调查地点：广水市城关	
当地协助调查的其他人员、单位：汪华明，广水市组织部；胡汝财，自由职业者；林春华，广水市广水粮油加工厂	

附表 41　子课题"黄石方言调查"

调查点：黄石	
负责人：赵爱武，女，1969 年 7 月出生，博士，教授，研究方向为汉语史、汉语方言与文化	
单位：湖北师范大学	
通信地址：湖北省黄石市磁湖路 11 号湖北师范大学	
其他调查人员：张道俊、周秋莲、马芝兰、王玲	
录音话筒：SAMSONC03U	
录音声卡：conexantSmartAudioHD	
摄像机：SONYHXR – MC1500	
调查时间：2016.5.17 – 2016.9.29	
调查地点：黄石港区	
当地协助调查的其他人员、单位：黄石市教育局；刘鑫仪、曹玉，湖北师范大学文学院研究生	

附表42　子课题"大冶方言调查"

调查点：大冶
负责人：赵爱武，女，1969年7月出生，博士，教授，研究方向为汉语史、汉语方言与文化
单位：湖北师范大学
通信地址：湖北省黄石市磁湖路11号湖北师范大学
其他调查人员：王玲、周秋莲、张道俊、马芝兰、黄燕妮
录音话筒：SAMSONC03U
录音声卡：conexantSmartAudioHD
摄像机：SONYHXR-MC1500
调查时间：2017.5.16-2017.9.29
调查地点：大冶老城区
当地协助调查的其他人员、单位：曹冬云，大冶市教育局；曹早送，大冶石板街街道；董冬冬，华中师范大学语言所研究生，大冶城区居民

附表43　子课题"阳新方言调查"

调查点：阳新
负责人：张道俊，男，1969年3月出生，博士，教授，研究方向为汉语史、汉语语法、汉语方言
单位：湖北师范大学
通信地址：湖北省黄石市磁湖路11号湖北师范大学文学院
其他调查人员：黄芳、马芝兰、赵爱武、黄劲伟
录音话筒：SAMSONC03U
录音声卡：ConexantSmartAudiioHD
摄像机：SonyHXR-MC1500
调查时间：2017.6.5-2017.10.10
调查地点：阳新县兴国镇三眼井社区国贸宾馆
当地协助调查的其他人员、单位：彭华云，阳新县兴国镇党委书记；石裕兴，阳新县兴国镇文化站站长；石从斌，阳新县兴国镇胜利街接官亭巷5号居民；刘锐，阳新县教育局语委办主任

附表 44　子课题"咸宁方言调查"

调查点：咸宁	
负责人：王宏佳，男，1975 年 8 月出生，博士，教授，研究方向为汉语方言和文化	
单位：湖北科技学院	
通信地址：湖北咸宁咸安区湖北科技学院咸安校区东 10 栋 2 单元 101 室	
其他调查人员：赵巧丽、孙和平、李爱国、谢文芳、祝敏鸿	
录音话筒：得胜 PC – K600	
录音声卡：外置声卡，艾肯 mobile-u	
摄像机：PanasonicAG-AC130AMC（松下）	
调查时间：2016.6.8 – 2016.9.13	
调查地点：湖北省咸宁市咸安区	
当地协助调查的其他人员、单位：吴见知，咸宁市咸安区档案局	

附表 45　子课题"通山方言调查"

调查点：通山	
负责人：孙和平，女，1969 年 10 月出生，硕士，教授，研究方向为汉语方言和语言教学	
单位：湖北科技学院	
通信地址：湖北省咸宁市咸宁大道 88 号	
其他调查人员：祝敏、李爱国、王宏佳、余金燕、熊丹	
录音话筒：SAMSONCO3U	
录音声卡：话筒内置声卡	
摄像机：PanasonicAG – AC130AMC	
调查时间：2017.5.10 – 2017.11.1	
调查地点：湖北省通山县通羊镇；湖北科技学院	
当地协助调查的其他人员、单位：余金燕，湖北省通山县教育局；方彩琴，湖北省通山县教育局分管语委办局长；舒上贤，湖北省通山县教育局语委办主任	

附表 46　子课题"通城方言调查"

调查点：通城	
负责人：黎立夏，女，1988 年 3 月出生，博士，副教授，研究方向为汉语方言和文化	
单位：武汉工程大学	
通信地址：湖北省武汉市东湖新技术开发区光谷 1 路 206 号	

续表

其他调查人员：谈方圆、赵珊榕、王鑫杰、江长学、陈红娇、李若晨	
录音话筒：SAMSONC03U	
录音声卡：话筒内置声卡	
摄像机：罗技（Logitech）c930e	
调查时间：2018.5.20－2018.8.20	
调查地点：湖北省通城县城北中学	
当地协助调查的其他人员、单位：王汉明，通城县教育局；陈水兵，通城县教育中心；黎虎，通城县寄宿中学；钟礼龙，通城县双龙初中	

附表47　子课题"崇阳方言调查"

调查点：崇阳	
负责人：祝敏，女，1980年8月出生，博士，副教授，研究方向为汉语方言和汉语史	
单位：湖北科技学院	
通信地址：湖北省咸宁市湖北科技学院人文与传媒学院	
其他调查人员：王宏佳、韩存齐、李爱国、徐琦	
录音话筒：SAMSONC03U	
录音声卡：话筒内置声卡	
摄像机：PanasonicAG－AC130AMC、罗技（Logitech）c930e	
调查时间：2018.4.30－2018.11.1	
调查地点：崇阳县天城镇；湖北科技学院	
当地协助调查的其他人员、单位：黄亮，中健医疗卫生用品厂；丁和英，全职主妇	

附表48　子课题"嘉鱼方言调查"

调查点：嘉鱼	
负责人：王宏佳，男，1975年8月出生，博士，教授，研究方向为汉语方言和文化	
单位：湖北科技学院	
通信地址：湖北省咸宁市湖北科技学院咸安校区东10栋2单元101室	
其他调查人员：赵巧丽、刘晶、黄建媛	
录音话筒：SAMSONC03U	
录音声卡：话筒内置声卡	
摄像机：罗技（Logitech）c930e	

调查时间：2018.6.28 – 2018.8.15
调查地点：嘉鱼县鱼岳镇
当地协助调查的其他人员、单位：龙杰，嘉鱼一中

附表49　子课题"赤壁方言调查"

调查点：赤壁
负责人：李爱国，男，1973年9月出生，博士，副教授，研究方向为汉语方言和小学
单位：湖北科技学院
通信地址：湖北省咸宁市湖北科技学院咸安校区东10栋1单元601室
其他调查人员：王宏佳、孙和平、华向红、祝敏、黄芳
录音话筒：SAMSONC03U
录音声卡：艾肯 mobile – U
摄像机：PanasonicAG – AC130AMC
调查时间：2017.5.10 – 2017.7.20
调查地点：赤壁市教育局办公室、赤壁市二小
当地协助调查的其他人员、单位：沈锴，赤壁市二小

附表50　子课题"监利方言调查"

调查点：监利
负责人：李华平，男，1970年12月出生，博士，副教授，研究方向为汉藏语研究
单位：长江大学
通信地址：湖北省荆州市南环路1号长江大学文学院
其他调查人员：陈秀、吴松、刘金勤、吴勇
录音话筒：SAMSONC03U
录音声卡：话筒内置声卡
摄像机：索尼 vg30e
调查时间：2017.5.10 – 2017.7.25
调查地点：长江大学文理学院
当地协助调查的其他人员、单位：董宣，文理学院人文系

二　湖北方言调查项目工作剪影

附图 1　中国语言资源有声数据库湖北库项目培训（2014 年）

附图 2　中国语言资源有声数据库湖北库项目培训（2014 年）

附图 3　湖北省语委办曾彦主任一行赴黄冈指导工作（2014 年）

附图 4　中国语言资源有声数据库（湖北库）蕲春调查点现场（2014 年）

附图5　中国语言资源保护工程湖北项目启动仪式（2016年）

附图6　中国语言资源保护工程湖北项目启动仪式合影（2016年）

附图 7　中国语言资源保护工程湖北项目培训班开班仪式（2016 年）

附图 8　中国语言资源保护工程湖北项目培训班合影（2016 年）

附图 9　中国语言资源保护工程湖北项目预验收合影（2016 年）

附图 10　中国语言资源保护工程湖北项目培训班合影（2017 年）

附图11　省语委办领导、语保中心专家和项目首席专家赴黄石检查指导工作（2017年）

附图12　湖北省有关领导、专家在长江大学检查工作合影（2017年）

附图 13　湖北省语委办曾彦主任、项目首席专家汪国胜教授在
咸宁检查工作（2017 年）

附图 14　中国语言资源保护工程湖北项目验收合影（2017 年）

附图 15　中国语言资源保护工程湖北项目预验收专家留影（2018 年）

附图 16　中国语言资源保护工程湖北项目验收合影（2018 年）

附图 17　中国语言资源保护工程湖北项目中检合影（2019 年）

附图 18　中国语言资源保护工程湖北项目验收合影（2019 年）

附图 19　中国语言资源保护工程湖北项目襄阳研讨会合影（2019 年）

附图 20　中国语言资源保护工程湖北项目宜昌工作会议合影（2020 年）

附图 21　中国语言资源保护工程湖北项目校稿会留影（2023 年）

附图 22　中国语言资源保护工程湖北项目校稿会留影（2023 年）

附图 23　中国语言资源保护工程湖北项目校稿会留影（2023 年）

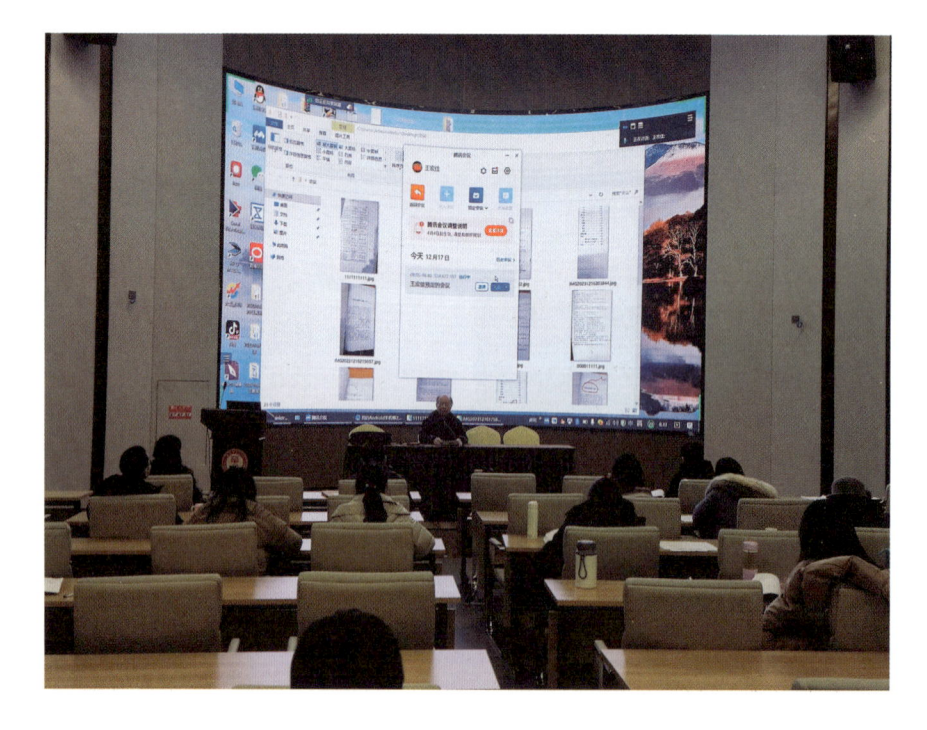

附图 24　中国语言资源保护工程湖北项目校稿会留影（2023 年）

附图 25　中国语言资源保护工程湖北项目校稿会留影（2023 年）

附图 26　中国语言资源保护工程湖北项目校稿会留影（2023 年）

后　　记

　　2015年5月，教育部和国家语委启动了"中国语言资源保护工程"（以下简称"语保工程"）。作为语保工程的标志性成果之一，国家语委要求分省编写《中国语言资源集》。

　　早在2014年9月24—25日，湖北省语委办在十堰市举行了"中国语言资源有声数据库"湖北库建设启动暨培训会议，随后开展了对房县、蕲春两县方言的试点调查。2015年，省语委办正式启动语保工程湖北方言调查项目，聘请华中师范大学汪国胜教授为湖北方言调查项目的首席专家，并于当年开展了对蔡甸、武穴、郧阳、丹江口4区县方言的试点调查。接着全面展开，于2016年调查了7个点，2017年调查了21个点，2018年调查了16个点，前后历时5年，完成了国家语委立项的50个市（区）县方言的调查任务，其中西南官话29个点、江淮官话11个点、赣语10个点。为了确保调查任务的圆满完成，项目依托华中师范大学、江汉大学、三峡大学、长江大学、湖北师范大学、黄冈师范学院、湖北科技学院、湖北工程学院、湖北文理学院、汉江师范学院，共组建了10支调查团队，每支团队3—5人，朱芸、熊一民、周卫华、陈秀、赵爱武、项菊、王宏佳、王求是、刘群、王进分别为各团队的负责人。团队内部既有分工，又有合作。项目实施以来，每年召开一次语保工程工作研讨会，总结本年度的工作，部署下年度的任务。由于各团队同心协力，扎实工作，50个方言点的调查都顺利通过了国家语委的验收。

　　2019年是语保工程一期的收官之年，也是《中国语言资源集（分省）》编写工作在全国范围内展开的一年。湖北根据国家语委的要求，即年启动了《中国语言资源集·湖北》（以下简称"资源集"）的编写工作。编写工作先分头进行，由各课题负责人根据《中国语言资源集（分省）编写出版规范》整理各自调查点的语料，按照"三性"（准确性、规范性、一致性）的要求，对语料进行仔细的核对和校正。在此基础上，由王宏佳根据主编的要求，汇总各点语料，进行体例的统一和文字的润饰。编写期间，除了年度工作研讨会，我记得的至少还专门召开了4次编写工作会议。第一次是2021年5月22—24日，连续开了3个晚上的会议，每晚3个多小时。因为新冠疫情，会议采取视频会议的方式进行，50个点的课题负责人全部到会。第一个晚上首先明确工作要求，强调确保编写质量，符合"三性"要求，强调这是国家工程，要替国家负责，这是学术工程，要替学术负责，这是文化工程，要替历史负责。接着重点讨论了语音卷的问题。第二个晚上重点讨论词汇卷和用字的问题，第三个晚上重点讨论语法卷的问题。第二次会议是2021年7月15日，也是采取视频会议的方式，专题讨论口头文化卷，就语料转写中的各种问题一一提出处理意见。第三次会议是2022年8月26日，专题讨论《资源集》的整改问题，要求各课题负责人根据预验收专家提出的意见和建议，对所负责的调查点的材料进行全面细致的修改。第四次会议是2023年4月15日，集中各课题负责人，对《资源集》进行最后的修改定稿。

严把校对关是确保《资源集》编写质量的重要环节。除了各课题负责人多次的分头校对，2023年我们还进行了3次集中校对。第一次是7月23—25日，第二次是10月4—6日，第三次是12月16—18日。大家吃住在华中师范大学的宾馆，集中时间和精力开展校对。另外，还由华中师范大学语言研究所的博士生校对了一遍。一个音标、一个词条、一个用字、一条注释，甚至一个标点以及排版的格式，大家都是认真对待，反复斟酌，遇到共性问题，大家讨论解决。顺便说明，口头文化有几个不同的发音人，他们的年龄层次不一定相同，发音可能跟方言音系中老男的发音不一定一致，这主要表现在极少数的常用词上。为了如实反映方言的面貌，我们保留了这种差异。

应该说，《资源集》从编出初稿到修改定稿，再到反复校对，编委们都是很尽心的，虽然受到新冠疫情的影响，但编写工作始终没有停顿。大家积极配合，倾心投入，任劳任怨，辛勤付出，目的是希望《资源集》尽可能完善一点。但即便如此，还是难免会有这样那样的纰漏和错误。我们期待读者的批评指正。

《资源集》能够如期编成并顺利出版，首先要感谢教育部语言文字信息管理司、湖北省教育厅、中国语言资源保护研究中心的得力指导；还要感谢各调查团队及团队所在学校、各市（区）县语委办的支持，感谢各方言调查点发音人的积极配合，感谢华中师范大学语言与语言教育研究中心的支持和资助，感谢中国社会科学出版社张林主任的大力帮助！

汪国胜
2023年12月20日